# La Saga d

5ème édition

édition Poche

Daniel Ichbiah

Editions Pix'n Love

2014 Daniel Ichbiah/Editions Pix'n Love

Si vous pensez avoir repéré une erreur dans cette édition, merci d'écrire à l'auteur à daniel@ichbiah.com ou bien aux éditions Pix'n Love : mpetronille@editionspixnlove.fr

Toute représentation ou reproduction intégrale ou partielle, faite sans le consentement de l'auteur, ou de ses ayants droit, ou ayants cause, est illicite (loi du 11 Mars 1957, alinéa 1er de l'article 40). Cette représentation ou reproduction, par quelque procédé que ce soit, constituerait une contrefaçon sanctionnée par les articles 425 et suivants du Code pénal. La loi du 11 Mars 1957 n'autorise, aux termes des alinéas 2 et 3 de l'article 41, que les copies ou reproductions strictement réservées à l'usage privé du copiste et non destinées à une utilisation collective d'une part, et d'autre part, que les analyses et les courtes citations dans un but d'exemple et d'illustration.

En couverture:

Mario - Super Mario Bros. © Nintendo, Lara Croft -Tomb Raider © Core Design/Eidos nteractive, Sonic - Sonic le Hérisson © SEGA, Lapin Crétin - Rayman et les Lapins Crétins © Ubisoft, World of Warcraft © Blizzard Entertainment, Angry Birds - © Chillingo, Pac-Man © 1980-2001 NBGI, Lakitu - Super Mario Bros. © Nintendo, Tetris © 1985~2009 Tetris Holding

# 1ère partie : Le raz de marée

## INTRODUCTION - Les bâtisseurs de rêve

Si Léonard de Vinci, David Griffith ou Michel-Ange étaient vivants aujourd'hui, il est probable qu'ils opèreraient dans un studio de jeu vidéo.

Hmm. Bien des critiques d'art ricaneraient du haut de leur col à barrettes si on leur disait que les enfants de Kandinsky, d'Homère et de Méliès ont investi une terre inconnue, le jeu interactif, qu'eux-mêmes assimileraient volontiers à un divertissement de second ordre. Pourtant, s'ils ôtaient leurs lunettes déformantes, ils découvriraient que la fougue et la flamme des grands artistes sont là, là où on ne les chercherait pas.

Où peut-on trouver les bâtisseurs de rêves du siècle nouveau ? Ils ne sont pas dans l'architecture avec ses pans de béton moulé comme des galettes d'un mitron assoupi, dénuée de tout souvenir du Beau. Ils ont déserté le cinéma d'Hollywood depuis que des assemblées de bouffeurs de pop-corn ont été investis du droit de dicter aux réalisateurs le dénouement de leurs histoires. On les cherche en vain dans l'académisme formel d'un jazz revisitant les standards du passé ou d'une musique rock trop respectueuse de ses héros d'antan pour oser l'émancipation.

Inutile de demander avis aux instances établies. Les conservateurs ont cela de touchant qu'ils prennent toujours le train en marche dix ans, vingt ans ou un siècle trop tard. Incapable d'une extase authentique, ils doivent attendre le verdict d'une école officielle pour s'autoriser à exprimer leur adhésion.

S'il faut chercher une nouvelle Renaissance artistique, elle est pourtant là, dans l'univers du jeu vidéo.

Shigeru Miyamoto, Will Wright ou Michel Ancel sont les équivalents modernes des grands artistes de jadis. Le monde n'en sait rien ? Quoi de neuf, docteur ? Les grands créateurs sont rarement là où on les aurait attendus. Les contemporains de Van Gogh, Modigliani ou Schubert ne les ont pas consacrés de leur vivant.

Le jeu vidéo, loin de se cantonner à l'image féroce que certains médias ont longtemps voulu lui accoler couvre aujourd'hui les thèmes les plus divers qui soient, de la préparation des sushi jusqu'à des intrigues historiques mettant en scène Wolfgang Amadeus Mozart.

Il y a là une source presque illimitée de sensations. Chacun peut expérimenter son lot d'angoisse dans un manoir hanté tout en sachant qu'il suffit de se lever de son siège pour annuler cette réalité. Les voyages sont colorés, que l'on atterrisse sur une île mystérieuse ou sur une planète desséchée par un soleil de plomb. Les bonheurs ressentis après la résolution d'une énigme tordue sont savoureux. Dans certains univers, l'exploration des lieux semble ne connaître aucune frontière : il n'est pas un sentier que l'on ne puisse emprunter, une porte que l'on ne puisse ouvrir, un bouton qui ne déclenche quelque machine aux tentaculaires ramifications. Autant dire que les genres ouverts vers l'imaginaire (de la science-fiction au fantastique en passant par les contes et légendes) ont trouvé là un support idéal.

Il demeure que le temps des pionniers est révolu. L'industrie est devenue mûre, organisée et encadrée. Depuis la fin des années 1990, le jeu vidéo est entré dans une phase de standardisation et chaque année voit débarquer la suite d'un hit ou l'inévitable déclinaison interactive d'un long métrage. Pour un géant tel que Electronic Arts, investir sur la licence de Harry Potter ou du Seigneur des Anneaux engendre une promesse de ventes bien plus sûre qu'un pari sur un jeu novateur. Par ailleurs, tout comme le cinéma décline les suites, le jeu vidéo a ses séries avec des sorties régulières, de préférence en fin d'année : Final Fantasy, Call of Duty, Halo, Lapins Crétins, GTA… Autre signe des temps, des créatifs comme Frédérick Raynal et Michel Ancel ont été décorés de l'Ordre des Arts et des Lettres par le Ministère de la Culture.

Le genre est devenu prévisible avec des catégories ultra-balisées : courses de voitures, football, tir à la première personne… Jusqu'en 1995, la place était grande ouverte pour des innovations à la Doom, Sim City ou Warcraft. À présent, il faut se contenter de jeux inspirés par ces derniers. Cela ne signifie pas que la qualité ne soit pas au rendez-vous. Les cinématiques rivalisent de splendeur, l'Intelligence Artificielle opère des prouesses, les scénarios deviennent plus fouillés. En revanche, les nouvelles idées sont de plus en plus rares, nous sommes entrés dans l'ère du savoir-faire.

Dès son démarrage, le secteur a surpris par sa vigueur économique. Au début des années 1980, un jeu d'Atari, Asteroids, avait rapporté à lui seul davantage que trois des plus grands succès cinématographiques de l'époque : Batman, ET et le Retour du Jedi. Fin 1992, le bénéfice avant impôts de Nintendo (un milliard de dollars) était supérieur à celui de la totalité des studios d'Hollywood !

La tendance s'est accrue et de nos jours, les chiffres de diffusion de certains titres donnent le vertige. En 2008, les ventes mondiales de jeux vidéo ont représenté plus de la moitié des revenus du divertissement domestique et ont éclipsé celles des DVD. Si l'on en croit des chiffres publiés en mars 2011, le titre Guitar Hero 3: Legends of Rock a rapporté plus de 830 millions de dollars de recettes, près de la moitié des revenus du plus grand succès du cinéma, Avatar. En mars 2009, Resident Evil 5 a touché plus de cent dix mille acquéreurs français en un week-end !

Ces scores faramineux pourraient amener à penser que le jeu vidéo est devenu une usine à best-sellers, se contentant de flatter les goûts du public. Pourtant, l'art et la créativité transpirent encore ici et là car de nombreux créateurs du domaine et non les moindres appartiennent à une race d'aventuriers par nature indomptables. Tôt ou tard, l'on voit surgir une œuvre à la Okami qui échappe à toute classification et distille une séduction que l'on peine à définir.

Il importe aussi de savoir que bien des succès ont été lancés en dépit du diktat avisé des responsables du marketing, prompts à étouffer un projet dans l'œuf, enquêtes d'opinion à l'appui. Parmi ces mal aimés qui ont dû se battre pour qu'on les laisse seulement exister figurent Les Sims, Lara Croft Tomb Raider, Pokémon et même la Wii !

Autre signe d'espoir d'un renouveau, les boutiques en ligne liées aux consoles ou à des plates-formes comme l'iPhone ou Android autorisent aujourd'hui de simples auteurs à proposer leurs jeux directement au consommateur et bien des perles en surgissent.

En écrivant cette saga, ma quête était claire : partir à la rencontre de ces héros de l'ombre que l'on appelle les créateurs de jeux et leur faire avouer le pourquoi du comment, le secret de cette orfèvrerie. J'ai adopté un certain parti pris.

En premier lieu, j'ai exclu le vocabulaire technique qui aurait rebuté le non-spécialiste. Tout comme un livre qui conterait les origines du septième art, cette épopée mérite d'être connue de tous. Gageons qu'elle pourrait donner à des lecteurs l'envie de réaliser quelque chose de fabuleux avec les technologies de leur époque, et qui s'en plaindrait ?

En deuxième lieu, j'ai opté pour la simplicité lorsque la précision excessive aurait gêné la lecture. Par conséquent, ce livre ne s'attarde pas à donner tous les détails, tous les chiffres, toutes les références. Dès lors que cela rendait la lecture fastidieuse, j'ai préféré opter pour un rythme vivant.

Troisièmement, j'ai opéré une sélection des événements et des personnages, afin de ne pas encombrer l'esprit de centaines de noms différents. Un livre ne peut pas comporter trop de héros car l'on s'y perd.

Et ce n'est pas tout. Il est agréable, au cours d'une histoire, de retrouver régulièrement certaines figures. Dans cette optique, j'ai choisi de suivre régulièrement la trace d'un acteur qui a vécu dans cet univers durant vingt-cinq années, Philippe Ulrich. Son itinéraire sert de fil conducteur et amène à prendre la mesure de l'évolution intervenue de Pong jusqu'aux communautés virtuelles sur Internet.

Nous retrouvons Ulrich d'un bout à l'autre du récit, mais aussi, par la force des choses, bien d'autres célébrités qui se croisent et s'entrecroisent en un singulier ballet :

## Introduction

. Shigeru Miyamoto, le créateur de Super Mario,

. Will Wright, l'auteur de Sim City et des Sims,

. Bruno Bonnel, le fondateur de la société d'édition Infogrames,

. Frédérick Raynal, auteur de Alone in the Dark,

Bien d'autres acteurs de ce domaine vont et viennent au long de cette épopée. Nous croisons aussi quelques créateurs dont l'œuvre a eu un retentissement universel tels Alexey Pajitnov (Tetris) ou Toby Gard (Lara Croft Tomb Raider) et qui n'en ont pourtant presque rien retiré. Eh oui... Si l'histoire du jeu vidéo est fascinante elle n'en est pas pour autant juste. Il demeure d'ailleurs rarissime de voir apparaître sur la boîte des jeux le nom des Spielberg qui en sont à l'origine.

En écrivant ce livre, j'ai souvent eu l'étrange sensation qu'il fallait que ces histoires soient racontées, qu'une mémoire devait en être conservée. Qu'elles ne pouvaient s'évaporer, emportées par le tourbillon infernal de cet univers en perpétuelle ébullition...

Tout est allé vite, bien trop vite pour que les acteurs aient eu le temps de prendre du recul. Il n'est aucun secteur dans lequel le passage entre l'Age de Pierre et l'ère high-tech ait été aussi rapide. La différence qui existe entre un Pong de 1972, qui affichait deux traits à l'écran en guise de raquette de tennis, et la luxuriance des territoires que l'on peut arpenter dans World of Warcraft apparu trente deux ans plus tard représente un facteur exponentiel que l'on peine à évaluer.

L'histoire du jeu vidéo fourmille d'anecdotes savoureuses. Les premiers hits ont été le lot de soldats de l'ombre, de créatifs inspirés, qui lorsqu'ils n'ont pas été floués, sont demeurés d'illustres inconnus.

Vers la fin des années soixante-dix, Atari avait pour règlement de refuser que les auteurs des jeux indiquent leurs noms dans le générique. L'un des concepteurs les plus talentueux, Warren Robinet, décida de violer cette règle en plaçant son nom dans une pièce cachée d'un jeu baptisé Adventure. À Salt Lake City, un

La Saga des Jeux Vidéo

gamin de douze ans finit par découvrir la chambre secrète dans laquelle était inscrite la mention « Créé par Warren Robinet. » Aussitôt, le bruit se répandit parmi les joueurs d'un bout à l'autre du continent. Robinet avait fait part à ses collègues de son angoisse pour le cas où ses supérieurs découvriraient cette entorse au règlement. À sa grande surprise, il ne fut jamais convoqué par ses supérieurs, ni réprimandé. Robinet n'en a pas moins quitté Atari quelques mois après la découverte du pot aux roses, comme s'il n'avait pu surmonter le sentiment de culpabilité.

Après avoir écrit la première simulation de flipper, l'ancien postier David Snyder fit fortune et commença par s'acheter une Ferrari. Las, il n'avait pas plus tôt démarré le véhicule que celui-ci échappa à son contrôle, l'amenant à percuter le premier obstacle venu. Lorsqu'il sortit d'hôpital six mois plus tard, sa femme avait demandé le divorce, et, suite aux manœuvres d'un avocat retors, Snyder vit l'essentiel de son pactole partir en fumée !

Le destin a parfois pris une tournure plus rose. Juste avant de se rendre à un salon spécialisé dans les jeux, Gary Carlston, dirigeant de la jeune société d'édition Broderbund apprit qu'il manquait un jeu pour occuper l'une des machines de son stand. À la hâte, il ramassa la disquette d'un jeu qui venait d'arriver par la poste, Karateka, et l'emporta sur le salon. Quelques heures après qu'il ait installé le logiciel, Carlston appela sa secrétaire, d'un ton affolé : « Il faut immédiatement signer un contrat au gars qui nous a envoyé cette disquette. Il s'est formé une queue de deux cent mètres devant notre stand pour jouer à Karateka ! ... » Jordan Mechner, alors livreur de pizzas devint millionnaire en quelques mois.

En France, les années 1980 ont vu éclore toutes sortes de structures opérant de manière anarchique, dans un joyeux capharnaüm. En 1986, Matra Hachette avait lancé Alice, un ordinateur personnel logé dans un petit boîtier rouge. Bruno Bonnell, le fringant capitaine d'Infogrames avait négocié sur le coin d'une table de restaurant un projet de jeu d'aventures : Le jeu des six lys. Une fois rentré à Lyon, dans la frénésie des développements, réunions et batailles avec les banques, il en oublia l'ordinateur Alice et son jeu. Un matin, le téléphone sonna à Villeurbanne et un responsable de Matra rappela que Le jeu des six lys devait être livré, comme prévu, dans deux jours ! « Nous avons passé quarante-huit heures non-stop à programmer le jeu », se souvient Bonnell avec une douce nostalgie. Au milieu de la nuit précédant la livraison, la plupart des employés d'Infogrames dupliquaient encore les cassettes une à une.

Eh oui… Le parcours des créateurs de jeux évoque bien souvent un invraisemblable slalom, une succession d'événements chaotiques, d'accablements, de dépits, de coups de théâtre retentissants, de retournements de situation insensés, et dans le meilleur des cas de victoires éclatantes.

C'est la folle histoire de ces maîtres qui est contée dans les pages qui suivent. Celle d'individus qui ont su créer un nouveau langage universel transcendant le temps et l'espace.

Les enfants de Jules Vernes et de Dali, de Méliès et de Chaplin…

# I   ITINERAIRE D'UN ARTISTE DU JEU ou comment Philippe Ulrich est passé des synthétiseurs aux images de synthèse...

Il y a du ciel dans les diabolos, des reflets bleus dans les Ray Ban et de l'insouciance dans les taches de rousseur des Hollandaises attablées aux terrasses. Paris crépite sous les rayons de l'astre qui aime à pigmenter les peaux. La mousse dégouline du col des bocks, sur l'avenue du faste et des décorations. Aux fenêtres comme sur les bordures, joufflus et maigrelettes s'entassent, se pressent et s'époumonent. Certains quidams animés d'un frêle espoir, scandent « Vas-y Bernard ! Vas-y Hinault ! » tandis que d'autres plus sûrs de leur fait, hissent les couleurs du maillot jaune Joop Zoetemelk. Hardi champion ! En ce 21 juillet, les coureurs font fi des gerçures, des picotements et brûlures. La fièvre gagne les supporters amassés sur le parcours et les cris couvrent les klaxons rageurs.

Seul dans la foule, dérive un homme-bouée filiforme, cousin du gecko lunaire, marquis décadent et plastronné. Il y a du D'Artagnan et de l'améthyste rare dans cette absence maladive, étoile abandonnée sur le parvis d'un sombre été. Tristesse ou désillusion, dans sa démarche émane de l' « à quoi bon ?... ». À quoi bon lutter encore lorsque l'on a frôlé la Voie Lactée, flirté avec le firmament, pour mieux retomber dans l'anonymat, celui de Chateaubriand et d'Eleanor Rigby.

Pareille à un sismographe, l'histoire de ce répliquant aux allures de Mozart romanesque vibre en sinusoïdes. Matin câlin, soirées transies, gloires simulées, acclamations assourdissantes et voyages clandestins en métro forment un quotidien sordide, sous des dehors magnifiques. Le fin cordon qui alimente le vital s'amenuise et se débilite.

Il s'appelle Philippe et c'est un chanteur qui monte. Quelques jours plus tôt, ce dandy aux rimes audacieuces s'est produit sur Europe 1 devant un parterre de lycéens. Intellectuels boutonneux, filles de famille à rubans, babas cool fleurant le henné, surfeuses bronzées, mâcheuses de bubble-gum avec une moue pleine de sous-entendus, toute la panoplie de la génération « couleur menthe à l'eau » était là. À la fin de sa prestation, certains ont accouru pour quémander un autographe. Il s'est empressé de signer cartes postales, cahiers et cartables. À l'heure où Téléphone, Higelin, Bashung et Trust ont réussi à faire sonner un rock à la française, Ulrich s'est insinué avec fantaisie, marquant sa différence sur les guitares métalliques par la propension des boîtes à rythme et instruments électroniques. Et quoiqu'en disent les partisans du néo-punk et d'une new wave encore balbutiante, le courant passe entre Philippe et son public.

Pourtant, quelques minutes après sa prestation radiophonique, le chanteur a retrouvé comme à l'accoutumée sa solitude, dans un complet dénuement. Comme depuis des mois, la production Bagatelle ne lui a pas versé un sou, il n'a même pas les moyens de se payer un ticket de métro. En conséquence, il a dû se résoudre, peu fier, à enjamber les barrières de la station George V pour regagner sa chambre de bonne, dans le cinquième arrondissement. Ce saisissant contraste entre le paraître et le réel l'entraîne vers le repliement d'une romantique isolation.

En cette journée de liesse d'étape finale du Tour de France 1980, un événement d'apparence anodin va redonner goût à la vie au rocker désœuvré. Ses pas traînants le mènent, presque malgré lui, dans le sous-sol d'une galerie, jusqu'à une enseigne baptisée Dune. Des milliers de badauds passent devant cette boutique sans accorder la moindre attention à ses gadgets clignotants. Philippe Ulrich, quant à lui, est happé par une vision.

Dans la vitrine, trône un singulier objet couleur albâtre. Un boîtier élégant qui ouvre des portes vers un autre monde. Lord Sinclair, éminent citoyen de Sa Majesté la Reine d'Angleterre vient de produire le ZX-80, le premier micro-ordinateur à moins de mille francs.

Si Philippe Ulrich sait une chose, c'est qu'il veut cette machine de toute son âme. Qu'importe comment, il trouvera le moyen de l'acquérir. Depuis bien trop longtemps, il rêve de créer de la musique à partir d'un ordinateur. Ce qu'il ignore encore, c'est que la zélée machine va l'aspirer vers un tout autre voyage, plus exaltant encore : la création d'aventures interactives.

Si la vie de Philippe s'apparentait à un jeu vidéo, le scénariste aurait écrit un script tortueux dans lequel le héros après un itinéraire tout en méandres et dérives ne trouverait sa voie qu'à l'aube de la trentaine. Pour corser l'intrigue, ce même auteur aurait placé son personnage dans un contexte où rien ne le prédisposait à devenir un jour l'architecte de cités virtuelles peuplées de créatures artificielles. Le jeu se déroulerait selon plusieurs niveaux au cours desquels, en parallèle à l'histoire principale, Ulrich accumulerait ici et là quelques pépites précieuses : découverte des instruments électroniques, des premiers jeux vidéo, des ordinateurs... Et le joueur ne cesserait de se poser une question : mais quand au juste, va-t-il devenir un créateur de jeu vidéo ?

Issue de nombreuses générations alsaciennes, la famille Ulrich avait migré vers le Sud-Ouest de la France et trouvé refuge au pays de l'Armagnac, à Grenade sur Adour. Dans ce village fortifié de mille cinq cents âmes où les étés étaient torrides et les hivers assez doux, les saisons s'écoulaient au rythme de la nature : vendanges, cueillette des champignons, ramassage des marrons... A la maison, la grand-mère avait coutume de jeter ses ronds de serviettes sur l'énorme poste de télévision qu'elle assimilait à de la sorcellerie : elle ne supportait pas de voir les vaches parler dans les publicités. Une manie qui amusait bien Philippe, le cadet de quatre frères. Intrigué par la conquête de l'espace, ce gamin original s'était mis dans la tête de construire ses propres fusées et au cours d'un été, sa mère avait découvert sous son lit suffisamment de chlorate de soude pour faire exploser le quartier.

Cancre irrécupérable, Philippe était l'antithèse de l'enfant discipliné. Pour soigner le travers, Maman Ulrich avait eu recours à une panacée extrême. Dès qu'il avait eu huit ans, elle l'avait placé dans une école de curés. Elle n'aurait jamais dû...

Lever à cinq heures du matin, méditation durant une heure, vie monastique, déjeuner au pain sec, pas de sorties... Tel fut le quotidien de Philippe Ulrich pendant cinq ans. Peine perdue, car il obtenait des résultats catastrophiques et ne trouvait son refuge que dans la lecture et à la chorale.

Lorsque l'insubordonné rejeton était sorti du petit séminaire âgé de douze ans, il était empli d'un sentiment de révolte. Cet été là, en vacances chez ses parents, il avait ressenti un choc en entendant I want to hold your hand, un 45 tours des Beatles qui véhiculait une électrique énergie. Il avait alors réalisé une chose effroyable : pendant ces années de pension, le monde avait connu une mutation artistique et il avait raté cette évolution majeure ! Il n'eut alors qu'une obstination : rattraper le temps perdu. Après avoir cajolé sa grand-mère plus qu'à l'accoutumée, il se fit offrir sa première guitare électrique et monta son premier groupe. Et tandis qu'il reproduisait le répertoire des Kinks ou des Doors, il se laissa pousser les cheveux et adopta des tenues extravagantes – il lui suffisait pour cela de fouiller dans les armoires de son père, tailleur de son état.

A seize ans, alors qu'il avait essuyé un échec sans retour au lycée, Philippe Ulrich avait appris que le guitariste de son groupe partait pour Capbreton un port de plaisance près de Bayonne. Déterminé à demeurer auprès de son ami, il avait migré vers cette station balnéaire afin d'entrer dans un collège enseignant l'art d'une fine cuisine à base de poisson.

Sur place, Philippe avait découvert un lieu de rêve, au bord de l'océan avec casino, crêperies, restaurants, blondes décolorées et adeptes de la planche ! L'été, le groupe de rock d'Ulrich tournait dans les restaurants et jouait dans la rue. Tout aurait été pour le mieux, s'il n'y avait eu un inconvénient de taille : le collège dans lequel il apprenait les subtilités du Filet de Sole Bonne Femme et de la Crème du Barry n'était pas mixte. Elu chef de classe, Ulrich avait provoqué une réunion avec les parents d'élèves et à coup d'arguments percutants, arraché le vote de la mixité. Comme il se doit, il avait été porté en triomphe par les élèves de l'école hôtelière.

En 1969, fraîchement muni de son CAP de cuisinier, Ulrich avait décroché un emploi près de la frontière espagnole, dans un village de vacances situé au centre des Pyrénées. Ce lieu de villégiature déserté hors de la période estivale était idyllique. Ayant découvert que le solarium situé au sommet du village abritait un équipement de sonorisation, le cuisinier musicien avait savouré des moments royaux. Sa guitare à la main, il s'offrait des concerts d'une inoubliable acoustique, bénéficiant de la réverbération naturelle des chaînes de montagnes alentour.

Cette saveur paradisiaque n'avait eu qu'un temps : la direction du village se montrait hostile à Charlie, le berger allemand qu'Ulrich avait adopté à la S.P.A. Plutôt que de se séparer de l'animal, il avait préféré partir avec son compagnon, s'isoler dans la montagne. Le rebelle s'était improvisé un logement dans un bunker de l'armée révolutionnaire espagnole. Les cheveux gras, il écrivait des textes et jouait de la guitare, se nourrissant de fruits et dévorait les livres qu'il avait emportés. D'Einstein, il savourait quelques phrases-clés : « Des flèches de haine m'ont été lancées mais elles ne m'ont jamais atteint, parce qu'elles faisaient partie d'un monde avec lequel je n'ai aucun lien ».

Au bout de deux mois, lassé d'une telle existence, Ulrich avait marché cinq kilomètres, avant d'arriver à deux heures du matin dans un village catalan, Puigcerdat. Ne sachant où aller, il s'était rendu au dancing local, la Gazzara, s'était assis à une table puis écroulé, terrassé par le sommeil. Au petit matin, le disc-jokey était venu le réveiller, puis l'avait invité à prendre un verre. De fil en aiguille, Ulrich avait interprété quelques compositions. Le patron de l'établissement, Jordi, avait alors insisté pour qu'il vienne jouer tous les soirs en échange du gîte, du couvert et de quatre-cents francs par concert ! Pour assurer sa prestation, Ulrich avait monté un groupe avec un américain de passage et deux catalans. Et comme les textes de ces derniers étaient violemment anti-franquistes, il se retrouvait parfois arrêté par la police espagnole et mené manu militari aux autorités françaises. Régulièrement, Jordi revenait le chercher pour qu'il reprenne sa place sur la scène de la Gazzara.

L'adolescent qui gagnait confortablement sa vie avait jugé le moment opportun pour reprendre contact avec ses parents. Il avait alors appris qu'une lettre était arrivée de l'armée : s'il ne rejoignait pas aussitôt sa caserne pour démarrer son service militaire, il serait déclaré déserteur. Contraint de rentrer illico au pays, Philippe Ulrich avait été incorporé à Toulon dans l'infanterie de marine. Il s'était porté volontaire pour partir à Tahiti. Peu de temps après, il opérait comme cuisinier sur Hao, un atoll surréaliste de trente mètres de large et deux cents kilomètres de long, sur lequel vivaient vingt mille légionnaires chargés de surveiller des armes nucléaires. Ironie du sort, tous les soirs, les militaires devaient se résoudre à visionner le seul film disponible sur la base : le très contestataire Easy Rider !

De retour en Europe, Ulrich avait gagné la Suisse. À Bâle, tandis qu'il participait à la cuisine du buffet de la gare, il s'était porté volontaire pour participer aux expériences de la firme Ciba-Geigy sur un nouveau produit. Il ignorait alors que la substance testée n'était autre que le L.S.D. Suite à plusieurs malaises et mauvais trips, il décida de quitter les lieux.

De retour dans les Landes, Philippe Ulrich avait monté une communauté, une coutume dans l'air du temps. En pleine campagne, non loin de Grenade sur Adour, au Padget, il avait acheté une ferme au bord d'une rivière, entourée de trois hectares de terrain et d'une forêt. Il invita des musiciens locaux à partager son toit, tandis qu'il continuait à écrire des chansons. Un ami ayant déniché d'immenses baffles de théâtre, des fêtes étaient régulièrement organisées, auxquelles étaient conviés les villageois des environs. Au passage, Philippe avait fait la connaissance d'un petit gaillard aux courts cheveux blonds, François Paupert, qui adorait bricoler d'incroyables instruments électroniques. Philippe avait alors découvert, les stupéfiantes possibilités du traitement des ondes sonores, Paupert n'avait de cesse de « créer un nouveau son extraordinaire que jamais personne n'a entendu ».

Suite à l'impulsion de Paupert, la pièce principale de la ferme avait été convertie en studio d'enregistrement, traversée de câbles reliés à des caisses recelant de singuliers appareils et oscilloscopes dignes de Prométhée. Aidé de son spécialiste en technologie, Ulrich avait entrepris de construire sa première boîte à rythme en détournant un carillon de porte. La curiosité poussait les deux compères à acheter d'étranges revues telle que Elektor où l'on évoquait les possibilités futures d'une machine hors de prix appelée ordinateur. Subrepticement, le paysage onirique des sorciers du fer à souder se tissait de composants et de circuits imprimés…

Chaque jour, à midi, les musiciens se rendaient chez Pierrette, un café situé à quelques kilomètres de la ferme et se jetaient sur le baby foot et les flippers. C'est là qu'Ulrich découvrit pour la première fois une étrange machine qui simulait une partie de tennis sur un écran verdâtre et produisait un bip strident lorsque l'on frappe la balle. Il ignorait alors qu'il était train de manipuler Pong, le premier jeu vidéo et ne réalisa pas immédiatement qu'il reposait sur une technologie d'un goût nouveau…

La frénésie pour ces drôles d'appareils allait s'intensifier avec l'arrivée de Breakout, un jeu où il fallait casser les briques d'un mur kafkaïen et de Space Invaders, qui nécessitait de riposter aux tirs de vaisseaux extraterrestres.

Un soir, dans une boîte locale, Ulrich avait croisé le chanteur Nicolas Peyrac, qui venait de sortir son premier tube, So far away from LA. Lorsqu'il lui avait fait part du désir de vivre de ses chansons, Peyrac avait donné un tuyau :

— Va voir de ma part Philippe Constantin, aux éditions musicales Pathé Marconi à Paris.

Quelques semaines plus tard, Ulrich débarque au petit matin dans la capitale avec pour bagage, une valise pleine de textes et de bandes magnétiques. Depuis un café des Champs Elysées, il avait appelé les éditions Pathé Marconi. Plusieurs heures s'étaient écoulées avant qu'il ne tombe sur une secrétaire qui déclara que Philippe Constantin arrivait alentours de midi et qu'il n'était pas question de le rencontrer sans rendez-vous préalable. Le baladin du sud-ouest avait alors forcé le destin :

— Je viens de couvrir mille kilomètres pour voir Monsieur

Constantin, j'ai une recommandation de Nicolas Peyrac. Je vous rappellerai le temps qu'il faudra mais il faut que je le rencontre.

De guerre lasse, Ulrich avait obtenu le directeur artistique, qui avait lâché :

— Vous êtes à côté ? Bon, venez ! Mais je vous préviens... J'ai très peu de temps à vous accorder.

Alors qu'il gérait la carrière d'artistes en vogue tels que Julien Clerc et Jacques Higelin, le directeur des éditions musicales ne payait pas de mine. À l'accueil, Philippe Ulrich avait avisé un individu habillé de manière quelconque, portant des cheveux châtains peu soignés. S'agissait-il du balayeur de l'immeuble ? Il lui avait demandé :

— Où se trouve Philippe Constantin ?

— C'est moi, avait répondu le trentenaire au visage fatigué.

Dans le vaste bureau, Ulrich avait extrait de sa valise une impressionnante quantité de bandes et paroles de chansons. Agacé, Constantin n'avait pas caché qu'il n'appréciait pas les mélodies du bohème landais. En revanche, devant la profusion des textes dont il parcourait les premières lignes, il s'était adouci. Imbibée des Fêtes Galantes de Verlaine, l'inspiration témoignait d'un univers hanté par la science-fiction et la technologie :

*Les colonies, les mines d'uranium,*

*Les pelles mécaniques sur le sol de Saturne*

*Ma peau couleur de brique brûlée par les rayons*

*Et l'étrange musique de nos casques de plomb...*

Philippe Constantin avait conseillé au provincial de demeurer quelques jours dans la capitale. Désargenté, Ulrich avait passé sa première nuit parisienne dans le métro. Le lendemain, Constantin l'avait mis en contact avec Thierry Durbet, un arrangeur issu du Conservatoire. Avec ses cheveux d'un noir d'encre de chine, son jean moulant et ses éternelles santiags, Durbet évoquait un descendant de Cochise.

Itinéraire d'un artiste du jeu

Tout aussi dénué de ressources que son homologue gascon, Durbet logeait chez un ami musicien, Charles Callet. Ulrich avait été convié à s'installer dans ce bel appartement cossu du quinzième arrondissement parisien. Atteint de nanisme suite à une malformation osseuse, Callet avait une personnalité extravagante et bouffonne qui faisait immédiatement oublier son physique. Ayant fait fortune grâce à une chanson qui avait fait le tour du monde, Callet dépensait ses deniers sans compter, au risque d'épuiser progressivement son magot.

Dans la pièce principale, Ulrich avait découvert un studio d'enregistrement avec un magnétophone quatre pistes et un incroyable instrument : le synthétiseur Mini Moog, ancêtre des ordinateurs musicaux qui devaient voir le jour dans les années quatre-vingts. La découverte de ce générateur de sons lunaires avait été une sacré surprise.

Ulrich et Durbet avaient répété sans relâche, l'orchestrateur étant doté d'une puissance de travail phénoménale. Pour subvenir à leurs besoins, ils avaient accepté une offre d'emploi de la chanteuse Rika Zaraï qui cherchait des techniciens à même de gérer de la logistique de ses tournées. Tous les jours, aidés d'un troisième larron, Jean-Marc Fassart, ils passaient plusieurs heures à ranger trois tonnes de matériel dans un camion. Après avoir sillonné les routes jusqu'au crépuscule, ils débarquaient dans un théâtre et devaient, en un temps record, décharger l'équipement et assurer la « balance ». Une fois le concert terminé, il fallait encore replier les câbles et recharger le camion. Lorsqu'ils reprenaient la route nocturne, Durbet, épuisé, conduisait la tête hors de la vitre pour ne pas s'endormir.

Régulièrement, les roadies entreposaient le matériel de la chanteuse dans un studio parisien. Bâti au sein d'un théâtre vidé de ses sièges, le Studio Z regorgeait d'instruments superbes. Sur place, Ulrich et Durbet voyaient défiler producteurs et vedettes et assistèrent à quelques séances d'enregistrements épiques de Sylvie Vartan ou Francis Lalanne. De fil en aiguille, le technicien du studio en était venu à leur dire :

— Si vous voulez faire votre album, je vous donne les clés, vous faites cela la nuit et je ne veux rien savoir.

Le premier disque de Philippe Ulrich avait été mis en chantier à l'heure où les Parisiens dorment d'un sommeil profond. Grâces aux subsides de Fassart qui avait cassé sa tirelire pour l'occasion, plus de soixante-dix musiciens, choristes et violonistes intervenaient sur les orchestrations de Durbet. Une nuit, le guitariste Jean-Michel Kajdan, qui passait par là avait accepté de faire une prestation à titre gracieux.

Après un an de travail, l'album d'Ulrich, avait été signé chez Bagatelle, une maison dirigée par Denis Bourgeois. Ce vieux routard fumant la pipe, avait jadis monté l'édition avec Boris Vian. Ulrich avait découvert que toutes les chansons de Gainsbourg se trouvaient dans les murs et que les armoires débordaient de bandes inédites, telle une version de Je t'aime, moi non plus avec Brigitte Bardot en lieu et place de Jane Birkin.

Ulrich avait terminé son album dans le sous-sol des éditions Bagatelle et au hasard de ses expérimentations sonores, avait découvert de nouveaux instruments électroniques. Intrigué, il s'attelait à percer le mystère qui présidait à la constitution des sonorités de l'ARP et autres synthétiseurs de première génération. Lentement mais sûrement, le chanteur amorçait une liaison dangereuse avec l'informatique musicale. Ses rares deniers, il les dépensait dans des gadgets tels que le Casiotone qui permettait de programmer une musique. En parallèle, il dévorait les premiers numéros de la revue l'Ordinateur Individuel, ébahi par les systèmes présentés au fil des pages. Ulrich se surprenait à rêver du jour où il lui serait possible de piloter un synthétiseur à partir d'un ordinateur. Mais les modèles d'alors, l'Atari 800, l'Apple 2 ou le PET de Commodore, étaient hors de prix.

Lors de sa sortie en juin 1979 chez CBS, l'album d'Ulrich avait été accueilli avec une aimable curiosité de la part des médias. Jean-Louis Foulquier de France Inter s'était pris d'admiration pour le chanteur maigre comme un clou qu'il surnommait « le rayeur de baignoires ». Hélas, le titre recommandé par Serge Gainsbourg comme 45 tours, Le Roi du Gas Oil, avait déplu à

Europe 1. Le responsable des programmes avait cru reconnaître dans le texte moqueur une satyre de l'avionneur Marcel Dassault et la chanson avait été interdite d'antenne.

Ce qu'ignorait Ulrich lorsqu'il avait signé chez Bagatelle, c'est que cette édition était au bord de la faillite. Alors que Le Roi du Gas Oil était diffusée plusieurs fois par jour sur certaines radios et avait atteint les premières positions du hit-parade du magazine Sud Ouest, Ulrich n'en retirait qu'une infime rétribution.

Faute de revenus suffisants, Ulrich s'était retrouvé dans une petite chambre de bonne où il devait s'éclairer à la bougie, l'électricité ayant été coupée. Lorsqu'il ne parvenait pas à se faire inviter dans l'un des cocktails chics où se côtoie le gratin de la chanson, il se nourrissait d'une baguette de pain et d'un verre de lait. Dans un moment désespéré, il en était venu à dérober des camemberts dans un supermarché. Pourtant, lorsqu'il rencontrait une connaissance, le chanteur, toujours impeccablement habillé, ne laissait rien paraître de sa détresse.

Pour couronner le tout, Bagatelle était désorganisée. Lorsque Jean-Louis Foulquier avait appelé l'édition pour inviter Ulrich au festival d'Antibes - Juan-les-Pins, Denis Bourgeois avait oublié de lui relayer l'information. Par la suite, des amis du Sud l'avaient appelé pour dire qu'ils avaient vu des affiches dans lesquelles il cohabitait avec le groupe Téléphone et Jacques Higelin. Hélas, un magazine local avait titré, vengeur : « Ulrich a brillé par son absence ».

Au fil des mois, le chanteur avait sombré dans une morne dépression, demeurant des jours entiers dans sa chambre, n'osant plus contacter personne. Le jour où il avait voulu s'acheter un paquet de cigarettes, il s'était aperçu qu'il n'avait même plus de voix. Le fond du gouffre n'était plus très loin.

En cet après-midi de juillet 1980, le personnage de cet étonnant jeu de rôle traîne son désespoir sur les Champs Elysées lorsqu'il aperçoit le ZX-80 dans une boutique...

Ce jour-là, le blanc bijou lui a adressé un message prémonitoire, annonciateur de jubilations curatives.

Philippe Ulrich ignore comment il a pu réunir la somme nécessaire pour acquérir cette réplique miniature d'une navette spatiale. Une muraille de matelas empilés en hommage aux bâtisseurs de la tour de Babel s'est dressée entre le souvenir et l'acte. Il voulait cet ordinateur et il l'a eu. Il pense alors l'utiliser pour créer de la musique électronique...

Dans sa chambre de bonne, le musicien malingre allume le Sinclair ZX-80 après l'avoir relié à l'écran de son antique téléviseur. L'attraction est suffisamment forte pour que Philippe entame la lecture du manuel de l'utilisateur du ZX-80. Au bout de quelques heures, il tape son premier programme en langage BASIC. Il tape alors « RUN » (exécuter) et l'ordinateur entre en conversation :

— Quel est ton nom ?

Ulrich s'empresse de taper son prénom. Ce à quoi l'intellect de silicone répond :

— Bonjour Philippe.

S'il tente de frapper un autre nom, la machine le rejette :

— Excuse-moi mais Philippe est mon maître et donc je ne peux pas te parler.

Cet embryon de conversation avec l'engin à vocation humanoïde agit comme un révélateur.

« Si ce que je vois est vrai, » pense Ulrich, « alors nous avons franchi une étape aussi importante que l'invention de la locomotive ou la découverte de l'électricité. Si cette machine est capable d'emmagasiner un concept conversationnel que je lui ai instruit, alors tôt ou tard, je pourrai me cloner dans cette machine ! »

L'étonnement cède alors place à l'envoûtement : chaque fois qu'il demande à cet émule de R2-D2 de réaliser ce qu'il lui a demandé, il s'exécute !

La découverte de l'ordinateur de Sinclair tombe à pic pour le musicien désœuvré, qui, puisqu'il n'a rien d'autre à faire, peut se consacrer sans réserve à l'apprentissage de la programmation du ZX-80. Il passe jusqu'à vingt heures par jour devant sa machine.

Le 19 novembre 1980, Denis Bourgeois qui dirige l'édition Bagatelle envoie une lettre dans laquelle il annonce la fin du contrat qui le lie avec Philippe Ulrich. Qu'importe...

Amorçant un virage à 180°, le rocker qui marchait sur les traces d'Arthur Rimbaud et de Tangerine Dream découvre progressivement qu'il y a plus de galaxies à découvrir dans la trituration des pixels que dans celle des synthétiseurs.

Pour Ulrich qui affectionne le monde de l'image, le ZX-80 présente un énorme défaut : il n'est pas en mesure d'effectuer des calculs et d'afficher un dessin simultanément. Faute d'une telle capacité, l'animation s'effectue de manière saccadée, à la façon de flashs lumineux répétitifs, ce qui entraîne une gêne oculaire. Or, ce dont rêve Ulrich, ce serait de reproduire sur l'ordinateur de Sinclair, les jeux auxquels il a eu loisir de s'adonner dans les bars et salles d'arcade.

Passant outre les limitations du ZX-80, il entreprend de programmer son premier jeu, un clone de Space Invaders, ce best-seller d'Atari dans lequel un lance-missiles placé au sol doit abattre des vaisseaux extraterrestres tout en évitant de se faire pilonner par les tirs des envahisseurs.

Une fois son jeu terminé, Ulrich en devient le premier utilisateur. À le voir s'escrimer pendant des heures, en larmes devant l'écran tremblotant, son entourage se demande bientôt s'il n'est pas devenu cinglé.

— Mais qu'est-ce que tu fabriques ? Tu es en train de te bousiller les yeux, s'écrie sa compagne Nelly.

Trop tard... Le plaisir est intense. La fascination que Philippe Ulrich éprouve lorsque les vaisseaux spatiaux évoluent à l'écran est telle qu'il en oublie sa passion première, la musique pour se consacrer uniquement à la programmation. Pour preuve, Philippe ne cesse de prédire à Nelly qu'il va trouver tôt ou un tard une solution technique pour rendre l'image stable !

Vers le milieu de l'année 1981, Lord Sinclair sort un nouvel ordinateur, le ZX-81 et Ulrich l'acquiert dès sa sortie, au risque d'affoler sa banque qui voit les découverts s'amplifier démesurément. Malgré les crises de spasmophilie qu'engendre un régime minimal, Philippe préfère rogner sur le budget alimentation plutôt que sacrifier une once de la délectation informatique, seule bouée d'une existence en perdition. La programmation agit comme une thérapie. De temps à autre, il se fait rémunérer par des familles bourgeoises du 16ème arrondissement auxquelles il prodigue quelques cours particuliers d'introduction à l'informatique.

Avec le ZX-81, Sinclair a résolu les problèmes de clignotements de l'écran et cet ordinateur peut donc gérer des figures animées sans engendrer de soubresauts à l'affichage.

Ulrich, qui avait inséré son précédent ordinateur dans un boîtier en bois, décide de leurrer sa compagne. Un soir, sans lui en souffler mot, il entreprend d'extraire le ZX-80 de son coffrage et substitue le nouvel ordinateur en lieu et place du précédent. Puis, en pleine nuit, il réveille Nelly et lui dit :

— « Regarde ! J'ai résolu mon problème ! L'écran ne tremble plus ! »

Ulrich adapte sur le ZX-81 un autre jeu célèbre, Othello. Après deux mois de travail intense, il teste son programme et découvre bientôt avec stupeur, qu'il n'arrive plus à le battre ! Il a alors l'impression d'être en contact avec un objet de science-fiction.

Il s'attaque ensuite à l'écriture d'un jeu original, Panic, dans lequel un personnage doit monter des choux jusqu'au dernier étage d'une maison tout en évitant les attaques insidieuses de monstres suspendus au plafond.

Au bout de quelques semaines, le programmeur acharné

découvre alors qu'il a atteint les limites du ZX-81. S'il veut pouvoir loger Panic dans la machine, il lui faut davantage de « mémoire » – sous forme de puces à enficher dans l'ordinateur. Il se rend dans les locaux de la société Direco, qui importe le ZX-81 en France. Au cours de la conversation avec les deux jeunes dirigeants, Philippe extrait une cassette de sa poche et présente le programme Othello qu'il a patiemment mis au point dans sa chambrette.

Stupeur, les gérants de Direco lui font part de leur volonté de commercialiser un tel logiciel ! La transaction s'effectue le plus simplement du monde : en échange du droit de distribuer Othello, Direco offre au programmeur des barrettes de mémoire et d'autres accessoires pour le ZX-81. Une aubaine pour Ulrich qui n'est pas conscient d'avoir été dupé.

Au cours d'une visite chez Direco, le musicien reconverti en programmeur fait la connaissance d'un étudiant en médecine qui partage la même passion pour les jeux informatiques. Le jovial Emmanuel Viau travaille sur un utilitaire d'impression, ZX-Print, et réalise ses programmes dans une armurerie dont il assure la surveillance. Viau qui est vêtu de façon sage ne manque pas d'être étonné par le K-Way vert et rose que porte Ulrich. Pourtant, les deux aficionados du ZX-81 sympathisent et bientôt, passent des nuits entières à programmer dans la chambre de bonne de Philippe, tandis que Nelly dort dans un coin. Puis les liens se distendent et Ulrich survit de petits boulots, en réalisant des enquêtes d'opinion pour le compte de l'Elysée.

Au cours de l'année qui suit, les créations d'Ulrich, Othello et Panic tout comme le ZX-Print, sont diffusées par Direco sur chaque ZX-81 vendu en France. Elles se répandent par dizaines de milliers d'exemplaires sans que leurs deux auteurs ne voient jamais la couleur de l'argent. Viau et Ulrich découvrent progressivement que Direco a fait une bonne affaire en acquérant la licence de leurs jeux sur la base d'un échange de matériel. Frustré, Viau songe alors à fonder une société d'édition de logiciels.

La société Ere Informatique est constituée le 28 avril 1983. Emmanuel Viau a réussi à convaincre son père de lui prêter les fonds nécessaires à la création de l'entreprise.

Il négocie un arrangement avec Direco : les deux champions du BASIC seront désormais rémunérés au nombre de cassettes vendues. Ils publient bientôt un clone de Pac-Man, un jeu de questions sur l'histoire de France, un programme d'apprentissage des mathématiques pour les enfants.

Pour que Ere Informatique puisse se développer, il lui manque un toit.

Le 7 février 1984, Ulrich est à la maternité, au chevet de Nelly qui donne naissance à son premier fils. Emmanuel Viau entraîne l'heureux papa hors de l'hôpital et l'emmène rue de Léningrad. Il arrête alors sa Citroën GS devant la petite boutique d'un ancien magasin de chaussures.

— Je te présente Ere Informatique ! Nous allons pouvoir désormais diffuser nos jeux à grande échelle !

Ainsi se termine le premier niveau de la saga d'Ulrich. Sans accorder le moindre répit à l'âme harassée de sa victime, la pieuvre ludique a déroulé ses tentacules ensorceleurs, et de mémoire, elle est connue pour ne jamais lâcher prise. Le film interactif qui ressemble comme deux gouttes d'eau à l'épopée d'Ulrich ne fait pourtant que commencer.

Comment l'ancien chanteur désabusé pourrait-il imaginer que ses jeux vidéo vont bientôt faire le tour du monde ?

## II  PONG - Que le jeu vidéo soit !

« Je n'ai pas inventé les jeux vidéo. Je suis juste le type qui a vu cela dans les laboratoires informatiques et qui s'est dit : mon Dieu, les gens normaux devraient aimer cela aussi ! »

Ainsi s'exprime Nolan Bushnell, l'homme par qui tout a commencé...

Il n'y avait rien. Il y eut Pong et rien ne fut plus jamais plus comme avant. Entre les deux, se trouvait Bushnell. Quand bien même certains lui disputent aujourd'hui le titre de « le père des jeux vidéo », Bushnell est celui qui a allumé la mèche, celui qui a mis le feu aux poudres...

Le premier jeu électronique de l'Histoire a été Tennis for two de l'ingénieur William Higinbotham du Laboratoire National de Brookhaven dans l'Etat de New York. En 1958, afin d'impressionner les visiteurs du laboratoire, Higinbotham avait jugé utile de connecter un ordinateur à un oscilloscope !

Tennis for Two faisait apparaître sur l'écran une ligne horizontale séparée par un petit trait vertical symbolisant un court de tennis. Plus haut, apparaissait une trace lumineuse symbolisant une balle. Sous l'œil fasciné des autres visiteurs, deux testeurs s'installaient devant l'oscilloscope perché sur une boîte noire et prenaient chacun en main un boîtier muni d'un bouton rotatif pour modifier l'angle de tir et d'un bouton-pression pour tirer.

« Si j'avais réalisé alors l'ampleur d'une telle attraction, j'aurais pris un brevet et le gouvernement américain en aurait été propriétaire », a déclaré Higinbotham.

L'attraction Tennis for Two ne fut présentée que durant deux années suite à quoi, l'ordinateur et l'oscilloscope furent affectés à d'autres tâches.

En 1961, le programmeur Steve Russel qui se trouvait au

Massachusetts Institute of Technology a inventé un jeu afin de tester les capacités graphiques de l'ordinateur DEC PDP-1. Il en a résulté Space War. Des vaisseaux apparaissant sous la forme de triangles évoluent autour d'une planète à très forte gravitation matérialisée par un point blanc sur le fond vert de l'écran phosphorescent. Comme cet astre irradie l'énergie qu'il capte d'un soleil proche, les joueurs doivent faire voler leurs fusées à une distance suffisante pour recharger leurs batteries, tout en évitant d'être capturés par l'attraction de cette planète et aussi d'entrer en collision avec des astéroïdes voisins.

Le 1er septembre 1966, l'ingénieur Ralph Baer en poste chez Sanders a rédigé un document dans lequel il expliquait comment on pourrait relier un appareil de jeu à une télévision. Sanders, fabricant de systèmes de défense aériens, a autorisé Baer à développer ses recherches. En janvier 1967, le technicien Bill Harrison a finalisé un prototype sous la supervision de Baer. Cette même année, le premier modèle d'un jeu de ping-pong a été mis au point.

En juillet 1970, Ralph Baer a présenté sa machine de jeux à Magnavox. Neuf mois plus tard, ce fabricant de téléviseurs a décidé de construire cette machine dans ses usines du Tennessee. Odyssey a vu le jour en mai 1972. L'ancêtre des consoles de jeu est fort coûteux, peu facile à brancher et à régler et nécessite de placer des plastiques transparents sur l'écran de télévision.

Pong, qui sort quelques mois plus tard sous l'impulsion de Nolan Bushnell va s'imposer par sa très grande simplicité d'usage...

S'il fallait en effet résumer en une formule ce qui a distingué Nolan d'autres ingénieurs de son époque, c'est la combinaison d'un talent pour les sciences et d'un goût immodéré pour le « fun ». Il est vrai qu'au moment de ses études, le jeune Nolan s'est senti en phase avec le flower power, qu'il a pleinement adhéré à la contre-culture ambiante, aux idées d'une époque où l'on célèbre l'aptitude à rêver d'un autre futur.

Fils d'un entrepreneur en bâtiment de l'Utah, Nolan est né dans une ville austère non loin du Grand Lac Salé. Très tôt, sa mère a renoncé à faire le ménage de la chambre de ce Géo Trouvetout : elle avait trop peur de se faire électrocuter. Dès l'âge de six ans, Nolan a construit un panneau de contrôle pour véhicule spatial qu'il a encastré dans un cageot d'oranges. Le jeune dévoreur de romans de science-fiction était friand d'expérimentations spectaculaires et, comme les contraintes terrestres l'ennuyaient, il ambitionnait déjà, à son humble niveau, de faire reculer les limites de la science. Son fait d'armes a consisté à provoquer un début d'incendie dans le garage paternel, suite à l'autopropulsion incontrôlée d'une fusée sanglée à un patin à roulette, alimentée d'un liquide de sa propre conception.

En 1953, à l'âge de dix ans, Nolan est devenu le plus jeune radio-amateur de l'Utah, avec une maîtrise ahurissante de l'électronique. L'une de ses plus fameuses blagues a consisté à attacher une ampoule électrique à un cerf-volant afin de faire croire aux habitants de sa ville qu'une invasion extraterrestre était imminente. Une autre fois, il a simulé l'assassinat d'un camarade de lycée. Depuis une voiture où il se tenait encagoulé, il a tiré deux balles, provoquant une giclée de ketchup sur son complice qui a feint de s'écrouler à terre. Ses centres d'intérêt se sont plus tard élargis vers le ski et le basket-ball, laissant un peu de répit à ses parents anxieux.

A l'Université de l'Utah, Bushnell s'est inscrit aux sessions d'ingénierie, d'économie, de philosophie et de mathématiques, signe d'un esprit curieux de tout. Tandis qu'il poursuivait ses études, il a créé sa première entreprise, Campus Company, qui produisait des buvards portant des réclames, distribués gratuitement aux étudiants. Bushnell a récolté trois mille dollars pour un investissement six fois moindre. Il a ensuite décroché un autre travail dans un parc à thème proche de l'université : sa prestation se résumait à deviner le poids et l'âge des visiteurs.

Bushnell a ensuite gagné la Californie afin de suivre les cours d'ingénierie électrique donnés par Evans et Sutherland. Ces deux professeurs traitaient d'une discipline encore embryonnaire : le mariage de l'ordinateur et de l'image — ils ont par la suite créé une société qui a révolutionné le domaine de l'image de synthèse. C'est à leur contact que Bushnell a découvert le jeu Space War. Très vite, Bushnell a développé une redoutable addiction pour Space War. Lui et ses amis profitaient des premières heures du matin pour venir s'adonner à ce jeu, les ordinateurs de l'université demeurant allumés vingt-quatre heures sur vingt-quatre.

Dès cette époque, à la différence de ses collègues qui avaient pour ambition de faire carrière dans l'industrie ou le génie civil, Bushnell a entrevu d'immenses débouchés dans les applications ludiques de l'informatique – selon lui, la technologie devait avoir pour but premier de divertir avant même de servir pour des choses sérieuses. Il se plaisait à imaginer l'impact qu'un jeu comme Space War pourrait avoir dans un parc d'attractions tel que celui où il avait travaillé l'été précédent. Sans nul doute, les gens seraient ravis de débourser vingt-cinq cents la partie.

Son diplôme en poche, Bushnell tente de se faire recruter par Disney, en vertu de l'admiration qu'il éprouve pour l'entreprise qui a créé les centres de loisirs d'Annaheim et de Miami, et qui recèlent le nec plus ultra en matière de technologie.

« Les gens ne se rendent pas compte que le divertissement ouvre une porte vers le futur, et que la plupart des produits d'avant-garde démarrent sous la forme de jouets, et non pas d'objets immédiatement nécessaires », explique le postulant.

Peine perdue. La maison qui a vu naître Mickey est insensible à ses avances. Le soupirant déçu cède aux appels d'une sirène moins glamour qui lui offre au moins un poste confortable ; il s'agit du fabricant de magnétophones Ampex.

Le revers de cette situation feutrée se fait bientôt sentir. Tandis que l'ingénieur Bushnell conçoit les circuits des machines d'Ampex, il se reprend à penser à Space War et caresse le rêve de monter sa propre entreprise, laquelle vendrait des jeux informatiques. Ce qui freine son ardeur est la réalité économique : les ordinateurs de l'époque sur lesquels il a pu jouer à l'université coûtent la bagatelle de huit millions de dollars. En théorie, il faudrait que deux cent cinquante-deux millions de parties soient effectuées avant qu'un jeu informatique devienne rentable !

Un matin, Bushnell reçoit un dépliant publicitaire pour un nouvel ordinateur de Digital vendu pour la modique somme de dix mille dollars. Il jubile alors ; le prix de cet appareil permettrait d'envisager la production d'un objet grand public !

Dans le laboratoire de fortune installé dans la chambre de sa fille, Bushnell produit sa propre version de Space War, à partir d'un assemblage de circuits intégrés reliés à un téléviseur. Il présente sa création, baptisée Computer Space, à un petit fabricant de flipper qui se montre séduit au point de lui proposer une embauche. L'appel du large est trop fort et Bushnell quitte Ampex afin de superviser la construction en série de sa machine. Mille cinq-cents exemplaires sortent des ateliers.

Hélas, Computer Space est un flop, les consommateurs le trouvant trop compliqué - il est nécessaire de lire une page entière d'instructions avant de pouvoir l'exploiter. Dépité, Bushnell quitte la compagnie, tout en ayant bien appris la leçon : ce qu'attend le public, ce sont des jeux simples et immédiatement praticables.

« J'ai découvert tardivement que les gens n'étaient pas prêts à lire des instructions, les jeux se devaient d'être immédiatement jouables », témoigne-t-il.

En ces heures glorieuses, la Silicon Valley est frémissante, l'apparition des premiers circuits intégrés ayant ouvert la voie à une nouvelle industrie. La vague hippie modifie les horizons de la jeune génération et celle-ci remet en question les valeurs traditionnelles. Nolan Bushnell, qui s'est laissé pousser la barbe, adhère pleinement à ce courant hédoniste et libertaire. Il décide donc que le moment est tout à fait opportun pour créer une entreprise de jeux informatiques. Détourner la sérieuse machine qu'est l'ordinateur pour créer des applications ludiques s'inscrit parfaitement dans la mouvance contestataire.

Bushnell fonde une société qu'il baptise Syzygy en choisissant le dernier mot du dictionnaire commençant par la lettre S. Ce mot anglais désigne l'éclipse totale du soleil et de la terre. Il se ravise toutefois lorsqu'il découvre qu'une autre entreprise porte déjà ce nom. À défaut, il choisit Atari, un terme du jeu de go signifiant que l'on vient de faire un mouvement décisif et que son adversaire est sur le point d'être mis en échec.

L'entreprise, qui réside pendant quelques semaines dans un garage de location est fondée en Californie grâce aux deux cent cinquante mille dollars que Nolan Bushnell emprunte auprès d'amis, de sa famille et accessoirement de sa banque.

La machine de jeu à laquelle rêve Bushnell doit répondre à trois facteurs : offrir de l'animation, être concevable en un temps raisonnable, avoir un coût de fabrication réduit afin qu'il soit possible de la vendre aux familles. Le concept d'une simulation de conduite automobile est rapidement écarté, car la mise en chantier d'un tel projet présente une invraisemblable complexité.

Le 24 mai 1972, Nolan Bushnell assiste à Burlingame en Californie à la présentation de la console Odyssey de Magnavox, comme en témoigne le registre des visiteurs conservé ce jour-là. Sur place, il joue à plusieurs jeux dont l'un simule une partie de ping-pong.

Bushnell n'est pas particulièrement impressionné par la console de Magnavox. En revanche, l'idée d'un jeu de tennis fait tranquillement son chemin. Quelques semaines plus tard, Atari compte comme premier employé, Al Alcorn, que Nolan débauche d'Ampex pour ses très hautes capacités en ingénierie électronique. Pour attirer cet homme jovial et rondouillard vers sa jeune société, il use d'un subterfuge et prétend avoir obtenu un contrat de la GE (General Electric) portant sur la fabrication d'une machine ludique. Alcorn se laisse séduire et quitte son poste doré. Un autre ingénieur d'Ampex rejoint l'équipe, Teb Dabney.

Les ingénieurs abordent le problème d'une machine de jeu d'un point de vue pragmatique : étant donné les composants électroniques disponibles sur le marché en cette année 1972, quelle pourrait être l'application ludique la plus simple possible ? Bushnell, Alcorn et Dabney ont l'idée d'un jeu qui s'inspirerait de l'une des démonstrations entrevues sur la console Odyssey avec une nuance : la simulation de tennis d'Atari sera réduite à sa plus simple expression. Pong est ainsi conçu.

Sur l'écran de la machine dont ils tracent le croquis, des traits symbolisent un court doté d'un filet central. Une balle symbolisée par un carré blanc lumineux rebondit de part et d'autre de la surface du tube cathodique. À l'aide de manettes latérales commandant deux raquettes virtuelles (deux traits blancs verticaux), les joueurs devront intercepter cette balle et la renvoyer vers l'autre côté du court. Si l'un d'eux la rate, elle disparaît et il perd alors un point. Travaillant comme un damné jour et nuit, Alcorn se démène pour construire la première machine.

Plus tard, Ralph Baer accusera Bushnell de plagiat et revendiquera la paternité du jeu vidéo. En réalité, le fait est ailleurs. Baer est un ingénieur de génie âgé de cinquante ans en 1972 alors que Bushnell est un jeune entrepreneur de vingt-neuf, en phase avec la rébellion de son époque et prêt à en découdre avec le monde. Avant tout, son mérite est d'avoir très vite senti le potentiel offert par une machine de jeu. Magnavox vend une machine de jeu inventée par Ralph Baer. Bushnell va créer un empire du divertissement.

« J'ai toujours pensé que le jeu vidéo exploserait un jour. Ce que je n'avais pas prévu, c'est qu'il puisse exploser aussi vite » dira plus tard Nolan Bushnell...

Trois mois plus tard, le premier prototype de Pong est prêt. Il intègre une série de composants électroniques contrôlant l'affichage vidéo. L'ensemble est animé par un logiciel codé dans les circuits, qui calcule la trajectoire de la balle, anime celle-ci et évalue les collisions avec les raquettes. Seule déception : Pong a nécessité une électronique plus importante que prévu, ce qui écarte la possibilité de la vendre comme jouet ou gadget.

Bushnell opte pour la construction d'une cabine volumineuse afin qu'il soit possible de vendre la machine dans les salles de jeux – appelées « arcades » aux Etats-Unis. Inséré dans une colonne en bois foncé, le montage d'Alcorn est relié à un tube cathodique et à deux petits volants externes assurant la manipulation de la balle. Une caisse est vissée sur le côté du coffre.

Bushnell persuade le patron d'un bar de Sunnyvale, Andy Capp's Cavern, de le laisser installer la machine à titre d'essai. Il n'a pas plus tôt quitté les lieux qu'un consommateur s'approche, une bière à la main, afin de glisser une pièce. Un deuxième client le rejoint et la première partie démarre. Au bout de quelques minutes, Pong est devenu le centre d'attraction du bar.

Quelques jours plus tard, le patron de Andy Capp's Cavern appelle Atari pour informer Bushnell que la machine est tombée en panne. Lorsqu'il inspecte l'appareil, Al Alcorn découvre que le court-circuit est dû au fait que la tirelire est remplie à ras bord de pièces de vingt-cinq cents et ne peut plus en absorber ! Rassurés, Bushnell et ses deux employés n'ont aucune peine à réparer cette anomalie. Ils installent une tirelire gigantesque d'une capacité de mille deux cents pièces. Cette nouvelle caisse est pleine au bout d'une semaine, période durant laquelle Pong engrange trois cents dollars, soit dix fois plus que les flippers avec lesquels il cohabite.

La légende veut qu'au bout de quelques semaines, le patron de Andy Capp's Cavern ait demandé qu'on le débarrasse de cette machine qui provoque trop d'attroupements de curieux. Il arrive que l'on fasse la queue jusque dans la rue pour venir jouer à Pong !

En dépit de l'engouement suscité par la première apparition du jeu, Bushnell ne parvient pas à convaincre un seul constructeur de construire sa machine en série. Lorsqu'il présente sa création dans les locaux de Bally/Midway à Chicago, sa démonstration laisse de marbre les cadres du constructeur de flippers.

Puisqu'il ne peut compter sur des appuis externes, Bushnell se résout à assurer lui-même la production. Après avoir convaincu la banque locale de lui accorder un crédit, il installe une chaîne d'assemblage dans une patinoire désaffectée. Pour produire ses machines Pong à moindres frais, il recrute de jeunes techniciens et leur fait miroiter la perspective de travailler dans une entreprise reposant sur des contraintes minimales.

Très vite, la musique hard rock résonne à fond dans l'atelier où l'on fume des substances illicites, avec la bénédiction de Bushnell, lui-même porté sur l'alcool. Pour construire les premières machines Pong, les techniciens récupèrent les tubes cathodiques de téléviseurs Motorola et les raccordent aux circuits imaginés par Al Alcorn.

Du côté des salles d'arcade, la demande devient de plus en plus forte pour la « drôle de simulation de tennis que l'on joue d'une main ». Au bout de quelques mois, Atari écoule couramment une dizaine de Pong par jour. Pour développer la production à grande échelle, Bushnell suscite l'intérêt d'un investisseur émérite de la Silicon Valley, Don Valentine. Cet homme tiré à quatre épingles décide d'injecter des fonds importants dans la jeune société et l'afflux de trésorerie permet une diversification étonnante. Atari produit des variantes telles que Dr. Pong, une version dans un coffre en bois pour les salles d'attente des médecins et dentistes et les hôpitaux ou encore Puppy Pong, une machine insérée dans un coffre en formica pour la clientèle des hôtels familiaux.

Il est vrai que Pong a tout du divertissement parfait, capable de jouer le rôle de « lubrifiant social ». Il est courant de voir une fille dans un bar accoster un consommateur perché sur un tabouret et de lui dire « Hé ! J'aimerais jouer à Pong et je n'ai pas de partenaire disponible ». Tandis qu'ils entrent en compétition, les joueurs peuvent discuter, rire, se défier et même boire une bière ! Bushnell affirme que des couples lui disent s'être rencontrés en jouant à Pong.

En 1973, Atari compte quatre-vingts personnes et a déjà vendu six mille exemplaires de Pong à un prix moyen de mille dollars pièce. Habillé de costumes sévères qui contrastent avec ses chemises à fleurs et ses cravates bleues à pois blancs, Bushnell donne libre cours à son excentricité et déclare à qui veut l'entendre qu'il s'entoure de gens qui « veulent faire des jeux, pas des bombes ».

Atari est devenu un foyer de prédilection pour les adolescents d'allure hippie, portant tee-shirts et jeans. Ils peuvent arriver au bureau à n'importe quelle heure ; certains ne venant que le soir pour repartir au petit matin, tandis que d'autres demeurent sur place plusieurs jours d'affilée. Bushnell, qui affiche un non-conformisme militant, fait installer un jacuzzi dans les locaux afin de faciliter les réunions de réflexion avec ses ingénieurs, marijuana et alcool étant recommandés pour soi-disant permettre le jaillissement des idées. Totalement hétéroclite, la compagnie gère un fonds pour les « grossesses non désirées » et un autre pour payer la caution d'employés arrêtés pour possession d'herbe.

Le laisser-aller du management est compensé par le fait que le succès de Pong dépasse toutes les espérances. Bally/Midway, le constructeur de flippers qui avait éconduit Bushnell un an plus tôt, prend acte de la popularité de la machine et implore Atari de lui accorder une licence de Pong. À contre-cœur, Bushnell accepte, conscient qu'il lui faut de nouveaux apports financiers pour développer son entreprise.

Pong prend des allures de phénomène de société. Si plus de dix mille exemplaires sont vendus par la société de Bushnell, quatre-vingt-dix mille modèles supplémentaires sont écoulés par les fabricants ayant acquis une licence. Grâce à une puce conçue par la compagnie General Instruments, une centaine de compagnies fabriquent des clones de Pong, et parmi elles, Coleco, Radio Shack et même Magnavox dont la console Odyssey avait inspiré Nolan Bushnell. On trouve le simulateur de tennis dans les salles d'arcade, près des flippers et baby-foot, mais aussi dans les endroits les plus divers : bars, restaurants, aéroports, arrêts de bus, laveries automatiques…

Atari diversifie sa production en créant d'autres machines d'arcade, tels Space Race, que conçoit Al Alcorn, ou Grand Trak, la première simulation de course automobile avec un volant intégré. En interne, les prototypes sont affublés de noms tels que Coleen, Candy ou Pam, en hommage aux personnes d'Atari appartenant à la gent féminine. Geyser intellectuel, Bushnell se révèle intenable, débarquant à tout moment dans les ateliers de production afin de soumettre aux ingénieurs de nouvelles idées de jeux. Alcorn et Dabney tentent de le calmer et de le faire patienter tant bien que mal pendant plusieurs mois, le temps de réaliser les machines en question. Le fondateur sait cependant user de trésors de diplomatie et de ruse pour stimuler ses employés.

Afin d'intensifier ses ventes, Bushnell invente même un concurrent artificiel à son entreprise, la compagnie Kee Games, baptisée d'après le nom de Joe Keenan, l'un de ses premiers partenaires. La compagnie qui est officiellement formée de dissidents d'Atari présente une façade respectable, ce qui a pour but de rassurer banquiers et fournisseurs. Bushnell pousse l'astuce jusqu'à s'appuyer sur la presse pour annoncer la naissance de ce concurrent factice. En réalité, Kee Games produit des jeux presque identiques à ceux de la maison mère, ce qui permet d'aller voir deux fois de suite un établissement qui aurait refusé une machine, afin de lui proposer un modèle similaire à un prix compétitif. À titre d'exemple, le jeu de volley-ball Rebound d'Atari s'intitule Spike chez Kee Games. Afin de ne pas rendre la manœuvre trop voyante, cette dernière commercialise également des jeux uniques, tels que Tank.

Régulièrement, Bushnell repense à son ambition initiale : construire une machine familiale que n'importe qui pourrait utiliser à domicile. En dépit de sa complexité, la console Odyssey qu'a conçue Ralph Baer s'est tout de même vendue à cent mille exemplaires, aidée par un spot publicitaire dans lequel intervenait le chanteur à la voix de velours, Frank Sinatra. Vers l'automne 1973, Atari s'attelle au développement d'un appareil Pong pour la maison.

Si Bushnell brille par son inventivité, sa ruse et son extravagance, il s'avère un piètre gestionnaire. En dépit des treize millions de dollars de bénéfices réalisés durant ses trois premières années, Atari souffre continuellement de ses manques de moyens financiers. La raison vient en partie de la boulimie incontrôlée de son fondateur, capable d'abandonner des projets sur lesquels ont déjà été investies des sommes gigantesques dès lors qu'il est saisi d'une autre idée brillante. De plus, les contrôles financiers sont irréguliers et brouillons – Atari écoule le stock d'un trimestre du jeu Trak Ten avant qu'un comptable ne découvre qu'il est vendu cent dollars moins cher que son prix de revient.

L'année 1974 démarre sous d'orageux auspices, Bushnell ayant lancé la construction d'une usine tellement vaste que les commandes courantes ne suffisent pas à la faire tourner. Certains banquiers refusent de traiter avec lui, une étrange rumeur répandant que la compagnie entretient des relations avec la mafia. Certains fournisseurs rechignent à accorder leur crédit à une compagnie qui donne l'impression de pouvoir disparaître du jour au lendemain. Qui plus est, les contrats d'Atari sont rédigés avec un tel amateurisme que certains fournisseurs peuvent aisément les résilier.

A partir du printemps de l'année 1974, l'entreprise se dirige droit vers la faillite. Bushnell refuse de céder le pouvoir à un comité de directeurs et insiste coûte que coûte pour garder le contrôle d'Atari. Pourtant, à l'automne lors d'un déjeuner, il s'effondre en larmes, persuadé que tout est perdu. Les fournisseurs refusent de lui livrer des pièces et certains créanciers font le pied de grue dans le hall. Alors que tout semble compromis, il reçoit soudain un soutien inespéré de la chaîne de magasins Sears and Robuck. Celle-ci propose d'acheter l'intégralité des Pong familiaux qu'Atari produira ! Cette injection de cash tombe à pic et sauve la compagnie du désastre.

Steve Jobs, le fondateur d'Apple, fait ses premières armes chez Atari au début de l'année 1974 après avoir répondu à une annonce originale : « Amusez-vous en gagnant de l'argent ! ». Lorsqu'il est embauché par Al Alcorn comme concepteur de jeux vidéo, ce jeune garçon de dix-huit ans ne dépare pas la couleur locale par son aspect vestimentaire et ses longs cheveux. La nouvelle recrue apparaît comme un individu tourmenté, dont le rêve est d'aller en Inde pour rencontrer le guru Neem Karoli Baba. Son supérieur, Don Lang, qui ne supporte pas son manque d'hygiène, l'enjoint de venir travailler la nuit.

Après avoir économisé sur ses revenus pendant plusieurs mois, Jobs part chercher l'illumination spirituelle en Inde. Le séjour est toutefois écourté : le guru qu'il désirait rencontrer, Neem Karoli Baba, n'est plus de ce monde. Et Jobs ne parvient pas à trouver la sagesse tant désirée. À son retour en Californie, à l'automne, Jobs s'en retourne chez Atari où il reprend son travail nocturne. C'est alors que Bushnell va lui faire une proposition en or.

A cette époque, le fondateur d'Atari a l'idée d'un nouveau jeu, Breakout, dans lequel un joueur emprisonné tente de briser un mur de briques pour se libérer. Comme à l'accoutumée, le fondateur d'Atari se heurte aux sourires polis de ses ingénieurs qui affirment qu'ils ne pourront pas produire une telle machine avant plusieurs mois. L'attente est insupportable pour Bushnell qui piaffe d'impatience. Le hasard veut qu'il parle alors à Jobs de ce jeu de casse-briques. Surprise, l'employé de nuit se vante de pouvoir réaliser Breakout en quatre jours ! Intrigué, Bushnell lance un défi à Jobs : s'il peut réellement concevoir le jeu dans un tel délai en utilisant moins de cinquante circuits intégrés, il lui offrira une prime conséquente.

S'il dispose d'un talent limité en matière de programmation, Jobs sait qu'il peut s'assurer le concours de son meilleur ami, Steve Wozniak. C'est en 1970, à l'âge de 15 ans, qu'il a fait la connaissance de ce barbu surdoué, de cinq ans son aîné. Le coup de foudre intellectuel a été immédiat avec cet ingénieur polonais, expert à ses heures du piratage téléphonique.

Dès qu'il a vu pour la première fois l'appareil Pong dans une salle de bowling, Wozniak a été persuadé qu'il pourrait fabriquer lui-même un tel jeu et s'y est attelé sans plus attendre. La version qu'il a conçue était difficilement commercialisable car la mention « M... alors ! » s'inscrivait à l'écran lorsque le joueur ratait son coup. Elle n'en démontrait pas moins un génie avancé de la conception. En cette fin d'année 1974, Wozniak suit avec un intérêt croissant le secteur des jeux d'arcade. Jobs invite son ami à visiter l'usine de nuit et lui propose de venir jouer gratuitement aussi longtemps qu'il le désire à Gran Track, un simulateur de conduite qu'il adore. De cette façon, Jobs peut faire appel à « Woz » chaque fois qu'il est confronté à un problème technique épineux.

Ce dont Jobs est sûr, c'est que Wozniak est capable de réaliser Breakout dans le temps imparti. Il ne sera pas déçu : le zélé barbu conçoit le jeu en quatre nuits de travail chez Atari, tandis que Jobs procède au montage pendant la journée. Au final, Breakout repose sur un nombre ridiculement faible de composants - trente-six au total. La prestation lui est rémunérée cinq mille dollars, une somme dont il rétribue une faible partie à Woz. Seul problème : Jobs s'avère incapable d'expliquer aux ingénieurs comment il a pu créer Breakout ! Alcorn, qui n'est pas dupe, devra finalement reprendre une grande partie du design à zéro.

La console familiale Pong sort en 1975 et se voit précéder d'une campagne télévisée nationale. Les simulateurs de tennis compacts, que l'on peut utiliser à la maison sur le poste familial, se vendent comme des petits pains et la frénésie gagne le monde entier. Cette année-là, les ventes d'Atari s'élèvent à quarante millions de dollars.

Bushnell, qui rêve d'une machine multi-jeux que chacun pourrait utiliser à la maison, lance le développement de la VCS 2600, une console opérant à base de cartouches. Pourtant, un autre événement cristallise son attention.

Le premier micro-ordinateur américain, l'Altair, vient d'apparaître. Une nouvelle aventure se prépare et Bushnell désire qu'Atari se lance au plus tôt dans la bataille. Ses ingénieurs dessinent le prototype d'un ordinateur maison, l'Atari 800. Hélas, la compagnie souffre encore et toujours d'un manque chronique de fonds pour investir dans de nouveaux produits. Bushnell décide alors que le moment est venu de faire entrer un grand groupe du secteur des loisirs dans le capital d'Atari.

Peu avant d'annoncer ses intentions de partenariat, Bushnell réunit Atari et son rejeton artificiel, Kee Games, en une seule et même compagnie. Pour l'occasion, il se fend d'un communiqué de presse perfide qui déclare :

« Nous sommes heureux de vous annoncer que les sociétés Atari et Kee Games ont résolu les problèmes qui furent à l'origine de la scission originelle. »

Il ne reste plus qu'à démarcher les conglomérats du divertissement. Une fois de plus, Disney fait la sourde oreille à ses avances, tout comme MCA. En revanche, le président de Warner Communications, Steve Ross, se montre captivé par la proposition d'Atari…

Quadragénaire blond de taille imposante, Ross a découvert les jeux vidéo quelques mois plus tôt au hasard d'une visite à Disneyland. Ayant égaré ses enfants, il les a retrouvés dans une petite salle d'arcade et a dû retenir son souffle devant le spectacle qui s'offrait à ses yeux. Les adolescents enfilaient des pièces les unes après les autres dans les machines de jeu !

Attentif aux explications de Bushnell, Steve Ross se prête de bon cœur à une visite des laboratoires d'Atari. Lorsqu'il découvre le prototype de la VCS 2600, il ressent intuitivement qu'une telle console est vouée à envahir le monde. Quelques heures plus tard, il propose tout de go de racheter Atari. L'offre qu'il fait à Bushnell ne peut pas être refusée : 28 millions de dollars !

La vente d'Atari à Warner est entérinée en 1976. Le fondateur conserve le titre de président du conseil d'administration. En parallèle, Bushnell démarre une nouvelle activité : il ouvre une chaîne de pizzerias d'un nouveau genre, la Chuck E. Cheese. Si ces restaurants opèrent selon le principe du « fast-food », ils se distinguent par un décor et un attirail orientés vers la jeune clientèle : musique rock, peintures voyantes… Dans la salle

La Saga des Jeux Vidéo

d'attente se trouvent des petits automates et des bornes d'arcade. Fort subtilement, Bushnell établit des lieux dans lesquels les adolescents peuvent venir s'adonner en toute quiétude aux jeux vidéo conçus par Atari !

A cette époque, Bushnell reçoit la visite de son ancien employé, Steve Jobs. Wozniak vient de concevoir un très bel ordinateur, l'Apple II. Lorsque Jobs est venu le présenter à Atari, Joe Keenan l'a éconduit avec ces mots sévères :

« Enlevez vos pieds sales de mon bureau. Nous n'avons aucunement l'intention d'acheter votre machine ! »

Bushnell, bon prince, conseille à son ancien employé d'aller voir Don Valentine, celui qui, le premier, a cru en Atari afin d'obtenir des capitaux. Ce dernier recommande à son tour le nom de Mike Markkula, un milliardaire de 34 ans que Jobs va associer à son aventure. Nanti d'un large capital, Apple va s'installer dans de spacieux locaux à Cupertino et devenir l'un des principaux concurrents d'Atari.

L'émergence d'une compétition n'est pas au premier rang des préoccupations de Bushnell. Le manager hors norme qui avait fondé son entreprise de hippies découvre que la position de président du conseil d'administration d'Atari au sein de Warner ne l'amuse pas du tout. Partager le pouvoir avec des cadres collet monté n'est pas de son goût et les prises de bec deviennent fréquentes. Concurrence oblige, Warner cultive le goût du secret et prend des mesures draconiennes afin qu'un minimum d'informations filtrent des murs de la société californienne. Les employés d'Atari doivent désormais signer des accords de confidentialité et porter des cartes d'identité magnétiques lorsqu'ils se déplacent dans les corridors. Afin d'affirmer sa différence, Bushnell se rend à un conseil d'administration en tennis et un T-shirt à l'effigie du groupe de rock Black Sabbath.

Lors de sortie en 1978, la VCS 2600 rencontre un accueil mitigé. Il en est de même pour les consoles produites par Magnavox, Fairchild ou Coleco. Devant l'afflux de nouvelles machines, le public ne parvient pas à trouver ses marques et reste en attente. S'il est juste un peu trop tôt pour que le secteur de la console prenne son essor, Warner attribue la responsabilité de ce relatif échec aux erreurs de jugement de Bushnell. Ce dernier réfute l'analyse et rétorque en affirmant que le prix de la VCS 2600 est trop élevé. Ray Kassar, le directeur trapu et stylé que Warner a nommé à la tête d'Atari s'oppose toutefois à la proposition de Bushnell de baisser le prix de la console.

L'arrivée des premiers micro-ordinateurs donne naissance à une industrie balbutiante du logiciel. De nombreux éditeurs spécialisés dans l'écriture de programmes apparaissent, tels Microsoft, Digital Research ou Activision, tandis que des indépendant tels que Gordon Eubanks, Steve Dompier ou Peter Jennings imposent leurs créations. Warner adopte une attitude fermée, menaçant de procès quiconque développe des logiciels pour ses machines. Entourée d'une batterie d'avocats, la direction dépose brevet sur brevet afin de protéger la plus insigne invention d'Atari en matière de logiciel comme de matériel. En conséquence, l'ordinateur Atari 800 souffre d'une pénurie de programmes, et les premiers best-sellers, Wordstar et VisiCalc apparaissent pour d'autres ordinateurs, tels que l'Apple 2 ou le TRS 80 de Tandy. Bushnell s'insurge contre cette situation, en vain.

Le point de non-retour survient en novembre 1978 au cours d'un conseil d'administration où Bushnell dénonce l'attitude fermée de Warner :

« Nous ne pourrons jamais produire nous-mêmes en interne un catalogue de logiciels comparable à ce qu'offrent nos concurrents. Pendant que nous dépensons notre énergie en procès mesquins, Steve Jobs est en train d'évangéliser un à un les programmeurs afin qu'ils développent pour l'Apple 2 ! Comment s'étonner alors que personne n'achète l'Atari 800 » !

Pour les dirigeants de Warner, c'en est trop. L'effronterie verbale et vestimentaire du fondateur d'Atari rebute depuis trop longtemps les cadres du conglomérat des médias. Afin de contraindre celui-ci à abandonner toute responsabilité chez Atari, le conseil d'administration propose de lui verser une indemnité dorée de cent millions de dollars assortie d'une clause de non concurrence de sept ans. Dépité, Bushnell quitte la compagnie qu'il a fondée et se concentre sur le développement de la chaîne Chuck E. Cheese Pizza.

Avec le départ de Bushnell, Atari s'autorise des flirts que n'aurait pas tolérés le fondateur. Lorsque l'armée américaine approche la compagnie afin qu'elle adapte son jeu Battlezone selon des spécifications qui doivent permettre de l'utiliser pour l'entraînement des soldats, Ray Kassar accepte sans hésiter de signer le contrat de trente mille dollars. Le programmeur de Battlezone, Ed Rotberg est chargé d'effectuer l'adaptation. Une fois sa prestation accomplie, il quitte la compagnie, écœuré.

Le boom des jeux vidéo survient en 1979 avec l'apparition de produits de plus en plus attrayants. Atari n'est pas seul dans cette course qui l'oppose à Bally/Midway, Mattel, Cinematronics, SEGA, Namco, Taito et bien d'autres, les géants du disque CBS et RCA rejoignant la liste tandis que Mattel se prépare à entrer dans l'arène. Pourtant, la suprématie d'Atari est énorme – elle détient plus de quatre-vingt pour cent du secteur.

A présent, la VCS 2600 s'arrache comme des petits pains. La console assoit la prospérité d'Atari qui devient la star de la fin des années 1970. Sa courbe de progression s'envole vers le ciel avec un chiffre d'affaires multiplié par dix en l'espace d'une année, l'amenant à dépasser le milliard de dollars en 1980.


Lancé à la fin de 1979, Asteroids met la compagnie en émoi, chacun étant persuadé qu'il va faire un malheur. Conçu par l'ingénieur Lyle Rains, Asteroids affiche des rochers flottants que le joueur doit réduire en poussière, tout en évitant les tirs de soucoupes volantes. Parfois, lors de son développement, il arrive que Rains ait des visions d'astéroïdes flottants lorsqu'il ferme les yeux ! La réaction des employés constitue un fabuleux baromètre de l'emballement potentiel pour ce jeu. Lorsque les développeurs arrivent au bureau le matin ou après le déjeuner, il leur faut dégager sans ménagement les secrétaires ou manutentionnaires qui ont pris d'assaut le prototype d'Asteroids en leur absence.

Le lancement transcende toutes les prévisions : Atari vend soixante-dix mille bornes d'arcade Asteroids. En une année, ce seul jeu rapporte plus que le plus grand succès cinématographique d'alors, Autant en emporte le vent, en quatre décennies, soit près de huit cent millions de dollars !

En 1981, le marché des jeux d'arcade représente six milliards de dollars et Atari paraît imbattable. Elle réalise encore près de la moitié des revenus du secteur des consoles et plus de vingt millions d'exemplaires de la VCS 2600 ont été vendus dans le monde. La société possède huit bâtiments dans la Silicon Valley, vit des heures dorées et dépense ses deniers sans compter. À San Francisco, il est de notoriété publique que le meilleur restaurant de la ville, l'Executive Business Lunch, est exclusivement réservé aux cadres supérieurs d'Atari et à leurs invités !

Pourtant, la société souffre d'une gestion incohérente et doit une partie de son expansion à d'heureux hasards. Ainsi, Joe Robbins, qui préside la division arcade, s'est rendu au Japon afin de négocier un conflit juridique avec l'éditeur Namco. Résolus à régler l'affaire à l'amiable, les avocats de Namco ont exigé qu'Atari leur achète la licence d'un nouveau jeu, Pac-Man. Robbins a accepté le deal. À son retour en Californie, il a reçu un savon mémorable de la part de Ray Kassar, furieux que Robbins ait conclu l'affaire sans le consulter. Le président d'Atari ignore alors que la courageuse décision de son subordonné va se traduire par la plus forte vente de cartouches d'Atari. L'année 1981 devient celle de Pac-Man à tel point que le magazine Times désignera le mangeur de carrés : « L'homme de l'année ».

Dans la frénésie du développement du marché, les contrats sont réalisés à la hâte et donnent lieu à des distorsions incroyables. Rick Mauer, qui adapte Space Invaders sur la VCS 2600, ne touche que onze mille dollars pour son travail de programmation. Pourtant, l'impact de ce jeu est tel qu'il fait entrer plus de cent millions de dollars dans les caisses d'Atari. En revanche, Todd Fry qui développe la version VCS de Pac-Man reçoit près d'un million de dollars en royalties.

Bushnell, de son côté, a fait fortune avec sa chaîne de restaurants qui, en 1981, compte 278 établissements. La marque Chuck E. Cheese est alors aussi connue que Mc Donald's et le fondateur d'Atari voit sa fortune s'élever à plus de cent millions de dollars. Jolie reconversion... Il goûte aux fastes d'une vie de milliardaire. Dans son garage, deux Mercedes et une Porsche cohabitent avec une somptueuse Rolls. Pour ses déplacements longue distance, le seigneur des pizzas peut choisir l'un de ses deux Lear jets personnels. Il possède des propriétés en Californie, dans le Colorado, en Guyane et à Paris, avec vue sur la Tour Eiffel. Son yacht de vingt mètres baptisé Pong lui permet de participer à l'une des compétitions les plus renommées du monde, la Transpac – il la gagnera en 1983.

En 1982, le marché des jeux représente un volume financier considérable, au point d'éclipser les secteurs de loisirs traditionnels. Une étude menée aux Etats-Unis révèle en effet que les consommateurs dépensent 9 milliards de dollars par an dans les jeux vidéo – huit dans les machines d'arcade et un à la maison – un bilan supérieur à celui de l'industrie du disque et du cinéma.

Les bénéfices d'Atari s'élèvent à 323 millions de dollars sur un chiffre d'affaires de deux milliards – la moitié des revenus de Warner. Un sondage révèle qu'Atari est devenue la deuxième marque la plus connue au monde après Coca-Cola ! Sur cette année glorieuse, Ray Kassar, son président se distingue en empochant le plus gros salaire d'un patron américain, soit cinquante millions de dollars. Pourtant, Atari accumule les bourdes en matière de gestion et dépense ses fonds d'une manière totalement inconsidérée, toute à l'euphorie de son succès.

Le marché atteint son point de saturation en 1983. À cette époque, la surproduction de jeux est devenue terrifiante. Les ventes sont d'un niveau suffisamment élevé pour faire croire que le public sera prêt à acheter n'importe quoi. Une blague court alors dans le milieu :

« Il vous suffit de jeter un jeu vidéo en l'air et d'attendre que l'argent retombe. »

Aux USA, la société Chuck Wagon, spécialiste de la nourriture pour chiens, a produit un titre ludique qu'elle offre à ses clients. Quaker Oats qui vend des céréales pour le petit déjeuner, a créé une division jeu vidéo. L'ensemble de la production est d'une qualité proche de l'abject. Chez Atari, il est d'ailleurs courant d'entendre l'adage selon lequel quelle que soit la qualité, cela se vendra. Les éditeurs publient des titres à tour de bras, dénichant le plus souvent les hits par hasard.

Pourtant, une concurrence insidieuse s'est levée, deux ordinateurs familiaux, l'Apple 2c et le Commodore 64 développant un marché de substitution de plus en plus menaçant. Le marketing de ces machines rassure les parents, axé sur l'argumentation que le micro-ordinateur est une machine qui, en plus d'accueillir des jeux, « rend intelligent ». Pourquoi dépenser mille francs pour un jeu vidéo, disent les publicités, alors qu'un ordinateur tel que le Commodore 64 coûte moins du double et permet d'effectuer toutes sortes de tâches : traitement de texte, budget ?... Le plus étonnant est qu'Atari tient le même discours, mettant en avant sa gamme d'ordinateurs personnels au détriment de la VCS, au risque de scier la branche sur laquelle la société est assise. Pour couronner le tout, apparaissent des magazines truffés de programmes que l'utilisateur doit patiemment entrer dans l'ordinateur ligne après ligne. Un travail fastidieux, mais instructif et fort économique pour les parents. Lentement mais sûrement, la vogue des ordinateurs personnels prend le dessus sur celle des consoles. Jusqu'à ce que les courbes se croisent et que l'envol de l'une se traduise par la mort de l'autre.

Peu avant la crise, la direction d'Atari est approchée par une société japonaise du nom de Nintendo. Celle-ci propose à Ray Kassar de prendre en charge la distribution d'une nouvelle console, la NES. Pour Hiroshi Yamauchi, président de Nintendo, l'entreprise qui vend le VCS 2600 est la plus à même d'opérer un lancement mondial.

Dans un rare accès de cécité, Kassar ferme la porte à Nintendo sans se douter un seul instant qu'Atari vient de perdre l'ultime carte qui aurait pu la sauver. La chance volera une dernière fois à son secours. Lorsque l'éditeur japonais Namco demande à Bally/Midway de choisir entre deux jeux, Mappy et Pole Position afin d'en assurer la distribution exclusive aux Etats-Unis, le géant du flipper choisit le premier titre. Atari doit se contenter de Pole Position, qui finira par être le plus jeu le plus populaire de l'année 1983. En dépit de cette manne, il est déjà trop tard pour enrayer le crash en gestation.

L'effondrement des ventes de consoles se fait sentir dès le début de l'été 1983 aux Etats-Unis, les consommateurs reportant massivement leurs achats sur les ordinateurs personnels. Pour le secteur du jeu vidéo, l'onde de choc se propage d'un bout à l'autre du continent, et sème la catastrophe dans son sillage, les points de vente accusant des méventes sans espoir de retour, suivies de faillites spectaculaires. La France et l'Europe sont frappées dès le mois de septembre.

L'homme qui porte le coup fatal à Atari n'est autre que Steve Ross, président directeur général de Warner Communications. Devant le succès remporté par le film E.T., Ross a déboursé à Steven Spielberg la somme historique de 2,1 millions de dollars pour obtenir les droits d'adaptation des aventures de l'extraterrestre sur la VCS. Le concepteur-maison Howie Warshaw, qui a déjà adapté Les Aventuriers de l'Arche Perdue, se voit obligé de pondre le jeu en quatre mois. Six semaines avant la date de sortie prévue, la direction décide d'enfermer Warshaw et un autre programmeur dans une salle isolée afin qu'ils terminent le jeu coûte que coûte. À la clé : une prime d'un million de dollars s'ils tiennent le délai. Pendant plus d'un mois, leur seul contact avec l'extérieur sera celui des plateaux-repas quotidiens. E.T. est terminé en temps et en heure mais s'avère d'une accablante médiocrité. Lorsqu'il regarde le jeu, Al Alcorn est atterré et ne peut s'empêcher de pleurer !

Après un démarrage foudroyant, les ventes d'E.T. s'effondrent de manière spectaculaire. Très rapidement, le jeu se retrouve soldé dans des braderies et marchés de l'occasion.

A la fin de l'année 1983, les pertes d'Atari s'élèvent à 536 millions de dollars. La ponction sur les revenus de Time Warner est suffisamment dramatique pour inciter le géant à vendre sa division jeux vidéo le plus rapidement possible. Après une tournée spectaculaire dans l'avion privé de Steve Ross, qui le mène jusqu'en Europe à la visite des filiales, Jack Tramiel, ancien fondateur de Commodore, rachète les divisions ordinateur et jeux vidéo de Warner, tandis qu'une compagnie japonaise, Namco, reprend l'activité jeux d'arcade. Le géant du cinéma ne conserve qu'une part minoritaire dans Atari.

Lors de la visite des huit bâtiments de la société, Tramiel avise l'un des hangars externes et demande au représentant d'Atari quelle en est l'utilité. Devant l'ignorance de son interlocuteur, il fait ouvrir l'emplacement et découvre une étonnante collection de voitures flambant neuves : une Rolls, une Porsche et une Mercedes, qui n'accusent que de quelques miles au compteur. Ces carrosses qui servaient uniquement au transport occasionnel de V.I.P's en visite témoignent de la gabegie passée.

Fin 1984, Jack Tramiel, qui a investi vingt-cinq millions de dollars pour racheter la naufragée Atari, réduit le personnel qui passe de deux mille employés à deux cents rescapés et liquide les stocks. Des centaines de milliers de cartouches de jeux invendus sont déversés dans une déchetterie géante d'Albuquerque...

Entraînée dans la chute d'Atari, la chaîne de restaurants de loisirs de Bushnell voit son public de prédilection déserter les lieux. Chuck E. Cheese Pizza accuse une perte de vingt millions de dollars en un seul trimestre. La faillite de la société amène Bushnell à perdre plusieurs millions de dollars.

Le fondateur d'Atari avait heureusement entamé une

diversification dès 1981 en créant une société de capital-risque et il répartit ses fonds dans plusieurs aventures : système de navigation automobile assisté par ordinateur, télévision couleur haute résolution, robotique... Son immense fortune fondra progressivement comme neige au soleil.

L'homme à barbe blanche porte un regard ahuri sur l'industrie qu'il a lancée.

« Je n'aurais jamais anticipé une telle croissance. Si l'on m'avait dit qu'un jour cette industrie serait plus énorme que tous les studios de Hollywood combinés, j'aurais assimilé une telle prédiction à de la pure utopie ».

Il en est ainsi. De manière innocente et non calculée, Pong a révélé l'existence d'une source latente et inexploitée d'allégresse et de surexcitation. Après la crise de 1983, c'est une compagnie japonaise qui est venue puiser dans ce titanesque gisement pour en extraire le nouvel or de l'ère électronique. Et elle s'est bien gardée de réitérer les erreurs de ses prédécesseurs...

## III  SUPER MARIO - Dessine-moi un plombier...

Il a débarqué en trombe de la colline, détalant tel un forcené talonné par une roquette à tête chercheuse, plus agité qu'un chapelet d'asperges suspendu aux bras d'un épouvantail par temps de sirocco. D'où peut bien sortir ce prolo mal fagoté avec son nez en trompette et son bleu de chauffe ? Comment fait ce brave falot pour conserver sa casquette vissée sur le front tout en courant ainsi à perdre haleine ? Pourquoi cette moustache proéminente qui lui dévore les joues ? A-t-on jamais vu le personnage principal d'une bande dessinée arborer pareille dégaine ?

A première vue, Super Mario n'est pas un héros. Aucun producteur yankee n'aurait parié un dollar sur ce pantin, à des milliers de lieues du prince charmant, du guerrier mutant et du fils de Mandrake. Pourtant, Mario le benêt, la caricature de beauf mâtiné à l'italienne, a conquis le cœur des chérubins sur le long terme. Dans les aventures où il se trouve mêlé, il peut incarner toutes sortes de rôles : docteur, pilote de kart, joueur de tennis, arbitre... Sa personnalité est suffisamment transparente pour qu'il soit possible de l'insérer dans les scénarios les plus variés. Il demeure toujours aimable, gentil et généreux. À l'image d'un drôle de tonton affectueux...

Jusqu'en 2008, le jeu Super Mario Bros. est resté le titre le plus vendu de l'histoire des jeux vidéo, et référencé comme tel par le Guinness World Book of Records avec 40,23 millions d'exemplaires vendus.

A la fin de l'année 2008, dans son rapport financier Nintendo a fait état de ventes de 40,5 millions d'unités pour Wii Sports, ce qui placerait ce jeu plus récent comme le nouveau n°1. Pourtant, la comparaison n'est pas de mise. Wii Sports a été offert pour tout achat de la console Wii dans la plupart des pays du monde.

Super Mario Bros ne joue pas dans la même cour : il est le jeu qui a fait vendre la NES, sa console d'accueil. Quarante millions de jeunes joueurs ont cassé leur tirelire pour l'acquérir, stimulés par le désir d'accompagner le plombier dans ses délirantes péripéties. Deux décennies plus tard, une lumière s'allume encore dans les yeux de ces joueurs de la première heure lorsque l'on évoque son nom...

A l'origine de Super Mario Bros. se trouve l'un des plus grands artistes du monde de l'interactivité, Shigeru Miyamoto, un homme coiffé à la Beatles, d'une simplicité et d'une modestie désarmantes, dont le talent a été révélé au travers d'une curieuse mésaventure de Nintendo...

Tous les matins, Miyamoto parcourt à bicyclette le kilomètre qui sépare son appartement de cinq pièces de son lieu de travail. Le bureau dans lequel il opère n'a rien de spectaculaire, que ce soit par sa taille ou par les objets choisis pour le décorer - des jouets Mario, des statues de Mickey Mouse et un banjo. Quand bien même une part majeure des revenus Nintendo reposait sur la maestria dont fait preuve cet enfant de Disney et de Tolkien, Miyamoto n'a longtemps été qu'un simple salarié, ne percevant qu'une gratification symbolique des ventes de Mario et des produits dérivés (jouets, draps, emballages...). Aujourd'hui encore, le placide créateur est loin de jouir d'une fortune comparable à celle de certains hauts cadres de Electronic Arts ou d'Activision. S'il vivait aux Etats-Unis, Miyamoto serait la cible quotidienne des chasseurs de têtes, qui offriraient des ponts d'or pour qu'il rejoigne les rangs d'une société d'édition de jeux. Au Japon, la tradition de fidélité à une entreprise l'emporte sur les visées personnelles. Alors qu'il approchait de la soixantaine, l'éternel jeune homme continuait d'opérer au service de la société qui lui avait donné sa chance trente ans plus tôt.

Le chevalier Miyamoto s'affirme ravi de sa situation de compagnon d'armes et affiche une bonhomie digne d'un bouddha.

« Nintendo me permet d'exprimer mes potentiels créatifs, et je ne demande rien de plus. », dit Miyamoto. « A la différence de la plupart des sociétés de logiciels de cette industrie, ce sont les créateurs qui décident des types de jeu que nous allons créer, et non pas les hommes du marketing ».

Une savante mixture de dirigisme autoritaire et de foi dans la liberté d'expression des artistes caractérise la spécificité d'une entreprise centenaire longtemps dirigée par l'équivalent moderne d'un Mutsuhito, l'empereur éclairé qui fit entrer son peuple dans l'ère de l'industrialisation tout en pratiquant une politique ouvertement expansionniste...

Capitale culturelle du Japon jusqu'en 1868 et ancienne résidence impériale, Kyoto gardait trace de son passé prestigieux par la présence d'imposants temples et palais. L'Empire du Soleil Levant entrait alors dans une ère post-féodale, celle de Meiji, caractérisée par un ardent désir de rattraper le retard accumulé par le Japon par rapport aux Occidentaux. C'est dans la cité de Kyoto qu'apparut en septembre 1889, une boutique du nom Nintendo, ouverte par le trentenaire Fusajirô Yamauchi.

L'entreprise familiale qui produisait des cartes à jouer fut l'une des premières sociétés de l'Etat insulaire à proposer aux Japonais des jeux de cartes à l'occidentale, comme le poker, aux alentours de 1905. En 1929, tandis que de l'autre côté du Pacifique se profilait la crise boursière, le créateur de l'entreprise céda la présidence à son gendre, Sekiryo Kaneda, à condition qu'il accepte de prendre le nom de son épouse, Yamauchi – comme le voulait la coutume au Japon. Sekiryo étant lui-même père de deux filles, entendait transmettre la maison à l'un de ses beaux-fils, Shikanojo.

L'histoire avait alors pris un virage inattendu. L'épicurien Shikanojo avait abandonné sa famille alors que le petit dernier n'avait que cinq ans. Puisque son gendre n'était plus digne de reprendre Nintendo, Sekiryo avait porté tous ses espoirs sur Hiroshi, le fils de Shikanojo, né en 1927. Le garçon sur lequel reposait le destin de la dynastie Yamauchi avait été élevé à la dure par ses grands-parents maternels. D'un caractère intransigeant et hautain, Hiroshi se montra de plus en plus intraitable au fil des années.

En 1945, Hiroshi Yamauchi entra à l'université de Waseda pour y étudier le droit. Il y fit la connaissance de Michiko, une authentique descendante de samouraï, dont il demanda la main. Trois ans plus tard, un événement allait stopper net ses ambitions juridiques. Son grand-père, qui venait de subir une attaque, avait convoqué le fielleux jeune homme, séance tenante, à son chevet. Sekiryo Yamauchi l'avait sommé d'arrêter ses études, afin de venir le remplacer à la présidence de Nintendo. À contre-cœur, Hiroshi avait accepté.

Les débuts de Hiroshi Yamauchi à la tête de Nintendo avaient été rudes. Le nouveau patron avait opéré des investissements coûteux en matière d'usines de fabrication qui obligèrent l'entreprise, pour la première fois de son existence, à souscrire des emprunts bancaires. S'il a agi ainsi, c'est parce que le jeune loup a décidé de lancer Nintendo dans une nouvelle production : des cartes à jouer en plastique qui ne peuvent pas s'abîmer. Ne supportant pas la controverse, Yamauchi a licencié un à un ses opposants. Nintendo a connu une expansion plus qu'honorable. En 1959, Hiroshi passa un accord de licence avec Disney afin de pouvoir apposer Mickey, Donald et Pluto sur ses cartes plastifiées.

Début 1964, la mode des cartes à jouer s'était inexplicablement évaporée. Surpris par ce soudain désamour, Yamauchi avait tenté de diversifier les activités de la compagnie avec un bonheur hasardeux, investissant dans le riz instantané, dans l'hôtellerie de charme et dans une compagnie de taxis. Il fallut attendre l'année 1969 pour qu'il décide que le destin de Nintendo se situerait dans le secteur des loisirs. Il créa alors un département très sommairement appelé : « Jeux ».

Gunpei Yokoi, un bricoleur de génie titulaire d'un diplôme d'électronique, fut alors rapidement embauché. Quelques mois après son arrivée, il présenta à son supérieur une invention de son cru : un amusant dispositif permettant de saisir un objet à distance. Yamauchi donna son feu vert et les événements lui donnèrent raison : Nintendo vendit 1,2 millions d'exmplaires de la machine de Yokoi. L'ingénieur eut désormais libre cours pour proposer au président d'autres systèmes insolites. Ils se matérialisèrent pour la plupart sous la forme d'une gamme de jouets baptisée Ultra : Ultra Machine, UltraScope, etc.

En dépit de ventes importantes, les résultats de Nintendo faisaient pâle figure en comparaison d'autres entreprises japonaises du jouet telles que Bandai ou Takara. Yamauchi décida alors de capitaliser sur un élément que ses concurrents n'avaient pas encore expérimenté : les microprocesseurs et semi-conducteurs, ces composants de taille minuscule alors en passe de révolutionner l'informatique au début des années 1970. Intéressé par les potentiels d'une telle technologie dans le domaine des loisirs, Yamauchi étudia le marché américain et découvrit que plusieurs compagnies avaient déjà investi le secteur, notamment Atari et Magnavox. Aidé d'un employé talentueux de Sharp, Masayuki Uemura, Yokoi conçut des jeux articulés autour d'un pistolet à rayon lumineux, qu'il développa sous la forme d'une attraction de tir ball-trap factice. Uemura décida bientôt de rejoindre Yokoi chez Nintendo et ce fut une recrue plus qu'émérite...

Le choc pétrolier d'octobre 1973 fut sévère pour les économies mondiales, et le Japon n'y échappa pas : du jour au lendemain, les pays producteurs de pétrole avaient singulièrement augmenté le prix de cette ressource. Face à des dettes se chiffrant par millions de yens, Hiroshi Yamauchi se demandait quotidiennement si Nintendo vivait son dernier jour. Il fut alors intrigué par la vague des jeux vidéo née aux Etats-Unis dans le sillage de Pong.

Yamauchi négocia une licence avec Magnavox en vue de commercialiser un système inspiré de Pong au Japon. Comme les ressources internes étaient insuffisantes, une alliance fut opérée avec Mitsubishi. Dès 1977, Nintendo fut en mesure de commercialiser plusieurs modèles de la gamme Color TV Game - avec des jeux intégrés.  La gamme se vendit à un million d'exemplaires.

En dépit de ce succès, Yamauchi demeurait insatisfait. En quête d'un produit révolutionnaire, le président pressait ses ingénieurs de défricher des terrains inexplorés. Yokoi eut l'intuition d'appareils de jeux munis d'un écran à cristaux liquides, les Game & Watch, d'une taille similaire à celle d'une calculatrice de poche.

Il se vendit des dizaines de millions de Game & Watch dans le monde. À la même époque, les jeux d'arcade connaissaient une vogue remarquable, notamment Space Invaders de Taito. Nintendo décida de se lancer sur ce marché et le destin permit alors de mettre en avant un jeune artiste romanesque embauché en avril 1977...

Extérieurement, rien ne distinguait Shigeru Miyamoto d'un autre jeune de son âge. Celui que le président de Nintendo avait accepté de recevoir afin de faire plaisir à un ami, apparaissait comme un hippie anticonformiste peu résolu à quitter le monde de l'enfance. Tout jeune, Miyamoto s'était surpris à rêver d'une maladie suffisamment grave pour qu'il soit hospitalisé, l'affection lui laissant toutefois suffisamment de vitalité pour qu'il puisse dessiner des personnages à longueur de journée.

Né en 1953 à Kyoto, Shigeru Miyamoto était passionné par l'univers des jouets et des dessins animés. Il compensait sa juvénilité intellectuelle par un sens extrême de l'observation du monde extérieur. Cette qualité faisait de lui un prolifique auteur de bandes dessinées.

Entré à l'Ecole des Arts et Métiers de Kanazawa en 1970 pour y étudier l'art graphique, Miyamoto avait mis plus de cinq ans à obtenir son diplôme, sa passion pour le dessin, la musique, la guitare et les premiers jeux d'arcade l'emportant sur les études. À l'âge de vingt-quatre ans, ce personnage qui se désolait à l'idée de devoir entrer dans la vie active et se fondre au sein d'une entreprise conservatrice, avait considéré que Nintendo était un pis-aller, dans la mesure où cette société fabriquait des jouets. Il avait donc demandé à son père de l'aider à rencontrer Hiroshi Yamauchi.

Le président de Nintendo avait demandé au jeune artiste de revenir le voir avec quelques idées de jouets. Il avait alors été frappé par l'inventivité de ce bohème capable de sortir des sentiers battus et l'avait finalement embauché sans savoir au juste comment il exploiterait ses talents. Miyamoto passa ses premières années à dessiner des motifs pour les cartes à jouer que continuait à produire Nintendo et la façade externe des premières cabines d'arcades maison. De temps à autre, il alla jusqu'à proposer ses propres personnages.

Les années 1980 avaient démarré de manière euphorique, dans le secteur ludique. Le marché des jeux d'arcade était devenu le premier secteur de loisirs aux Etats-Unis. Soucieux d'y étendre le rayonnement de Nintendo, Yamauchi cherchait désespérément l'individu qui serait en mesure d'établir une tête de pont en terre yankee. Or, les faits semblaient désigner un individu particulier : son gendre Minoru Arakawa.

La nature avait doté Arakawa de traits avenants. Arborant une classe naturelle, ce fils d'une famille illustre du Japon, descendait d'une lignée impériale du côté de sa mère. S'il avait été élevé selon les principes d'une famille traditionnelle japonaise, Minoru était ouvert à la culture occidentale et n'avait de cesse de pratiquer le golf, ce fameux sport qui facilite les relations entre les grands de ce monde.

En 1971, alors titulaire d'une maîtrise en ingénierie civile de l'Université de Kyoto, Arakawa avait postulé pour un programme au Massachusetts Institute of Technology de Boston. Quelques mois avant le début des cours, il s'était rendu aux Etats-Unis et avait parcouru le pays à bord d'un bus Volkswagen. Il avait alors pris goût à la vie américaine et aux courants culturels qui parcouraient cette nation déboussolée par le bourbier vietnamien. À la fin de l'année 1972, de retour au pays après avoir décroché son diplôme, Arakawa avait trouvé un emploi dans une entreprise de commerce vendant des immeubles en copropriété. Pourtant, l'attrait de la vie à l'occidentale ne le quittait pas.

Au cours des fêtes de Noël, alors qu'il était en visite chez sa famille à Kyoto, Minoru Arakawa s'était rendu à un bal annuel de la haute société avec ses parents. C'est là qu'il avait fait la connaissance de Yoko Yamauchi, fille du président de Nintendo. Les deux rejetons de foyers élitistes étaient tombés instantanément amoureux et avaient commencé à se fréquenter au vu et au su de tous. Le président de Nintendo avait bientôt exigé qu'ils convolent en justes noces, ce qui arriva dès le mois de novembre 1973. Hélas, Minoru Arakawa s'était vu proposer de monter une filiale au Canada et ces obligations professionnelles l'avaient entraîné loin du foyer au désespoir de la jolie Yoko. Madame Arakawa avait finalement rejoint son époux de l'autre côté du Pacifique et avait pris goût à son tour au mode de vie de la Côte Ouest.

La réputation du gendre de Yamauchi était remontée jusqu'à Kyoto. Durant les trois années que le couple Arakawa avait passées à Vancouver, Minoru avait brillé par sa capacité à traverser les épreuves les plus terribles sans défaillir. À bien y réfléchir, le mari de Yoko paraissait le personnage rêvé pour diriger les opérations américaines de Nintendo.

Il ne fallut que quelques semaines à Yamauchi pour persuader son gendre de prendre la direction de Nintendo of America (NOA). Le principal obstacle que Minoru eut à surmonter fut le barrage de protestations soulevées par son épouse. Yoko Yamauchi gardait rancœur d'une éducation rigide avec un père le plus souvent absent du domicile familial en raison de ses activités professionnelles. Elle avait fini par honnir tout ce qui évoquait de près ou de loin Nintendo...

En cette année 1980, la filiale américaine de Nintendo est établie à New York. Minoru Arakawa entreprend de démarcher les salles de jeux afin d'imposer les machines d'arcade fabriquées à Kyoto. Pourtant, le gendre de Yamauchi ignore tout de ce qui fait battre le cœur de la population des joueurs américains et une décision hâtive va bientôt mener Nintendo of America à la dérive...

Arakawa passe commande de trois mille machines Radarscope après avoir constaté que ce modèle est fort apprécié des adolescents nippons. Pourtant, lorsque les machines arrivent à New York quatre mois plus tard, il s'avère impossible de les écouler. Plus d'un trimestre s'écoule et rien n'y fait : Radarscope est jugé démodé chez l'Oncle Sam. Arakawa découvre à la dure, que la vogue d'un jeu dépend d'un facteur incontrôlable et capricieux – le choix des adolescents. Ainsi fonctionne la dure loi des kids.

Super Mario

Nanti d'un stock de trois mille appareils invendus, Arakawa envisage de mettre la clé sous la porte s'il n'obtient pas une assistance immédiate de son beau-père. La seule solution pour sauver les Radarscope, serait d'en récupérer les circuits, de repeindre les coffres et d'y installer une nouveauté. Fort remonté contre son gendre dont les débuts sont peu reluisants, Yamauchi rechigne à affecter l'un de ses ingénieurs à la création d'un nouveau titre. Il lâche finalement du lest. Après tout, pourquoi ne pas confier cette tâche à Shigeru Miyamoto, l'artiste maison ? Ce dernier ne cesse de déclarer qu'il fourmille d'idées sur le sujet des jeux d'arcade. Pragmatique, Yamauchi lui demande de convertir Radarscope en un produit susceptible de plaire à un large public.

En attendant l'arrivée du jeu tant espéré, Minoru Arakawa déménage Nintendo of America dans le quartier des affaires de Seattle, la ville où est installé Microsoft, au Nord-Est des Etats-Unis. Seattle est une cité bruyante et dépourvue de charme, dont le bord de mer est défiguré par la présence des montants de béton d'une autoroute aérienne. Elle a cependant pour avantage d'être à neuf jours de bateau d'Osaka.

Miyamoto attend depuis longtemps son heure. Il juge que les jeux d'arcade sont trop primaires et ambitionne de doter ceux qu'il développerait de scénarios similaires à ceux de films ou de romans. Le jeu qu'il conçoit, Donkey Kong, se distingue de la production de l'époque, friande de vaisseaux spatiaux et d'invasions d'extraterrestres. Miyamoto a l'idée de créer une histoire inspirée de Popeye le marin, mettant en scène Brutus, Olive et Popeye. Mais Nintendo n'obtient pas les droits de la licence et doit trouver une alternative. Finalement, le jeune homme crée un grand singe à la King Kong, qui échappe à son propriétaire falot dont il kidnappe la petite amie. Pour représenter le petit homme qui doit tenter de récupérer sa dulcinée, le dessinateur conçoit un personnage qui a tout de l'anti-héros. Il arbore un nez en trompette, une moustache proéminente et a de la bedaine. Seuls ses yeux d'un bleu tendre le rendent attachant. Mario vient de voir le jour - même s'il ne porte pas encore de nom.

Miyamoto désire qu'il soit possible de déplacer le personnage de son jeu sur tout l'écran et a l'idée de bâtir des sites de constructions dans lesquels le mari délaissé pourra se déplacer dans toutes les directions. En cherchant un nom pour le gorille qui a enlevé la jolie dame, il opte pour Donkey Kong, persuadé que ces mots signifient « singe idiot » en anglais – la traduction serait plus proche de « l'âne Kong ».

Dès sa sortie en juin 1981, ce jeu fait l'unanimité dans les discussions des cours de récréation. Aux Etats-Unis, la vente des cabines Donkey Kong démarre en flèche, à la stupéfaction de Minoru Arakawa et de ses collègues. Grâce aux facéties espiègles du gorille, Nintendo of America termine sa deuxième année avec un chiffre d'affaires de cent millions de dollars. Signe de la popularité sans borne du facétieux gorille, des copies pirates de Donkey Kong apparaissent un peu partout. Shigeru Miyamoto vient de faire la preuve éclatante de sa capacité à toucher le cœur des kids. A star is born !

Un soir d'avril 1982, un télex arrive au Japon. Stupeur ! MCA Universal accuse Nintendo de plagiat du film King Kong et demande à récupérer l'intégralité des profits réalisés sur le jeu Donkey Kong. Le conseiller juridique de Nintendo of America, Howard Lincoln prend les choses en main avec un surprenant aplomb.

Howard Lincoln dirige le cabinet de conseil juridique qu'il a fondé à Seattle après une courte carrière de juge militaire auprès de la Marine durant la guerre du Vietnam. Prudent et pondéré, ce personnage grand et mince affiche en permanence un sourire malicieux et semble patiemment méditer la moindre de ses phrases. Sûr de lui jusqu'à en paraître suffisant, Lincoln est intimidant au premier abord mais lorsque les circonstances d'une transaction l'exigent, il peut se montrer charmeur jusqu'à en paraître visqueux.

Lors de la réunion avec les représentants de MCA Universal, Lincoln s'aventure à mettre en doute la validité de leurs droits sur King Kong ! Perfide intuition ou art finaud de la contre-attaque, toujours est-il qu'après plusieurs mois d'instruction, il s'avère que le conseiller juridique a vu juste. L'histoire du gorille géant tombé amoureux d'une jeune Américaine et terrorisant la ville de New York est bel et bien tombée dans le domaine public. L'action en justice intentée par MCA se retourne contre elle : le studio, non content d'être débouté de sa plainte doit reverser 1,8 millions à Nintendo après une contre-attaque en appel.

Subjugué par le talent de son conseil, Arakawa offre à Howard Lincoln de rejoindre Nintendo of America. Le zélé juriste accepte de devenir le numéro deux à condition de pouvoir s'impliquer dans tous les aspects de la compagnie quels qu'ils soient. Il va devenir l'une des chevilles ouvrières de la conquête du marché américain.

Suite au succès de la VCS 2600 d'Atari, les consoles de jeu que l'on branche sur la télévision ont le vent en poupe de part et d'autre du Pacifique et de l'Atlantique. En 1982, avant le grand crash de la célèbre entreprise américaine, le secteur est encore convoité par Sharp et Sony (MSX) ou encore par Mattel avec l'Intellivision.

Pour imposer Nintendo sur ce marché porteur, Yamauchi demande à Uemura de créer une machine ayant une telle avance sur la compétition qu'il soit impossible de la rattraper pendant au moins un an. Pour que l'attrait d'une telle console soit irrésistible auprès des gamins, il exige également que le prix n'en dépasse pas les dix mille yens. Le défi semble invraisemblable, car en ce début des années 1980, les composants qui équipent ordinateurs et consoles sont hors de prix. Yamauchi persiste et signe : il entend s'appuyer sur une tactique éprouvée par Mattel en 1959 avec la poupée Barbie, qui consiste à vendre un produit d'appel à un prix abordable puis de réaliser les profits sur des accessoires. Une fois la console imposée dans les familles, Nintendo réalisera de juteux profits sur la vente des jeux.

Uemura décortique les machines utilisées dans les salles d'arcade pour reproduire les ingrédients essentiels au sein d'un appareil familial. Il contacte ensuite la société Ricoh afin qu'elle produise les puces destinées à animer la machine de Nintendo. Il reste à trouver un terrain d'entente sur la tarification. Comme prévu, les cadres de Ricoh explosent de stupeur lorsqu'ils apprennent le prix ridiculement bas escompté par Yamauchi : il paraît impossible de vendre les composants si bon marché. Royal, le président de Nintendo tranche alors le débat en garantissant une commande de trois millions de puces ! Pendant de nombreux mois, bien des cadres seront persuadés que Yamauchi est en train de couler la compagnie – il ne se vend que quelques dizaines de milliers de consoles par an au Japon. Conformément à son caractère d'acier, le dictateur refuse de prêter attention aux cris d'orfraie de ses conseillers, persuadé que les enfants seront séduits en masse par une console de qualité au prix défiant toute concurrence. Pour mieux se blinder contre les prophéties suicidaires de certains employés, Yamauchi s'octroie la direction Recherche et Développement. Il va désormais donner son avis sur chacun des jeux produits en interne. Ce faisant, il va faire preuve d'une stupéfiante intuition, une aptitude d'autant plus surprenante qu'il ne joue à aucun jeu vidéo !

La témérité du shogun sera payante. La Famicom (connue chez nous comme la NES – abréviation de Nintendo Entertainment System) sort le 15 juillet 1983 et affiche un prix deux fois inférieur à celui des machines concurrentes. Le plan de Yamauchi se déroule à merveille : propulsée par une campagne publicitaire d'envergure, la console familiale se vend à cinq cent mille unités au cours des soixante premiers jours.

Stratège hors pair, le président de Nintendo va contourner avec superbe un écueil de taille. Quelques mois après le lancement de la NES, des appels aboutissent au service technique afin de signaler une défectuosité de l'appareil. Yamauchi prend alors la courageuse décision de rappeler toutes les NES afin de remplacer le circuit défaillant. La mesure est coûteuse mais salutaire car elle scelle un pacte implicite de confiance entre Nintendo et son public. Alors que partout dans le monde, les constructeurs de consoles traversent une crise sans précédent qui conduit la plupart d'entre eux à la faillite, la NES fait des ravages chez les enfants japonais. En l'espace de dix-huit mois, 2,1 millions de consoles Nintendo pénètrent dans les foyers.

Il ne manque à la NES qu'un jeu mythique pour transformer le phénomène de mode en fait de société. Or, Yamauchi est convaincu que ce sont des titres de qualité qui font le succès à long terme d'une machine et l'échec du Bétamax dans la vidéo en est révélateur. Bien que soutenu par Sony, ce standard a été balayé par la norme VHS de qualité inférieure, celle-ci offrant un catalogue de films bien plus vaste. Ce sont les jeux qui pareillement assoiront la suprématie de la compagnie de Kyoto.

Afin d'éliminer dans l'œuf l'éventualité d'une crise analogue à celle connue par Atari, Yamauchi opte pour une politique draconienne : seuls trente-quatre éditeurs triés sur le volet se voient accorder le droit de développer des jeux pour la NES. Ces titres devront être de haute teneur et le cas échéant, Nintendo se réserve la possibilité d'opposer son veto. La firme de Kyoto établit ainsi une distorsion, favorisant ses propres titres au détriment de ceux d'autres éditeurs, officiellement afin de préserver la qualité des jeux. Pour ôter à des studios non agréés toute possibilité de s'immiscer dans ce cercle fermé, la compagnie incorpore une puce brevetée dans chacun des jeux commis par des tierces parties. Si elle s'appuie sur des sociétés de renom pour constituer sa gamme, Nintendo entend produire en interne le best-seller qui fera date pour la NES.

Shigeru Miyamoto, l'artiste responsable de Donkey Kong, est celui qui est à même de réaliser le hit de la nouvelle console. Avec sagacité, Yamauchi nomme ce développeur à l'imagination fertile à la tête d'une nouvelle division, « Loisirs », avec pour objectif la production de jeux pour la NES.

Miyamoto s'attelle alors à un nouveau titre, Super Mario Bros. Le petit héros bedonnant qui subissait les vexations du gorille Donkey Kong devient désormais le personnage principal. S'il est affublé du patronyme Mario, c'est de manière non intentionnelle.

Lorsqu'ils jouaient à Donkey Kong, les employés de Nintendo of America ont pris l'habitude de désigner le moustachu du prénom du propriétaire italien de leur entrepôt ! Miyamoto trouve que ce nom va comme un gant à son mini Superman en salopette.

La profession de Mario est toute trouvée : il sera plombier et sera donc dans son élément lorsqu'il escalade tuyauteries et échafaudages. Sa potion magique bien à lui est constituée de champignons verts et rouges. Mario se voit affublé d'un beau-frère, Luigi, aussi grand et maigrelet qu'il est lui-même ramassé et dodu. D'un bout à l'autre du jeu, le touchant petit bonhomme qui agite frénétiquement ses bras, va traverser d'interminables passages cachés ou souterrains souvent inquiétants, et devra patiemment les explorer au risque de se perdre. Miyamoto trouve son inspiration dans le souvenir d'une grotte explorée dans sa jeunesse. Il avait découvert en arpentant ce lieu sombre et inquiétant que l'expérience renfermait un puissant élément ludique ; la peur de l'obscurité mettait ses sens en éveil et se transformait en joie dès lors qu'il trouvait ses marques dans l'inconnu.

Lancé en septembre 1985, Super Mario Bros. se répand d'un bout à l'autre du Japon à la manière d'un tsunami. La cartouche du jeu de Miyamoto se vend à plus de 2,5 millions d'unités au cours des quatre premiers mois. Portée par l'ouragan dévastateur, la NES contrôle bientôt 95% du marché du jeu vidéo, au grand dam de SEGA et des autres dont les systèmes rivaux sont balayés sans espoir de retour. Vers la fin des années 1980, trente-trois pour cent des foyers japonais possèdent la console. Sa base installée – sept millions de machines – surpassera même le nombre d'ordinateurs personnels utilisés au Japon !

A la fin de l'été 1985, Yamauchi explique à son gendre qu'il est temps de lancer la NES aux Etats-Unis. Arakawa fait réaliser une étude du marché des jeux vidéo et constate l'étendue du désastre. Les faillites s'accumulent jour après jour. L'industrie qui générait des milliards de dollars au début de la décennie est exsangue et ne pèse plus que quelques centaines de millions. Le plongeon a été tel que l'on parle d'une industrie moribonde, sur laquelle aucun investisseur sensé n'oserait parier un denier.

Qu'importe, juge Yamauchi. Un signe encourageant apparaît dans l'étude : en choisissant de privilégier son ordinateur personnel l'Atari 800 à sa console VCS 2600, Atari a commis l'erreur de viser un public de plus de treize ans, occultant le marché le plus vaste, celui des huit à douze ans. Les têtes blondes n'attendent qu'un signe pour se ruer sur les consoles.

Une campagne de publicité de trente millions de dollars est organisée pour le lancement américain de la NES. Le message véhiculé est limpide : Nintendo promet des jeux différents, sélectionnés, filtrés... en un mot : de qualité ! Mais ce n'est pas tout, par le biais d'accessoires novateurs comme le robot, le pistolet laser, un futur lecteur/enregistreur de cassettes, il proposera bien plus que du simple jeu vidéo ! La NES, comme son nom l'indique, est surtout une véritable plateforme de divertissement. Rapidement, il se révèle que Yamauchi a vu juste ; la NES séduit la génération du roller-skate au-delà de toute attente.

Dès 1988, Nintendo of America franchit le cap du milliard de dollars. Lors du Consumer Electronic Show qui se tient à Las Vegas, les visiteurs découvrent, sidérés, que le secteur jeu vidéo ne comprend pour l'essentiel qu'un seul stand, de taille gigantesque : celui de Nintendo. Seuls les éditeurs les plus méritants y ont été hébergés. Les Européens sont éberlués d'apprendre qu'une société comme Namco a accepté de payer la bagatelle d'un million de dollars afin d'obtenir le droit de proposer à Nintendo un quota de cinq titres par an, le constructeur de Kyoto pouvant néanmoins se réserver le droit de les refuser ! En cas d'acceptation, ces mêmes éditeurs sont encore dans l'obligation de payer au prix fort les cartouches et leur duplication au seul producteur agréé de la planète : Nintendo ! Ils se rattrapent sur les quantités vendues, près de vingt fois supérieures à celles que l'on peut réaliser avec un jeu sur micro-ordinateur.

Il ne faudra que cinq ans à Nintendo of America pour opérer une mainmise tentaculaire sur la terre du Coca-cola. Sous le règne sans partage de la NES, le secteur du jeu vidéo va revenir flirter avec les superlatifs, générant trois milliards de dollars sur la seule vente des jeux – un chiffre supérieur à celui réalisé lors du premier boom de la console avant la crise de 1983. Toutefois, les journaux financiers ne manquent pas de déplorer qu'une société étrangère, sise à Kyoto, truste quatre-vingt pour cent du marché local.

Peu avant le changement de décennie, avec un revenu de cinq milliards de dollars sur le sol américain, Nintendo of America réalise déjà à elle seule vingt pour cent des revenus du jouet. Ce n'est qu'un début et l'on trouvera bientôt une NES dans un tiers des foyers des Etats-Unis et mieux encore, dans la quasi-totalité des foyers du Japon.

Au début des années 1990, la domination de Nintendo paraît sans appel. Les épisodes suivants de la saga de Mario connaissent un accueil similaire à l'original – Super Mario Bros. 3 se vend à sept millions d'exemplaires aux Etats Unis en 1990 et quatre au Japon.

En mars 1991, lorsqu'un journaliste demande à Michael Spindler, président d'Apple quelle compagnie il redoute le plus, ce dernier répond sans hésiter : « Nintendo ! ». Après avoir accompli une domination presque absolue sur son sol natal, la compagnie a opéré une invasion en règle des Etats-Unis, ne laissant que des miettes à ses compétiteurs. Le Japonais peut se targuer d'avoir dépassé les grands de l'informatique américaine car avec trente millions d'exemplaires diffusés fin 1990, la NES surpasse le duo IBM PC (dix-huit millions) et Macintosh (six millions). La popularité mondiale de la NES a été telle que, bon gré mal gré, les grandes chaînes de distribution comme les éditeurs les mieux implantés, ont dû se plier aux diktats de la société de Kyoto.

Une étude – certes commandée par Nintendo – affirme que le plombier disposerait d'une notoriété similaire aux héros traditionnels du dessin animé que sont Mickey Mouse et Bugs Bunny, auprès des moins de dix ans. Avec deux émissions télévisées consacrées à Super Mario aux Etats-Unis, un magazine diffusé à deux millions d'exemplaires, un numéro d'assistance qui gère cinquante mille appels par semaine, deux cent cinquante clubs, son effigie sur un jus de fruit, une marque de céréales, une ligne de vêtements de Toys'RUs, Mario est partout. Nintendo devient la troisième société de l'archipel en termes de profits, juste après Toyota et NTT.

Nommé producteur, Miyamoto est désormais une star du logiciel à part entière. Son aura est telle que Paul McCartney, en tournée au Japon, insistera pour pouvoir le rencontrer. Steven Spielberg et George Lucas feront de même. Pour le réalisateur de la série Mario, pareille considération de la part de légendes du spectacle est inestimable : il avoue avoir adulé les Beatles et cite sans hésiter Les aventuriers de l'arche perdue comme son film favori.

En dépit de sa gloire, cet homme qui fume des Philip Morris plus vite que son ombre est demeuré étonnamment timide, tranquille et spontané. Le père de Mario avoue manquer de temps pour s'adonner aux jeux vidéo et préférer consacrer une partie de son temps libre à la pratique du banjo et de la guitare. Miyamoto est même le premier à conseiller aux adolescents de diversifier leurs activités : « Jouez intensément, mais pas de manière excessivement prolongée. Faites en sorte que ce soit un passe-temps. »

La NES demeurera longtemps le plus grand succès de Nintendo – cinquante pour cent des jeux vendus en 1993 aux USA étaient encore représentés par cet ancêtre 8 bits.

Pourtant, le public des moins de dix ans évolue et ses idoles peuvent se voir déboussoler d'une rentrée à l'autre. Le début des années 1990 va voir émerger une redoutable concurrence à l'empire de Kyoto. Opérée sous la bannière de SEGA, la contre-attaque est partie subrepticement du continent européen...

## IV  TETRIS - Le casse-tête qui venait du froid

Tetris... Combien d'heures passées en ton nom ? Combien d'heures au cours desquelles d'un bout à l'autre de la planète, têtes blondes ou barbes blanches sont demeurées l'œil rivé sur l'écran, le regard plus alerte qu'un capitaine de cavalerie, à assembler les pièces d'un puzzle qui se régénère en permanence, à l'image des balais dont Mickey tente de se débarrasser dans Fantasia ?

Au départ, ce petit jeu paraît banal, insidieusement élémentaire. Des pièces de couleurs variées tombent du ciel... Avant qu'elles ne touchent le sol, le joueur doit les disposer de façon à former une ligne complète. S'il réussit, la rangée disparaît. S'il échoue, les cubes s'empilent jusqu'à former un mur fatidique.

Pourtant très vite, il s'avère impossible de résister à Tetris... Quiconque a eu l'heur de croiser ce satané casse-tête géométrique peut témoigner d'innombrables parties au sortir desquelles, une seule motivation semblait régir l'existence : recommencer au plus tôt. Le pire, c'est que les années n'y font rien.

Unique par sa simplicité, son caractère intrigant et sa capacité à maintenir l'utilisateur accroché à la chute des tétraminos (l'équivalent de deux dominos qui seraient accolés l'un à l'autre), Tetris est un cauchemar, un délire, une exaltation et un perpétuel défi. Comme l'a écrit un journaliste, Bill Kunkel : « Tetris répond parfaitement à la définition du meilleur en matière de jeu : une minute pour l'apprendre, une vie entière pour le maîtriser. »

Le 24 décembre 1979, Léonid Brejnev, dirigeant de l'URSS depuis déjà seize années, avait envoyé l'Armée Rouge envahir l'Afghanistan. Telle avait été sa façon plutôt cavalière de fêter la venue des années 1980. Furieux de s'être laissé berner par son homologue soviétique avec lequel il avait signé des accords allant dans le sens d'une détente, le président américain Jimmy Carter avait réagi en boycottant le pétrole russe et les jeux olympiques de Moscou. Les relations Est-Ouest démarraient sous de sombres auspices. La tension avait rarement été aussi soutenue entre les deux blocs à l'aube de cette décennie.

Et puis un homme à nul autre pareil est arrivé au Kremlin. Sous la gouverne de ce despote éclairé, un vent de liberté a soufflé sur une Russie frigide et refermée sur elle-même. Les jeunes moscovites déjà friands de musique rock, de blue-jeans et boissons gazeuses s'adonnent alors aux vices occidentaux à visage découvert...

En 1985, Gorbatchev vient tout juste d'entrer en fonctions et la rigidité bureaucratique est encore la norme. Au Sud-Est de Moscou se trouve le quartier des universités. Un grand bâtiment de quatre étages d'architecture sobre, l'Académie des Sciences, abrite l'un des plus grands instituts de recherche de l'Union Soviétique. Dans la section informatique œuvre un bonhomme barbu, un simple fonctionnaire qui se distingue par sa bienveillance et sa cordialité.

A la différence des autres membres de son laboratoire, Alexey Pajitnov n'est pas intéressé par la technique en tant que telle. Ses travaux sont orientés dans une direction précise : pouvoir rendre heureux l'utilisateur d'un ordinateur. Entre deux travaux d'intérêt scientifique, afin de se distraire des recherches ennuyeuses sur la Reconnaissance Automatique de la Parole, ce chercheur de trente ans programme des jeux de réflexion et casse-tête sur l'ordinateur primitif de l'institut, un Electronica 60. Pour Pajitnov, de tels jeux ne se limitent pas à des simples distractions. Il les assimile à des métaphores, emplies d'enseignements sur la vie. « Les jeux permettent aux gens de mieux se connaître et agissent comme des révélateurs de ce que vous ne pourriez remarquer en temps normal – comme la façon de penser ».

Alexey Pajitnov a effectué un stage d'été dans le centre informatique de l'Académie des Sciences en 1977, alors qu'il était étudiant, et l'atmosphère conviviale des lieux l'a séduit. Bien qu'entassés les uns à côté des autres dans un vétuste local, les chercheurs étaient tellement exaltés par leurs travaux qu'ils restaient sur place jusqu'à des heures avancées de la nuit. De par son caractère chaleureux, Pajitnov s'est lié d'amitié avec de nombreux informaticiens du groupe. Par la suite, il continua à fréquenter l'endroit pendant ses deux années d'études, trop heureux de pouvoir de temps à autre se servir de l'Electronica 60.

Une fois diplômé en 1979, Pajitnov rejoint l'Académie au département de la Reconnaissance Automatique de la Parole. Il officie de manière permanente dans la pièce lambrissée de la division informatique, parmi d'autres chercheurs logés à la même enseigne : chacun doit attendre des heures avant de pouvoir utiliser l'ordinateur anémique. Pajitnov se plaît bien dans cet institut à l'ambiance sympathique. Les horaires sont « relax » et les chercheurs peuvent passer de longues heures à discuter dans le couloir tout en fumant des cigarettes, sans que personne n'y trouve rien à redire.

Par une journée de juin 1985, Pajitnov est traversé d'une étonnante inspiration. Il imagine un jeu fondé sur la chute de formes aléatoires à base de quatre carrés. En leur faisant subir les rotations appropriées, le joueur doit les emboîter de manière à établir des lignes pleines. Le but consiste à retarder le moment où l'empilement maladroit de ces drôles de briques en vient à ériger un mur. Il ne faut pas longtemps à Pajitnov pour réaliser l'impact de ce jeu : il a lui-même du mal à en finaliser le prototype tant il est pressé d'y jouer !

Pajitnov est ravi de présenter ce jeu, qu'il a baptisé Tetris à ses collègues de l'institut. Ceux qui s'essayent à ce divertissement d'une insidieuse simplicité tombent dans le piège. Trop tard ! Premiers d'une interminable liste, ils se retrouvent, esclaves consentants et inassouvis, face à l'écran vert, à tenter d'agencer ces maudits tétraminos avant qu'ils ne viennent se déposer en une combinaison incongrue.

L'ampleur de la contagion dépasse bientôt toute prévision : au bout de quelques semaines, on s'adonne à Tetris dans les bureaux de l'Académie des Sciences, puis dans le moindre des instituts disposant d'un ordinateur à Moscou !

L'un des meilleurs amis de Pajitnov, Vladimir Pokhilko découvre bien malgré lui l'effet dévastateur de cette intrusion des tétraminos dans la vie ordinairement tranquille de l'Institut Médical de Moscou. Comme il ne cesse d'entendre parler de Tetris, il a demandé à Pajitnov de bien vouloir lui en fournir une version. Dès qu'il installe le programme dans son laboratoire, du jour au lendemain on s'arrête de travailler. « Je ne peux plus vivre sans ton Tetris, » confie bien malgré lui Pokhilko à Pajitnov. Au bout de quelques jours, il doit se résoudre à effacer le logiciel de l'ordinateur de l'Institut Médical afin que chacun puisse à nouveau vaquer à ses activités. Et puis, subrepticement, une nouvelle version fait son apparition dans le laboratoire... La Tetris-mania en est en route et rien ne peut l'arrêter.

Intrigué par ce phénomène, Pajitnov caresse l'espoir de faire publier son jeu sur le micro-ordinateur d'IBM, le fameux PC. Pour opérer la conversion de Tetris, il se fait aider d'un jeune prodige qui vient parfois traîner à l'Académie. Âgé de seize ans, Vadim Gerasimov est ce que l'on appelle un « hacker » – un génie de l'informatique auquel aucun système ne résiste, même lorsqu'il est protégé par une batterie de mots de passe. De nombreux ingénieurs de l'Académie n'hésitent pas à faire appel à Gerasimov lorsqu'ils se trouvent face un problème insoluble. En quelques jours, le lycéen adapte Tetris sur PC.

Pajitnov se trouve confronté à un dilemme. Il ne connaît absolument rien au monde des affaires et a besoin de l'aide de l'Académie pour entreprendre ses démarches. Toutefois, il sait pertinemment qu'il lui faudra mener une lutte incessante avec les bureaucrates s'il demande leur assistance. Tetris a beau être populaire à Moscou, la hiérarchie de l'Académie n'est pas particulièrement heureuse de ce phénomène : le fleuron de la recherche soviétique n'est pas censé produire des jeux. Les supérieurs de Pajitnov ne manquent d'ailleurs pas de lui faire sentir combien une telle situation est embarrassante.

Pajitnov n'a pas le cœur à affronter le rempart de stupidité d'une caste de fonctionnaires qui trouvent un malin plaisir à freiner la moindre des initiatives. Dans une Russie engluée par des décennies d'un communisme étatique, pour envoyer un simple télex, il faut se rendre dans un autre bâtiment, remplir des formulaires et se soumettre à des procédures humiliantes.

Le chercheur se résout à un compromis : il ne demandera rien en échange de l'aide qui lui sera prodiguée. Il s'en vient voir Victor Brjabrin, qui supervise le travail des vingt chercheurs de l'Académie des Sciences. Brjabrin possède trois qualités éminentes aux yeux de Pajitnov : il connaît le monde extérieur, parle anglais et sait comment faire pour envoyer un fax. Le programmeur propose un marché :

— Aidez-moi à publier mon jeu. En échange, je cède les droits de Tetris à l'Académie. Je ne vous demande rien en retour. Si dans le futur vous pouvez me rétribuer sur les ventes, j'en serais ravi, mais si vous n'en faites rien, ce ne sera pas grave.

Pleinement conscient du fait que la version pour IBM PC de Tetris pourrait devenir un best-seller dans le monde occidental, Brjabrin adresse une copie du jeu à Novotrade, une société d'édition sise à Budapest et fondée en 1983 par le gouvernement hongrois dans l'espoir de pouvoir récolter quelques devises étrangères, une denrée alors rare dans le bloc de l'Est...

C'est un dénommé Robert Stein qui prend le premier conscience des potentiels commerciaux de Tetris lors d'une visite en Hongrie au cours de l'été 1986. Petit, chauve et binoclard, Stein est un agent international pour la vente des logiciels qui opère depuis sa société londonienne, Andromeda. Son caractère est sujet à controverse. Ceux qui l'apprécient le décrivent comme quelqu'un de sérieux, doté d'un esprit vif et d'une insatiable soif de réussir et d'entreprendre. D'autres dépeignent une personnalité plus ambiguë, apte à réaliser des « coups » biscornus. Né en Hongrie, Stein a développé une spécialité : les échanges, souvent clandestins, avec le monde communiste. À une époque où il était interdit de vendre des ordinateurs à la Russie, il les acheminait en pièces détachées jusqu'aux pays de l'Est en transitant par l'Orient, à partir d'éléments récupérés dans les braderies d'invendus d'Atari. À sa décharge, on peut dire qu'il a contribué à l'éclosion d'une culture micro-informatique dans les pays de l'Est.

Andromeda, l'agence dirigée par Robert Stein a établi une relation solide de l'autre côté du mur de Berlin avec Novotrade. Grâce à son intervention, les logiciels issus de ce studio de développement hongrois traversent la Manche et parfois même l'Atlantique. Suite à l'entremise de Stein, l'éditeur britannique Mirrorsoft – une filiale de Maxwell Communications – a publié deux jeux de Novotrade, Caesar the Cat et Spitfire 40. Spectrum Holobyte, société sœur de Mirrorsoft a édité ces mêmes titres sur le sol américain.

Au moment où Robert Stein découvre la version IBM PC de Tetris chez Novotrade, le jeu a déjà commencé à se répandre en Hongrie comme dans les pays voisins, tels que la Pologne. Par un phénomène étonnant, certains programmeurs ont déjà créé des clones de Tetris et les disquettes sont librement copiées d'ordinateur en ordinateur.

Epoustouflé par le potentiel de ce jeu, Stein adresse fax sur fax à l'Académie des Sciences afin d'en obtenir la licence. Au bout de plusieurs semaines, Victor Brjabrin et Alexey Pajitnov renvoient une télécopie indiquant qu'ils sont intéressés de faire affaire avec Robert Stein. Les deux fonctionnaires russes ignorent que dans le monde occidental, un tel fax a valeur légale de document officiel. Stein estime qu'il dispose d'un accord suffisant pour entamer les démarches relatives à Tetris et s'y emploie sans plus tarder.

Robert Stein profite d'un salon organisé à Londres pour faire la tournée des grands éditeurs. Gary Carlston, fondateur de Broderbund ramène une copie du logiciel en Californie. Au vu de l'emballement qu'il suscite chez les employés, il apparaît clairement que Tetris pourrait devenir un méga-hit. Pourtant,

Carlston demeure sur sa réserve du fait de l'origine soviétique du logiciel et de la réputation douteuse de l'entremetteur. Pour sa part, Martin Alper, qui dirige la socité d'édition Mastertronic ne manifeste aucun intérêt pour le produit. Il se contente d'éconduire Robert Stein d'une phrase sans appel : « Aucun produit soviétique ne marchera dans le monde occidental ».

C'est la société Mirrorsoft, qui emporte l'affaire. Peu convaincu au premier abord, Jim Mackonochie donne le jeu en test à son département d'évaluation. Deux semaines plus tard, il découvre qu'à l'heure de midi, toute la société n'a qu'une idée fixe : écourter au maximum le déjeuner pour avoir l'opportunité de s'adonner à une partie de Tetris. Quelques jours plus tard, Phil Adams, qui dirige Spectrum Holobyte, vient chez Mirrorsoft à Londres dans l'espoir de dénicher quelques logiciels pour le marché américain. De manière inopinée, il lance le jeu Tetris à trois heures de l'après-midi. Quatre heures plus tard, ses collègues affamés doivent le supplier de délaisser l'ordinateur pour qu'ils puissent se rendre au dîner. Mackonochie reçoit un ordre formel :

— Signe la distribution de ce logiciel immédiatement ! Ce soir même si possible.

Mackonochie négocie avec Robert Stein afin d'obtenir les droits de diffusion britanniques pour Tetris tandis que Phil Adams récupère la licence pour Spectrum Holobyte sur le marché américain.

Gilman Louie, président directeur général de Spectrum Holobyte est convaincu qu'il est nécessaire de « relooker » Tetris avant de le lancer aux Etats-Unis. Il suggère la création d'une version en couleurs, avec de beaux graphismes, du son et une plus grande vivacité. Les programmeurs de Spectrum Holobyte prennent l'affaire en main et ajoutent des fonds d'écrans inspirés de paysages, parcs et bâtiments historiques soviétiques, ainsi qu'un fond musical évoquant les airs populaires russes.

Tetris est lancé en version PC par Mirrosoft en Europe en novembre 1987. Aux Etats-Unis, il est dans les boutiques à partir du mois de janvier 1988. Des éditions adaptées aux ordinateurs

Amiga, Atari ST, Sinclair Spectrum, Commodore 64, Amstrad CPC et BBC apparaissent dans la foulée. Le jeu porte une mention laconique : « Fabriqué aux USA. Conçu à l'étranger ».

Comme prévu, Tetris est un succès immédiat dans le monde occidental où il se répand comme une traînée de poudre. Bientôt, des cris, des hurlements et des soupirs retentissent dans les foyers, universités et bureaux. À l'instar de certaines œuvres marquantes qui semblent couler de source, Tetris est une évidence, un point de non-retour, une source intarissable de jouvence. Plusieurs dizaines de millers de copies sont diffusées par Mirrorsoft en l'espace de deux mois. Les enquêtes d'audience effectuées par Spectrum Holobyte révèlent un fait remarquable : 75% des acheteurs de Tetris sont des adultes de vingt-cinq à quarante-cinq ans, dont un nombre important de managers ou ingénieurs.

Lors de la cérémonie des récompenses de la Software Publishers Association – l'équivalent des Oscars en matière de logiciel – en mars 1988, Tetris bat tous les records en obtenant quatre récompenses : meilleur logiciel de loisirs, meilleur jeu original, meilleur programme de stratégie, meilleur logiciel grand public.

Robert Stein réalise, mais un peu tard, qu'il ne dispose comme document contractuel que d'un simple fax de l'Académie des Sciences. Il se débat donc comme un beau diable pour obtenir un contrat en bonne et due forme et fait plusieurs fois le trajet jusqu'à Moscou. En vain. L'Académie se montre d'une lenteur insoutenable dans ses démarches – à l'occasion de l'entrée en perestroïka, Bjabrin découvre les subtilités du capitalisme.

Tant bien que mal, en mai 1988, Stein finit par obtenir un contrat lui accordant « les droits mondiaux de Tetris pour tous les ordinateurs actuels ou susceptibles d'être inventés ». Pas un kopek n'est versé à Pajitnov au passage.

L'empire Nintendo entre en scène au cours de l'été 1988. Le dragon japonais s'apprête à lancer la Game Boy, une console de poche qu'a conçue Gunpei Yokoi, l'un des deux ingénieurs en chef de l'entreprise. Hiroshi Yamauchi, président de Nintendo, estime possible avec un tel appareil portatif, de renouveler le raz-de-marée qu'a connu la NES. Par sa simplicité et son attrait, Tetris lui apparaît comme un jeu incontournable pour la Game Boy. Un agent américain vivant au Japon, Henk Rogers, se voit chargé de récupérer les droits d'adaptation.

Bien qu'il soit d'origine hollandaise par sa mère et indonésienne par son père, Rogers a l'allure d'un cow-boy, avec Stetson et santiags. D'une nature joviale, l'homme adore faire la fête et n'hésite jamais à inviter le gratin de l'édition à des soirées hautes en couleur. Rogers a émigré à New York alors qu'il n'avait que dix-sept ans avant de partir pour Hawaï poursuivre des études d'informatique. Dans l'archipel, il a fait la connaissance d'une jeune japonaise dont il est tombé amoureux et choisi de s'installer au Japon. En 1976, après avoir programmé un jeu de rôle, Black Onyx, Henk Rogers a créé une entreprise de logiciels, Bulletproof Software.

L'estime mutuelle que se portent Yamauchi et Rogers est née d'un commun penchant pour le go. Ce jeu d'origine chinoise qui oppose deux stratèges dans l'établissement de vastes territoires délimités par leurs pions blancs ou noirs, a été adapté sur le micro-ordinateur de NEC par Bulletproof Software. Inconditionnel du go, Yamauchi a pris contact avec le cow-boy asiatique afin qu'il adapte son jeu sur la NES. L'addiction mutuelle pour le go a fait le reste. Yamauchi apprécie la droiture de Rogers et sollicite régulièrement son assistance pour les négociations de caractère international.

Henk Rogers s'adresse d'abord à Atari Games, qui vient d'acquérir la licence de Tetris pour les consoles auprès de Robert Stein. Il obtient le droit de publier le logiciel pour la NES. En revanche, la transaction traîne de manière inexplicable pour ce qui concerne une potentielle version pour la Game Boy. Dans le secret, des négociations sont en cours entre Atari et SEGA.

Howard Lincoln, l'ancien avocat qui co-dirige Nintendo of America, fonctionne souvent avec une sorte de sixième sens. À la lueur d'une lumineuse intuition, il lui apparaît qu'il pourrait exister une brèche dans le contrat qui lie Robert Stein à l'Académie des Sciences. Sur son conseil, Henk Rogers prend l'initiative de se rendre à Moscou afin de traiter directement avec les créateurs du logiciel.

Bien qu'il ne parle pas un traître mot de russe et qu'il ignore où s'adresser exactement dans la capitale, il ne faut que trois jours au baroudeur pour trouver ses repères. Il découvre que les transactions relatives à Tetris ont alors été reprises par une nouvelle entité gouvernementale, Electronorgtechnica (ou « Elorg »), émanation du Ministère de l'Export du Logiciel et du Matériel.

Le directeur d'Elorg, Nikolaevich Belikov est un renard rusé et implacable, bien décidé à tirer le maximum des relations qui s'ouvrent avec le monde capitaliste. Or, jusqu'à présent, les relations avec Robert Stein n'ont pas été juteuses pour le gouvernement soviétique. Belikov considère que Brjabrin et Pajitnov ont agi comme des blancs-becs lorsqu'ils ont conclu un accord avec l'agent britannique et il ne désespère pas d'obtenir un meilleur contrat à terme. C'est dans un tel état d'esprit qu'il rencontre Henk Rogers. Alexey Pajitnov est invité à se joindre aux négociations.

Pajitnov apprécie immédiatement Rogers. Cet homme qui a le même âge que lui, fait preuve d'une même gentillesse, proche de la naïveté. À l'inverse de Robert Stein, Henk Rogers est un authentique amateur de jeux qui a programmé maints logiciels. Le soir de leur rencontre à Elorg, Alexey invite le visiteur de l'Ouest à dîner dans son appartement. Malgré la barrière de la langue, les deux hommes passent la soirée à évoquer leur dada. Pajitnov lui présente quelques jeux qu'il a programmés et Rogers laisse entendre qu'il pourrait les publier. Désormais, Alexey va traiter Henk comme son « protégé ».

Au cours des discussions avec Belikov, Rogers explique qu'il désire obtenir les droits de Tetris pour une future console, la Game Boy. Dans la mesure où ses interlocuteurs ignorent tout de ce secteur, Roger en dépeint les facettes à un auditoire ahuri. Puis, joignant le geste à la parole, il extrait de sa mallette la cartouche de Tetris pour la NES. En voyant l'objet, le directeur d'Elorg ouvre des grands yeux : personne n'a jamais encore vu cela en Russie ! Pourtant, la colère remplace rapidement la stupeur. Accusateur, Belikov demande comment Nintendo a pu publier une telle cartouche, puisque, selon lui, cet appareil n'est pas un ordinateur ? Rogers clame son innocence, expliquant qu'il a acquis les droits auprès d'Atari Games, qui les a pour sa part obtenus de Robert Stein. Nikolaevich Belikov déclare sans ambages qu'une telle transaction est nulle et offre à Rogers la possibilité de racheter tous les droits de Tetris sur console, sans exception.

Rogers est effaré par une telle proposition qui dépasse très largement le cadre de ses prétentions initiales. Prudent, il se contente de répondre qu'il ne dispose pas d'un pouvoir suffisant pour opérer une telle transaction. À ce stade, il est nécessaire que Minoru Arakawa et Howard Lincoln, les dirigeants de Nintendo of America, prennent le relais. Rogers est pleinement conscient des retombées juridiques que risque de susciter une telle opération.

Pour sa part, Belikov jubile. Il a découvert une faille dans le contrat qui lie le gouvernement soviétique à Robert Stein et Mirrorsoft : il est aisé de considérer qu'une console n'est pas un ordinateur ! Elorg étant désormais le détenteur officiel des droits de Tetris, Belikov insiste donc pour que les contrats établis avec Andromeda soient actualisés. Robert Stein se voit proposer de signer un addendum complexe précisant diverses clauses. L'une d'elles, bénigne en apparence, précise qu'un ordinateur est une machine avec un écran et un clavier. L'agent anglais ratifie l'accord sans broncher. Sans le réaliser, il vient de perdre tous les droits de Tetris sur consoles !

Quelques semaines plus tard, Rogers est de retour à Moscou, accompagné des deux hommes-clé de Nintendo of America. Arakawa et Lincoln proposent à Nikolaevich Belikov une offre comme il ne s'en refuse pas. Pour récupérer Tetris, Nintendo lâche généreusement les dollars par millions. Pajitnov qui est assis à la table des négociations vit quelques-unes des heures les plus passionnantes de sa vie. Le monde occidental lui paraît de plus en plus fascinant.

Le 31 mars 1989, un fax surréaliste arrive dans les bureaux californiens d'Atari Games. Howard Lincoln lui demande instamment de cesser la production des cartouches de Tetris pour la NES, les droits passés appartenant désormais à Nintendo ! Un appel affolé est effectué à Mirrorsoft pour tenter de débrouiller la situation. Jim Mackonochie se montre rassurant : l'intégralité des droits de Tetris appartiennent bel et bien à Mirrorsoft et à aucune autre société. Il va rapidement déchanter.

Devant la fermeté de Nintendo, Mackonochie en réfère à Kevin Maxwell, qui supervise les activités audiovisuelles du groupe Maxwell. Celui-ci décide d'en informer son père, Robert. Le magnat de l'édition prend la situation très au sérieux et demande au gouvernement britannique d'intervenir auprès du gouvernement russe. L'affaire va prendre des proportions telles que Robert Maxwell, lors d'une rencontre avec Gorbatchev à Moscou en vue de discuter de l'implantation de magazines en Russie, ira jusqu'à évoquer Tetris et demander au président russe de casser le contrat avec Nintendo. Elorg va résister aisément aux pressions officielles d'autant que le nouvel accord avec l'entreprise japonaise est substantiellement plus rentable que celui établi avec Mirrorsoft.

Une bataille titanesque est engagée devant les tribunaux de San Francisco dès le mois de juin. Atari Games cherche à prouver que la NES est bel et bien un ordinateur et en veut pour preuve qu'au Japon, la console s'appelle Famicom, abréviation de Family Computer (ordinateur familial). Le témoignage de Pajitnov indique qu'il n'a jamais été question dans le contrat initial d'autres machines que les PC. Le juge va d'abord donner raison à Nintendo, mais, suite au procès entamé par Mirrorsoft, l'affaire va évoluer en un épouvantable imbroglio juridique qui va se prolonger jusqu'au milieu des années 1990 !


La réputation d'Alexey Pajitnov a traversé les frontières et de nombreux journalistes occidentaux appellent l'Académie des Sciences pour interviewer le créateur du jeu qui fait fureur à l'Ouest. Ils découvrent parfois, non sans surprise, que pas un seul rouble des ventes du jeu n'a été attribué à l'auteur de Tetris. La seule gratification accordée par Elorg a été un IBM PC récupéré par Vadim Gerasimov. Pajitnov lui-même n'a absolument rien obtenu. Dans la mesure où il est né dans une société qui ne mesure pas la réussite personnelle en terme de dollars, le programmeur semble n'éprouver aucune amertume.Tetris est simplement né à une période où il travaillait pour l'Etat russe et il est donc normal que celui-ci en bénéficie. Pajitnov se sent simplement fier d'avoir créé le jeu de référence de son époque. « Le fait que tant de gens apprécient mon jeu me suffit amplement, déclare le programmeur ». Il ajoute qu'il considère Tetris comme un « ambassadeur électronique de bienveillance » et qu'il n'a pas tout perdu dans l'histoire puisque son jeu l'a fait connaître du monde occidental. Henk Rogers lui a d'ailleurs passé commande d'un jeu original – Pajitnov met les dernières touches à un produit inspiré de Tetris, Welltris. Le jeu doit être diffusé aux Etats-Unis par Spectrum Holobyte et en Europe par Infogrames.

Au début de l'année 1990, Alexey Pajitnov est invité au salon Consumer Electronic Show par Spectrum Holobyte. Le programmeur se rend d'abord au Japon où Henk Rogers le reçoit à la manière d'un prince et lui fait visiter la contrée.

Quelques jours plus tard, pour son premier contact avec les Etats-Unis, l'homme qui vient du froid débarque à Las Vegas avec une certaine appréhension ; il n'a jamais vu l'Amérique que dans les films. Après un voyage à bord d'un jet spécialement affrété, il se retrouve sans transition aucune dans la ville des lumières éclatantes, du clinquant et du néo-romain artificiel. Pour celui qui vit dans une contrée où il est encore difficile d'effectuer un appel téléphonique sans complication, faute d'une meilleure qualité des lignes, la rencontre de la culture yankee est un choc total. Palaces, néons, panneaux électroniques, machines à sous, téléviseurs géants, récepteurs satellites... Sur les écrans de la télévision, des réclames sont régulièrement diffusées pour demander aux gens s'ils ont déjà été « Tétrisés » ? Lors des réceptions, les buffets s'apparentent aux banquets impériaux. Pajitnov qui ne parle qu'un anglais approximatif demande à l'un de ses accompagnateurs :

— Est-ce que toute l'Amérique est comme cela ?

Gilman Louie de Spectrum Holobyte et Jim Mackonochie de Mirrorsoft servent de guides au programmeur dans la cité des néons. D'abord figé et mal à l'aise, Pajitnov se révèle affable et plein d'humour après quelques heures d'immersion dans le bain. « Certains de mes amis disent que lorsque vous regardez l'écran de Tetris, vous observez le résultat de vos erreurs et que cela vous motive à les éliminer en jouant, rejouant et rejouant encore. C'est une forme de motivation très intéressante », confie le programmeur à ses hôtes. Lorsqu'on lui évoque les aspects d'accoutumance de sa création, il rit gaiement. « Je pense que Tetris agit à la manière d'une musique. S'adonner à un jeu est un plaisir rythmique et visuel très spécifique. Je compare Tetris à une chanson que vous chanteriez dans votre tête sans que cela semble pouvoir s'arrêter. »

Une fois le choc culturel digéré, Pajitnov constate qu'il se sent bien aux Etats-Unis. Le style de vie occidental le désoriente mais n'est pas sans lui plaire. Il s'étonne de milliers de petites choses : vu de l'extérieur, il est impossible de reconnaître un supermarché d'une quincaillerie. La liberté, le respect de soi et la qualité de vie qu'il semble percevoir chez les occidentaux le séduisent. En rentrant en Russie, il ne cesse de parler de ce singulier voyage à son ami Vladimir Pokhilko. Depuis 1987, ce dernier s'est mis à son tour à programmer des jeux, parfois en collaboration avec Pajitnov. « Il n'existe pas de marché en Russie pour nos programmes, » déplore Alexey. Sur sa demande, Henk Rogers effectue les démarches nécessaires à l'obtention de visas de travail en bonne et due forme.

En choisissant de récupérer les droits de Tetris, Nintendo a pris le risque d'affronter une bataille juridique interminable. Dans l'ensemble, le géant japonais s'en tire honorablement car Tetris fait exploser les ventes de la Game Boy. Presque immédiatement, il apparaît que le jeu et la console de poche sont faits l'un pour l'autre. Pour des millions d'adolescents, la perestroïka prend la forme de ce casse-tête obsédant, dont les moutures se multiplient sur la console de poche, enfant du pousse-pousse revisité par l'électronique.

La Game Boy est lancée en France fin 1990 à la Grande Arche de la Défense. Invité par Nintendo, Pajitnov vient lui-même présenter Tetris. Le doux programmeur est enchanté de visiter son pays préféré d'Europe. Au cours des cinq jours qu'il passe à Paris, il est étonné de voir qu'il connaît la ville de par ses lectures assidues de Balzac.

Lors des fêtes de Noël, une centaine de milliers de Game Boy trouvent acquéreur. La console de poche devient un phénomène de masse avec des ventes trois fois supérieures aux prévisions au cours de la première année – 1,4 millions. Au niveau mondial, Nintendo vendra 33 millions d'exemplaires de Tetris sur Game Boy.

Dès le début de l'année 1991, Pajitnov et Pokhilko émigrent aux USA. Alexey s'installe à Seattle, la ville américaine la plus proche du Japon. Le programmeur s'accoutume à la vie occidentale tant et si bien qu'il se met à porter des vêtements bariolés, dans le style prisé par le chanteur Elton John. De manière générale, il trouve que la plupart des problèmes sont aisés à résoudre aux Etats-Unis si l'on fait preuve de gentillesse et de sens commun. BulletProof Software assure la vente de ses logiciels à des éditeurs tels que Spectrum Holobyte qui publie Faces, Ice and Fire, Clockwerx et Knight Move ou Maxis, le créateur de Sim City, qui édite El-Fish. Pajitnov publie huit titres et gagne ainsi des sommes conséquentes tout en s'adonnant à son hobby préféré.

En avril 1996, Tetris était devenu le jeu vidéo le plus répandu sur la planète. Des versions existaient sur consoles familiales, sur micro-ordinateur, sur organiseurs électroniques, consoles de poches, calculatrices scientifiques, machines de traitement de texte... Parmi les éditeurs ayant acquis la licence figuraient Atari, Hewlett-Packard, Microsoft, Nintendo, Philips, SEGA, Sharp, Spectrum Holobyte...

Le gouvernement russe qui avait empoché dix années durant

les invraisemblables bénéfices amassés par Tetris, n'a pas daigné accorder une malheureuse prime à son créateur. Pajitnov s'était résolu une fois pour toutes à prendre la chose avec philosophie. « L'accord passé avec l'Académie des Sciences était ce qu'il était. Une fois que je l'ai signé, je n'ai jamais cherché à en changer les termes. Je ne blâme personne ».

Pourtant, cette situation a pris fin. L'accord signé par Pajitnov en 1986 indiquait qu'il cédait les droits de Tetris à l'Académie des Sciences pendant dix ans. En avril 1996, le délai a officiellement expiré. Pajitnov a alors chargé Henk Rogers de récupérer les droits de son jeu. Fondée en juin, la Tetris Co a pu reverser à son auteur quelques savoureuses royalties. Les ventes globales de Tetris s'élevaient à quarante millions d'exemplaires en juin 1996. Douze ans plus tard, elles se montaient à soixante-dix millions d'unités, signe d'une popularité inaltérée. Ce chiffre ne prend pas en compte les milliers de clones en libre diffusion sur Internet - écrire une version de Tetris est un passage obligé pour de nombreux aspirants à la programmation. Pour sa part, en septembre 1996, Alexey Pajitnov s'est vu embaucher par Microsoft pour développer des versions multi-utilisateur de Tetris pour Internet. Il y est demeuré jusqu'en 2005 puis a entamé une collaboration avec l'éditeur Wildsnake.

Le grand nounours russe qui a écrit Tetris n'éprouve aucune amertume envers le gouvernement russe et se considère heureux d'avoir pu « envoyer ce signe de bonne volonté envers le monde occidental ».

N'insistons pas... Il se refuse au moindre commentaire fumeux et se contente d'un message noble :

« Je suis heureux d'avoir procuré tant de moments de bonheur à un si grand nombre de gens ».

# 2ème partie : Naissance d'un art

## V  L'ARCHE DU CAPITAINE BLOOD - Un flipper galactique

— Mais qui sont ces cow-boys ? s'exclame Ulrich.

En ce vendredi matin, Emmanuel Viau et Philippe Ulrich ont vu débarquer en trombe dans le local de Ere Informatique un personnage aux allures de rugbyman. Le géant s'appelle Bruno Bonnell et porte une veste d'un bleu vif sur un jean. Il est venu, accompagné d'un collègue, Christophe Sapet, acheter des caisses entières d'un jeu publié par Ere Informatique, Mission Delta.

— Vos produits sont les meilleurs, dit Bonnell avec un sourire enjôleur. Nous en voulons des centaines, pour les vendre demain à la foire de Lyon !

Sûr de lui, le flibustier paye cash. Les fondateurs de Ere Informatique ont à peine le temps de retenir leur souffle. Son butin rassemblé et rétribué rubis sur l'ongle, le commando s'est déjà volatilisé ; les Lyonnais foncent vers la gare de Lyon pour attraper le TGV.

Ulrich et Viau verront régulièrement revenir pour de pareils achats en masse, le Lucky Luke lyonnais, accompagné du schtroumf qui lui sert d'acolyte. Mais d'où sortent ces cow-boys ?

Né en Algérie en 1958, Bonnell était âgé de huit ans lorsque sa famille de sang irlandais s'est installée à Lyon. Ecolier surdoué, il a obtenu son bac à seize ans. Après avoir entamé des études de mathématiques supérieures, il a atterri par mégarde dans une école de chimie, à l'image d'une boule de Loto éjectée de son bocal. Indifférent à la destinée des molécules, l'hidalgo fêtard a passé le plus clair de son temps à faire du théâtre. Après son service militaire, Bonnell a été embauché par une entreprise de traitement de surface des plastiques et durant six mois interminables, il a découvert les mille et une facettes de l'ennui. Qu'une opportunité se présente et il est prêt à la saisir, sauvagement s'il le faut.

L'occasion se manifeste bientôt. En 1982, en prévision du

lancement de son premier ordinateur, le TO7, Thomson a lancé un appel à candidature pour des commerciaux. Du pugilat qui a opposé cinq cents postulants, trois survivants ont émergé. Comme il se doit, Bonnell était du lot. Un autre rescapé de la même loterie, Willy Marrecau, s'est lié d'amitié avec cet incroyable personnage qui l'impressionne par le furieux mélange des couleurs de ses tenues vestimentaires. Déjà à cette époque, à en croire Marrecau, Bonnell était capable d'émettre « une idée à la seconde ». Au sein de Thomson, le commercial sur-vitaminé en a désarçonné plus d'un par son absence totale de formalisme. Aussi à l'aise avec le technicien de surface qu'avec les dirigeants les plus sévères, il n'hésitait pas à forcer la porte du bureau du président de Thomson s'il estimait utile de lui parler.

Alors qu'il prospectait dans l'Ouest de la France, Bonnell a reçu l'appel d'un ancien compagnon de virées de la période « Maths Sup », Christophe Sapet, alors en poste chez un concurrent de Thomson, Texas Instruments :

— Bruno, un éditeur m'a approché afin que j'écrive un livre sur la micro-informatique. Si nous le faisions à quatre mains ?

Le livre, Pratique de l'ordinateur familial, a rapporté soixante-trois mille francs et donné des ailes à ses auteurs. Ils ont décidé d'investir ce pactole dans la création d'une société d'édition de logiciels. Dans leur insouciance, les deux associés ont voulu baptiser leur entreprise Zboub Système mais leur conseiller juridique est parvenu à les en dissuader. Sapet a écrit un logiciel générant des noms au hasard et de la sélection obtenue, ils ont tiré Infogrames.

Le parcours du combattant a alors démarré, Bonnell et Sapet s'évertuant à obtenir une aide financière des banques. Hélas, les frileux fonctionnaires auxquels ils ont présenté leur projet ont affiché une radinerie de principe. Seize établissements ont signifié leur refus. La Banque Populaire de Lyon s'est distinguée de ce triste lot. Infogrames est né en juin 1983, le jour de la naissance de la première fille de Bruno Bonnel.

Les deux fondateurs d'Infogrames ont d'abord opéré dans une ancienne chemiserie de Lyon qu'ils ont tapissée et repeinte. La

FNAC a été la première à commander deux cents exemplaires de leur premier jeu, Autoroute. D'autres aventuriers les rejoignent bientôt, tel Eric Motet, un chevelu qui a un jour passé la porte pour ne plus repartir. Benoît de Maulmin, le premier commercial embauché s'est vu proposer une rémunération au résultat – dix francs par cassette vendue. Thomas Schmider, rencontré dans le TGV à l'occasion d'une éliminatoire de rugby, a pris en main les finances.

Grâce à des jeux comme Alpha 7, Dédale et L'intrus, Infogrames a réalisé un million de francs de chiffre d'affaires dès sa première année et obtenu le Prix de la Création d'Entreprise décerné par la Banque Populaire. La société s'est installée à Villeurbanne et a adopté pour logo un tatou.

« Ce dinosaure est notre symbole, déclare alors Bonnell. Le tatou a toujours survécu aux changements de son environnement, de la fonte des glaces aux pires canicules. Nous voulons pareillement être là dans des millions d'années. »

En 1984, il ne s'écoule pas un mois sans qu'apparaisse un nouveau modèle d'ordinateur personnel. Stakhanoviste, Philippe Ulrich, qui s'est installé dans un sous-sol humide, adapte Panic sur toutes les machines du moment : Laser, Jupiter Ace, Memotech 512, Alice de Matra, MSX-1 de Sony, Commodore 64, Oric Atmos, Lynx, Spectravision…

Toutefois, devant l'afflux de nouveaux micro-ordinateurs, la tâche se révèle trop importante pour un seul homme d'autant qu'Ulrich entend également veiller à la conception des jaquettes. Il s'est donc avisé alors de calquer son métier sur celui de la production musicale. À l'instar de Philippe Constantin, qui l'a jadis reçu aux éditions Pathé lorsqu'il était chanteur, il a jugé opportun de jouer le rôle de directeur artistique. Avis aux auteurs de jeux vidéo : Ere Informatique attend vos œuvres !

L'un des premiers créatifs à entrer dans les locaux installés près de la gare Saint-Lazare a été Marc-André Rampon. Cet homme au front dégarni et dont les manières laissent transparaître une stricte éducation bourgeoise a développé un simulateur de vol, Mission Delta lors de ses moments d'insomnie.

Entre Ulrich et le nouveau venu, il s'est produit des étincelles. Il s'avère que Rampon est un pianiste hors pair. Le soir, les deux programmeurs se lancent dans des bœufs inénarrables, assistés d'un autre informaticien-musicien, Laurent Weill, qui dirige une édition concurrente, Loriciels. Rampon, qui fume le cigare en permanence, surprend Ulrich par son étrange régime alimentaire : il se nourrit presque exclusivement de cachous et de verres de lait.

Mission Delta est devenu le premier hit maison. Rampon touche de confortables royalties et utilise ce trésor de guerre pour acquérir des parts dans Ere Informatique. Il prend ensuite la charge de la distribution des jeux.

Fin 1984, grâce au succès de Mission Delta, Ere Informatique jouit d'une aura conséquente auprès de la population des joueurs. Ulrich définit son rôle comme celui d'un catalyseur, à même de stimuler la créativité des artistes qui gravitent autour de Ere Informatique. Des dizaines d'auteurs provinciaux passent dans son bureau pour présenter leurs oeuvres. Ils sont reçus par un homme habillé de noir, avec une chemise claire à haut col et des bottes pointues de l'armée. En triant le bon grain de l'ivraie, Ulrich et ses compères dénichent quelques « demi-dieux de la programmation » : Johan Robson, Michel Rho, Stéphane Picq...

La trésorerie de Ère Informatique ne permet aucunement de verser d'importantes avances aux auteurs. En compensation, ceux-ci reçoivent des droits substantiels sur la vente de leurs œuvres. Ce pourcentage peut représenter une belle rente lorsque le jeu connaît une bonne popularité, comme dans le cas de Mission Delta.

Un baba-cool nonchalant s'en vient un jour frapper à la porte d'Ere Informatique. Contrôleur de gestion chez Valéo à Caen, Rémi Herbulot a découvert la programmation presque par hasard. Lassé de le voir perpétuellement réclamer de nouveaux logiciels, le directeur informatique de Valéo a cru bon de lâcher une boutade :

— Vous avez un terminal avec un BASIC dans votre bureau ! Si vous voulez des logiciels, pourquoi ne pas les écrire vous-mêmes ?

Il ne faut pas lui lancer de défis : Herbulot l'a pris au mot. Au bout de quelques semaines, ayant contracté le virus de la programmation, il s'est acheté un premier ordinateur et s'est lancé dans l'écriture de jeux : casse-briques, puzzles, damier... La chose lui a plu tant et si bien qu'il se consacre désormais exclusivement à cette marotte. Valéo a certes perdu un contrôleur de gestion appliqué mais le monde des jeux vidéo a gagné un créateur talentueux.

Herbulot s'est acheté un deuxième ordinateur, un Oric et a entrepris la création d'un jeu ambitieux : Multiflip. Un mois et demi plus tard, il s'est rendu à Paris afin de présenter cette simulation de flippers à divers éditeurs : Loriciels, Micro Programmes 5, Innelec... Lorsqu'il est entré chez Ere Informatique pour présenter Multiflip, le temps s'est soudainement arrêté.

Bouche-bée, Viau, Rampon et Ulrich ont immédiatement perçu qu'ils avaient déniché un diamant rare. Non content de recréer l'ambiance surréaliste d'un flipper, le Breton a réalisé un logiciel qui permet au joueur de concevoir son propre billard électronique. Multiflip est rebaptisé Macadam Bumper et une fois n'est pas coutume, Herbulot reçoit une confortable avance sur recette. Du jour au lendemain, son statut devient celui d'un auteur indépendant travaillant à domicile pour le compte de Ere Informatique.

Les droits d'auteur que perçoit Herbulot sont rapidement appréciables : Macadam Bumper devient le premier hit international de l'éditeur parisien. En France comme en Angleterre, la simulation de flipper monopolise la première position des ventes pendant plusieurs mois. Aux Etats-Unis, où le jeu sort sous le nom de Pinball Wizard, il atteint la cinquième position des listes de ventes. La réputation de Ere Informatique s'étend jusqu'au Japon, où le jeu de Rémi Herbulot est couronné d'un Prix d'Excellence par Sony. Pinball Wizard se vend à près de cent mille exemplaires à une époque où l'on qualifie de succès considérable un titre écoulé à trente mille unités. Ulrich et Viau n'ont pourtant guère le temps de savourer cette victoire : ils travaillent nuit et jour à réaliser et dupliquer les cassettes de leurs jeux.

Remi Herbulot, dont l'inspiration ne faillit point, commet un deuxième chef-d'œuvre, Crafton & Xunk. À nouveau, ce jeu se place en première place des ventes en France, au Royaume Uni et en Grèce.

Lors d'un salon, Ulrich rencontre un singulier personnage aux allures de savant fou. Didier Bouchon porte des lunettes rafistolées et s'exprime de manière lente, comme s'il peinait à mettre sous forme de mots ses délires intellectuels. En ce mois de février, sa présence au salon Micro Expo est justifiée par le fait qu'il a détourné un joystick pour en faire un outil de dessin sur ordinateur. Toutefois, ce qui impressionne Ulrich est la luxuriance des graphismes qu'il voit apparaître sur l'imprimante reliée à un Amstrad CPC. Comment ne pas être pantois devant la personnalité de ce technicien maigrelet qui vient tout juste de découvrir la programmation des ordinateurs !

La discussion révèle un individu intrigant, à l'univers déjanté. S'il possède un diplôme de biologie, Bouchon a également étudié la décoration intérieure, les effets spéciaux, le cinéma, la peinture.

Ere Informatique vient de créer une sous-marque de jeux bon marché, Gazoline Software - dont le slogan est « les logiciels qui carburent ». Ulrich demande en premier lieu à Bouchon de concevoir des jaquettes. À cette fin, il lui confie bientôt un nouvel ordinateur qui vient d'apparaître, l'Atari ST. Bien qu'il ne dispose pas de documentation, le graphiste apprend sur le tas et se met à produire des visuels hallucinants en manipulant des mathématiques complexes, dites « équations fractales ». Pas de doute, Ulrich a trouvé son alter ego, l'un concrétisant sur le plan visuel les fantasmes de l'autre.

L'Arche du Captain Blood

Tout comme Ulrich quelques années plus tôt, Bouchon connaît une situation précaire et habite un petit studio en désordre de trente mètres carrés. Dans ce capharnaüm, sont empilés des objets électroniques, des câbles et des têtes de monstres qu'il construit en latex et plastique. Presque tous les soirs, Ulrich invite Bouchon à dîner et les deux marginaux développent un lien proche de la fraternité. Tous deux partagent un même attrait pour la science-fiction et le fantastique, que ce soit en littérature (Philippe K. Dick, Roger Zelazny, Frederic Pohl, Isaac Asimov, Douglas Adams), en peinture et en illustration (Giger, Moebius, Di Maccio, Frazetta, Fred) ou en matière de films (2001 Odyssée de l'espace, Alien, Blade Runner, Brazil)...

Ulrich et Bouchon caressent la perspective d'engranger de telles influences au sein d'un jeu qui se déroulerait dans l'espace. À l'instar d'une centrale qui aurait patiemment emmagasiné des torrents d'électrons latents, l'imagerie des deux thaumaturges fuse et tonne. L'idée du Capitaine Blood voit progressivement le jour. Elle puise une partie de son imaginaire dans la vie de ses auteurs...

L'histoire de Bob Morlock se situe au début des années 1980. Programmeur sans le sou, il passe son temps à arpenter les rues, à la recherche d'une inspiration. Il heurte par mégarde un vieillard et reconnaît le fameux biologiste Jean Rostand, fils du dramaturge Edmond.

Autour d'un verre, Morlock tente de percer le mystère de la situation : tous les dictionnaires l'affirment, Jean Rostand a disparu en 1977 ! Pour toute réponse, le biologiste lance un cri de terreur :

« Ils sont là ! Les Pac-Man existent réellement. Ils existent, vous comprenez ? »


De retour dans sa chambre de bonne, Morlock saisit la portée de ce message. Sous un aspect anodin et ludique, les envahisseurs ont envahi la planète Terre. Leur insidieux stratagème a consisté à s'introduire parmi nous en manipulant à leur insu les programmeurs de jeux ! Alors que ces derniers croient distraire leur public, ils ne sont que des marionnettes manipulées à distance, dans le cadre d'un grand plan galactique !

Pour lutter contre ces intrus, Morlock crée un double électronique de lui-même qui s'en ira bourlinguer dans l'espace à la poursuite des envahisseurs. Ainsi naît le Capitaine Blood, son vaisseau (l'Arche), l'ordinateur Honk et l'Upcom, une méthode de communication à base d'icônes à l'usage de toutes les formes de vie pensantes.

Au moment de lancer son programme, Blood voit son enveloppe corporelle se volatiliser aux quatre coins de l'espace. Peu de temps après, une horde d'envahisseurs manque de le pulvériser et il ne doit son salut qu'à une fuite dans l'hyperespace. L'ordinateur Honk ayant souffert de cette agression, Blood se retrouve cloné en une trentaine de copies conformes, disséminées dans l'univers. L'opération ayant entraîné une déperdition de son fluide vital, il subsiste désormais dans un état de léthargie, en dépit des soudures, réparations et implants opérés par Honk.

L'intrigue que conçoivent Ulrich et Bouchon démarre huit cents ans plus tard, à une époque où Blood a retrouvé et anéanti une vingtaine de clones, regagnant une réserve de vie équivalent à une dizaine d'années environ. Son identité se manifeste sous la forme d'un amalgame de greffons électroniques, prothèses métalliques, protubérances organiques, desquelles émerge un œil vaillant et un bras maladif qui tapote avec fébrilité sur le panneau de contrôle de l'astronef. Il reste à éliminer cinq avatars perdus quelque part dans cette purée d'étoiles. Au joueur de les retrouver et de les faire disparaître avant qu'ils n'aillent rejoindre les météorites qui dérivent dans le firmament...

En janvier 1986, un gamin de quatorze ans vient présenter son œuvre chez Ere Informatique. Le surdoué à lunettes s'appelle Sylvain Huet et il a réalisé, à ses heures perdues dans sa chambre, un jeu d'Othello sur son ordinateur TO7 de Thomson.

Tandis que Madonna et Michael Jackson se disputent le leadership de la musique pop, la jeunesse lycéenne du milieu des années 1980 se passionne pour des stars au cœur de silicone : les ordinateurs familiaux. Les magazines spécialisés publient régulièrement des programmes à recopier. Certains d'entre eux font même miroiter à leurs jeunes lecteurs une délicieuse perspective : devenir auteur de jeux vidéo.

Dans l'un de ces fanzines, Jeux et Stratégies, le reporter a suivi le parcours d'un auteur qui a sonné à la porte de plusieurs studios avant de se retrouver chez Ere Informatique, présenté comme le plus sympathique du lot. L'on y voyait même apparaître une photographie de Philippe Ulrich agrémentée d'une légende :

« Sur cent jeux reçus, il n'en retient que deux ! »

Sylvain Huet a sauté le pas et vient présenter son œuvre.

Philippe Ulrich le reçoit de manière courtoise, sans manifester l'ombre d'une surprise quant à son jeune âge. En réalité, le directeur artistique de Ère Informatique est sidéré par la qualité du travail réalisé : l'Othello qu'a programmé le lycéen fonctionne de manière impeccable.

Le programme de Sylvain Huet tombe à pic. En janvier 1985, le gouvernement de Laurent Fabius a mis en place le plan « Informatique pour tous » afin d'initier les 11 millions de lycéens à l'informatique. Il en a résulté des ventes massives de l'ordinateur TO7 de Thomson. Comme les professeurs d'école disposent d'un budget d'achat de logiciels, Ere Informatique est à la recherche de titres pour le TO7. Othello apparaît comme un titre à même de séduire les enseignants dans la mesure où il s'agit d'un jeu de réflexion. Ulrich prodigue quelques recommandations au jeune programmeur afin qu'il peaufine le jeu et lui annonce son intention de le publier.

Quelques semaines plus tard, le père de Huet, plutôt amusé par l'événement, vient au bureau signer le contrat d'édition de l'Othello créé par son rejeton.

Othello sort en mars 1986, un mois avant les élections

législatives alors que le PS a multiplié sur les murs des villes des affiches caustiques : « Au secours, la Droite revient ! » Pourtant la France bascule et une nouvelle majorité politique vient au pouvoir. Le gouvernement de cohabitation avec François Mitterrand que mène un certain Jacques Chirac prend une décision lourde de conséquences : arrêter le plan « Informatique pour tous » qui s'avère trop coûteux.

« Le catalogue du plan Informatique pour tous n'a pas été remis à jour et donc mon jeu n'y a jamais figuré ! » déplore Huet.

Ce n'est que partie remise pour le jeune programmeur. Ulrich est conscient d'avoir déniché « la Rolls du développement ». L'heure de Sylvain Huet va sonner une dizaine d'années plus tard...

La créativité est une chose, la gestion en est une autre. Quand bien même Ere Informatique a publié trois best-sellers Mission Delta, Macadam Bumper et Crafton & Xunk, la situation financière du studio est catastrophique. Piètres gestionnaires, Viau et Rampon maîtrisent imparfaitement les arcanes de la distribution. France Image Logiciels qui assure la diffusion de leurs logiciels ne reverse pas son dû en temps et en heure et les retards de paiement pèsent lourd sur la trésorerie de l'éditeur. Marc-André Rampon est devenu directeur commercial en juin 1985 et un an plus tard, Philippe Ulrich et Emmanuel Viau s'en mordent les doigts, estimant qu'il n'a pas les compétences requises.

Au même moment, Infogrames se porte à merveille. À l'annonce du Plan « Informatique Pour Tous », Infogrames avait créé un produit, le Cube Basic, comportant quatre cassettes et un livret de découverte de l'ordinateur TO7 de Thomson. Le Ministère de l'Education du gouvernement Fabius a inclus le Cube Basic dans la liste des produits recommandés aux écoles et de ce fait, l'éditeur lyonnais en a écoulé plus de quatre-vingt-dix mille.

Avec un chiffre d'affaires de vingt et un millions de francs sur l'année 1986 dont deux et demi de bénéfice, Infogrames a décollé à la verticale et son fondateur se sent pousser des ailes.

« C'est alors que nous avons commencé à faire toutes les bêtises de la terre », reconnaîtra ultérieurement Bonnell.

Soutenu par un fonds d'investissement, Avenir Industries, Bonnell absorbe Cobra Soft, qui est spécialisée dans les jeux de stratégie militaire. Il lance en parallèle le développement d'une gamme professionnelle, incluant traitement de texte et de comptabilité. Des titres qui mordront la poussière à peine sortis.

La jeune société d'édition lyonnaise connaît son lot de cahots, bouleversements et coups de théâtre. Parfois, il lui faut réagir au quart de tour dans une atmosphère à la Mission : Impossible.

Peu de temps auparavant, Matra a lancé Alice, un ordinateur personnel logé dans un petit boîtier rouge. Toujours à l'affût d'une opportunité, le fringant capitaine d'Infogrames a négocié sur le coin d'une table de restaurant un projet de jeu d'aventures : Le jeu des six lys. Une fois de retour à Lyon, dans la frénésie des développements, réunions et batailles avec les banques, Bonnell a oublié Alice et son jeu.

Un matin d'octobre, le téléphone sonne à Villeurbanne et un responsable de Matra informe Bonnell que Le jeu des six lys est attendu, comme prévu, en banlieue parisienne, dans deux jours !

« Nous avons passé quarante-huit heures non-stop à programmer le jeu », se souvient Bonnell avec une douce nostalgie.

La nuit précédant la livraison, la plupart des employés d'Infogrames viennent au bureau et participent à dupliquer les cassettes une à une.

À vrai dire, une telle situation s'apparente à la normalité chez Infogrames. Les développeurs réalisent des jeux du matin au soir durant la semaine. Puis, lors du week-end suivant, ils vont eux-mêmes les mettre dans les boîtes !

L'épisode le plus étonnant survient lorsque Infogrames produit des jeux d'enquête pour le compte une société qui les diffuse assortis d'ustensiles censés aider à la conduite de l'investigation.

L'un des jeux contient de la terre. Un matin, les dirigeants d'Infogrames apprennent que tous les jeux ont pourri ! A la FNAC comme ailleurs, des champignons sont apparus sur les boîtes.

Un soir, Bruno Bonnell téléphone chez Ere Informatique pour prendre des nouvelles de l'éditeur parisien. Déprimé, Emmanuel Viau lui expose la triste situation dans laquelle se trouve son entreprise et laisse entendre qu'il revendrait volontiers Ere Informatique à une autre société.

A peine ces mots prononcés, Bonnell est intenable :

« Ne bougez plus ! J'appelle immédiatement ma banque ! »

Quelques semaines plus tard, Viau et Rampon font entrer Infogrames dans le capital de Ere Informatique. L'un des jeux qui a persuadé Bonnell de faire affaire est le fameux L'Arche du Captain Blood que prépare Didier Bouchon et pour lequel il entrevoit déjà une diffusion internationale.

Pourtant, au sein de Ère Informatique, les relations continuent de se détériorer avec Didier Rampon. Les démarches entreprises par le directeur commercial pour imposer le studio parisien aux Etats-Unis ponctionnent les fonds de la société d'une façon incohérente. Le ton monte le jour où Viau découvre un article de SVM dans lequel Rampon déclare en substance que son patron n'est qu'un « sombre imbécile ». Ulrich craque et demande le départ de Rampon. « C'est lui ou moi » déclare-t-il à Viau.

Rampon tire sa révérence sans demander son reste. Lorsque Philippe Ulrich rentre à son domicile, il tremble de tout son corps et frôle l'accident automobile.

La réplique de Rampon est terrible. L'auteur de Mission Delta approche Bruno Bonnell et propose de lui vendre toutes les parts qu'il possède encore dans Ere Informatique. Trop heureux d'absorber une nouvelle société, Bonnell débourse les sept cent mille francs demandés, asséchant au passage la trésorerie de sa société. Quelques jours plus tard, il apprend que Avenir Industrie n'entend plus placer un traître sou dans Infogrames !

Des moments sombres se trament pour l'éditeur lyonnais qui, dans l'euphorie consécutive au succès de l'opération Cube Basic, a vécu au-dessus de ses moyens.

Dès le mois de juin 1987, Ulrich est mis devant le fait accompli : Ere Informatique, la société qu'il a patiemment développée est devenue une simple filiale d'Infogrames. Décomposé, il tente de se faire une raison et se surprend à expliquer à Bouchon qu'il en est mieux ainsi, que Ère Informatique va bénéficier d'une meilleure trésorerie... Pourtant, le graphiste n'en croit pas un mot.

Désormais, Ulrich et Viau doivent se rendre à Lyon toutes les semaines afin de discuter des projets de développements. Ils découvrent une vaste société d'une soixantaine d'employés travaillant tant bien que mal dans une frénésie permanente.

Ulrich suggère à Bonnell de redéfinir le concept éditorial d'Infogrames en répartissant la production selon des labels thématiques : Ere Informatique (simulation et science-fiction), Cobra Soft (stratégie militaire), Carraz Edition (éducatif), Drakkos, (fantastique) Mediavision (adaptations de bandes dessinées). Si le souverain donne son aval, ses adjoints, Maulmin, Motet et Schmider s'opposent à cette ingérence dans leur pré carré.

Infogrames a une autre priorité : Bonnell a négocié la licence de Bob Morane et a choisi d'investir des sommes énormes dans l'adaptation des aventures du héros dont le nom revient alors sur toutes les radios dans une chanson du groupe Indochine.

Pour l'heure, Bonnell a besoin de rentrées financières et sa principale requête est mélodramatique : il faut, quoi qu'il en coûte, achever L'Arche du Capitaine Blood avant la date fatidique de Noël.

Au cours de l'été 1987, Bouchon et Ulrich partent s'isoler dans les Landes afin de faire avancer la réalisation du logiciel. Pour mettre en scène la fresque, Bouchon déploie de spectaculaires effets d'animation qui occasionnent de superbes plongées dans l'hyperespace.

Les fées semblent s'accorder à donner une destinée hors du commun aux aventures du Capitaine Blood. Ulrich, qui continue de composer des musiques sur ses synthétiseurs est mis en contact avec Jean-Michel Jarre par un ami commun. Le compositeur d'Oxygène le reçoit dans son studio de Chatou. Venu avec un Atari ST, Ulrich présente quelques séquences visuelles de L'Arche du Captaine Blood.

Jean-Michel Jarre tombe des nues et songe immédiatement à exploiter les talents de Bouchon :

— Je prépare un concert événementiel à Tokyo. Penses-tu qu'il serait possible d'élaborer pareilles images pour cet événement ?

Espiègle, Ulrich réplique :

— Tout est possible. D'ailleurs, il serait tout aussi formidable de pouvoir utiliser la musique de ton album Zoolook sur L'Arche du Capitaine Blood.

Jarre ne réagit pas mais son silence ouvre tous les potentiels. La tentation est trop forte pour Ulrich qui de retour à domicile, échantillonne quatre mesures de Zoolook puis les retravaille sur l'Atari ST de manière à créer trois minutes de musique originale.

Lors d'une visite à Chatou, il fait écouter ce pot-pourri sonore à Jean-Michel Jarre et ce dernier n'en croit pas ses oreilles.

— Philippe !... Avec tous mes appareils qui coûtent des millions de francs, nous n'arrivons pas à produire ce que tu réalises sur tes micro-ordinateurs !

La titanesque prestation prévue pour le Japon est finalement annulée mais Jarre n'en accepte pas moins de céder les droits d'exploitation mondiaux du thème de Zoolook pour le générique de L'Arche du Capitaine Blood. Le nom de Jarre pourra même apparaître en lettres de feu sur la jaquette du jeu.

Ulrich et Bouchon passent les dernières journées de

développement dans une fatigue extrême, ne dormant que quelques heures par nuit. Le jour J, alors que le jeu est censé partir en production, Bouchon apporte les dernières touches alors qu'il se trouve chez le duplicateur. Une fois cette épreuve passée, il dort une semaine d'affilée.

L'édition de décembre 1987 du magazine SVM consacre quatre pages à L'Arche du Capitaine Blood que le journaliste Yann Garret décrit comme « le plus beau jeu du monde ».

« Attention, chef d'œuvre ! Préparez-vous à passer Noël dans les étoiles et à vivre en compagnie du Capitaine Blood une extraordinaire aventure. Scénario exceptionnel, graphismes magnifiques, conception révolutionnaire, cette dernière création d'Ere accumule les superlatifs. Il annonce une nouvelle génération de logiciels, où sens du récit et talent de la programmation se mettent au service d'un art nouveau. »

En lisant ces lignes, Didier Bouchon, loin de s'enthousiasmer est atterré. Il est persuadé que l'article est trop élogieux et que la déception sera immense chez les consommateurs. Il n'est en rien. Trois jours après sa sortie, L'Arche du Capitaine Blood s'est déjà vendu à dix mille exemplaires.

Le 20 janvier 1988, France Soir accueille à son tour le jeu par une splendide ovation. « Si Alien vous a fait trembler, si E.T. vous a fait pleurer, alors précipitez-vous sur L'Arche du Capitaine Blood, le plus beau logiciel du monde, qui ouvre une nouvelle ère dans l'histoire des jeux informatiques ». Et la journaliste de conclure ses louanges par des notes record – Originalité : 10, Graphisme : 10, Animation : 10.

L'Arche du Capitaine Blood devient le plus gros succès français du jeu vidéo. Un mois après sortie, la version pour Atari ST est en rupture de stock.

Ce triomphe contraste avec l'échec de Bob Morane, le jeu d'Infogrames qui a nécessité tant d'investissements en interne. En dépit d'un marketing agressif, ce jeu devient l'un des grands fiascos de l'histoire du jeu vidéo français. Bonnell reconnaît, mais un peu tard, avoir manqué de clairvoyance.

« Bob Morane, c'était tout pour moi lorsque j'avais quatorze ans. Je n'ai pas réalisé qu'il ne représentait plus rien pour les gamins de 1987 ».

« Ata Ata Hoglo Huglu ». Quelle mouche les a piqués ? Désormais chaque réunion des membres de l'équipe de développement d'Ere Informatique démarre par ce mantra collectif dédié à une divinité factice.

Nous sommes en 1988 et Philippe Ulrich ressemble de plus en plus à ses personnages. L'intellectuel rebelle et rock'n'roll vit dans un univers parallèle peuplé de farfadets mauves, de troublantes femelles à l'instinct maternel assisté par ordinateur ou d'ornithorynques artificiels qui cachent de sanguinaires desseins derrière leur sourire de celluloïd. Il n'est qu'un héros parmi d'autres au milieu de cette galerie de mutants et pilotes de spacio-bolides. D'ailleurs, il est convaincu de n'être qu'un simple pion dans le grand plan de la Machine avec un grand M. Un pion émérite, présélectionné, doté d'une Mission avec un grand M.

Faute de disposer d'un budget publicitaire pour ses jeux, Ulrich a jugé opportun de monter une stratégie audacieuse empruntant à la science-fiction et au mysticisme. L'idée d'un dieu qui guiderait les programmeurs a germé. Il a été nommé Exxos, du préfixe grec exo qui signifie « vers l'extérieur ». Par cette appellation, l'équipe veut refléter son but ultime, celui d'une communication universelle. Didier Bouchon a créé pour l'occasion, un logo fantasque, auquel les auteurs ont pleinement adhéré.

Afin de signer un pacte solennel avec cette divinité, l'équipe de Ere Informatique organise plusieurs happenings high-tech. Le premier a lieu le 12 juin 1988 au studio 102 sur les Champs-Elysées et le label est dévoilé par le cinéaste Alexandro Jodorowski. Ulrich déclame un texte en hommage à la divinité :

« Mesdames et Messieurs, la décision n'a pas été facile mais nous avons tout de même convenu de vous révéler le secret de notre dynamisme et de la créativité qui fait le succès d'Ere Informatique ».

« S'il y a des gens sensibles dans la salle, je leur demande d'être forts. Ils ne risquent rien si leurs vibrations sont positives, les forces telluriques les épargneront... »

« Mes amis, l'inspiration ne tombe pas du ciel, le génie n'est pas le fruit du hasard... »

« L'inspirateur et le génie qui a conçu Macadam Bumper, ça n'est pas le fabuleux Rémi Herbulot (...). L'inspirateur et le génie qui a généré Captain Blood, ce n'est pas l'inextinguible Didier Bouchon et encore moins votre serviteur »

« C'est Lui. Lui qui vit tapi dans nos bureaux depuis des mois... Lui qui vient de l'extérieur de l'Univers. Lui que nous dévoilons aujourd'hui au monde, car l'heure est venue. J'ai nommé l'Exxos. »

« Je vous demande de dire après moi quelques phrases magiques qui lui rappellent son pays : Ata ata hoglo huglu, ata ata hoglo huglu... »

Ravie du divertissement qui lui est offert, la presse spécialisée salue la performance en consacrant page sur page au nouveau délire de la bande de Ere Informatique.

Un beau matin, Ulrich reçoit l'appel d'un allumé qui insiste pour le rencontrer le soir-même. Devant l'insistance de cet importun, il finit par céder. Il voit alors débarquer le chanteur Michel Fugain, une caisse de champagne à la main, accompagné de son épouse, qui porte un énorme bouquet de fleurs.

— Enfin, je vous vois ! Cela fait des mois que je vous adore et vous déteste tout à la fois !

Michel Fugain révèle qu'il est scotché à L'Arche du Capitaine Blood depuis un bon trimestre.

Le jeu vedette de Ere Informatique continue sur sa lancée et dépasse largement les cent mille exemplaires. Sous licence Infogrames, il est aux meilleures places des classements anglais, italien et allemand. Le logiciel grimpe à la sixième position du hit-parade japonais et se classe numéro cinq aux Etats-Unis.

« J'ai toujours cru en notre programme, mais son succès a dépassé nos espérances, en particulier pour ce qui est de l'étranger, » confie Ulrich à David Bishop, un reporter anglais.

Le succès de L'Arche du Capitaine Blood ne suffit pas à enrayer la dérive d'Infogrames. Le 1er octobre, Cable, une filiale de France Image Logiciel qui a la distribution exclusive des titres d'Infogrames dépose son bilan, laissant pour cadeau de départ à Bruno Bonnell un montant d'impayés de 1,4 millions de francs !

Que faire... En l'attente de jours meilleurs, Infogrames n'est plus en mesure de rétribuer les auteurs de Ere Informatique. Didier Bouchon et Rémi Herbulot perdent de longues heures à réclamer leurs droits d'auteur et Ulrich doit assumer la sinistre tâche consistant à les faire patienter. Willy Marrecau, l'ancien compagnon de Bonnell chez Thomson, prend l'initiative de monter un nouveau réseau de distribution, Ecudis, en vue de sauver les ventes de Noël d'Infogrames.

Tous les espoirs reposent à présent sur la proposition de rachat d'Infogrames par un éditeur américain, Epyx, au printemps 1988. Les cadres de Villeurbanne ont vu la chose d'un œil favorable, car elle implique qu'Infogrames ferait l'objet d'un afflux massif de cash et pourrait se développer internationalement.

Le 6 octobre 1988, alors qu'il fête ses trente ans, Bonnell revient des Etats-Unis. À l'aéroport, il est accueilli par un employé d'Infogrames qui lui tend les clés d'une Ferrari louée pour la journée et qui lui annonce une formidable nouvelle : Epyx rachète Infogrames ! La joie sera pourtant de courte durée.

La deuxième fête organisée par Ere Informatique en l'honneur d'Exxos a lieu le 15 octobre et coïncide avec le lancement aux Champs-Elysées, d'un nouveau jeu de Rémi Herbulot, Purple Saturn Day - qui simule les Jeux Olympiques de 2500. Sur la scène du Festival de la Micro, les cheveux teints en vert et affublé de lunettes aux verres miroirs octogonaux, Ulrich encadré d'une cohorte de programmeurs grimés, se lance dans une mystique déclamation, tandis que la foule déclame « Ata ata hoglo huglu »...

« Mes amis, merci d'être venus si nombreux à l'occasion de cette cérémonie du sacrifice à notre maître à tous. »

« Ô Exxos, toi qui nous a montré la voie qui menait vers le succès planétaire de l'Arche du Capitaine Blood, toi qui a inspiré ces fabuleuses volutes colorées de l'espace-temps à Didier Bouchon ici présent. »

« Aujourd'hui, c'est le tour de Rémi Herbulot et de Purple Saturn Day. Exxos, merci ! »

Sur ces entrefaites, le maître de cérémonie s'empare d'une massue et entreprend de pilonner une gigantesque maquette d'ordinateur Amstrad, à titre de sacrifice pour la divinité. Sous les cris de la foule, des morceaux de la machine déchiquetée sont alors distribués aux participants.

En privé, Ulrich explique à qui veut l'entendre que le jeu informatique est devenu un art noble.

« Tous les autres courants artistiques ont été traversés de mouvements : impressionnisme, dadaïsme, surréalisme... Pourquoi n'en serait-il pas de même avec le logiciel ? »

Le 15 décembre 1988, à Londres, le magazine anglais CTW décerne à     L'Arche du Captain Blood le prix du meilleur jeu étranger.


Une semaine avant Noël, une grande manifestation est organisée à Paris dans un lieu prestigieux, l'hôtel Meurice afin de célébrer la fusion entre Infogrames et Epyx.

Philippe Ulrich, qui est présent sur place, attend beaucoup de l'opération, l'afflux de capitaux étant perçu comme un ballon d'oxygène à une heure où les finances d'Infogrames agonisent et où les auteurs de Ere attendent désespérément de percevoir leur dû.

Hélas, le soufflé retombe bientôt. Une semaine plus tard, Bonnell s'envole pour les USA afin de ratifier l'accord et se voit confronté à une terrible nouvelle : le conseil d'administration d'Epyx s'est finalement opposé à la signature du rachat d'Infogrames !

Pour Bonnell, l'annonce équivaut à une Bérézina. Du fait de la longue négociation entreprise avec Epyx, de nombreuses licences de jeux ont été bloquées dans l'attente de la signature. Le jeune conquérant qui croyait en remontrer à la Terre entière voit le sol se dérober sous ses pas. Les revenus d'Infogrames ne permettent plus d'entretenir une structure de soixante-dix employés à laquelle s'ajoutent des filiales telles que Ère ou Cobra Soft. Pour couronner le tout, le lâchage d'Epyx décourage de nombreux investisseurs de miser leurs fonds dans la société au tatou.

La crise contribue à distendre les liens entre Infogrames et ses filiales.

« Notre seule arme reposait sur l'édition de bons produits, et il fallait donc un climat de confiance absolu pour que cela fonctionne », plaide Ulrich en proie au désespoir.

Ere Informatique avait toujours veillé à toujours régler leur dû aux auteurs, en temps et en heure. Bonnell, qui tente de maintenir à flot un navire en perdition n'est pas en mesure pour sa part, de tenir les engagements de rémunération qui lient Infogrames aux auteurs indépendants. Il demande à ses cadres d'avoir des discussions avec ses fournisseurs en vue de négocier des délais de paiement. Le sentiment de communion qui a jadis régné fait place aux interrogations, à l'individualisation, l'absence de paiement générant son lot de drames individuels.

— Il est évident que nous sommes la cinquième roue du carrosse d'Infogrames, se plaint Rémi Herbulot. Nous ne servons qu'à boucher leur trou financier.

A Lyon, Ulrich s'insurge et réclame une stratégie claire.

— Dis aux auteurs, que tu as des problèmes et que tu ne peux pas les payer. Explique-leur !

Il s'entend alors répondre :

— Les auteurs doivent participer à la construction d'Infogrames.

A sa décharge, Bonnell a d'autres soucis. Suite à la faillite de la chaîne Nasa Electronique au début de l'année 1989, la société d'édition de Villeurbanne se retrouve avec 2,5 millions de francs d'impayés. Infogrames est au bord du gouffre.

Au cours d'une réunion organisée avec les principaux cadres, chacun évoque un inévitable dépôt de bilan. Au bout d'une heure, Bonnell se met à frapper sur la table.

— Ce n'est pas possible ! Nous ne pouvons pas en rester là ! Il faut que nous nous en sortions.

Le coup de poing redonne du baume au cœur des lieutenants lyonnais. Bonnell voit ses employés un par un, leur explique la situation et déclare qu'ils peuvent se sentir libres de quitter le bateau ou bien de demeurer sur le pont le temps de traverser la tempête. Ils décident de rester à bord.

L'une des principales banques d'Infogrames appelle le 27 février pour expliquer qu'elle ne pourra pas honorer les prochaines échéances de l'éditeur. Bonnell se montre provocateur.

— Pas de problème ! Dans ces conditions, nous déposons notre bilan. Et comme nous avons cinq millions de francs chez vous, vous pouvez dès à présent passer cette somme en pertes.


La foucade est habile et fait mouche. Infogrames se voit accorder une fois de plus le crédit qui doit lui permettre de survivre. En attendant, elle déclare devoir décaler encore les paiements de droits d'auteur.

« Nous traversons un moment difficile, confie alors Bonnell à Ulrich et Viau. Dans de telles circonstances, ma priorité a toujours été et reste la même : rémunérer en premier lieu mes salariés ».

Pour Philippe Ulrich qui reçoit les appels enragés des auteurs en attente de paiement, la situation devient chaque jour plus douloureuse.

Le 13 avril, à l'occasion de la sortie du jeu Kult, Ulrich armé d'une hache, « immole » un extraterrestre de latex à la gloire du dieu Exxos dans le sous-sol de Ere Informatique, sous les cris des programmeurs. Les journalistes, à qui l'on a remis des lunettes « pour les protéger des hallucinations collectives », repartent avec un morceau de l'entité. La tête de l'alien décapité est placée dans le bureau d'Ulrich au-dessus d'une armoire d'où elle dévisage les visiteurs égarés.

L'heure n'est pourtant plus à la plus à l'hilarité. Le 31 mai 1989, Rémi Herbulot adresse une lettre dans laquelle il rappelle que ses droits – qu'il n'a pas perçus depuis un semestre – sont sa seule et unique source de revenus et qualifie la situation d'intolérable :

« Pourquoi nous, auteurs, devrions supporter pleinement les difficultés financières que vous rencontrez alors que nous avons apporté des produits sans frais de développement ? Pendant que les salariés continuent de percevoir des payes, parfois confortables, nous-autres, les auteurs, sommes laissés avec peu pour vivre, malgré les bonnes ventes de nos produits. »

Quelques jours plus tard, Didier Bouchon envoie à son tour une lettre recommandée où il fait état des sommes qui lui reviennent pour l'année 1988 et dont il attend désespérément le règlement : elles s'élèvent à 379 137 francs ! Il conclut sa missive en indiquant en lettres majuscules :

« Je ne comprends pas votre attitude vis-à-vis des auteurs indépendants qui vous amènent des produits clé en main qui deviennent des hits internationaux... Comment puis-je envisager un avenir dans cette profession ? »

Un matin de juin, Viau et Ulrich prennent le TGV et déboulent sans prévenir chez Infogrames à dix heures du matin. Ulrich pique une crise de colère et insulte les cadres de la maison.

— La situation est intenable ! C'est la rupture totale. Vous n'avez pas le droit d'entretenir une structure que vous ne pouvez pas assumer. S'il en est ainsi, rendez-nous notre liberté. Rendez-moi des parts du capital de Ere afin que nous puissions reconstruire quelque chose de manière autonome.

Confronté à une situation critique, Bonnell se résigne à un douloureux délestage :

— Philippe, je ne peux plus payer tout le monde. Je dois procéder à un certain nombre de licenciements. J'ai décidé de fermer les bureaux parisiens du groupe. En l'attente d'heures plus roses, il va falloir négocier avec les artistes.

— Toute une génération d'auteurs est cassée, lâche Ulrich.

A Paris, Bonnell reçoit les auteurs de Ere Informatique un à un et leur annonce qu'il n'est pas en mesure, en attendant une éventuelle embellie, de régler leurs royalties.

Herbulot, pour sa part, se montre déconcerté.

— Vous avez choisi de faire les coupes sombres dans Ere Informatique, alors que nos produits se vendent bien mieux que les productions financées à Lyon !

Ainsi s'achève le deuxième niveau de l'aventure d'Ulrich.

Pourtant, tel le phénix, l'explorateur de mondes virtuels se prépare à une lente remontée vers les cieux. Les dieux de la science-fiction veillent sur l'âme des artistes visionnaires et un appel va bientôt venir du fond de la dune...

## VI  SONIC - L'indomptable seigneur des anneaux

— Ce distributeur que nous avons en Allemagne, tu sais à quoi je me rends compte qu'il est en train de me mentir ?

— Non, Frank...

— Au fait qu'il ouvre la bouche.

Jamais à court d'un bon mot, Frank Herman avait tout du parent idéal, avec son air bonhomme, ses yeux rieurs et un charisme personnel profond. Surnommé Oncle Frank par ses congénères, le quinquagénaire au front dégarni était râblé et portait d'énormes lunettes de vue. Pragmatique et forcené du travail, il ne s'intéressait pas à l'aspect ludique des jeux, mais à leur potentiel de vente. Ses qualités relationnelles et son humour faisaient le reste.

Durant trente années, Herman avait successivement endossé les casquettes d'expert-comptable et d'investisseur bancaire. Après la crise pétrolière de 1973, la société qu'il dirigeait avait sombré corps et biens et Herman avait connu une longue traversée du désert, vivant d'expédients. Il s'était retrouvé de manière presque fortuite en 1978 à gérer l'importation de films vidéo depuis les Etats-Unis. Les relations qu'il avait développées avec des établissements bancaires outre-Atlantique lui avaient facilité la tâche.

« Les Américains sont des gens formidables », se plaisait à dire Herman. « Ils sont prêts à traiter avec vous alors qu'ils ne vous connaissent ni d'Eve ni d'Adam. Il suffit de leur offrir de l'argent, rien de plus ! ».

L'importation sur le sol anglais de vidéocassettes américaines, pour l'essentiel des séries B, avait généré un revenu confortable. Puis, à partir de l'année 1982, les majors du cinéma gérant elles-mêmes la distribution de leurs vidéocassettes, le marché était devenu plus âpre et Oncle Frank songeait à diversifier ses activités. L'occasion lui fut offerte par le dirigeant d'une société cliente avec qui il s'était lié d'amitié. Martin Alper, un quadragénaire aux cheveux poivre et sel affectionnant le port d'une barbe de trois jours et portant des lunettes dirigeait l'entreprise Video Tape International.

Début 1983, l'une des boutiques desservies par Video Tape International avait fait faillite. Faute de pouvoir le régler, le gérant avait offert de dédommager Martin Alper en lui cédant son stock de jeux pour l'ordinateur Commodore 64. Alper avait reçu des milliers de cassettes sans savoir ce qu'elles pouvaient contenir au juste. C'est lorsqu'il s'était avisé de les vendre qu'il avait eu une révélation : il les avait écoulées en un temps record. Ce qui avait le plus surpris Alper était la marge réalisée sur l'opération. Les logiciels de jeux étaient couramment vendus une dizaine de livres sterling alors que leur coût de production était infime. Il avait réalisé qu'un secteur profitable était en train d'émerger.

Lors d'une visite de Herman chez Video Tape International, Alper lui avait montré ces fameuses cassettes :

— Regarde Frank, ces articles sont vendus environ 10 livres alors qu'ils ne coûtent presque rien à produire. Il y a là une opportunité de développement fabuleuse. J'aimerais me lancer dans la diffusion de ces jeux en les vendant cinq fois moins cher que leur prix habituel. Est-ce que tu serais prêt à monter l'affaire avec moi ?

Oncle Frank avait répondu « banco » et la compagnie Mastertronic était née dans la foulée. Alper avait pris une année sabbatique et s'était rendu dans tous les salons spécialisés organisés en Europe afin de rencontrer des programmeurs. Mastertronic avait ainsi lancé le développement d'une gamme de jeux pour les ordinateurs Commodore 64 et Spectrum.

Les premiers jeux à deux livres pièce diffusés par la société de Martin Alper et Frank Herman étaient apparus à la mi 1984. Seize représentants avaient été embauchés avec pour mission de sillonner l'Europe et trouver des distributeurs pour ces logiciels à prix cassés. La demande avait été telle que Mastertronic était devenue bénéficiaire après six semaines. Au bout d'un an, la société vendait près d'un tiers des jeux écoulés sur le sol européen.

Vers le milieu de l'année 1986, au cours d'un voyage aux Etats-Unis, Martin Alper avait découvert le phénomène Nintendo. Il était revenu en Angleterre en clamant à ses collègues que cette console allait envahir le monde et qu'il fallait que Mastertronic en assure la distribution européenne. Hélas, Minoru Arakawa, le président de Nintendo of America avait opposé une fin de non-recevoir aux avances de Alper et Herman – Nintendo entendait s'appuyer sur un géant du jouet tel que Mattel ou Bandaï pour superviser le lancement européen de la NES.

Convaincus que le secteur de la console était en train de redémarrer et que tout était encore possible sur le Vieux Continent, Alper et Herman avaient réfléchi à une solution alternative. Un ancien cadre d'Atari devenu consultant, Anton Bruehl, leur avait alors signalé l'existence d'une société nommée SEGA. À première vue, ce constructeur de consoles n'avait rien de très attractif : il devait couvrir en tout et pour tout un pour cent du marché mondial. Pourtant, il n'avaient guère le choix...

La société SEGA avait été fondée à Tokyo en avril 1954 par un Américain du nom de David Rosen, alors âgé de vingt ans. Natif de Brooklyn, ce grand jeune homme s'était épris d'une délicieuse Asiatique alors qu'il effectuait son service armé au Japon dans l'aviation. Une fois libéré des obligations militaires, il était revenu à Tokyo pour épouser sa douce et tendre. Il avait alors fondé la Rosen Entreprise, une société ne comptant pour seul employé que lui-même. L'homme d'affaires expatrié s'était d'abord lancé dans l'import-export d'articles d'art et l'installation de cabines de Photomaton. À partir de 1956, il avait démarré l'importation de machines électroniques de loisirs, flippers, baby-foot et juke-box qu'il plaçait dans les bases militaires américaines établies au Pays du Soleil Levant. Les soldats stationnés dans l'archipel raffolaient de ces appareils, qui pour une simple pièce, permettaient de frapper une balle de base-ball ou de tirer sur une cible mouvante à l'aide d'une carabine. Toutefois, les machines livrées depuis Chicago manquaient d'attrait et au bout de quelques années, Rosen avait songé à développer ses propres modèles.

En 1965, David Rosen avait racheté une compagnie de Tokyo spécialisée dans les juke-box et distributeurs automatiques, dont le terme SEGA, abréviation de SErvice GAmes sur ses appareils. L'Américain avait fusionné cette société avec la sienne et fondé SEGA Enterprise avec pour ambition de développer des jeux pour parcs d'attractions. Le premier jeu produit par la nouvelle entité, Periscope, permettait à un joueur de lancer des torpilles sur un bateau, en visant à partir d'un périscope. Cette machine qui reposait sur des trouvailles techniques de taille avait rencontré les faveurs du public, au Japon comme aux Etats-Unis. Rosen recevait les lettres de responsables de salles d'arcade affirmant que cette attraction avait à elle seule sauvé l'industrie ! Il apprit alors une leçon qui guiderait par la suite SEGA : une technologie de qualité supérieure conquiert le marché. Rosen devint millionnaire en dollars dès l'année 1971 lorsqu'il vendit sa société à Gulf & Western Industries — tout en demeurant à la présidence de SEGA. Tout au long de la décennie, David Rosen, qui prenait de l'embonpoint et voyait son front se dégarnir, œuvra à exporter ses machines d'arcade dans le monde entier.

Vers la fin des années 1970, Rosen avait noué une relation privilégiée avec un certain Hayao Nakayama. L'entreprise dirigée par cet entrepreneur était son meilleur client ; elle achetait des stocks entiers de produits à SEGA pour les écouler dans les pays les plus divers du globe.

Nakayama était une personnalité complexe, avec un besoin perpétuel d'auto-affirmation. Contrarié par sa calvitie, il laissait ses cheveux pousser sur les côtés et les rabattait en une boule sur le crâne. Suite à une éducation rigide, Nakayama avait été contraint par son père à suivre des études de médecine alors qu'il n'éprouvait aucun intérêt pour le sujet. Il avait finalement abandonné son cabinet médical pour se lancer dans le commerce. Qu'il soit motivé par un désir de revanche ou par un don naturel, Nakayama avait excellé dans le monde des affaires. Il avait toutefois conservé un sentiment d'inconfort qu'il compensait par une attitude intransigeante et dure. Dans ses relations, il dissimulait son malaise par un débit verbal accéléré.

Rosen avait trouvé dans Nakayama la personne idéale pour prendre les rênes de SEGA. Ouvert à la culture occidentale, le petit homme parlait couramment l'anglais et appréciait les bons vins, à commencer par ceux de Bordeaux. En 1979, Rosen procéda à l'acquisition de la société de distribution de Nakayama. L'homme à la drôle de coiffure devint directeur général de SEGA en échange d'un salaire princier et de quatre pour cent des actions de l'entreprise. Il allait rapidement se révéler un patron de droit divin, dans la lignée des empereurs japonais.

Sous la direction de Nakayama, SEGA prit un virage technologique, amplifiant ses efforts de Recherche et Développement de produits. Portée par le boom mondial des jeux vidéo, SEGA introduisit plusieurs attractions révolutionnaires, tels Astron Belt, le premier jeu puisant ses images sur un laserdisc ou SubRoc-3D, le premier titre en trois dimensions. En 1982, ses revenus mondiaux approchaient le milliard de francs.

SEGA avait mis au point sa première console familiale, la SG-1000, lorsqu'elle essuya de plein fouet la crise mondiale du jeu vidéo. Au début de l'année 1984, les salles d'arcade fermaient les unes après les autres, touchées par la désaffection des adolescents. Dans l'affolement qui s'ensuivit, Gulf & Western vendit ses avoirs SEGA à la Bally Manufacturing Corp.

Rosen, Nakayama et plusieurs investisseurs japonais se regroupèrent afin de racheter les actifs de SEGA pour trente-huit millions de dollars. Un partage géographique du pouvoir fut décidé. Nakayama conserverait la présidence de SEGA Enterprise, tandis que Rosen prendrait la direction d'une filiale américaine, SEGA of America.

Comme la plupart des acteurs du jeu vidéo, Nakayama et Rosen furent pris par surprise lors de l'offensive de Nintendo. Le temps de réagir avec une console pour le marché familial, la Master System, il était trop tard. La NES était dans tous les foyers japonais.

Toutefois, la partie n'était jamais totalement perdue, car de la débâcle d'Atari suivie du boom de Nintendo, Rosen et Nakayama retenaient une leçon : chaque génération de machine était vouée à être balayée par une autre, plus puissante. « Nous avons toujours vu une industrie plus forte émerger des cendres de la précédente », se plaisait à dire Rosen. Dès 1984, les équipes de Recherche et Développement reçurent pour mission de développer une console éclipsant la NES en terme de capacités.

La chance voulut que, dans l'euphorie de la conquête du Pacifique, Nintendo ait négligé le marché européen...

En novembre 1986, le britannique Frank Herman débarque dans la mégapole japonaise en vue de rencontrer Rosen et Nakayama. De l'aéroport, il affrète un taxi pour Haneda, un vieux quartier industriel dépourvu de charme sur la bordure Sud-Ouest de la baie de Tokyo. C'est là qu'est situé le siège de SEGA une foultitude de locaux secondaires étant disséminés dans la ville.

Le véhicule dépose Oncle Frank devant un bel immeuble carré et moderne. Dans le bâtiment administratif, les bureaux paysagers sont décorés avec une sobriété qui frise l'indigence. Depuis les fenêtres, on aperçoit l'usine située sur le trottoir d'en face, qui construit les machines d'arcade. Le visiteur britannique est impressionné par le nombre de gens travaillant dans un même espace et l'ardeur qu'ils mettent à avoir l'air occupé en toutes circonstances. Soumis à la discipline de fer qu'impose Nakayama, les employés paraissent perpétuellement aux aguets, prêts à répondre à toutes les questions possibles et imaginables que leur président pourrait leur poser.

Frank Herman qui a souvent connu des négociations chaotiques avec des entrepreneurs japonais est agréablement surpris par la convivialité de l'entrevue avec David Rosen. Tout en conversant avec des manières huilées, le fondateur de SEGA, vêtu de manière impeccable, explique qu'il vit désormais le plus clair de son temps en Californie et qu'il voudrait développer des produits spécifiquement pour le marché américain.

Nakayama apparaît comme un homme à deux visages. Si au sein de SEGA, il maintient une ambiance d'intimidation, vis-à-vis des « gaijin » (les étrangers) il se montre charmeur et raffiné. Il dépeint à Herman une situation rose, le secteur des jeux d'arcade ayant repris des couleurs, et lui confie que SEGA se prépare à entrer à la Bourse de Tokyo. À l'en croire, la force de la société réside dans sa puissance de création et d'innovation – un quart des salariés travaillant à la recherche et au développement. Au fil des conversations, Nakayama laisse transparaître une facette inattendue : c'est un fanatique du logiciel qui passe le plus clair de ses loisirs à examiner les produits de ses concurrents et à rechercher des idées de jeux. Herman est avant tout impressionné par la clairvoyance de sa vision. Nakayama prophétise d'ores et déjà que le jeu vidéo sera le fer de lance d'un secteur dont on commence à peine à parler : le multimédia, l'industrie appelée à naître de la fusion de l'informatique et de la vidéo.

Oncle Frank n'est pas venu les mains vides et il met à son tour ses interlocuteurs dans la confidence. Accoutumée à vendre des logiciels avec un profit élevé, Mastertronic n'est pas a priori armée pour affronter un marché de la console dans lequel les marges sont infimes. Afin d'asseoir la trésorerie de leur entreprise, Martin Alper et Frank Herman ont donc décidé de faire entrer le holding Virgin à hauteur de cinquante pour cent dans le capital de Mastertronic. Pour l'occasion, leur société va être rebaptisée Virgin Mastertronic. De par sa forte implantation européenne et sa bonne image auprès des jeunes, Virgin est appelé à servir de « cheval de Troie » dans l'invasion du Vieux Continent.

Dès le début de l'année 1987, Virgin Mastertronic démarre la diffusion de la console Master System en Angleterre. Frank Herman, qui supervise l'opération SEGA est assisté dans la tâche par Nick Alexander, un drôle d'individu qui semble tout droit sorti d'un groupe de rock, avec ses cheveux longs et son visage poupin. La perfide Albion n'a pas encore été touchée par la vague Nintendo et quand Herman et Alexander font la tournée des distributeurs, ils se heurtent à l'incrédulité des grands acheteurs. « Vous êtes dingues ! Comment pouvez-vous vendre des consoles alors que des centaines de milliers de VCS invendues sont enfouies dans les déserts de l'Amérique ? »

Les bonnes relations qu'Oncle Frank a patiemment tissées au Royaume-Uni finissent par payer. La chaîne de magasins Woolworth accepte de proposer la Master System dans ses rayons. Sur le premier lot de vingt mille consoles importées en Grande Bretagne, la moitié trouve acquéreur, signe qu'il existe encore un semblant de vie pour ce marché. D'autres grandes chaînes suivent alors le mouvement.

Dès la fin de l'année 1987, Virgin Mastertronic peut se targuer d'avoir vendu quatre-vingt mille consoles, ce qui place SEGA au même niveau que Nintendo sur le sol européen. L'étape suivante consiste à traverser la Manche. Frank Herman qui adore la France – il possède un appartement à Saint-Raphaël – n'attend que le feu vert de Richard Branson.

Jeune loup aux passions hétéroclites, Jean-Martial Lefranc a démarré sa carrière à Publicis où au terme d'une bataille homérique, il obtint les droits de diffusion de TV6. Lorsque la chaîne musicale a été créée en février 1986, il devint l'adjoint de son président, Patrice Blanc-Franquart. Lorsque le nouveau Ministre de la Culture, François Léotard a supprimé la concession de TV6, Patrick Zelnick, président de Virgin France a invité Lefranc à le rejoindre dans le cadre de la diversification des activités de la maison de disque – dont l'exemple le plus frappant a été l'ouverture du magasin Megastore sur les Champs Elysées.

Lefranc s'est retrouvé à la tête d'une entité, Virgin Loisirs, originellement vouée à la diffusion de cassettes vidéo. La filiale s'est installée dans les quatre vingts mètres carrés d'une ancienne galerie de peinture sous les arcades de la place des Vosges, près des appartements de Jean Edern Hallier et Jack Lang, que Lefranc croise le matin tandis qu'il se rend à son bureau.

Au début de l'année 1988, Martin Alper vend les parts résiduelles de sa société à Virgin. Richard Branson insiste alors pour qu'une filiale de Virgin Mastertronic soit ouverte aux Etats-Unis afin de reproduire le modèle d'édition de logiciels étrenné en Europe.

Alper et Herman décident de tirer à pile ou face afin de déterminer lequel des deux partira aux Etats-Unis. Et comme la pièce désigne le plus jeune des deux, Alper emmène sa famille en Californie, trouve un appartement à Laguna Beach, et fonde la société d'édition Virgin Games à Los Angeles.

Frank Herman, qui a conservé la direction britannique ne tarde pas à découvrir que les rapports avec Branson sont d'une rare efficacité.

— Je vous ai préparé un dossier afin d'expliquer pourquoi il serait utile de s'appuyer sur Virgin France pour lancer la Megadrive sur le sol français, explique Herman.

— Je n'ai pas vraiment le temps de parcourir ce que vous avez rédigé, rétorque Branson. Mais la proposition me semble aller de soi. Vous avez mon feu vert !

Quelques jours plus tard, en février, Herman est à Paris dans le bureau de Patrick Zelnick afin de lui présenter la Master System. Très vite, il apparaît que le patron de Virgin France est déconcerté par ce nouveau mandat. Puisque les ordres viennent d'en haut, il choisit de se décharger habilement de ce bébé sur l'un de ses brillants collègues.

— Ecoute Frank, tout cela n'est pas vraiment de mon rayon, mais je vais te mettre en contact avec un jeune gars que j'ai récemment embauché. Vois tout cela avec lui.

La Saga des Jeux Vidéo

C'est ainsi que Jean-Martial Lefranc se retrouve chargé du lancement de SEGA, avec une mission on ne peut plus claire :

— Au mois de septembre, il faut que tu aies mis en place la distribution française de SEGA, explique malicieusement Oncle Frank.

Herman et Lefranc découvrent qu'ils doivent en premier lieu d'éclaircir un indescriptible embrouillamini. Depuis le début de l'année 1987, une petite société locale, Master Games a pris en charge la distribution des consoles de SEGA. Elle est dirigée par un Ecossais, McSween et un Français, Gilles Cavaglione.

En un an, Master Games est parvenu à vendre deux cents consoles SEGA Master System. Pourtant, leur situation exacte est ambiguë. Herman et Lefranc font des pieds et des mains pour obtenir des informations précises. Quelle est l'étendue exacte du stock de Master Games ? Combien de machines ont été payées à SEGA ? Combien comptent-ils encore recevoir de Master System ?... A toutes ces questions, ils n'obtiennent que de vagues réponses et plusieurs mois s'écoulent avant qu'ils ne puissent réaliser que Master Games a fait preuve d'une gestion minimale, sinon douteuse. Soucieux d'en terminer au plus vite, Herman propose d'intégrer Master Games dans Virgin Interactive. Il ne parvient pas à obtenir une réponse claire de Cavaglione et McSween.

En avril, une réunion est organisée dans un café de la place des Vosges pour tenter de trouver une solution au blocage des négociations. À six heures du soir, Herman et Lefranc voient arriver le père de Gilles Cavaglione, un politicien médaillé de la Légion d'Honneur, qui gravite dans l'entourage du politicien Jacques Médecin à Nice. L'homme qui sort d'on ne sait où explique qu'il a un dossier complet sur McSween, que le seul coupable dans les magouilles commises par Master Games ne serait autre que cet Ecossais, et qu'au final, son fils est totalement innocent dans l'histoire. Surpris par le caractère abracadabrant de cette intervention, Herman propose d'attendre la venue des deux gestionnaires de Master Games pour tirer l'affaire au clair.

Une heure et demie plus tard, Gilles Cavaglione arrive sur les lieux, habillé de manière voyante et s'assoit fébrilement à la table. Persuadé que Herman ne comprend pas un traître mot de français, il s'adresse à son père de manière bouillonnante, comme s'il venait, dans un coup de théâtre retentissant, révéler à Othello la perfidité de Iago.

— Je viens de parler à McSween. Il est allé voir SEGA à Tokyo et a obtenu un nouvel accord avec eux. Ces types de Virgin n'ont pas à se mêler de nos affaires. Nous ne devrions même pas discuter avec eux !

Amusés, Herman et Lefranc échangent des regards complices. Le visage du politicien Cavaglione devient blême :

— Gilles, calme-toi. Ce n'est peut-être pas l'endroit pour discuter de cela. Monsieur Herman, pourrions-nous convenir d'un autre rendez-vous...

— Avec grand plaisir, Monsieur Cavaglione, répond Herman. À propos, quel temps fait-il sur la côte d'Azur ?

Pendant quelques minutes, la conversation se poursuit sur le mode anodin, tandis que Gilles Cavaglione, le visage rouge, réalise que le Britannique parle un français tout à fait correct. Soudain Herman change de ton et s'adresse de manière directive à monsieur Cavaglione.

— A propos, pourriez-vous jeter un coup d'œil dans votre dossier ?

— Et pourquoi cela ? demande Cavaglione.

— Et bien, si vous regardez bien, vous verrez que jusqu'ici, McSween vous a raconté deux cents mensonges. Or, je suis heureux de mettre les compteurs à jour. Le total s'élève désormais à deux cent un !

Quelques jours plus tard, Virgin France a repris la distribution exclusive de SEGA et l'épisode Master Games n'est plus qu'un mauvais souvenir. Herman découvre cependant que McSween s'était bel et bien rendu au siège de Haneda pour plaider sa cause et s'était vu opposer une fin de non-recevoir...

A force de persévérance, McSween avait obtenu de se joindre à un dîner auquel participait Nakayama. Au cours du repas, l'Ecossais avait vécu une longue humiliation, le président de SEGA ne daignant pas lui adresser une seule fois la parole et se contentant de discuter en japonais avec ses collègues. En fin de repas, McSween, avait tenté le tout pour le tout : il s'était emparé d'un vase posé sur la table et en avait renversé l'eau sur sa tête. En dépit de cette mise en scène, l'Ecossais n'avait eu que quelques minutes pour défendre son dossier, Nakayama ayant confirmé la rupture des relations avec Master Games. Malgré ce veto absolu, McSween n'avait pas hésité à appeler Gilles Cavaglione pour expliquer que tout était en train de s'arranger !

Les responsables des achats de supermarchés, grands magasins et boutiques de loisir ne montrent aucun empressement à accueillir Jean-Martial Lefranc lors de sa tournée de la France profonde. La chute vertigineuse des consoles d'Atari en 1983 est encore dans toutes les mémoires. Les revendeurs de logiciels, mieux informés, savent pour leur part que si le marché a bel et bien repris, aux Etats-Unis, Nintendo a pilonné SEGA. Or, le nouveau géant de la console a choisi Bandai, le champion du jouet, pour accomplir sa percée en France.

Le Français Patrick Lavanant - frère de l'actrice Dominique - a ouvert le feu dès 1987, aux commandes de sa société Audio Sound System et sa stratégie a consisté à placer la NES dans les rayons hi-fi des hypermarchés. « Si la NES est placée dans les départements jouets, elle disparaîtra comme peau de chagrin au premier janvier, ce qui rendra impossible la vente de logiciels, du fait de leur prix » a expliqué Lavanant à Ron Judy, l'Américain recruté par Arakawa, responsable du développement de Nintendo en Europe. Lavanant est parvenu à vendre quinze mille NES au cours de l'année 1987. Judy a jugé la performance insuffisante et a finalement confié la distribution de la console Nintendo à Bandai France que dirige Bernard Prat – Lavanant ne va pas tarder à le rejoindre.

Face à cette machine de guerre, Lefranc entreprend un travail de fourmi, sous la supervision bienveillante et active de Herman, devant lequel toutes les portes s'ouvrent comme par miracle. L'argument de vente retenu est le suivant : « La Master System va vous permettre de retrouver à la maison vos jeux d'arcade préférés ». Et d'ajouter que rien qu'au Japon, SEGA gère un parc de quarante mille bornes d'arcade.

Le duo Herman et Lefranc accomplit un tour de force. À la fin de l'année 1988, Virgin Loisirs réussit à écouler près de quarante mille Master System, réalisant un chiffre d'affaires plus qu'honorable de cinquante millions de francs. Pour sa part, Bandai vend un nombre légèrement supérieur de NES, et le chiffre d'affaires de l'activité Nintendo s'élève à soixante millions de francs. Inconnue un an plus tôt, la marque SEGA fait presque jeu égal avec Nintendo sur le sol français alors qu'au niveau mondial, le parc de Master System est insignifiant au regard des NES. En Europe, SEGA se paye le luxe de dépasser légèrement Nintendo en termes de parts de marché, cinq cent mille Master System ayant été écoulées. La nouvelle réjouit d'autant plus Nakayama et Rosen, que les deux compères se préparent à abattre leur carte maîtresse.

La bombe de SEGA s'appelle la Megadrive, une console qui apparaît sur le marché japonais en octobre 1988. Alors que la NES tout comme la Master System reposent sur un microprocesseur 8 bits, analogue à celui qui équipait l'Apple 2 dix ans auparavant ; la Mega Drive a été conçue à partir d'un microprocesseur 16 bits, identique à celui de l'ordinateur Macintosh d'Apple. Une telle fondation permet l'écriture de jeux plus rapide avec un graphisme se rapprochant du dessin animé – la Mega Drive possède une palette de cinq cent douze couleurs et permet de réaliser des effets de profondeur. Au niveau sonore, elle offre une qualité audio stéréo très élaborée. Sa deuxième force vient de ce qu'elle permet une adaptation aisée des jeux d'arcade les plus avancés de SEGA. Pour en apporter la démonstration, la société de Haneda a elle-même adapté les plus grands succès de ses salles de jeux, tels Altered Beast. De façon globale, cette console 16 bits éclipse la NES en termes de capacités. Et pour s'attirer les bonnes grâces des éditeurs de jeux, SEGA propose des licences de développement moins coûteuses que celles de Nintendo.

Au Japon, la suprématie de la NES est telle que l'apparition de la Mega Drive passe relativement inaperçue. En revanche, David Rosen, qui a désormais ses bureaux à Los Angeles et possède six demeures dans des lieux paradisiaques, d'Hawaii à Berverly Hills en passant par Palm Springs, a bon espoir d'imposer la nouvelle venue sur le sol américain. Le fondateur de SEGA opte pour une campagne de publicité agressive. La sortie américaine de la Mega Drive en septembre 1989 se traduit par un succès encourageant – plus de cinq cent mille unités sont vendues au cours des quatre derniers mois de l'année.

Afin de transformer l'essai, Rosen cherche à embaucher un patron de choc, qui serait en mesure d'imposer la marque auprès des adolescents américains et de déstabiliser Nintendo. Il trouve l'oiseau rare en la personne de Tom Kalinske, président de Matchbox International, un fabricant de jouets, et ancien collaborateur de Mattel où il a opéré pendant quinze ans.

Doté d'un physique et d'une classe à la Robert Redford avec une grande taille et des cheveux grisonnants, Tom Kalinske est un homme doux, à l'extérieur comme à l'intérieur. Quadragénaire plein d'esprit, il défend ses idées de manière posée, mais avec acharnement. Pour séduire ses interlocuteurs, cet homme au sourire étincelant n'hésite pas à parsemer sa conversation de bons mots d'esprits.

Un jour, alors que Tom Kalinske se repose sur une plage ensoleillée après avoir vendu Matchbox International, une ombre se pose sur lui. Il reconnaît alors Hayao Nakayama qu'il a croisé au début des années 1970 alors qu'il n'était pas encore président de SEGA.

— Salut, Tom, qu'est ce que tu fabriques en ce moment, demande Nakayama.

— Hé bien, comme tu le vois, je prends du bon temps sur la plage...

— J'aimerais t'inviter à venir au Japon. J'ai quelque chose d'assez extraordinaire à te montrer...

Kalinske se laisse emmener au Pays du Soleil Levant par son homologue. À Haneda, il assiste à une démonstration de la Mega Drive et tombe amoureux de la console. Peu après, il prend la tête de SEGA of America. Il découvre alors que le marketing qui a été mis en place à Haneda n'est pas du tout adapté au public américain : trop cher, mal ciblé. Que faire ?

Trois mois plus tard, Kalinske s'en retourne au Japon afin d'exposer ses vues au conseil d'administration de SEGA.

— Vous avez tout faux, déclare Kalinske. La console est ridiculement onéreuse pour un jeune américain. Le jeu que vous proposez avec la console, Altered Beast n'est pas attrayant pour un gamin du Kansas. Il faut développer des jeux aux USA. N'oubliez pas que vous faites face à un compétiteur qui a 98% du marché et qui a éliminé tous ses concurrents. J'ai des idées pour changer cela : il faut se positionner contre Nintendo, que les jeunes pensent que la NES n'est vraiment pas la machine cool du moment !

Durant deux heures, les hommes du Conseil d'Administration discutent entre eux, échangeant leurs idées dans la langue japonaise que Kalinske ne maîtrise aucunement.

Nakayama délivre finalement son verdict :

— Pas un seul d'entre nous n'est d'accord avec ce que vous avez dit.

Kalinske entrevoit déjà son renvoi : « J'aurai accompli la plus courte carrière de ce secteur ! »

Pourtant, alors qu'il se prépare à partir, Nakayama l'apostrophe :

— Néanmoins, je vous ai embauché pour prendre les décisions en ce qui concerne l'Amérique et donc, vous avez le feu vert.

Kalinske apporte à SEGA of America une vision d'ensemble cohérente : il estime qu'il faut privilégier le marketing à la technologie et orienter la communication vers une population plus âgée que celle de Nintendo - les quatorze ans et plus. Une agence de San Francisco, Berlin & Silverstein prend en main une campagne dont le message consiste à faire passer l'idée que Nintendo appartient au passé. Dix millions de dollars sont investis dans des publicités qui véhiculent une atmosphère beaucoup plus « branchée » que celles du n°1 de la console.

En France, la Megadrive apparaît en septembre 1990, portée par une campagne promotionnelle assortie d'un slogan choc : « SEGA, c'est plus fort que toi ». Signe d'un retournement de situation, la presse spécialisée, qui un an et demi auparavant accueillait Lefranc avec une condescendance apitoyée, réclame avec insistance des modèles en test. Les premiers articles parus se perdent en superlatifs au sujet de la console de SEGA.

La Megadrive arrive en pays conquis et le problème essentiel rencontré par Jean-Martial Lefranc est d'obtenir que les Japonais accélèrent leurs livraisons. Avec son collègue du marketing, il passe une grande partie de son temps à se demander où en est exactement le bateau parti de Hong Kong pour la France ? Au terme de l'exercice 1990, le chiffre d'affaires de l'activité SEGA de Virgin France s'élève à trois cent cinquante millions de francs.

Nintendo n'est pas en reste. Depuis plusieurs années, dans le plus grand secret, Uemura, le créateur de la NES, préparait une console 16 bits. À présent, le succès américain de la Megadrive commence à inquiéter Arakawa. Il est donc décidé d'avancer la sortie de ce nouveau modèle et Nintendo l'annonce lors du Consumer Electronic Show de janvier 1990.

La sortie japonaise de la Super NES (SNES), le 21 novembre 1990, dépasse toutes les prévisions et confirme si besoin était, la Love Story entre Nintendo et le public japonais. Dans les rues du quartier d'Akihabara qui regroupe les principales boutiques d'électronique, des queues interminables se forment spontanément. De nombreux adolescents ont choisi de dormir dans la rue et ont amené sacs de couchage et réchauds à gaz afin d'attendre patiemment l'ouverture des magasins. Nintendo se prépare à un nouvel ouragan – quinze millions de SNES seront écoulées au Japon. Outre les nouvelles versions de Super Mario, deux autres jeux supervisés par Miyamoto, F-Zero et PilotWings vont fortement contribuer au succès de la console 16 bits. En 1991, la Super NES va atteindre un rythme de ventes de cinq unités à la seconde.

La situation est fort différente dans le territoire que contrôle Frank Herman : l'Europe. Les chiffres publiés par le magazine CTW en mars 1991 accordent à SEGA une part de marché globale de 59% contre 40% à Nintendo en terme du nombre de consoles vendues – 1,6 millions contre 1,1 millions. Si les deux sociétés sont dans un mouchoir de poche sur le sol français, la domination de SEGA est écrasante en Angleterre (77%) et en Espagne (80%). Pourtant, à la fin de l'année 1990, Virgin Mastertronic a jugé préférable de ne plus assurer la distribution européenne de SEGA. Les contrats qui la lient à la société japonaise l'obligent à acheter son stock de consoles à l'avance. Or, étant donné l'ampleur des prévisions de vente pour la Mega Drive, l'investissement représenterait près de deux milliards de francs, un engagement financier au-delà des capacités de l'empire de Branson, la filiale aérienne, Virgin Atlantic, ayant pâti de la crise du transport consécutive à la guerre du Golfe.

A partir de juin 1991, SEGA assure directement la distribution de ses machines sur le Vieux Continent. À Paris, Jean-Martial Lefranc quitte Virgin Loisirs pour se lancer dans la production cinématographique. Frank Herman, en revanche, accepte de prendre la direction de SEGA Europe. Il ne sait pas encore qu'il va désormais se heurter de manière directe à l'irascibilité et à l'obstination d'un Nakayama prêt à tout pour enlever des parts de marché à Nintendo.

Tom Kalinske est convaincu qu'il manque à la Mega Drive le jeu mythique qui serait en mesure de tirer les ventes. Plusieurs millions de dollars ont été dépensés pour obtenir la licence de Moonwalker, un jeu mettant en scène le chanteur Michael Jackson, autour de l'album Bad. Si la manœuvre était avisée, elle n'a pas suffi à imposer la Mega Drive comme la console incontournable. Au Japon, l'équipe dirigée par Yu Suzuki a produit plusieurs titres d'arcade remarquables, tels que Power Drift, G-LOC ou R-360, et travaille sur une simulation de course automobile, Virtua Racing. Il manque toutefois à SEGA un personnage à la Mario.

C'est une équipe composée de quatre artistes japonais âgés en moyenne de vingt-cinq ans et opérant à l'Institut SEGA de Californie qui est chargée de relever le défi. Yuji Naka est chef de projet et Hirokazu Yasuhara le programmeur principal. Ce dernier prend fermement la résolution de créer un jeu capable de rivaliser avec les aventures du plombier vedette de Nintendo. Premier objectif : la simplicité d'usage. « Super Mario est un jeu à deux boutons », argue Yasuhara. « Le jeu que nous allons concevoir doit se satisfaire d'un seul bouton ». Si Takashi Iizuka est chargé de concevoir les décors, la paternité du personnage va revenir à Ôshima Naoto.

Le héros qui serait associé à l'image de SEGA se doit d'être intelligent, rapide, brave et impatient. Plus de deux cents illustrations d'animaux et d'humains sont proposées par les dessinateurs et programmeurs de SEGA Enterprise au Japon. Au bout d'un mois, la sélection est ramenée à quatre personnages. Le premier est un loup vêtu d'un t-shirt avec la bannière étoilée, le second, un bulldog habillé en cow-boy et le troisième un humain au corps en forme d'œuf en chemise et short hawaïens avec une planche de surf sous le bras. C'est la quatrième création qui va temporairement faire l'unanimité : une sorte de lapin dont les oreilles peuvent s'étendre pour attraper des objets. Dans la mesure où Yasuhara entend créer un jeu à l'action ultra-rapide, ce fils de Roger Rabbit semble devoir faire l'affaire. L'homme-œuf devient le méchant de l'histoire, Robotnik.

Pourtant, à mesure que la programmation du jeu avance, le lapin paraît inadapté à l'action ; il lui manque une caractéristique à la fois drôle et impressionnante qui lui permettrait de triompher de ses ennemis. Yuji Naka se rappelle alors d'un personnage qu'il a imaginé plusieurs années auparavant et qui aurait la capacité de se mettre en boule avant de foncer sur ses adversaires. L'idée de transformer le lapin en hérisson jaillit alors. Oshima Naoto crée les contours du personnage bleu et l'affuble de chaussures de tennis rouges. En cherchant un nom évoquant la vitesse, l'un des concepteurs propose « supersonic ». Le hérisson est finalement baptisé d'un nom abrégé, Sonic. Sa mission dans la vie sera écologique : empêcher le Dr.Robotnik de polluer la planète et robotiser les habitants. Son signe distinctif : cet hyperactif tape du pied en signe d'impatience dès que l'action semble ralentir.

Hirokazu Yasuhara programme un jeu dont l'aspect essentiel est la célérité. Défiant les lois de la gravité, Sonic s'élance dans les airs récoltant au passage des anneaux dorés nécessaires à sa survie. Tandis qu'il évolue dans un monde où grouillent piranhas et coccinelles maléfiques, l'intrépide hérisson combat le savant fou Robotnik avant qu'il ne transforme tous les animaux de la Terre en monstres mécaniques. Fier, juvénile et pressé, le jovial Sonic personnifie on ne peut mieux l'image qu'entend véhiculer Kalinske autour de la marque SEGA.

Le lancement du jeu au cours de l'été 1991 est précédé d'une campagne de publicité massive, afin d'éclipser l'arrivée de Super NES que Nintendo s'apprête à lancer aux Etats-Unis. L'opération Sonic est menée de main de maître, une série de dessins animés de 52 épisodes étant prévue pour le printemps suivant à la télévision américaine.

Lorsque la console Super NES arrive aux Etats-Unis en septembre 1991, SEGA of America a bénéficié d'une bonne année pour imposer la Mega Drive. Celle-ci dispose de maints atouts. Sonic le Hérisson est en train de gagner le cœur des adolescents et déclenche la vente de centaines de milliers de consoles. Décidé à ne pas céder un pouce de terrain, Kalinske casse le prix de la console SEGA, afin de la vendre cinquante dollars moins cher que la Super NES. Entre temps, les programmeurs de logiciels ont eu le temps de maîtriser toutes les subtilités de la console de SEGA et celle-ci dispose à présent d'un catalogue d'une centaine de jeux.

De son côté, Nintendo a tardé à publier les kits de développements pour la SNES et de ce fait, moins d'une vingtaine de jeux sont attendus avant Noël. De plus, au début de l'année 1991, Yamauchi a durci les conditions pour les éditeurs externes en limitant encore le nombre de jeux qu'ils auraient le droit de publier chaque année, au risque de provoquer la colère de certains d'entre eux. Trip Hawkins, qui dirige Electronic Arts a choisi de suivre SEGA et les deux compagnies ont convenu d'un contrat de licence moins coûteux et contraignant que celui pratiqué par Nintendo. Quatre jeux d'Electronic Arts pour la Mega Drive grimpent dans le top ten des best-sellers de 1991. Kalinske a également eu la clairvoyance de signer plusieurs vedettes sportives telles que Arnold Palmer et Joe Montana pour ses productions.

En dépit d'un retard d'un an et demi, Nintendo rattrape le terrain perdu avec une incroyable vitalité. À la fin de l'année 1991, à en croire Howard Lincoln, président de Nintendo of America, la base installée de Super NES dépasserait déjà celle des Mega Drive – 2,1 millions contre 1,6. Comme il se doit, Tom Kalinske conteste ces chiffres affirmant qu'ils sont exagérément gonflés et que les résultats avancés par Lincoln concernent uniquement les ventes aux distributeurs et non pas aux clients finaux. Dans les faits, explique Kalinske aux médias, Nintendo n'a réellement vendu qu'1 million de consoles aux joueurs. Or, si l'on considère que SEGA a écoulé 1,4 millions de Mega Drive durant la même période, sa base installée totale s'élève à 2,3 millions de consoles. « Les consoles de Nintendo s'empilent sur les étagères alors que les Mega Drive partent comme des petits pains » confirme Sean McGowan, un analyste financier de l'industrie des jouets.

La guerre des communiqués fait rage, chaque compagnie brandissant ses enquêtes à l'appui de ses déclarations. Une étude menée par SEGA fait ressortir que sept enfants sur dix préfèrent Sonic à Super Mario World. De manière feutrée, Howard Lincoln reconnaît que le camp SEGA a produit là un jeu suffisamment bon pour établir une concurrence avec laquelle il faut compter.

Pour SEGA, l'année 1991 se termine par un revenu de 1,4 milliards de dollars en progression de 50%, et un bénéfice avant impôt en progression de 43%. Nintendo demeure largement numéro un avec un chiffre d'affaires mondial de 4,7 milliards de dollars. La compagnie qui contrôle encore 90% du secteur mondial des jeux vidéo, supplante désormais Toyota au classement des entreprises japonaises les plus performantes, alors qu'elle n'emploie que cinq mille personnes dans le monde – dont huit cent cinquante au Japon.

La communauté financière ne manque pas d'être secouée lorsqu'elle apprend qu'avec son milliard de dollars de bénéfices avant impôts, la société de Kyôto a fait mieux que la totalité des studios de production cinématographiques américains. Pourtant SEGA, la société qui n'était qu'un grain de poussière par rapport à Nintendo quatre ans plus tôt peut désormais inquiéter le géant.

1992 demeurera l'année de l'apogée pour SEGA. Kalinske intensifie son offensive en matière de prix et de marketing et sa stratégie fait mouche. Le best-seller Sonic est désormais proposé en standard avec la Mega Drive. Pour les adolescents, posséder cette console devient ce qui fait la différence.

Inquiètée par cette montée du phénomène, Nintendo of America commande une étude auprès de Market Data Corporation qui confirme la percée de la Mega Drive auprès des adolescents tout en indiquant une baisse d'intérêt de la part des enfants pour les jeux - aux Etats-Unis, 40% des acheteurs de la Mega Drive ont plus de dix-huit ans.

La présence des bornes d'arcade - 43% des revenus de la compagnie - représente une vitrine de choix pour les jeux de la console 16 bits de SEGA et marque le consommateur par les prouesses techniques mises en avant. L'image de la société est ainsi associée à une indiscutable avance sur le plan de l'ingénierie. SEGA figure même dans le trio de tête des marques préférées des adolescents, avec Nike et Levi's.

Après avoir conquis les kids de l'Amérique, Sonic envahit l'Europe. L'Angleterre est la première à succomber au charme du hérisson - quatre cent mille cartouches sont prévendues avant la sortie officielle.

Les filiales françaises de Nintendo et SEGA effectuent des dépenses en publicité sans précédent. Nintendo consacre 120 millions de francs à la promotion de ses consoles, soit le budget marketing d'une grande compagnie d'assurance française. Chez SEGA l'investissement relatif à la campagne publicitaire (avec un film intitulé Le Punk) s'élève à 165 millions de francs - la Française des Jeux est le seul annonceur à pouvoir rivaliser. La décision d'entamer de telles dépenses vient directement de Haneda, Nakayama n'ayant qu'une idée en tête : dépasser Nintendo coûte que coûte. Frank Herman avoue qu'il manque d'avoir une attaque cardiaque lorsqu'il doit signer certains chèques. Près de sept cent millions de francs sont alloués au marketing européen, soit un dixième du chiffre d'affaires. Inquiet des conséquences d'une telle politique, Oncle Frank tente à plusieurs reprises de tirer la sonnette d'alarme et de prêcher une gestion plus rigoureuse.

L'expansion, loin de calmer les ardeurs de Nakayama, a amplifié son caractère hautain et obstiné. Lors de réunions avec des clients étrangers, il cultive un protocole que n'auraient pas renié les empereurs. Bien qu'il parle couramment l'anglais, il s'exprime désormais uniquement en japonais, l'un des sous-directeurs jouant le rôle d'interprète. Le maître après Dieu maintient ainsi une distance envers ses interlocuteurs qui lui permet de mieux se retrancher derrière ses vues figées. Il inflige également des humiliations exemplaires au vu et au su de tous. Lors d'une réunion à laquelle assistent cent cinquante employés du groupe, l'un des cadres supérieurs se voit publiquement désavoué et rétrogradé, avec une sévérité qui laisse de glace chaque participant. Détail typique, Nakayama se déplace hors du Japon avec un cobaye, qui goûte tous ses plats.

Pourtant, Nakayama n'est pas obtus et il s'organise déjà en vue d'une contre-attaque qu'il prévoit rude de la part du leader mondial. Tout comme Yamauchi, Nakayama déplore le manque de créativité des éditeurs, présumant que les adolescents se lasseront tôt ou tard des simulations de courses automobiles et de combat. Il soumet donc ses collègues à de vigoureux brainstormings : « La compétition sera de plus en plus forte. La créativité va s'émousser. Les jeux vont devenir ennuyeux. Que comptez-vous faire ? »

Le président de SEGA n'hésite pas à rompre avec la tradition japonaise qui veut que l'on s'attache pour la vie à son entreprise. Dans son désir d'attirer les meilleurs talents, il débauche sans vergogne les cadres de sociétés externes. Parmi les beaux poissons figurent Shoichiro Irimajiri, un cadre de 54 ans de Honda Motor, une société dans laquelle il aurait tôt ou tard pris la présidence. Le nouvel arrivant se voit assigner le rôle de transformer la compagnie en une organisation plus mature, mais capable de conserver sa flexibilité.

En l'espace de trois ans, SEGA a multiplié ses revenus par cinq et a triplé le nombre de ses employés – ils sont cinq mille deux cents en 1993. À cette époque, selon Goldman Sachs, la société de Haneda domine le marché des consoles 16 bits en termes d'unités livrées en Europe (59%) comme aux Etats-Unis (51%), Nintendo ne conservant sa domination qu'au Japon (78%) et dans des pays tels que la France, où la part de marché de SEGA se limite à quarante pour cent. Un million cinq cent mille Mega Drive ont été écoulées sur le sol européen en deux ans.

Globalement, Tom Kalinske a réussi son pari. Au niveau mondial, Sonic est devenu une star et son effigie est déclinée sur les produits les plus divers. McDonald associe le hérisson en peluche à la promotion de ses plateaux repas, Coca-Cola l'appose sur les canettes anglaises de la boisson Fanta, Nikko propose une voiture-jouet à son emblème, Howard Johnson le place sur les boutons qu'il offre à ses clients, Quaker Oats propose une montre Sonic, etc. Le coup de grâce pour Nintendo intervient au début de l'année 1993 lorsqu'un magazine effectue un sondage à l'échelle continentale afin de déterminer quels sont les personnages jouissant de la meilleure notoriété aux Etats-Unis. Si une fois de plus, Mario s'avère plus populaire que Mickey Mouse, Sonic le Hérisson devance chacun des deux et se positionne à la troisième place derrière Arnold Schwarzenegger et Michael Jackson !

Pourtant, SEGA se prépare à des réveils douloureux car, comme ne cesse de le clamer Oncle Frank sans jamais rencontrer d'écho à Haneda, les filiales européennes mènent un train de vie beaucoup trop élevé, avec des budgets de marketing hypertrophiés. Et un troisième larron, du nom de Sony, se prépare à entrer dans l'arène.

## VII SIM CITY - La ville, mode d'emploi

Au commencement se trouve un terrain désertique, escarpé et accidenté, avec ici et là quelques lacs naturels, collines et forêts. La plaine enfouie dans une cuvette au bord de la rivière sinueuse paraît un emplacement apte à accueillir une communauté. Ici, nous bâtirons une ville.

En tout premier lieu, il est nécessaire d'installer une centrale de production d'énergie. Doit-on opter pour un barrage hydroélectrique, de coût modéré mais de faible puissance ? Pour une station à base de charbon, plus efficace mais dont les fumées noires risquent à terme de recouvrir les bâtiments de suie ? Pour une autre reposant sur le pétrole, plus fiable mais de nature à grever le budget si les cours s'envolent ? Tôt ou tard, cette décision sera lourde de conséquences.

Une fois la production d'énergie assurée, il s'agit de drainer celle-ci vers les points névralgiques de la future cité. Délimitons des zones d'habitation denses ou clairsemées, et d'autres, qui accueilleront centres commerciaux ou industries. Le temps de relier la fée Electricité à ces bâtiments, de dessiner un embryon de réseau routier et l'agglomération prend forme. Peut-être commençons-nous à regretter de n'avoir pas dessiné les voies d'accès avant d'installer les lignes de haute tension car le cheminement des pylônes entrave ou complique certains embranchements. Il est pourtant trop tard pour revenir en arrière. Nous sommes pris dans le cycle infernal de Sim City. Rien ne sera épargné à celui qui incarne le maire.

Si la nouvelle ville est attractive, quelques centaines d'habitants, les Sims, viennent peupler les terres. Spontanément, des immeubles surgissent du sol, des entreprises et centres commerciaux apparaissent. La population compte bientôt un millier d'âmes. La petite ville ne tarde pas à s'animer et dépasse les trois mille habitants.

La cité s'apparente rapidement à une ruche, à charge pour le maire de régler les affaires urgentes : réparer une route, un tronçon de voie ferrée ou un poteau électrique, aménager un château d'eau et les canalisations adéquates. Il faut tenter de comprendre pourquoi l'électricité n'arrive pas à tel endroit, pourquoi les embouteillages se produisent près du quartier des affaires et résoudre ces problèmes un à un, sans céder à la panique.

Tous les ans, un sondage d'opinion publié dans le journal local fait écho des préoccupations des Sims. Les nouveaux habitants réclament une école, une police, des squares, une gare, de nouveaux accès routiers, etc. Ils expriment également leurs doléances. Pourquoi les boutiques sont-elles si éloignées des centres d'habitation ? Ne faudrait-il pas aménager davantage d'espaces verts et mettre en œuvre des énergies moins polluantes ? Faut-il augmenter les fonds de la police et bâtir une prison comme le réclame à corps et à cri le commissaire local ? Construire toutes les infrastructures demandées pèserait lourd sur les finances de la municipalité alors que dans le même temps, les commerçants réclament une baisse de la TVA.

Que faut-il faire ? Maintenir les taxes au plus bas et recourir à l'emprunt ? Ou augmenter les impôts au risque de voir les industries se délocaliser et engendrer du chômage ? Il n'existe pas de solution miracle.

Chaque décision soulève un nouveau problème et les erreurs peuvent coûter cher. Une route ou un pont dont on a négligé la réfection peuvent empêcher le passage des pompiers le jour où un incendie se déclare, provoquant la destruction d'une partie de la ville.

La situation du maire n'est jamais de tout repos. Il lui faut jongler avec une équation de plus en plus complexe à mesure que le temps s'écoule.

Sim City est l'un des jeux les plus prenants jamais inventés. Passer des jours entiers à surveiller le développement d'une micro-société fait perdre la notion de temps réel. Par essence, le jeu n'a jamais de fin. La ville que l'on a pu créer continue d'évoluer avec son lot d'imbroglios cinquante années virtuelles plus tard. Certains joueurs ont patiemment bâti des mégalopoles peuplées de centaines de milliers d'habitants avec aéroports, autoroutes et métros souterrains. D'autres choisissent d'abandonner régulièrement leurs créations pour repartir à zéro, depuis le désert, afin de découvrir comment se comporterait une ville bâtie au bord d'un fleuve ou dans les montagnes, en s'efforçant de ne pas répéter les erreurs perpétrées lors de précédents efforts. Tous enrichiront leur perception de la gestion urbaine. Car il est impossible de jouer à Sim City sans en tirer un enseignement.

Tous les maires devraient de temps à autre se livrer à une partie de ce jeu démoniaque. Peut-être acquerraient-ils un meilleur recul quant à la gestion de la cité dont ils sont responsables. Ceux qui aiment à donner des conseils en matière d'urbanisme (« si c'était moi qui dirigeais la ville, je n'aurais pas agi comme cela... ») devraient soumettre leur supposée science à une session de Sim City. Ils en ressortiront plus humbles et enrichis d'une meilleure compréhension de cet invraisemblable casse-tête.

Si le jeu interactif manquait d'une respectabilité, Sim City de Maxis la lui a apportée. Lorsque les maires de plusieurs villes du monde affirment utiliser un jeu afin de mieux pouvoir opérer dans leurs affaires courantes, il est clair qu'une étape a été franchie. À la grande surprise de son créateur qui n'en attendait pas tant.

« Ce que j'aime, c'est montrer combien des choses se trouvant tout près de nous peuvent être intéressantes, » explique Will Wright. « Les gens négligent souvent ce qui se passe autour d'eux du fait que les actions se déroulent trop rapidement ou trop lentement pour qu'ils puissent en observer la logique. J'aime déclencher un changement de point de vue par rapport à une ville, une planète, un écosystème. »

Prenez un élève surdoué doté d'une capacité d'assimilation des mathématiques et des sciences qui dépasse l'entendement, une tendance à reproduire le monde qui l'entoure sous forme de maquettes, ajoutez une pincée de science-fiction pour enrober son intellect de fantaisie, collez-lui un Apple 2 dans les mains, mélangez le tout et vous obtenez le créateur la première simulation urbaine. Un logiciel d'une complexité tentaculaire, intellectuellement épuisant, mais infiniment grisant.

Pour le commun des mortels, les tableaux truffés d'équations à plusieurs inconnues s'apparentent à des signes cabalistiques. Pour d'autres tels que Will Wright, ces hiéroglyphes sont devenus assez tôt un langage familier, d'autant plus engageant que ces suites de logarithmes, delta et racines cubiques se traduisent en vitesse de réaction, résistance au vent, démultiplication du travail de roues motrices. S'il était né au XXème siècle, Will Wright aurait construit des avions. Vers la fin des années 50, il aurait rejoint la NASA. Wright est né en janvier 1960 et à l'âge de sa maturité, il a développé une maîtrise incroyable pour les formules mathématiques dans un genre qu'il a contribué à inventer : la simulation de macro-phénomènes sur ordinateur.

Les loisirs sont rares sur la colline boisée d'Atlanta au pied des montagnes Appalaches où Wright passe sa prime jeunesse. Avec sa petite sœur, les relations tournent rapidement au pugilat. Alors, l'Einstein Junior s'amuse à traduire tout ce qu'il découvre dans les livres sous forme d'objets qu'il bricole avec patience. Qu'il soit intrigué par l'architecture et le voilà qui élabore des maquettes de villages avec leurs routes, arbres et fermes sans oublier les aqueducs et systèmes de canalisation. Qu'il s'intéresse aux avions et il s'acharne à bâtir des répliques de l'un des premiers modèles de l'histoire de l'aviation, le Wright-Flyer, avec les composants détaillés d'un tel engin.

Après la disparition de son père en 1969, Will Wright part avec sa mère et sa petite sœur en Louisiane. Sur cette terre cajun, il se lie d'amitié avec un autre savant en culottes courtes qui partage le même dada : bâtir des reproductions de vaisseaux, tanks et forteresses. Au cours de leurs expériences, les deux apprentis chimistes manquent de brûler le garage du voisin ; l'une de leurs mixtures provoque une lente réaction d'inflammation en chaîne. « Lève-toi et cours ! » crie madame Wright, paniquée, réveillant en pleine nuit le laborantin improvisé pour le prévenir de l'imminence d'un incendie. Les coupables de cette frayeur collective en seront quittes pour nettoyer au gant de crin les traces carbonisées de leur méfait involontaire.

Le monde réel semble incapable de satisfaire l'appétit d'aventures du jeune Will. L'extravagance et l'évasion, il va les trouver dans les romans de science-fiction, ceux d'Asimov mais aussi ceux d'un écrivain polonais, Stanislaw Lem, dont les oeuvres mélangent la complexité scientifique avec un univers baroque où les machines et robots hors de contrôle mènent la danse au grand dam d'humains dépassés par les événements. Dans bien des situations, seuls les experts en mathématique du plus haut niveau trouvent une solution aux complications de l'existence...

« Vous avez comploté et conspiré contre la Couronne et la vie de notre bien aimé souverain Krool (...) Pour ce crime, vous serez écartelés, empalés, cloués au pilori, éventrés, enterrés vivants, crucifiés et brûlés en place publique, suite à quoi vos cendres seront mises sur orbite à titre d'avertissement pour tous ceux qui seraient tentés de devenir régicides, amen.

— Attendez un moment, demande Trurl. Nous attendons une lettre...

Sur ces entrefaites, le Ministre des Postes pénètre dans la cour en tenue de cérémonie, sort une lettre d'un cartable saphir et le tend au Garde des Sceaux, avant de se désintégrer en une poudre fine. La missive fait alors ressortir que Sa Majesté doit impérativement négocier avec l'ennemi, car les deux accusés ont employé d'infâmes techniques d'algorithme et d'algèbre pour le capturer. Faute de se plier aux demandes des conspirateurs, sa Grandiose Souveraineté ne pourra jamais être reconstituée en une même entité. »

Cet extrait d'une nouvelle de Stanislaw Lem, Krool, est typique de ce qui peut fasciner le fantasque Will. De telles sagas mêlant admirablement mathématiques, humour et onirisme viennent hanter les rêves du jeune bâtisseur, ouvrant des horizons sans bornes. Will se métamorphose en roboticien et dépense son argent de poche en pièces détachées, éléments de mécano, circuits et bras hydrauliques favorisant la conception d'androïdes contrôlés par ondes radio. Ce violon d'Ingres régulièrement nourri par la lecture d'oeuvres de Lem telles que The Futurogical Congress ou A Perfect Vacuum, va l'accompagner jusqu'à la fin d'une scolarité brillante.

Wright entre à l'université à l'âge de seize ans. Touche-à-tout, l'étudiant barbu au visage anguleux étudie l'ingénierie mécanique, l'aviation et l'architecture sans obtenir de diplôme dans une seule de ces disciplines, sa trop grande curiosité le déportant chaque année vers un nouveau sujet. Seule demeure pure et intacte sa vive affection pour la robotique, stimulée par l'épopée Star Wars. Wright construit des modèles de plus en plus sophistiqués et songe à en faire une profession.

A dix-neuf ans, Will Wright est à New York où il vit confortablement grâce aux subsides procurés par le fonds de gestion de l'héritage paternel. Jusqu'alors, l'homme qui construit des robots n'a jamais accroché à l'informatique. Les cours suivis à l'université, paupières lourdes, étaient propices à de longs bâillements. L'ordinateur central de l'Université de Louisiane n'avait rien pour exalter l'esprit d'un intellect futuriste : ce modèle ancien était alimenté par des cartes perforées qui renvoyaient les résultats plusieurs heures plus tard.

Wright découvre alors l'Apple 2. Cette petite machine est différente du vieux mastodonte : elle dispose d'un écran et d'un clavier et réagit au quart de tour. Un tel micro-ordinateur serait parfaitement adéquat pour piloter les robots de sa confection. La chance veut que l'un de ses amis ait pour coutume d'acheter de grandes quantités d'Apple 2 qu'il métamorphose en ordinateurs spécialisés pour les cabinets de médecin. Wright achète ainsi son premier modèle, à prix cassé.

Pour se faire la main, le roboticien acquiert un premier jeu, SS1, un simulateur de vol de Sublogic. Wright est terrassé par ce qu'il voit : d'une manière crue mais réaliste, le logiciel reproduit le comportement d'un avion. La stupéfaction est forte et durant plusieurs semaines, il s'adonne à toutes sortes de jeux informatiques. De fil en aiguille, des éclairs se produisent dans son esprit. La simulation sur ordinateur et la robotique forment une même discipline, répondant aux mêmes problématiques. S'il était possible de bâtir un androïde mécaniquement parfait, la partie la plus critique demeurerait le logiciel animant l'être de métal.

Pour se familiariser avec la programmation de l'Apple 2, Wright développe de petits jeux et réalise qu'il peut donner libre cours à sa folle inventivité. Il en a presque oublié les robots et sa vie ressemble à celle du « nerd » moyen. Will fait alors la connaissance d'une jeune artiste blonde, qui excelle dans la peinture abstraite. Joell déteste les ordinateurs, mais comme lui, mène un mode de vie décalée, indifférente aux horaires ou aux saisons, entièrement vouée à la matérialisation d'un imaginaire non figuratif sur la toile. Ces deux-là sont faits pour s'entendre. Le couple part s'installer en Californie dès 1981. Will Wright espère gagner sa croûte en écrivant des jeux. Et comme la gamme des titres disponibles pour l'Apple 2 est déjà riche, il démarre l'écriture d'un logiciel pour un nouvel ordinateur : le Commodore 64.

Le premier titre réalisé par Wright, Raid on Bungling Bay est un « shoot-them-up » - littéralement : « tirez sur tout ce qui bouge » - dont le scénario ne fait pas dans la dentelle. Le joueur qui pilote un coucou survole un archipel et doit lâcher des bombes sur les îles. Raid on Bungling Bay se montre d'un étonnant réalisme, son auteur ayant réalisé les décors et programmé le comportement de l'aéroplane avec la méticulosité dont peut faire preuve un constructeur d'automates. Dès sa première visite chez un éditeur, Broderbund, Wright repart avec un contrat en poche et une avance sur recettes conséquente.

Le virus de la simulation est en train de s'insinuer. Lors du développement de Raid on Bungling Bay, Wright écrit un programme permettant de dessiner des îles. Bien malgré lui, le programmeur ne peut s'empêcher de bonifier ce logiciel et trouve un malin plaisir à représenter les terres émergées dans leur moindre détail : végétation, littoral, palmiers, sentiers, fougères...

Au fond, se surprend-il à penser, dessiner de tels terrains est beaucoup plus drôle que de les bombarder. La phase suivante consiste à peupler ces paysages d'autochtones, voitures et charettes. Tôt ou tard, la pulsion qui l'amenait à vouloir animer des robots se réveille : il serait formidable de donner vie à ces décors en intégrant dans son logiciel les équations mathématiques sur lesquelles repose chaque élément !

Une nouvelle de Stanislaw Lem va jouer le rôle de déclencheur. Wright dévore alors les nouvelles d'une série intitulée Cyberiad, dans laquelle l'auteur polonais met en scène des civilisations à base de simulations et robots. L'une des histoires, The Seventh Sally, interpelle particulièrement Wright. Des robots envahisseurs qui sillonnent la galaxie découvrent un ancien tyran chassé de sa planète et exilé sur un astéroïde. Les robots se prennent de compassion pour le dictateur déchu et lui construisent une étrange boîte assortie de boutons sur ses parois externes. À l'intérieur de ce coffret évolue une civilisation. Il suffit au vieil homme de manipuler les molettes pour déclencher les événements les plus divers : fonte des neiges, épanouissement d'une forêt, raréfaction des ressources en eau, coup d'Etat, expansion industrielle ou guerres sanglantes...

Wright réalise qu'il a trouvé là le thème de son prochain jeu. Il va créer l'équivalent d'un tel coffret, un logiciel qui permettrait de changer à volonté le cours des choses au sein d'une communauté. Sim City est en gestation.

Le programmeur se transforme en rat de bibliothèque et se plonge dans des écrits traitant de la gestion urbaine, de la planification des cités et autres thèmes connexes, comme les traités qui modélisent de tels éléments sous forme mathématique. Pour surmonter l'aridité de ces lectures, il s'emploie à simuler ce qu'il absorbe sur son Commodore 64. Une gigantesque base d'informations prend forme. Les ponts d'autoroute empêchent la circulation fluviale, mais leur coût est moindre que celui des ponts renforcés. Une pompe hydraulique installée sur des terres sèches ne pourra pas toujours satisfaire la demande selon les conditions météorologiques. Le développement de transports en commun peut désengorger la circulation aux abords du centre-ville. L'adoption d'un règlement en faveur de l'embellissement de la ville développe le tourisme.

La moindre donnée est transformée en règle programmée, et le sujet devient diablement attachant. Afin d'amplifier son caractère réaliste, Wright introduit un paramètre modulable par l'utilisateur : le déclenchement aléatoire de désastres naturels ou non. Ceux-ci forceront le maire à trouver en toute hâte des solutions à de terribles catastrophes : écroulement d'un pont, explosion d'une centrale, inondations, incendie de monuments... La simulation urbaine devient chaque jour plus envoûtante.

La première version de Sim City est terminée en 1985. Will Wright se rend chez Broderbund afin de présenter son insolite création à Gary et Doug Carlston. Les deux fondateurs de Broderbund trouvent l'idée intéressante mais sans plus. Gary lui reproche une chose essentielle :

— Ce n'est pas un jeu. On ne peut jamais gagner ni perdre !

— Là n'est pas le but, argue Wright. Ce qui importe, c'est que les joueurs puissent mesurer de manière immédiate l'impact de leurs décisions.

— C'est invendable. Tel quel, cela ne marchera jamais.

— Gary, il faut impérativement sortir de la logique simpliste du « gagner ou perdre ». Il y a place pour des jeux plus ambitieux.

— Désolé, Will, mais l'univers ludique repose sur des règles immuables. Il faut faire évoluer Sim City dans un sens plus conventionnel et donner un défi au joueur.

Pendant près d'un an, Sim City fait des allers et retours entre l'appartement de Wright et Broderbund. Inlassablement, le programmeur s'entend dire : « Ce n'est pas encore cela ! ». Il tente parfois d'adapter son œuvre en fonction des critiques émises par Gary Carlston, mais le cœur n'y est pas. Devant le manque d'enthousiasme manifesté de part et d'autre, le projet Sim City est finalement abandonné.

Découragé et abattu, Will prend une année sabbatique pour s'occuper de sa fille qui vient de naître. S'il peut se permettre un tel luxe, c'est en raison des royalties qu'il continue de percevoir sur les ventes de Raid on Bungling Bay. Broderbund vient de publier au Japon une version de ce jeu adaptée à la console NES de Nintendo et sept cent cinquante mille cartouches ont trouvé acquéreur.

Vers le début de l'année 1987, Will Wright prend l'habitude de se rendre aux soirées organisées le samedi soir par le gérant d'une boutique d'informatique à Stanford. Entre deux pizzas, les hôtes sont invités à présenter les logiciels qu'ils ont pu créer.

Un soir, Wright effectue une démonstration de Sim City, ce programme auquel il ne croit plus. Dans l'assistance, un être filiforme aux cheveux en bataille se précipite sur lui, surexcité.

— C'est dingue ! Je n'ai jamais rien vu de pareil !... Il faut absolument publier ce jeu.

— Vraiment ? gémit Wright. Moi, je l'ai laissé tomber.

— Mais c'est de l'or en barre. Les gens vont adorer cela !

— Pensez donc... Seuls les architectes peuvent éventuellement s'intéresser à un tel programme.

— Vous vous trompez. Vous tenez là un produit de mass-market !

— Mais qui êtes vous au juste ?

— Je m'appelle Jeff Braun et je dirige une société d'édition de logiciels.

La société que dirige le jeune échevelé a produit Calligrapher, un ensemble de polices de caractères d'imprimerie pour l'ordinateur Amiga de Commodore. L'entrepreneur enthousiaste n'a alors qu'un rêve : diffuser des applications ludiques pour les adultes.

L'ambition de Braun remonte à un coup de foudre éprouvé quelques mois plus tôt pour un titre publié par Activision, Little Computer People. Les auteurs de ce jeu, David Crane et Rich Gold avaient imaginé qu'un personnage vivait à l'intérieur de l'ordinateur. Sur l'écran, il était possible de le voir vaquer à ses activités journalières dans une maison, à charge pour l'utilisateur du logiciel de le nourrir et lui accorder un peu d'attention. Faute de tels soins, le petit individu devenait triste et pouvait se plaindre amèrement d'une telle négligence. Braun, après avoir alimenté l'olibrius pendant un certain temps, s'était demandé ce qui se passerait s'il l'affamait totalement. Il avait découvert qu'au bout du compte, le malheureux expirait, non sans avoir hurlé sa détresse, frappant désespérément l'écran pour qu'on le nourrisse. Ce qui avait le plus étonné Braun, c'est que ses collègues de bureau ne cessaient de s'apitoyer sur le sort du pauvre homme et allaient secrètement le nourrir, en dépit de tous les avertissements placés sur l'écran de son Amiga. Il en avait déduit qu'un logiciel simulant la vie pouvait bel et bien engendrer un impact émotionnel. D'où son enthousiasme en découvrant Sim City.

Jeff Braun et Will Wright mettent leurs fonds en commun afin de créer une nouvelle société, Maxis. Le programmeur reprend le travail et adapte Sim City sur les ordinateurs Amiga de Commodore et Macintosh d'Apple. Au bout de quelques mois, il supervise une équipe de cinq développeurs, officiant pour la plupart chez eux. Les réunions de travail sont organisées dans la partie inférieure du duplex de Jeff Braun qui s'est installé un bureau au premier étage.

Les deux versions de Sim City sont achevées au début de l'année 1989, à une époque où Braun et Wright ont épuisé la trésorerie de Maxis. Le programmeur a alors l'intuition de retourner voir Broderbund afin de présenter ces nouvelles moutures.

Gary Carlston n'est toujours pas convaincu des chances de succès de Sim City. Il reconnaît toutefois qu'un potentiel existe désormais, le public du Macintosh étant composé en majorité d'adultes. Comment spéculer sur les chances d'un programme ne ressemblant à rien de ce qui a été lancé auparavant ? Au final,

Carlston indique que Broderbund est prêt à distribuer le produit, mais que Maxis devra en assurer l'édition.

Bruno Bonnell participe à une soirée donnée à l'occasion du CES, un salon consacré à l'électronique de loisirs qui se tient à Las Vegas. Le fondateur d'Infogrames traverse une période houleuse, la société d'édition lyonnaise étant au bord du dépôt de bilan. Accoudé à une machine à sous, un spécialiste informatique parle à Bonnell du curieux simulateur qu'il a eu l'occasion d'observer sur un Commodore 64 et qui serait en cours d'adaptation sur Macintosh : Sim City. Sans qu'il sache pourquoi au juste, le fringant Lyonnais est attiré par ce titre. Quelques jours plus tard, il se rend en Californie pour y rencontrer Jeff Braun. La démonstration qu'effectue Wright le laisse pantois. Instinctivement, il se sent prêt à parier sur ce jeu qui ne ressemble à rien de connu, tout en sachant qu'il joue son va-tout.

De retour au pays, Bonnell distribue Sim City à ses équipes d'évaluation et ne tarde pas à être rassuré. Lorsqu'il revient le lendemain, les superlatifs fleurissent aux lèvres de joueurs accro qui ont passé la nuit entière devant leur Macintosh sans pouvoir s'arrêter. Bonnell rappelle alors Jeff Braun et l'informe qu'il saute dans le premier avion.

Un contrat de distribution européenne est signé sur le coin d'une table, au bord d'une piscine. Le Français exige un contrat d'exclusivité couvrant l'Europe entière sur cinq ans.

— Je ne peux absolument pas vous payer la moindre avance, jette Bonnell, un soda à la main. Mais je m'engage à pratiquer un marketing offensif.

Braun se laisse convaincre par ce visiteur résolu et accepte les conditions qui lui sont proposées. « Je suis reparti avec ce contrat sachant que j'avais dans la poche la survie de mon entreprise, confie Bonnell ».

Quelques semaines après la sortie du logiciel, une double page apparaît dans Time Magazine. Pour la première fois de son existence, l'hebdomadaire consacre un article à un jeu informatique. Sim City est décrit en termes enflammés, le journaliste parlant d'une révolution, d'une expérience à ne rater sous aucun prétexte, un enfer délicieux dont il est impossible de s'échapper une fois que l'on a cédé à la tentation.

La répercussion est immédiate. Du jour au lendemain, les distributeurs harcèlent Broderbund afin d'obtenir des copies de Sim City. Maxis, qui opère encore dans l'appartement de Braun voit chaque matin venir des coursiers qui embarquent des centaines de boîtes empilées dans les couloirs. Avant la fin 1989, le logiciel du petit éditeur est devenu un méga-hit avec cent mille exemplaires écoulés. Sur la demande de Broderbund, Jeff Braun recrute un jeune programmeur lycéen, Ed Kilham2, afin qu'il adapte le jeu sur l'IBM PC.

Wright découvre avec étonnement que la plupart des utilisateurs font preuve d'une même réaction lorsque le jeu leur est présenté. Ils chargent l'une des villes prédéfinies fournie avec le logiciel et cliquent sur le premier bouton, qui est celui d'un bulldozer. Puisqu'il faut bien commencer quelque part, ils se mettent à fracasser quelques immeubles. Ils ont alors la surprise de constater que la cité réagit en conséquence : l'éboulement a provoqué un embouteillage, ce qui déclenche l'arrivée des pompiers et des secours. Ils se rendent alors compte que ce logiciel réagit à leurs actions. Passé cette découverte, ils se mettent à construire des édifices, tracer des routes, acheminer l'électricité. Ils passent alors des heures à gérer leur ville, et durant les jours qui suivent, ne parlent que de cela.

Sim City est lancé dans toute l'Europe par Infogrames et l'éditeur lyonnais déploie une énergie considérable pour le faire connaître. Le logiciel est présenté dans les écoles et salons d'architectures, ainsi qu'à plusieurs maires, dans le cadre d'une rencontre parrainée par un hebdomadaire, L'Evénement du Jeudi. Michel Noir (Lyon), Charles Hernu (Villeurbanne), Alain Carignon (Grenoble), Jean-Marie Rauch (Metz) et Jean-Jacques Queyranne (Bron) font partie des élus qui confrontent leur talent de gestionnaire à cette simulation interactive. Sim City devient à la mode auprès de la population des utilisateurs Macintosh. Le logiciel de Maxis représente soixante pour cent du chiffre d'affaires de l'année 1989 d'Infogrames et sauve l'éditeur du désastre. Bonnell devra tout de même se fendre d'un mémo auprès de ses troupes : « Cessez de jouer à Sim City ! Vendez-le ! »

Fait rare, le logiciel voit ses ventes progresser d'année en année. Sur le sol américain, Sim City s'écoule à deux cent cinquante mille unités en 1990 et à un demi million en 1991. Les revenus de Maxis évoluent en conséquence, passant de trois à dix millions de dollars sur la même période. La société peut enfin s'offrir de véritables locaux. Elle s'installe confortablement dans un ancien complexe cinématographique des années 20, à Orinda, sur les collines surplombant Oakland. Dans la foulée, Wright développe de nouvelles simulations plus ambitieuses encore que l'originale. SimEarth amène à créer puis gérer le développement d'une planète avec ses océans, ses terres et ses formes de vie. SimLife propose de bâtir son propre écosystème en expérimentant avec la génétique pour recréer la chaîne de l'évolution. Sim Ant reproduit une fourmillière...

Dès la fin de l'année 1990, Maxis commence à recevoir de drôles d'appels. Certaines entreprises et administrations ont vu dans Sim City un outil de formation potentiel pour leur troupes. Et de poser la question : pourriez-vous développer des versions adaptées à nos corps de métiers ? Parmi les solliciteurs figurent le Département des Routes du Canada, le Ministère de la Défense des Etats-Unis, une entreprise de bâtiment de l'Arizona, et plusieurs organisations de protection pour l'environnement telles la Yale School of Forestry, Planetarium et Earth Watch.

Interloqués par de telles requêtes, les fondateurs de Maxis préfèrent les refuser en bloc. Pourtant, les demandes affluent et par curiosité, Wright se lance dans la réalisation d'un prototype pour le pétrolier Chevron : Sim Refinery qui reproduit le fonctionnement d'une raffinerie. Etrangement, ce logiciel n'est pas destiné aux ingénieurs mais aux comptables et gestionnaires de Chevron, qui ont l'habitude de se balader quotidiennement sur les lieux sans comprendre ce qui circule dans les tuyauteries. Maxis réalise d'autres prototypes spécifiques, l'un pour l'Agence de Protection de l'Environnement, un pour Pizza Hut et même un pour la CIA !

Braun et Wright rachètent un studio de Monterey, Thinking tools, qui va se spécialiser dans l'écriture de telles simulations. L'une des versions réalisées, SimHealth est utilisée par la Fondation Markle afin d'expliquer au public américain le fonctionnement de leur système de santé. Vers 1994, Maxis revendra Thinking Tools aux fondateurs de cette compagnie, Wright ne désirant pas s'impliquer davantage dans de telles déclinaisons.

L'aura de Sim City grandit lorsque des fonctionnaires municipaux font publiquement savoir qu'ils ont plaisir à s'adonner à ce jeu. Dans une petite ville de la Nouvelle Angleterre, un adolescent invite les cinq candidats à la mairie à participer à une session de Sim City. Il se révèle que le meilleur joueur est élu maire quelques semaines plus tard ! A Londres, un député, Ken Livingtsone, se sert de Sim City pour expliquer à la presse sa vision du développement de villes viables. Les architectes Battle et Mac Carthy installent le logiciel dans de nombreux bureaux de conseil du Royaume-Uni afin de démontrer l'impact de nouveaux développements sur la communauté. Toujours en Grande-Bretagne, au Musée de la Science, une version spéciale du logiciel est utilisée dans le cadre d'une exposition sur les villes du futur que patronne le naturaliste Sir David Attenborough. Le jeu est même utilisé dans le cadre d'une compétition internationale entre conseils municipaux et entreprises de construction urbaines à laquelle participent onze cents sociétés.

A la fin de l'année 1995, la Commission Européenne s'appuie sur Sim City pour lancer un appel d'offres sur la viabilité des principales villes européennes. En France, les mairies de la Ferté Bernard, de Lyon, d'Orléans et Saint Etienne, ainsi que le Conseil régional d'Aquitaine témoignent de leur intérêt pour Sim City au cours d'une conférence de presse organisée à la FNAC.

Will Wright est le premier à temporiser un tel phénomène. « Sim City est avant tout un jeu. Je n'ai jamais prétendu créer une simulation totalement réaliste d'une vraie ville. Il est impossible de prédire tout ce qui peut arriver dans le monde réel. Le plus puissant des ordinateurs ne le pourrait pas. Ce serait une erreur de se fonder sur Sim City pour tenter de prévoir la gestion d'une véritable municipalité. »

Le rêve de Wright à long terme serait de créer une simulation à si grande échelle qu'elle s'apparenterait de manière macrocosmique ou microcosmique à un univers. L'ambition reste encore et toujours d'amener une plus grande compréhension du monde.

A plus court terme, vers le début des années 90, Wright caresse un nouveau projet, celui d'une simulation de la vie quotidienne des gens ordinaires. Et l'histoire se répète : ceux à qui il présente les Sims sont persuadés que cela ne se vendra pas !...

Pourtant, les yeux du créateur sont plus vifs que toutes les enquêtes de marketing. Alors qu'ils regardent vers le passé pour tenter de le reproduire, Wright entrevoit le futur. Et sa démarche est ailleurs : il ne cherche pas à vendre des boîtes, mais à améliorer le monde.

L'homme qui aime à traduire la réalité en formules mathématiques souhaiterait donner aux adultes la capacité de créer et de s'exprimer plus aisément.

« Vous allez dans une classe d'école primaire et vous demandez qui sait danser, chanter ou dessiner. Vous pouvez être sûr que tous lèveront le doigt. Posez la même question dans une salle d'université et vous aurez de la chance si une ou deux mains se dressent. De façon surprenante, le processus de l'éducation a appris aux gens à ne plus considérer qu'ils détiennent une telle connaissance. Nous aimerions renverser cela et faire passer le message qu'il est tout à fait convenable d'être créatif. »

L'avenir lui appartient...

# 3ème partie :
# L'ère de la fascination

## VIII ALONE IN THE DARK - Bienvenue dans la troisième dimension

En ce mois d'avril 1992, Dany Boolauk arpente les couloirs de l'ECTS, un salon londonien spécialisé dans les jeux interactifs. Ce journaliste natif de l'île Maurice officie à Tilt, un bulletin de liaison des « accros » du joystick qui compte alors quatre-vingt mille lecteurs. Les notes que distribue ce magazine équivalent aux étoiles du Michelin : elles constituent parfois les signes précurseurs d'un triomphe ou d'un bide annoncé.

Sur le stand d'Infogrames, Boolauk s'assoit nonchalamment devant un PC pour visualiser la maquette d'un nouveau titre, Alone in the Dark. Une mélodie tout en soupirs emplit les haut-parleurs tandis que l'atmosphère s'assombrit dans le grenier d'un antique manoir. Des bruits sourds et inquiétants semblent venir du lointain ; ils surgissent sur la droite comme sur gauche, semblent se rapprocher ou s'éloigner. L'ambiance oppressante est digne de Psychose ou de Nosferatu, fantôme de la nuit. Tout aussi déroutante est la manière dont le personnage se déplace dans l'espace, suivi par des mouvements de caméra comme l'on n'en voit d'ordinaire qu'au cinéma. Boolauk, pourtant aguerri, n'en croit pas ses yeux : on n'a jamais vu cela auparavant ! Soudain, il fait un bond sur son siège et s'exclame : « C'est le meilleur jeu des cinq dernières années ! »

Sans le savoir, Frédérick Raynal, l'inventeur de Alone in the Dark vient de donner naissance à un genre : le survival horror, dans lequel le visiteur d'un obscur manoir tente de sauver sa peau au milieu des monstres dégénérés et créatures fantomatiques qui hantent ces lieux maudits.

L'excitation cède place à la fébrilité. Ce jeu, Boolauk en veut l'exclusivité pour l'édition estivale de Tilt. La demande est relayée au président d'Infogrames, Bruno Bonnell qui acquiesce tout en savourant la nouvelle : l'engouement du journaliste est du meilleur augure.

Dès son retour en France, Boolauk prend le premier TGV et se rend à Lyon afin de rencontrer l'auteur du jeu, Frédérick Raynal. Il découvre un jeune ingénu timide, pareil à un Petit Prince aux cheveux châtains. Une nouvelle démonstration de Alone in the Dark s'ensuit. Le Pierrot lunaire qui a créé le jeu et sa garde rapprochée demeurent médusés par les éclats enfiévrés de Boolauk, d'autant que ce dernier manifeste son exaltation par des mouvements brusques : devant l'apparition inopinée d'une créature dégénérée, il recule d'un mètre sur sa chaise. Le journaliste de Tilt se déclare sidéré par le travail qu'ont accompli Raynal et son équipe. L'histoire du jeu vidéo vient de franchir une étape majeure : celle de la 3D (représentation en trois dimensions).

L'article que rédige le journaliste vedette lors de son retour dans la capitale fourmille de superlatifs à tout va : « mise en scène exceptionnelle », « mouvements des personnages proches de la perfection », « véritable révolution dans le domaine du jeu »... La note attribuée, 19 sur 20 est si élevée que l'auteur se sent contraint de la justifier dans l'encadré correspondant. « Je sais, une telle note peut paraître énorme. Mais Alone in the Dark est devenu une référence » Et de conclure « Ô lecteur, préviens l'humanité ignorante. Les gens doivent... acheter Alone in the Dark ! »

Frédérick Raynal revient pourtant de loin. Quelques années plus tôt, alors qu'il vivait à la manière d'un ermite avec son ordinateur Amiga pour seul compagnon, la sirène ludique avait manqué d'engloutir son âme hypnotisée dans le paradis de l'imaginaire numérique. Depuis qu'à l'âge de douze ans, ce natif de la Corrèze avait craqué pour l'électronique, il s'était lancé corps et âme dans la construction d'étonnants gadgets. Avec un zeste d'imagination et un brin de savoir-faire, la moindre boîte à chaussure se métamorphosait en panneau de contrôle futuriste, bardé de clignotants et sirènes. À quinze ans, Fred avait eu son premier ordinateur, un ZX-81, et s'était naturellement lancé dans le développement de jeux - il était persuadé que tous les garçons et les filles de son âge en faisaient autant.

A l'automne 1986, son Bac en poche, Frédérick avait pris en charge le service après-vente des ordinateurs du magasin de vidéo et micro-informatique monté par son père à Brive-la-Gaillarde. Entre deux réparations d'un Atari ST, le technicien bienheureux écrivait des jeux vidéo. Pendant près de deux ans, son existence fut d'une robotique régularité. Ayant placé un lit près de son bureau, il se levait au petit matin, retrouvait son Amstrad PC et ne se couchait que lorsqu'il ne tenait plus debout.

Un matin, ce Robinson Crusoé urbain s'était levé en titubant après une nuit de travail acharné devant l'écran. En mettant le nez au dehors, il avait dû écarquiller les yeux pour trouver ses repères. Quelque chose s'était disloqué dans sa perception du monde. Que s'était-il passé ? Son père, sa mère, les arbres et les chats, tous les objets avaient perdu leur nuance, leur éclat et leur luminosité. Comme dans un film des années 40, la vie était devenue monochrome. Et le voleur des couleurs n'était pas en vue.

Une visite éclair chez l'oculiste allait désigner le coupable : le tube cathodique de l'Amiga que Frédérick scrutait interminablement. À force de n'avoir pour vis-à-vis que les pixels lumineux de l'écran, le programmeur avait provoqué un déréglement de ses bâtonnets oculaires. La cécité partielle ne dura qu'une matinée. L'événement avait néanmoins tenu lieu de première alerte. À trop plonger son regard dans la lucarne magique, Raynal pouvait perdre le lien avec le réel. L'enjeu en valait-il la chandelle ?

Quelques mois plus tard, un phénomène plus étrange encore s'était manifesté. Frédérick ne comprenait plus rien de ce qui lui était dit. Lorsque des amis venaient le distraire de sa retraite, il leur fallait systématiquement se répéter. D'abord une fois, puis deux. Au bout de quelques semaines, ses absences étaient telles qu'il était nécessaire de lui redire trois fois chaque phrase avant qu'il ne puisse en discerner le sens. Cette fois, le signal était fort : il fallait prendre de la distance vis-à-vis de cette amante technologique qui l'accaparait sans partage.

À l'aube de l'été 1988, le service militaire était intervenu à point nommé pour lui donner la chance de retrouver une vie sociale. Avant de rejoindre sa caserne, Raynal avait terminé un jeu de casse-brique, Pop corn, programmé en collaboration avec un autre forcené du PC. Comme il ne pensait pas qu'il soit possible de vendre un tel programme, Raynal l'avait placé dans le domaine public, en diffusion gratuite sur divers serveurs informatiques.

L'armée, loin d'éloigner Raynal des ordinateurs devait accentuer la liaison dangereuse. En premier lieu, il fut bien naturellement affecté au service informatique. De plus, Pop Corn allait agir comme révélateur de ses dons de programmeur.

Un magazine consacré à l'ordinateur d'Amstrad avait été le premier à exulter sur la place publique. « Nous sommes TOUS tombés par terre », disait le journaliste ! « Pop corn fait partie des cinq meilleurs jeux d'arcade disponibles pour PC. Le plus fort et le plus étonnant, c'est que ce logiciel est un freeware, ce qui signifie qu'il fait partie du domaine public. Je ré-explique, cela veut dire qu'il ne coûte rien, que dalle, pas un sou ! ! ! » Et d'ajouter qu'à la rédaction du journal, tous jouaient à Pop Corn depuis les rédacteurs et secrétaires de rédaction jusqu'aux chefs de pub. L'article concluait par une note historique en matière de rapport qualité /prix : 21/20 !

Cet allegro n'était que le prélude d'un concert de louanges populaires. Sur sa mire de fin, Pop Corn comportait une mention « si ce jeu vous a plu, écrivez-nous ». Le message avait été reçu au-delà de toute espérance : Raynal avait reçu des milliers de lettres presque unanimement enthousiastes. Certains écrivaient pour dire que c'était le meilleur jeu auquel ils aient jamais joué et d'autres exprimaient leur reconnaissance en lui adressant de l'argent.

« Depuis que j'ai découvert Pop Corn ma vie est un enfer ! » s'écriait un acharné de Pop Corn du Calvados. « Combien de soirées, de nuits, d'heures de travail passées les yeux rivés à l'écran afin de triompher. Sans parler du café ingurgité ! Vous l'avez compris, j'ai attrapé la Popcornite aiguë. Et comme c'est contagieux, ma femme l'a également contractée ! » De Courbevoie parvenait la missive d'un retraité septuagénaire qui remerciait Raynal d'avoir contribué à sa récente passion pour l'informatique personnelle ! L'abondant courrier reçu par le troufion Raynal avait même pris une singulière tournure avec des enveloppes arborant des timbres de plus en plus exotiques. Nul ne savait comment le casse-brique né à Brive-la-Gaillarde avait traversé les frontières, franchissant monts et océans. Toujours est-il que des lettres lui parvenaient du Québec, d'Ankara, de l'Oregon, de Singapour, de Leningrad...

Lorsque Frédérick Raynal quitte l'armée au début de l'été 1989, il a acquis une renommée dans le microcosme français du jeu. Avant qu'il n'ait eu le temps de souffler, plusieurs éditeurs insistent pour le rencontrer au plus vite et parmi eux, Loriciels et Ubisoft. Chez Infogrames à Lyon, Laurent Salmeron suggère d'embaucher au plus vite le créateur de Pop Corn.

Collaborateur d'Infogrames depuis trois ans déjà, Salmeron a co-développé le jeu Drakken en travaillant sans relâche soirs et week-ends. En fin de parcours, il a présenté son jeu à Bruno Bonnell qui a été séduit. Infogrames a édité Drakken et le jeu est devenu l'un des succès de l'année. De ce fait, l'avis de Salmeron est écouté.

En août 1989, Raynal, alors âgé de vingt-trois ans est embauché par Infogrames. Sa première œuvre, Ed, ne voit pas le jour suite aux tergiversations d'un marketing confus. Le surdoué attend son heure.

A cette époque, Infogrames vient d'acquérir les droits mondiaux d'adaptation de l'œuvre de H.P. Lovecraft, auteur de récits fantastiques où l'épouvante règne en maître. L'accord a été conclu avec la société Chaosium, que dirige un américain atypique qui n'a de cesse de citer Diderot et faire référence à l'art français. Infogrames a gagné le droit de produire trois jeux de rôles inspirés de Lovecraft. Il reste à définir la trame d'une comédie de l'angoisse. Au cours d'une réunion de réflexion, Bonnell et son responsable des productions Eric Motet, examinent une série de dessins lugubres et jettent l'idée d'un jeu qui se déroulerait intégralement dans le noir. Le joueur disposerait de trois allumettes qu'il faudrait gratter à bon escient pour avancer dans l'obscurité. Un nom est avancé : In the dark.

De son côté, Frédérick Raynal travaille depuis plusieurs mois à l'écriture d'un « moteur 3D », un outil informatique novateur qui permettrait de simuler le déplacement d'un personnage dans un décor, tout en donnant l'impression de profondeur, grâce à des jeux d'ombres, de lumière et de perspective... Lorsque le programmeur de Pop Corn entend parler du projet In the dark, il demande s'il pourrait le prendre sous sa supervision. Toutefois, échaudé par les égarements d'un marketing nébuleux sur Ed, Raynal insiste pour réaliser In the dark comme il l'entend.

Raynal a son idée sur la question : il estime qu'un jeu fantastique inspiré de l'univers de Lovecraft se doit d'être extrêmement réaliste si l'on veut qu'il transmette une impression angoissante. Le moteur 3D sur lequel il travaille paraît donc idéal pour In the dark. Toutefois, le programmeur échoue à faire comprendre sa vision à Eric Motet pour une raison simple : à cette époque, personne n'a jamais vu de jeux d'aventure en 3D. Faute d'avoir convaincu sa hiérarchie, Raynal est affecté à des tâches jugées plus urgentes, telles que l'adaptation française du jeu Sim City.

La tentation de la 3D est trop forte. Tous les soirs, lorsqu'il quitte le bureau, Raynal reprend le développement de son moteur graphique dans son appartement. Un graphiste d'Infogrames, Didier Chanfray vient parfois le rejoindre afin de tester l'outil et pour ce faire, il réalise quelques ébauches de pièces du manoir. Raynal crée son logiciel de manière intuitive, car il ignore que des outils professionnels ont été développés en Californie par des entreprises qui les vendent à des tarifs surélevés.

Au bout de neuf mois, miracle !... Le moteur 3D commence à fonctionner. « C'est magique ! » s'écrie spontanément Chanfray. Il suffit d'appuyer sur des touches du clavier de l'ordinateur pour que le mannequin représenté à l'écran avance, tourne, se penche, plie un bras...

Le fondement de In the dark est posé, Chanfray esquisse un

personnage et dessine avec plus de détails la première pièce dans laquelle il évoluera. L'effet est fantastique. Le héros progresse dans le décor en déposant son ombre qui vient se mêler à celles des meubles qui apparaissent en relief. L'outil développé par Raynal permet de suivre le mouvement du personnage comme si l'on déplaçait une caméra, en variant le cadrage. La splendeur défie les mots : une technique, la 3D, est allée à la rencontre d'un récit, créant une alchimie visuelle. Laurent Salmeron suit l'évolution du projet et rend compte à sa hiérarchie : Raynal est en train de développer un logiciel qui fera date.

Il reste à dénicher l'artiste qui serait à même de créer les décors de cette fable lugubre. Pour attirer l'oiseau rare, Raynal distribue aux infographistes une disquette comportant quatre pièces du manoir dans lequel doit évoluer le personnage et lance un appel à contribution. Yael Barroz, une jolie brune diplômée d'une école de dessin saisit la balle au bond. En fin de contrat chez Infogrames, Barroz rêve de participer à la création d'un jeu et n'entend pas laisser passer cette chance. Les premiers décors qu'elle réalise évoquent des peintures avec des traits précis et expressifs. Aladin vient de rencontrer sa Jasmine.

Voilà près d'un an que Bruno Bonnell et Eric Motet s'interrogent régulièrement sur l'évolution de In the dark. L'heure d'une première démonstration a sonné. Lorsqu'ils aperçoivent la maquette du jeu fantastique, ils réalisent instantanément qu'ils sont en présence d'un titre exceptionnel. In the dark s'apparente à une révolution sans précédent dans le secteur du jeu. « Ils ont vu la Vierge ! » commente Chanfray avec malice.

Sans plus attendre, Infogrames met en place une machine de guerre autour du produit. En cet été 1991, le plus dur reste à faire et Raynal se voit allouer six co-équipiers pour l'aider à compléter son projet. Le programmeur, qui a craqué pour Yael Barroz, la désigne comme responsable des dessins et accessoirement, comme sa compagne de vie. Le compositeur Philippe Vachey parsème chaque scène de thèmes intrigants.

Il manque à In the dark un scénario à la hauteur des prouesses techniques du jeu. Raynal et ses collaborateurs ont ébauché un script en s'inspirant de l'Appel de Cthulhu, un jeu de rôle créé par Sandy Petersen en 1981 pour Chaosium, à partir d'une nouvelle de Lovecraft. Hélas, la trame imaginée par les sept larrons est peu convaincante. En mai, un scénariste indépendant issu de la 20th Century Fox est appelé à la rescousse. Barbu fougueux, Hubert Chardot évoque un cracheur de flammes de place des fêtes. La chance veut que cet homme-dragon soit un fou de Lovecraft. Il est allé jusqu'à faire le pèlerinage de Providence, la ville où avait vécu l'auteur.

L'écriture du scénario est accomplie en l'espace de trois après-midi marathon. L'histoire intégrale, avec les chemins que pourra emprunter le joueur et les infernales énigmes à résoudre pour se sortir d'affaire, tout est défini au cours de séances animées auxquelles participe toute l'équipe.

Au début du siècle, un vieil homme, Jeremy Hartwood est retrouvé pendu, les yeux exorbités dans le grenier de son manoir à Derceto au fin fond de la Nouvelle-Angleterre. Le médecin légiste a diagnostiqué une crise de paranoïa aiguë, théorie confortée par le témoignage du majordome qui indique qu'Hartwood, récemment tourmenté, passait ses heures à traduire de vieux manuscrits traitant d'étranges légendes.

Le joueur peut assumer le rôle de Edward Carnby, détective privé de son état ou bien celui de la nièce de l'ancien propriétaire, Emily. Quel que soit le personnage adopté pour enquêter sur le suicide, celui qui arpente les escaliers de cette étrange maison de trois étages va vivre de profonds moments d'angoisse, croiser une kyrielle de monstres cauchemardesques, exhumer de terrifiantes croyances ancestrales. Pour renforcer le caractère tragique, le mot Alone (seul) est ajouté au titre initial, In the dark. Chardot s'attelle à écrire chaque dialogue de ce patchwork de l'horreur.

Chaosium reçoit le scénario d'Alone in the Dark et refuse de l'approuver, estimant qu'il est trop éloigné de l'esprit de H.P. Lovecraft. Qu'à cela ne tienne : Alone in the Dark est devenu une œuvre à part entière, suffisamment forte pour n'avoir aucunement besoin de référence.

La visite de Dany Boolauk à Lyon au printemps 1992 a donné la confirmation que Alone in the Dark s'annonce comme un événement dans l'histoire du jeu. Tout au long de l'été, Raynal apporte les dernières touches à sa création. Les angles de vue des caméras virtuelles qui se déplacent dans les recoins obscurs du manoir restituent une atmosphère oppressante.

Au moment d'indiquer les crédits dans le générique de fin, le lutin de Corrèze indique « création de Frédérick Raynal », une mention identique à celle qui figurait sur la démonstration diffusée lors de l'ECTS d'avril. Pourtant, lorsqu'il découvre cette mention, Bruno Bonnell la conteste. « C'est une œuvre collective », affirme le patron d'Infogrames avant d'ajouter que l'idée initiale lui revient pleinement. Docile, le programmeur accepte de modifier le générique en y plaçant : « une création Infogrames ». En quelques minutes, il vient de perdre toute possibilité de jamais réclamer des droits sur son jeu.

Un coup de théâtre est sur le point de se produire. Quelques semaines avant que l'équipe n'ait achevé Alone in the dark, Frédérick Raynal rencontre Dany Boolauk à Londres au cours de l'édition d'automne de l'ECTS. Le journaliste de Tilt demande à interviewer Raynal pour l'émission Microkids. Une fois l'entrevue terminée, Boolauk prend Raynal à part et l'entraîne dans une pièce retirée loin de l'agitation ambiante. Il confie alors la véritable raison de sa venue à Londres :

— Je suis sur le point de quitter Tilt. J'ai été embauché par Delphine.

L'interview réalisée pour Microkids n'était qu'un prétexte. Boolauk s'est transformé en chasseur de tête et son nouvel employeur Paul de Senneville lui a confié pour mission de recruter une équipe de développement !

« Dans ma carrière, rien n'a jamais été réfléchi ou calculé. Je ressens souvent une sorte de pressentiment. Les choses deviennent soudain évidentes et s'imposent d'elles-mêmes. Je m'explique mal la nature de ce don », déclare de Senneville.

Il faut croire que cette intuition est incisive, car cet aimable personnage qui transpire l'univers show-biz jusqu'à la caricature peut se targuer d'une incroyable série de choix éclairés.

En 1966, alors qu'il venait de s'essayer à la réalisation d'une série télévisée, un collègue lui a dit : « J'ai un chanteur ici, dont Philips ne veut pas. Cela ne te dirait pas de t'en occuper ? ». Ouvert à tout, de Senneville avait accepté, bien qu'il ne connaisse rien au métier d'agent. La fortune avait voulu que le chanteur en question s'appelle Christophe. Quelques jours plus tard, il avait été mis sur la piste d'un autre débutant, un certain Hervé Vilard. L'été suivant, l'agent improvisé s'était retrouvé avec deux titres à la tête du hit-parade : Aline du premier, et Capri, c'est fini du second.

Quelques mois plus tard, alors qu'il préparait une télévision pour Christophe, le noble imprésario avait entendu un troubadour maniéré déclamer la Poupée qui fait non. Michel Polnareff arborait un « look » baroque de chinchilla apprêté, portait des cheveux longs et avait accroché un hamster sur son épaule. Paul de Senneville qui venait d'avoir un accident de voiture avait le bras bandé et ressemblait selon ses termes « à tout sauf à un imprésario ». Polnareff s'était pris de sympathie pour cet éclopé et avait insisté pour travailler avec lui. Ce fut un nouveau jackpot !

Un an et demi plus tard, Paul de Senneville s'était lancé, sans trop y croire, dans la composition. Un soir, lors du MIDEM, un Polnareff gentiment éméché avait demandé à écouter les chansons de son agent. Le chanteur s'était d'abord montré moqueur au risque de décourager De Senneville. Et puis, il avait entendu la mélodie de Tous les bateaux, tous les oiseaux et avait changé d'attitude, s'écriant : « Cette chanson, je la veux, Paul, je veux la chanter !». La chanson fut la plus acclamée de l'été 1969.

Dans la mesure où ses talents de compositeur s'étaient révélés,

De Senneville porta désormais cette casquette de façon permanente. En 1974, l'une de ses créations, Dolannes Mélodie, traversa les frontières.

En 1976, alors que Paul de Senneville se trouvait en studio avec une nouvelle chanson, Ballade pour Adeline, le hasard voulut qu'un pianiste se trouve sur place pour interpréter ce thème. La pureté de l'instrument sur cette suave mélodie fut un révélateur : il fallait sortir le disque tel quel. Il ne restait plus qu'à trouver un authentique interprète. L'accompagnateur du parodiste Thierry Le Luron, Richard Clayderman, fut choisi pour son toucher délicat. Suite à une opération, le musicien portait un pansement sur le visage et c'est un vieux cliché extrait d'un passeport qui fut utilisé pour orner la pochette de Ballade pour Adeline. De Senneville crut bon de se montrer prudent et dit au pianiste :

— N'abandonnez surtout pas votre collaboration avec Le Luron, car il est impossible de prévoir si un disque de piano pourrait plaire au public. Il serait invraisemblable que cela marche.

L'album allait faire le tour du monde et se vendre à 26 millions d'exemplaires.

Richard Clayderman devint une véritable rente pour de Senneville qui se consacra à gérer la carrière du pianiste. Au fil des années, les arpèges sucrés du blondin conquirent la planète de la Russie à l'Australie en passant par l'Inde. Le hall d'entrée de Delphine, la production que de Senneville créa en 1976 avec son ami Olivier Toussaint, se trouva tapissé de disques d'or.

Lorsque le chasseur de pépites s'avisa de fourrer son museau dans la réserve des programmeurs, il repéra illico deux perles rares.

Sa première pêche fut l'asiatique Paul Cuisset. Certains l'assimilaient à un ours tant il semblait fermé au contact occasionnel. Pourtant, derrière ce paravent de timidité pathologique, Cuisset le pacifique dissimulait une âme de navigateur au long cours. Certes, les mers sur lesquelles il s'embarquait étaient interdites au profane. Parsemées d'issues secrètes qui menaient vers des pierres philosophales et de souterrains dont le champ magnétique était propice à la téléportation, elles s'affichaient comme des « flash » dans un temps indépendant. Pour leur donner forme, Cuisset alignait des kilomètres de code informatique qui venaient se convertir en images interactives. Le programmeur de vingt-deux ans était aidé dans cette tâche par un autre fils du ciel, Eric Chahi.

De Senneville, qui ignorait tout des jeux vidéo, fut mis sur leur piste par l'un de ses directeurs artistiques. En rencontrant l'indescriptible duo formé par Cuisset et Chahi, le fondateur de Delphine a perçu de manière incompréhensible que quelque chose était en train de se passer :

« J'ai su qu'il fallait que je signe ces deux garçons et j'ai aussitôt foncé comme un dément. Nous leur avons proposé des rémunérations que l'on ne refuse pas. »

Le premier jeu réalisé par Cuisset et Chahi, Les Voyageurs du Temps, était sorti sur Amiga, et avait été suivi par deux autres créations, Stealth et Croisière pour un cadavre. De Senneville avait découvert que dans l'univers du jeu, l'information circulait à la vitesse des vaisseaux de Star Wars. Très vite, des visiteurs étrangers s'étaient succédés dans son bureau du boulevard Haussmann. Constamment à l'affût de nouveaux talents, les éditeurs américains dévoraient la presse en permanence, afin de repérer les oeuvres dignes d'être publiées internationalement.

En cette année 1992, Flashback, un titre réalisé par Paul Cuisset fait l'objet d'une distribution internationale par US Gold. Pour le récompenser, Paul de Senneville le nomme à la direction d'une entité indépendante, Delphine Software. De son côté, Eric Chahi a également produit un best-seller, Another World – le titre s'est classé n°1 au Japon.

Pourtant, le torchon brûle entre de Senneville et Chahi. Ce dernier a écrit l'essentiel d'Another World chez lui et a vainement tenté de faire publier ce titre par Virgin.

Alone in the dark

Au milieu de l'été, Paul de Senneville pense avoir fait la paix avec son poulain. Il a offert à Chahi de diriger son propre studio de développement. La crise intervient sur un point de détail, autour duquel les passions vont s'envenimer. De Senneville insiste pour baptiser la nouvelle filiale du nom de sa deuxième fille, Adeline. Le programmeur rejette une telle appellation et penche pour un nom plus évocateur, Amazing Software (stupéfiants logiciels). Persuadé qu'il tient Chahi sous contrat, de Senneville refuse de lâcher prise, au risque de provoquer un clash. Hélas, il découvre alors que sa responsable juridique a malencontreusement déchiré l'engagement qui liait le créateur d'Another World à Delphine. De Senneville réalise, mais un peu tard, qu'il doit se séparer de l'une de ses stars !

La perte de l'un de ses programmeurs vedettes paraît funeste pour Delphine et les rumeurs vont bon train sur l'avenir de cet éditeur de jeux. De Senneville est alors touché par le soutien qu'exprime Dany Boolauk. Le journaliste prend publiquement la défense de la société parisienne, affirmant que Paul Cuisset est un génie et qu'il ne se lassera jamais de le crier haut et fort. Touché, de Senneville demande à rencontrer le collaborateur de Tilt et se montre enjôleur :

« Je sais que vous êtes journaliste mais si d'aventure vous souhaitiez passer de l'autre côté, je serais ravi de vous offrir un poste à un salaire très élevé. »

Pour Dany Boolauk, la proposition tombe à pic car le magazine Tilt vit ses dernières heures.

Le journaliste a reçu pour première mission de trouver une équipe de développement capable de remplacer celle d'Eric Chahi. Il n'a pu s'empêcher de penser à ces incroyables lyonnais qui sont en train de réaliser Alone in the Dark ! A Londres, sans préjuger de l'avenir, Raynal a laissé entendre qu'il était prêt à discuter. Paul de Senneville demande à rencontrer Frédérick Raynal, bien décidé à recruter cette perle de la programmation.

Alone in the Dark est terminé à la fin septembre 1992, suffisamment tôt pour préparer une sortie en fanfare à l'occasion des fêtes de Noël. Frédérick Raynal, qui sort de deux années de développement intense, émerge doucement de l'enfer. Lors d'une réunion avec ses supérieurs, il se voit reprocher d'avoir une semaine de retard. Le programmeur accuse le coup.

Quelques jours plus tard, Paul De Senneville monte une « opération séduction » en déployant les armes en vigueur dans l'univers du show-biz : strass, paillettes et dorures. Le compositeur de Ballade pour Adeline réserve la meilleure table d'un restaurant quatre étoiles près de la place de l'Etoile. Lui-même arrive ostensiblement en Rolls avant de dérouler le grand show. Raynal, qui est venu sur les lieux sans a priori et en toute décontraction demeure sur ses gardes. Un tel déploiement de faste le laisse froid. Paul de Senneville lui dépeint un tableau un peu trop idyllique :

— Nous souhaitons vous placer dans un univers où vous serez en mesure de créer, dans lequel vous ne serez pas brimé, où l'on pourra faire de vous une star. Nous voulons que vous puissiez donner la pleine mesure du talent fabuleux dont vous avez fait preuve sur Alone in the Dark.

Paul de Senneville propose la création d'une société à Lyon dans lequel Raynal serait actionnaire. Déboussolé, le jeune programmeur ne parvient pas à prendre au sérieux le plateau d'argent qui lui est présenté. Lorsqu'il rentre au pays et conte l'entrevue à Yael Barroz, Salmeron et Chanfrey, l'histoire les fait pouffer par son caractère abracadabrant.

Les premiers articles sur Alone in the Dark qui paraissent dans la presse spécialisée sont du même tonneau que celui publié dans Tilt. Tous saluent l'exploit technique et jugent qu'un pas en avant vient d'être franchi.

« Nous testons des jeux, beaucoup de jeux », indique Génération 4. « Certains sont grotesques, d'autres biens, voire excellents. Et puis de temps en temps, arrive LE jeu, celui qui révolutionne l'univers de la micro, celui qui fait passer des nuits blanches, celui que l'on ne peut plus quitter et vous émerveille. Saluons l'arrivée en ce club très fermé d'un monument : Alone in the Dark. »

Fort d'un tel accueil qui laisse augurer des ventes faramineuses, Bonnell réunit l'équipe de développement et demande la mise en chantier immédiate d'Alone in the Dark 2. Pour la première fois, Raynal se rebiffe. S'il est ravi de donner une suite à son œuvre, il entend réécrire son moteur 3D afin de le rendre plus puissant. Préoccupé par l'efficacité, Bonnell préfère que les programmeurs utilisent tel quel l'outil déjà développé - il ambitionne de publier la version 2 six mois après la première. Raynal qui n'avait jamais encore élevé la voix proteste :

— Je connais bien le milieu du logiciel. La technologie évolue très rapidement. Si nous ne prenons pas une avance sur le plan technique, d'autres nous rattraperont.

Son coup d'éclat demeure lettre morte.

Pendant ce temps-là, Paul de Senneville qui voit les semaines passer sans avoir de nouvelles de Raynal manifeste sa déconvenue à Philippe Delamarre, vice-président de Delphine.

— Il doit y avoir un malentendu. Ils ne peuvent pas décemment refuser ce que nous leur proposons !

Delamarre demande qu'on lui laisse carte blanche pour traiter l'affaire.

Fin novembre, Raynal et Chanfrey montent à Paris afin d'effectuer la démonstration de Alone in the Dark à la FNAC Micro. À l'heure du déjeuner, Philippe Delamarre, demande à rencontrer les deux programmeurs. Il revient alors à la charge, affirmant que l'offre de Delphine est concrète.

— De Senneville est un compositeur, explique Delemarre. De ce fait, il connaît l'univers de la création et en respecte les principes. Il sait parfaitement qu'il faut donner aux artistes l'environnement optimal pour donner libre cours à leur talent.

Et de conter son propre parcours : lui-même est entré dix-huit ans plus tôt comme coursier à bicyclette aux Editions Musicales AZ alors dirigées par de Senneville et il a gravi un à un les échelons. Raynal et Chanfrey écoutent attentivement ses arguments mais ne parviennent pas à se décider.

De retour à Lyon, Raynal démarre le travail sur la version 2 d'Alone in the Dark et ressent une frustration grandissante. Perfectionniste, il songe aux multiples améliorations qu'il pourrait apporter à son moteur 3D si l'occasion lui en était donnée. Lorsque Delemarre revient à la charge en décembre - il descend expressément à Lyon pour rencontrer Raynal, Chanfray, Salmeron et Barroz – il trouve cette fois un auditoire conquis. D'autant que sa requête est désormais assortie d'un ultimatum :

— Paul de Senneville veut une réponse définitive dans les dix jours. Il n'est plus disposé à attendre. S'il le faut, il est prêt à payer le montant de vos préavis à Infogrames !

Le vendredi soir, Infogrames fête sa neuvième année dans une guinguette au bord de l'Oise. La liesse est de rigueur, la société lyonnaise ayant traversé l'année la plus dure de son histoire et survécu de manière quasi-miraculeuse. Pourtant, le lundi matin, les quatre programmeurs viennent frapper à la porte de Bruno Bonnell pour annoncer leur départ ! Décontenancé, Bonnell cherche à retenir l'équipe en proposant de s'aligner sur l'offre de Delphine. Raynal appelle Paris puis revient quelques heures plus tard en annonçant que la proposition de Delphine a augmenté. Bonnell se refuse à monter les enchères et fait bonne figure. Toutefois, l'amour-propre du fondateur en prend un coup – il supporte mal que l'on vienne marcher sur ses plates-bandes en pays conquis, sur la terre lyonnaise.

Pour l'heure, Bonnell se veut grand seigneur et demande à Raynal s'il pourrait encore réaliser la version coréenne d'Alone in the Dark et aussi la version pour CD-ROM. Le programmeur s'attelle à la tâche, convaincu que le patron d'Infogrames saura exprimer sa reconnaissance par une prime conséquente.

Alone in the Dark est un succès immédiat. Dans les magasins, les boîtes quittent les étagères une à une. Au sein d'Infogrames, de nombreux cadres sont persuadés que l'équipe de Raynal ne partira pas vraiment et que le temps portera conseil.

Fin janvier, son préavis terminé, Raynal vient faire ses adieux à Bonnell.

Troublé, le fondateur d'Infogrames laisse éclater son dépit.

— Tu t'en vas ? Au revoir !

La réaction tranchée de Bonnell et l'absence d'une prime pour bons et loyaux services laisseront longtemps des traces, même si, avec le recul, Raynal la percevra de manière plus nuancée.

Le 3 février 1993, le magazine Génération 4 organise la remise de ses récompenses annuelles à Disneyland Paris. Le rédacteur en chef du journal a demandé à l'équipe d'Alone in the Dark d'être présente, ce qui laisse augurer d'un prix. 44% des lecteurs l'ont désigné comme meilleur jeu d'aventure. Lorsque vient le moment tant attendu, Raynal et ses acolytes se préparent à se lever lorsqu'ils entendent le présentateur annoncer :

— J'appelle Bruno Bonnell à la tribune.

Tandis qu'autour d'eux, plusieurs membres de l'assistance enjoignent l'équipe à gagner la scène, le grand communiquant d'Infogrames prend le micro et plaisante :

— Je remercie Dieu, mon chien, ma grand-mère et naturellement, toute l'équipe d'Infogrames pour un si beau projet.

Malgré les quelques sifflements qui retentissent dans la salle, l'affaire en reste là. L'édition suivante de Génération 4 ironise sur ce singulier « oubli » du manitou d'Infogrames.

Alone in the Dark se vend à quatre cent mille exemplaires et le magazine américain Computer Gaming World le désigne meilleur jeu de l'année. La plus belle reconnaissance viendra toutefois de Shigeru Miyamoto, qui lors d'un salon déclarera à Frédérick : « Alone in the Dark est le jeu que j'aurais aimé créer ». De la part de l'homme qui a réalisé l'un des best-sellers du jeu vidéo avec Super Mario, le compliment n'est pas mince. Alone in the Dark va faire l'objet de nombreuses imitations, notamment la série Resident Evil de Shinji Mikami ou encore Devil May Cry du même auteur, ainsi que d'un grand nombre d'éditions ultérieures. Raynal n'obtiendra aucun droit sur les ventes de la série et ne pourra jamais y prétendre faute d'avoir été cité comme créateur du logiciel dans les crédits.

« J'ai été trop naïf... » soupire le programmeur avec un brin de nostalgie.

Interrogé sur la question, Eric Motet a expliqué qu'Infogrames reposait sur une autre logique de rémunération que le droit d'auteur et préférait verser des salaires à ses programmeurs.

Dès le début de l'année 1993, Adeline s'installe dans des locaux en face de la gare Lyon Part-Dieu. Raynal, Salmeron, Chanfrey et Barroz doivent d'abord se contenter d'une table, de quatre chaises et d'un PC. Le quatuor met en route un nouveau jeu, Little Big Adventure (LBA). Ils décident au passage de prendre le contre-pied des jeux d'action violente à la Doom et de créer un univers tendre et poétique.

Les neuf premiers mois de programmation de Raynal sont consacrés à l'écriture d'un nouveau moteur de 3D bien plus avancé que celui qu'il a abandonné à Infogrames : une nouvelle étape est franchie dans l'art de l'illusion numérique. Aux alentours de Noël, les membres du studio Adeline qui bénéficient d'une paix royale à Lyon apprennent que le n°1 mondial du jeu, Electronic Arts, va distribuer LBA. Sans faire de bruit, Paul de Senneville a négocié une distribution qui n'aura rien à envier à celle d'Alone in the Dark.

Lorsque les journalistes spécialisés découvrent le jeu à la fin du printemps 1994, l'émerveillement est au rendez-vous. Toute la splendeur d'un art de vivre est relayée par la noblesse d'un pinceau maniéré et soigneux. Le magazine Joystick fait sa couverture avec un titre sans équivoque : « le plus beau jeu du monde ». Publié à la fin de l'année 1994, LBA devient l'un des best-sellers de l'année suivante et s'inscrit avec bonheur dans la mémoire de centaines de milliers de joueurs.

Pendant ce temps-là, les lettres ont continué d'affluer au magasin de Brive-la-Gaillarde au sujet de Pop Corn ! Comme certains demandaient régulièrement si une nouvelle version pourrait un jour apparaître, Raynal trouve une élégante parade. Dans LBA 2, le héros Twinsen peut s'approcher d'une borne d'arcade. S'il la déclenche, il découvre... une version moderne de Pop Corn !

Trois ans après la sortie du premier LBA, Frédérick Raynal va se laisser charmer par les yeux bridés d'une intrigante japonaise du nom de SEGA qui va exiger une liaison exclusive.

Fallait-il lier l'avenir d'Adeline Software à la carrière d'une blanche console ?...

## IX  THE SEVENTH GUEST - L'extase de pixels

Certaines oeuvres semblent nées pour opérer un tournant, marquer la naissance d'une école. The Seventh Guest est d'un tel levain. S'il a capté en premier lieu le spectateur par sa somptueuse lumière et la magnificence des décors, ce jeu mutant a suscité la fascination par ses séquences troublantes, capables de provoquer l'effroi comme l'émerveillement tout en maintenant un sombre suspense, une sourde inquiétude. Pour prendre ses marques face une telle œuvre, il faut aller chercher ses références dans la littérature et le cinéma. Ce jeu emprunte aussi bien à Hitchcock qu'à David Lynch, au Frankenstein de Mary Shelley qu'au Dickens des Temps Difficiles, ou à Barry Lyndon. Un mélange habile d'esthétisme visuel, d'angoisse, de drame et de suspicion.

The Seventh Guest n'est pas exempt de carences. La complexité des énigmes, la patience et la jugeotte nécessaires à résoudre certaines d'entre-elles confinent à l'absurde. La découverte des chambres du manoir et la progression dans l'intrigue sont régulièrement ralentis par l'obligation de manipuler les pions de damiers obscurs. Pourtant, la substance du jeu a été moins cruciale que son enveloppe. The Seventh Guest a tout changé sur le plan visuel, officialisant l'entrée du jeu vidéo dans un âge plus raffiné. À partir d'avril 1993, plus rien n'a été comme avant, le jeu interactif s'est ouvert à un public plus exigeant et plus mûr. Le genre a découvert la grâce, les mouvements de caméra plongeants, la subtilité des couleurs, les plans et les superpositions d'image.

Martin Alper a produit The Seventh Guest sur une intuition, puisant en cela dans son énorme sensibilité artistique.

« Je ne possède pas d'ordinateur et je n'ai jamais joué à aucun jeu, » explique le gentilhomme qui a présidé aux destinées de Virgin Games de 1987 à 1999. « Les jeux ne m'intéressent pas et pourtant, j'en ai produit plus d'un millier. Ce qui m'intéresse, ce sont les gens et les progrès culturels que leurs créations peuvent engendrer. Je cherche avant tout à produire une différence dans la société. »

S'il est un élixir auquel s'abreuve avec plaisir le Britannique vêtu de noir, c'est l'art sous toutes ses formes. Peintre et sculpteur, Alper aime à souder des pièces d'acier qu'il découpe à la flamme dans sa demeure sur la plage de Laguna Beach. Pendant de longues années, l'esthète a dévoré jusqu'à six romans par semaine avec une préférence marquée pour Jean-Paul Sartre, Frédéric Forsythe et John Le Carré. Insatiable cinéphile, il visionne en moyenne un film tous les deux jours et peut évoquer durant des heures entières ceux qu'il a adorés. L'éventail de ses goûts couvre aussi bien des oeuvres post-apocalyptiques à la Mad Max que les premiers Coppola, des films européens comme les Chariots de Feu ou Manon des Sources et du cinéma d'auteur : la trilogie Bleu, Rouge et Blanc, La Cité des Enfants Perdus...

En 1988, Alper a vendu les parts de Mastertronic, la société d'édition qu'il avait fondée en Angleterre en collaboration avec Frank Herman à Richard Branson, président de Virgin. Sur la demande de ce dernier, il a pris la direction d'une filiale américaine créée pour l'occasion, Virgin Games. La société a été établie à Orange, près de Los Angeles, afin de développer une gamme de jeux au rayonnement mondial.

Alper intellectualise tout ce qu'il traite et opère souvent à partir d'idées préconçues, de convictions intimes échappant à toute logique. Cette disposition peut avoir ses revers : il aime à se vanter d'avoir refusé de signer Tetris ! Toutefois elle a également permis d'investir des sommes gigantesques sur un simple coup de cœur, comme aux grandes heures du cinéma.

Lors d'un voyage à Londres en vue de rencontrer Richard Branson et Frank Herman, Martin Alper a trouvé l'un de ses amis programmeurs, Graeme Devine, en pleine dépression suite au départ de sa petite amie. Le président de Virgin Games éprouvait une profonde estime pour cet énergumène et lui a proposé :

— Graeme, l'Angleterre ne te traite pas toujours comme tu le mériterais. Pourquoi ne viendrais-tu pas me rejoindre en Californie ?

D'un naturel désarmant, Grame Devine est incapable de cacher ses émotions. Avec ses cheveux longs et ses lunettes, son corps maigre et élancé, il n'est pas sans rappeler le Roger Waters des premières heures. À la différence du ténébreux bassiste des Pink Floyd, Devine n'a de cesse de rire de manière presque juvénile. Il se distingue par un quotient intellectuel démesuré : Devine est membre de la Mensa, ce fameux cercle qui n'accueille en son sein que des individus démontrant un niveau d'intelligence supérieur à celui de 98% de la population planétaire.

Lorsque Martin Alper a évoqué les déboires britanniques de Graeme Devine, il faisait référence à l'adolescence de celui-ci. Alors que Grame n'avait que quatorze ans, le téléphone a sonné un jour dans la maison parentale. Un cadre d'Atari a demandé au petit Graeme s'il serait libre pour effectuer l'adaptation d'un jeu de Namco, Pole Position. La réputation du jeune prodige était remontée jusqu'à la filiale du constructeur américain ! Graeme ne pouvait décemment refuser une telle offre et pendant une semaine, il a fait l'école buissonnière, réalisant la prestation demandée avec la maîtrise d'un Houdini.

Hélas, dans les strictes écoles de la perfide Albion, il ne faisait pas bon s'écarter du droit chemin. Loin de porter aux nues le prodige, le directeur du lycée a sévèrement réprimé cet écart de conduite. « Pourquoi une si longue absence ? » a demandé l'autorité scolaire. Dans sa touchante naïveté, le boutonneux a dit la vérité. Il a aussitôt été renvoyé de l'établissement comme un vulgaire gougnafier.

Malgré cette expérience, Graeme avait conservé une étonnante spontanéité, demeurant imperméable au caractère factice des relations sociales. Comme pour mieux se protéger, à l'âge de maturité, il s'était embarqué pour un tour du monde. À son retour en Angleterre, il avait participé à la création d'un jeu déjanté, Attack of the Killer Tomatoes (l'attaque des tomates tueuses) puis avait créé une société d'édition de logiciels dont l'orientation était ouvertement loufoque : Ice Cream and Doughnuts (Crème glacée et beignets).

Suite à la bienveillante requête de Martin Alper, l'amant dépité a tiré un trait sur son passé britannique et s'est envolé pour la Côte Ouest des Etats-Unis. Bien lui en a pris, car après quelques mois à Orange County, il a rencontré la femme de sa vie.

Devine ayant été nommé responsable de la Recherche et du Développement, tous les jeux produits chez Virgin passent désormais par ses fourches caudines avant d'être approuvés. Martin Alper découvre que le surdoué cache une humeur cyclothymique : dans la mesure où il souffre de façon latente de maux de têtes qui s'amplifient lorsqu'il est sous pression, l'euphorique Devine peut sombrer dans de longues périodes maussades où il se renferme sur lui-même.

Une deuxième recrue de choix vient rejoindre Graeme Devine chez Virgin Games, un orfèvre de l'image du nom de Rob Landeros.

Landeros est un personnage à deux facettes, au sens propre comme au figuré. Cet homme au faciès asiatique, d'ascendance coréenne et latine, a longtemps porté des cheveux courts en apparence. Pourtant lorsqu'il tourne sa tête, son interlocuteur découvre qu'il porte une petite queue de cheval. Son caractère est à l'avenant : Landeros paraît sérieux au premier abord et dans les faits, se révèle un boute-en-train.

Dans les années 1970, après avoir suivi les enseignements d'une école d'art, Rob Landeros a vécu une existence de bohème, habitant dans des communautés hippies et subsistant grâce aux bandes dessinées « underground » qu'il réalisait de manière dilettante. Il s'est ensuite lancé pendant six ans dans la gravure à l'ancienne sur ivoire fossilisé. Ce n'est qu'en 1986, lors de la sortie de l'Amiga de Commodore que Devine a découvert le monde des ordinateurs et s'est mis à utiliser des logiciels de dessins.

Landeros s'est lié d'amitié avec l'auteur indépendant de jeux, Jim Sachs. Ce dernier avait réalisé pour l'éditeur Cinemaware, un titre pour l'Amiga, Defender of the Crown qui faisait preuve d'une grande audace en matière de graphisme : Sachs avait adopté une approche cinématographique pour représenter les plans. La joute entre chevaliers, par exemple, apparaissait comme si elle avait été filmée du haut d'une colline avec une plongée progressive vers le lieu de l'action. Landeros se sentait ouvertement influencé par un tel travail et revendiquait clairement l'influence de Sachs.

Cinemaware était à la recherche d'un directeur artistique et avait proposé une embauche à Jim Sachs. Or, ce dernier ne se sentait pas en mesure d'assumer une telle responsabilité : il traversait une période difficile sur le plan personnel et frôlait parfois la dépression nerveuse. Sachs a donc recommandé Landeros. C'est ainsi que le baba-cool s'est retrouvé chez Cinemaware où il est demeuré deux années durant.

Peu après la fondation de Virgin Games, Martin Alper a réalisé que les plus belles réalisations en matière de jeu étaient alors publiées par Cinemaware et a appris que Rob Landeros était celui qui en supervisait la conception. Il a donc chargé Devine d'entrer en contact avec le latino-asiatique et de lui proposer une fonction chez Virgin Games : embellir l'aspect des jeux.

Suite à un message laissé sur son répondeur, Rob Landeros appelle Virgin Games pour s'enquérir du poste à pourvoir. Il tombe alors sur un Graeme Devine surexcité qui lui décrit le profil souhaité avant de donner libre cours à son exaltation.

« Vous savez quoi ? Je viens juste de me fiancer ! Vous vous rendez compte » ?

Landeros félicite Devine et ne peut s'empêcher de penser qu'il doit être plaisant de travailler pour un individu d'une telle candeur, capable de partager son bonheur avec un simple inconnu.

Bien qu'une différence d'âge de dix-sept ans les séparent, les deux artistes vont s'entendre comme larrons en foire. Landeros s'émerveille de la capacité de concentration dont peut faire preuve le jeune Devine : « Il donne l'impression qu'il lui suffit de regarder un ordinateur pour en absorber l'essence ». Le grand dadais manifeste également d'une puissance de travail hors pair alors que Landeros, pour sa part, est réfractaire aux semaines de sept jours au bureau et rechigne à sacrifier ses week-ends de balades en moto.

L'une des tâches confiées à Landeros est de recruter divers illustrateurs et de les former à la réalisation de jeux. Parmi ses premières recrues se démarque Robert Stein III, un dessinateur de talent qui ignore tout de la programmation des ordinateurs. Avec des cheveux longs coiffés vers l'arrière et une moustache, Stein III paraît sortir d'Easy Rider. L'homme à la tête de motard révèle un don pour la création d'image de synthèse doublé d'une exceptionnelle méticulosité.

Entre 1988 et 1990, le département dirigé par Devine et Landeros passe de cinq à trente personnes. Pourtant, les deux maîtres d'oeuvre de Virgin Games s'ennuient. Martin Alper a lancé le développement d'une dizaine de titres pour la console NES de Nintendo. Graeme Devine et Rob Landeros ne dissimulent pas leur frustration d'avoir à s'occuper de tels jeux sur cartouche, car les limitations de la NES interdisent toute sophistication dans l'aspect visuel. Ils rêvent pareillement de pouvoir créer un jeu sur CD-Rom, ce nouveau support multimédia dont la capacité est plusieurs centaines de fois supérieure à celle d'une disquette ou d'une cartouche. Alper estime qu'une telle aventure serait très risquée pour Virgin Games : trop peu d'utilisateurs de PC possèdent l'équipement qui permettrait de lire un tel disque compact interactif.

Au cours d'une attente à l'aéroport de New York en octobre 1990, le concept d'un jeu multimédia germe au hasard d'une discussion. Tout en prenant un café, Devine et Landeros visionnent le troisième épisode de Twin Peaks, la série culte produite par David Lynch pour la télévision. Dans la salle, ils peuvent entendre les consommateurs débattre sur le sujet qui électrise une partie de l'Amérique : qui a tué Laura Palmer ?

— Ce serait formidable de raconter une histoire de ce genre, lâche Devine.

— Du genre, qui a tué Untel ? demande Landeros.

— Oui, mais avec un scénario excentrique…

— Le joueur pourrait mener l'enquête dans une ville.

— L'ennui avec une ville, c'est que nous ne pourrions jamais représenter toutes les rues. Il y aurait des endroits où le joueur ne pourrait aller. Ce serait frustrant…

— Nous pourrions prendre un environnement plus restreint. Comme une maison hantée.

— Une maison hantée, c'est cela ! Avec des fantômes qui apparaissent à n'importe quel moment…

La trame de The Seventh Guest est ainsi tissée en moins de temps qu'il n'en faut pour changer d'avion. Le visiteur d'une inquiétante demeure doit résoudre un certain nombre d'énigmes s'il veut en ressortir vivant. Au cours de sa quête, il va découvrir que six hôtes ont été assassinés auparavant, ce qui fait de lui le 7ème invité (en anglais : Seventh Guest) du mystérieux châtelain.

Les deux créatifs rédigent un document de présentation pour ce jeu dont ils entrevoient la réalisation sur CD-ROM. Afin de mieux retranscrire l'atmosphère souhaitée, ils visionnent de nombreux films d'horreur. L'ambiance de The 7th Guest sera glauque et angoissante, mais délicieusement glamour.

Par une journée de novembre 1990 à onze heures du matin, Martin Alper reçoit le synopsis de Devine et Landeros. Le patron de Virgin Games est d'emblée séduit par le parfum singulier qui émane de ces quelques pages. Les ingrédients d'une œuvre de portée considérable s'inscrivent en filigrane : un visuel troublant et léché, une intrigue apte à tenir en haleine, une réalisation à la pointe de l'état de l'art. Les deux enfants de Virgin Games ont réussi à toucher l'Orson Welles qui sommeille en lui.

Sans plus attendre, Martin Alper le convie à déjeuner, en compagnie de son alter ego. Il conduit les deux hommes dans sa Rolls Royce jusqu'à un proche restaurant.

Le repas dure trois heures, au cours desquelles les deux concepteurs tout en commentant leurs croquis, expliquent qu'ils envisagent de créer un jeu avec des images d'une qualité comparable au cinéma. Ils songent même, à certains moments, intégrer des scènes avec des acteurs filmés. Alper est interpellé par l'ambition du projet. Cette œuvre pourrait établir un jalon ; le jeu interactif ferait un saut analogue à celui qu'a connu le septième art lors du passage du muet au parlant.

Vers seize heures, Alper lâche son verdict.

— Votre vision est judicieuse. Je vais produire The Seventh Guest. Toutefois, je m'en vais également vous licencier sans plus attendre. Votre avenir n'est plus chez Virgin Games.

Devant le regard ébahi des deux créatifs, il ajoute :

— Je m'explique... Votre projet est fantastique. Si vous le menez à bout, nous devrions aboutir à un produit magnifique. Cependant, nous ne pouvons pas le réaliser en interne, cela représentait un changement trop important dans la façon d'opérer de Virgin Games.

— Comment cela ? hasarde Landeros.

— Mes programmeurs ne comprendraient pas pourquoi vous avez le privilège d'élaborer une œuvre aussi ambitieuse alors qu'eux doivent se contenter de petits Mickeys pour consoles Nintendo. Si je vous gardais chez Virgin Games, mon bureau serait vite submergé de projets à la The Seventh Guest. Je ne peux pas me permettre de laisser une telle situation se développer.

— Que suggérez-vous ? demande Devine.

— Que vous établissiez votre propre atelier de développement hors de Virgin. Je mettrai l'argent nécessaire pour que vous puissiez réaliser The Seventh Guest en toute quiétude.

De retour chez Virgin Games, Alper croit bon d'ajouter :

— Juste un détail. N'établissez pas votre entreprise à plus de cent cinquante kilomètres de Virgin. Il faut que je puisse vous rendre visite aisément.

Devine et Landeros adressent un mémo à leurs collègues dans lequel ils annoncent la création de leur atelier de développement qu'ils nomment Trilobyte. Ils leur donnent rendez-vous pour Noël 1991, date à laquelle sera prêt The Seventh Guest.

S'il est un endroit où rêve de vivre Landeros, c'est au sud de l'Oregon. En 1982, il s'est rendu avec son cousin dans cet Etat du Nord-Ouest des Etats-Unis afin d'effectuer une randonnée pédestre. Il a découvert un environnement de type méditerranéen avec une végétation éclatante. Lors d'un passage par la ville d'Ashland, ils se sont arrêtés dans un parc et Rob s'est surpris à penser qu'il aimerait vivre dans cet endroit. Il s'y est établi pendant deux ans, affectionnant les parcours en moto le long des routes sineuses - il appelle ces moments, le « zen instantané ».

Landeros évoque ce lieu idyllique à Devine, expliquant qu'il s'agit d'un endroit où la vie est moins chère qu'en Californie, que le climat est doux et que l'ambiance est beaucoup plus sereine : on peut aisément y avoir une maison avec famille, chiens et chats !

— Ashland n'est pas véritablement à quatre-vingt dix minutes de Los Angeles, fait remarquer Devine.

— Bof... Martin Alper a sans doute voulu dire... quatre-vingt dix minutes en avion !

Début décembre, les deux compères se rendent à San Jose afin d'assister à une conférence sur les Arts de l'Illustration. Ils préviennent leurs épouses qu'ils ne vont pas rentrer immédiatement, ayant l'intention de remonter la côte afin de chercher un endroit où établir leur société. Ils aboutissent bientôt à Ashland en Oregon et poursuivent leur route jusqu'à une bourgade du nom de Jacksonville. Cette singulière cité a été préservée dans son état historique, comme au début du siècle.

Le hasard veut qu'ils arrivent le 5 décembre, une date en tout point particulière, où cette ville fête la proche venue de Noël par l'illumination de ses arbres. Les deux touristes se trouvent mêlés à un spectacle stupéfiant : les habitants, habillés à la façon du

XIXème siècle, défilent dans les rues tandis que les lumières s'allument une à une. Des chanteurs en costume Victorien se rassemblent autour de leur automobile en déclamant des chants. Un père Noël passe en traîneau et adresse un signe amical. Des vendeurs de marrons grillés les accostent avec gentillesse. Et comme si la Nature voulait contribuer à l'événement, la neige se met soudain à tomber. Graeme Devine, qui n'en croit pas ses yeux, a l'impression de se retrouver dans la rue principale de Disneyland, lieu mythique pour ce qui le concerne. Pas de doute, Jacksonville apparaît comme l'endroit de rêve pour fonder une société. Landeros qui guettait une telle réaction soupire intérieurement.

Le coup de foudre va continuer lorsqu'il se mettent à la recherche d'un bureau. Le seul espace qui soit disponible est un vieux bâtiment en briques rouges, avec des pièces décorées à l'ancienne, des parquets boisés, de hauts plafonds, une vieille et ample cheminée. Avoir déniché une telle demeure leur coupe le souffle. Ils signent sans réfléchir, de peur de se réveiller d'un songe s'ils laissent le sablier du temps égrener ses fragiles particules.

Les deux anciens employés de Virgin s'en reviennent à Orange et informent Alper du fait qu'ils ont établi Trilobyte en Oregon.

— Pourquoi avoir choisi une ville aussi éloignée ? questionne Alper.

— Parce qu'il n'y a rien à faire là-bas, explique Devine. L'endroit est calme, retiré. On n'y trouve aucun éditeur de jeux vidéo à des kilomètres à la ronde, rien de ce qui pourrait être de nature à nous distraire. En fait, sur place, nous ne pourrons que nous concentrer sur le développement de The Seventh Guest.

Pour les deux programmeurs, le plus dur reste à faire, soit expliquer à leurs épouses qu'il va falloir quitter la trépidante Californie pour une petite ville provinciale. Afin de juger par elles-mêmes, mesdames Devine et Landeros se rendent à Jacksonville en janvier 1991. Le capricieux destin veut qu'elles atterrissent dans un environnement de catastrophe par une semaine de gel historique. De nombreux tuyaux ayant explosé sous la pression du froid, une partie de la ville est inondée, les rues sont pour la plupart impraticables et l'atmosphère générale est à la panique. Il n'en faut pas plus pour affoler les deux jeunes Californiennes, épouvantées par l'ampleur de la temporaire calamité. Graeme et Rob ont fort à faire pour convaincre leurs moitiés du charme discret de Jacksonville.

Lors d'une conversation sur un réseau informatique, Rob Landeros entend parler de Matthew Costello, un journaliste qui a écrit plusieurs romans d'épouvante et jeux de rôle. Il entre en contact avec cet auteur et demande s'il serait prêt à métamorphoser le synopsis de The Seventh Guest en un véritable script. L'écrivain est enchanté : « J'ai toujours rêvé d'élaborer un jeu d'épouvante, un jeu qui donne réellement le frisson ».

Matthew Costello entreprend de décrire le manoir dans ses moindres détails du passé et du présent puis narre l'histoire qui va s'y dérouler au sein d'une nouvelle de quatre-vingt pages.

A l'époque où l'Amérique traverse la crise économique de 1929, Henry Stauff un ancien criminel doté de pouvoirs ésotériques, ferme ses boutiques de jouets maléfiques et s'installe dans un manoir isolé. Six notables de la région répondent à son invitation de séjourner dans le château, dans l'espoir que Stauff puisse concrétiser leurs rêves personnels.

Le joueur se retrouve dans la demeure sans vraiment savoir comment il est arrivé là et comment s'en échapper. Lors de sa visite, il rencontre les fantômes des autres invités et doit, à partir de leurs témoignages, reconstituer ce qui s'est passé afin d'élucider les plans de Stauff et s'en sortir vivant.

L'histoire est transformée en un premier script qui décrit les parties interactives et un deuxième, de type cinématographique qui va servir de base pour les séquences intermédiaires du jeu.

A Jacksonville, Devine et Landeros s'installent dans leur immense maison presque déserte, qui, pendant plusieurs jours, n'est équipée que d'un bureau, d'une chaise et d'un PC. Au moment où Trilobyte démarre son activité, ce qui permettrait de réaliser The Seventh Guest n'existe pas. Aucun logiciel ne peut animer des images sur PC de manière réaliste et fluide, encore moins simuler le déplacement d'un visiteur dans un décor avec des effets d'ombres et de lumière et un fond sonore digne d'un film. Il va falloir créer de tels outils de toutes pièces.

Autodesk vient de publier un logiciel de dessin avancé, 3D Studio, qui autorise la représentation d'images en 3 dimensions, mais sa maîtrise est complexe. Rob Landeros décide qu'il l'utilisera essentiellement pour retoucher des images existantes. Pour représenter l'intérieur du manoir, le plus simple semble en effet de photographier les pièces d'une des authentiques maisons de style Victorien qui elles, abondent à Jacksonville ! De tels clichés seront ensuite scannés dans l'ordinateur

Pour gérer l'animation, Devine crée un programme qui va permettre de jouer une succession d'images issues de 3D Studio. Afin que d'autres puissent en bénéficier, il place ce programme en libre diffusion sur Internet. Quelques semaines plus tard, Trilobyte reçoit une lettre manuscrite d'Autodesk, accompagnée d'un chèque de 30 dollars et de quelques disquettes.

« Voici notre contribution pour votre programme. Nous tenions à vous faire savoir que nous développons notre propre logiciel d'animation, Animator Pro. Nous sommes ravis de vous en adresser une pré-version ».

Trilobyte se trouve ainsi doté d'un produit d'avant-garde pour réaliser ses animations !

L'un des objectifs recherchés pour The Seventh Guest est de donner au joueur l'impression qu'il peut errer à son gré dans le manoir de Henry Stauf, et avancer dans toutes les directions. Pour restituer cet effet, Landeros envisage d'effectuer des prises de vues à 360 degrés à partir d'une caméra panoramique.

Pourtant, Jacksonville n'est pas Los Angeles et il s'avère impossible de dénicher un tel équipement en location à des dizaines de kilomètres à la ronde. Rob se rabat sur un appareil de photographie à objectif grand angle monté sur un trépied. En faisant tourner un tel dispositif, il est possible de prendre des clichés qui sont ensuite accolés les uns aux autres. Hélas, Landeros s'escrime sans succès à concevoir les pièces du manoir à propos de tels montages photographiques : lorsqu'il juxtapose les photographies sous 3D Studio, un effet de distorsion disgracieux se fait sentir.

The Seventh Guest est censé sortir en décembre et la réalisation des décors est toujours au point mort au mois de mai. C'est alors que Robert Stein III rejoint Trilobyte. Le dessinateur moustachu a quitté Virgin Games vers la fin 1990 et a passé plusieurs mois dans un cabinet d'avocats à utiliser 3D Studio – il avait pour tâche de recréer sous forme graphique l'atmosphère de procès en justice. La nouvelle recrue soulève une idée extravagante : représenter l'intégralité du manoir en partant de zéro à l'aide de 3D Studio. Landeros s'avoue sceptique ; tout ce qu'il a jamais vu faire avec un tel logiciel, c'était des cubes, des boules et autres volumes avec leurs ombres et effets de lumière. Il paraît impossible à partir d'un tel programme ; de reproduire le niveau de détails d'une maison victorienne fourmillant d'éléments décoratifs en tous genres.

Stein passe une semaine à concevoir une pièce simple avec une cheminée et des chaises. Les dessins ne sont pas particulièrement convaincants. Toutefois, lorsqu'ils sont animés avec Animator Pro, l'effet est surprenant : l'atmosphère est bel et bien celle d'une maison hantée.

Stein III définit une à une les vingt-deux pièces de la maison hantée : bibliothèque, chambres, couloirs... Plus de trois semaines lui sont nécessaires pour créer chacune d'entre-elles, temps auquel il faut parfois ajouter quelques journées d'absence imprévisibles. Sous une carapace tranquille Robert Stein III se montre extrême dans ses crises de nerfs. Lorsque son PC refuse de fonctionner comme prévu, ses réactions sont incontrôlées. Stein peut saisir son clavier et l'envoyer sans ménagement contre le mur avant de quitter les lieux. Pendant toute une journée, Landeros et Devine n'ont aucune nouvelle de lui. Stein III revient ensuite chez Trilobyte et se ré-attelle à ses créations graphiques avec la patience et la précision d'un horloger suisse.

La partie la plus complexe incombe à Graeme Devine, qui doit programmer un outil permettant de jouer des images vidéo sonorisées depuis un PC. La réalisation d'un tel logiciel relève de l'exploit technique et, au vu des connaissances de l'époque, paraît même illusoire. L'un des défis consiste à loger de longues séquences vidéo sur un support informatique, sachant que sous forme numérique, une image couleur peut occuper jusqu'à un million d'octets. Comme le CD-ROM ne peut en loger que six cent millions d'octets, la solution consiste à créer un programme complexe de compression, éliminant toutes les informations redondantes.

Dans la mesure où ils explorent un terrain vierge, Devine et Landeros effectuent certains choix de manière infondée. En premier lieu, ils choisissent un rapport d'écran analogue à celui du Laserdisc pour les images du jeu. Les deux hommes partagent une même passion pour le cinéma – Devine a une collection personnelle de plusieurs centaines de films – et sont donc persuadés que seul un format grand écran peut convenir pour The Seventh Guest. Par la suite, cette décision rendra le travail de Devine relativement plus aisé, puisque les images n'occupent que la moitié de l'écran du PC.

Une autre bourde, commise lors du tournage des parties filmées, va s'avérer heureuse. Chaque fois que le joueur entre dans une pièce, il doit être soumis à une séquence animée dans laquelle apparaît le fantôme de l'un des infortunés visiteurs qui l'ont précédé. Un studio de cinéma a donc été engagé pour diriger les acteurs qui vont personnifier les spectres.

Habillés de vêtements des années 1920, les comédiens sont réunis dans un petite salle et filmés sur un fond bleu, Landeros ignorant alors qu'il serait préférable de les filmer sur un fond vert. Le fond bleu aurait été inadéquat pour des personnages réels, car une fois incrustés dans des images sous Animator Pro, les corps apparaissent dans une semi-transparence et laissent des traînées lorsqu'il se déplacent. Par chance, cet effet se révèle extraordinaire pour représenter le mouvement de fantômes et amplifie le caractère déconcertant des scènes où ils interviennent.

Un réalisateur, Verin G. Lewis, conçoit une séquence d'introduction de type cinématographique. À la manière des films des années 1930, le spectateur voit apparaître un livre dont on tourne les pages. Chacune des vieilles photographies de cet ouvrage s'anime sous la forme d'un film en couleur tandis qu'un narrateur conte la sombre histoire de Henry Stauff.

Un à un, les éléments de The 7th Guest sont assemblés, des décors aux puzzles en passant par les incrustations filmées. Pourtant, vers la fin de l'année 1991, le projet paraît dans l'impasse. Lors des visites qu'il effectue à Jacksonville, Alper découvre les programmeurs en proie au blues et à l'accablement. Le challenge technique est tel que Devine peine à trouver une solution et doute de ses capacités à jamais y arriver. Si la création des images avance comme prévu, la technologie nécessaire pour les animer tout en diffusant une musique de qualité CD paraît hors de portée. D'ailleurs, les spécialistes de Microsoft consultés par Trilobyte ont donné leur avis sur la question : réaliser un « moteur » graphique et sonore tel que l'envisage Devine relève de l'utopie.

En raison de l'allongement des délais, le budget initial gonfle démesurément. À l'origine, il avait été décidé d'investir trois cent mille dollars, une somme deux fois supérieure aux productions les plus coûteuses réalisées jusqu'alors. Au train où vont les choses, il faudra encore doubler la mise.

Alper s'acharne à tirer les ficelles et découvre alors, non sans une certaine animosité, que le retard est essentiellement dû à l'individualisme outré dont peut faire preuve Devine lorsqu'il a une idée en tête. Réticent à partager son travail avec d'autres, l'alchimiste du code a opéré dans un secret absolu, sans informer qui que ce soit de ses recherches. Il a ainsi intégralement assumé une tâche dont il aurait dû, selon Alper, déléguer certaines parties.

Pourtant, la colère va bientôt céder place à l'émerveillement. En avril 1992, Alper est convié à se rendre au plus tôt à Jacksonville pour voir cela de ses yeux.

Dès son arrivée dans les locaux de Trilobyte, l'amateur d'art qui sommeille en lui est sidéré. Du jamais vu !... Devine a fait en sorte qu'il soit possible d'afficher des animations de qualité cinématographique depuis un CD-ROM tout en jouant simultanément de la musique et des dialogues. La technique s'est mise au service d'une fresque visuelle.

L'atmosphère qui émane de The Seventh Guest est grandiose. Aucun jeu publié jusqu'alors n'a jamais transmis une telle force picturale. Certaines scènes au cours desquelles fantômes et squelettes émergent de manière onirique donnent la chair de poule à Martin Alper.

Le jeu de Trilobyte apparaît comme une œuvre clé, dont l'effet pourrait être comparable à celui de Blanche Neige et les Sept Nains, dans le dessin animé. Une création qui, par la maîtrise achevée d'une technique, ouvre de nouvelles portes dans la représentation du Beau. L'art du jeu vidéo est en train de faire un bond en avant.

Le lancement de The 7th Guest est organisé à l'automne 1992 au Consumer Electronic Show (CES) de Chicago. Alper décide d'élaborer un événement mystérieux. Dans les sous-sols de l'exposition, une grande salle est décorée de manière à évoquer une chambre de maison hantée. À l'entrée, des gardes interdisent le passage sauf à des invités triés sur le volet : journalistes, distributeurs et éditeurs éminents... Dans l'antre ténébreuse, Landeros et Devine effectuent la démonstration de l'invraisemblable jeu sous des regards éberlués. Le bruit se répand bientôt dans les enceintes du CES que l'événement du salon n'est autre que ce logiciel spectaculaire de Trilobyte. Le message : il faut le voir pour le croire !...

## The 7th Guest

Vers la fin de l'événement, des queues se forment à l'extérieur de la chambre noire de Virgin Games, chacun jouant de ses relations pour décrocher le droit d'entrer à l'intérieur. Certains parlent d'une atmosphère à la Edgar Poe, d'un scénario à la Agatha Christie et surtout, de mouvements de caméra sublimes, comme il ne s'en est encore jamais vu sur un ordinateur.

Bill Gates, le président de Microsoft, fait partie des rares privilégiés conviés à la « projection privée » de Trilobyte. Il en ressort dans un état fébrile, stupéfait qu'une telle prouesse technique ait pu être concrétisée. Quelques semaines plus tard, le leader de l'industrie du logiciel présente des extraits de The 7th Guest lors de la Convention Multimédia de San Francisco et décrit ce jeu comme le « nouveau standard du loisir interactif ».

Précédé d'une telle aura, le jeu qui est publié en avril 1993 devient le premier CD-Rom best-seller. Trilobyte n'a produit que soixante mille copies et celles-ci sont insuffisantes à satisfaire la demande : les commandes affluent au bureau de Jacksonville. Mieux encore, maints distributeurs affirment que le jeu fait vendre des lecteurs de CD-ROM.

The Seventh Guest a coûté plus de sept cent mille dollars, une investissement jusqu'alors inégalé, mais Virgin Games rentabilise la somme en un temps record. Au bout d'un an, le jeu a déjà rapporté plus de quinze millions de dollars.

L'influence de The Seventh Guest est énorme sur l'industrie du jeu et du multimédia, même si de nombreux éditeurs ne vont souvent retenir que la lettre au lieu de l'esprit. Pendant près de trois ans, les décors et déplacements inspirés de ce titre vont se multiplier, jusqu'à provoquer une franche lassitude voire l'écœurement de la part du public des jeux interactifs. Trilobyte va produire sa propre suite 7th Guest intitulée The 11th Hour et celle-ci va bénéficier en partie de l'engouement pour l'original. Le modèle n'est pourtant pas reproductible à l'excès et son utilisation systématique ne sera pas sans rappeler les clones qui ont parfois été commis dans le sillage d'un film culte. L'original conserve une fraîcheur et une force émotionnelle intactes.

Instantanément entré dans la légende, The Seventh Guest paraît voué à y demeurer.

À la fin 1996, à en croire Martin Alper, le jeu avait largement dépassé les deux millions de copies et continuait de se vendre de manière honorable. Au pic de la popularité de The 7th Guest, Virgin Games et Trilobyte ont même reçu 1 million de dollars de la part de Nintendo pour les droits du jeu en CD-ROM sur console. La manœuvre a semblé étonnante : Nintendo n'utilisait pas de CD sur ses machines. La raison en sera connue plus tard : le géant du jeu avait annexé ces droits pour une unique raison : empêcher SEGA de publier The 7th Guest sur sa nouvelle console avec CD !

Trilobyte a fermé ses portes en février 1999 et ses deux créateurs ont chacun vogué vers d'autres horizons. Rob Landeros a co-fondé Aftermath qui réalise des histoires interactives. Graeme Devine a été embauché par id Software et a dirigé le développement de Quake III Arena avant de superviser celui de Halo Wars pour Microsoft. En 2008, le magazine Edge l'a désigné parmi les 40 meilleurs développeurs de l'industrie du jeu vidéo. L'artiste Martin Alper qui a quitté la direction de Virgin pour se consacrer à ses sculptures est demeuré l'un des admirateurs de l'intéressé :

« Graeme Devine reste encore et toujours l'un des plus grands visionnaires contemporains. »

## X  DUNE - La traversée du désert

Il était une fois Arrakis, une planète sans eau ni végétation ni minéraux précieux... Elle suscitait pourtant la convoitise de myriades de confédérations alentour pour ses inépuisables réserves d'épice. La fameuse substance ne germait que sur cette planète des sables communément baptisée Dune. L'épice avait pour vertu de prolonger la vie, d'amplifier la conscience et de permettre le voyage à travers l'espace. Le duc Leto Atreides avait été désigné pour défendre cette planète contre l'avidité de ses voisines, notamment celle gouvernée par le décadent Baron Harkonnen.

Cette saga qui tire sa densité du désert dont les sillons regorgent de silice brûlante porte un nom : Dune de Frank Herbert.

L'auteur est né en 1920 à Tocoma dans l'état de Washington. Ce n'est qu'à l'âge de quarante-quatre ans qu'il a publié Dune World sous forme de trois épisodes dans la revue Analog.

Au centre de l'histoire se trouve l'éducation et la maturité de Paul Atreides, fils du duc Leto. Il va devenir un messie pour les Fremen, le peuple tribal qui hante les souterrains de la torride Arrakis. Ces individus fiers et indépendants aux yeux bleu limpide sont venus envahir Dune.

Refondu en un seul volume, le roman est sorti en 1968. Un an plus tard, il a gagné les deux plus hautes distinctions en matière de science-fiction, les prix Nebula et Hugo. Quatre suites découlent de la première mouture.

Seize ans après la publication du roman, Dino de Laurentiis a confié à David Lynch la transposition sur grand écran de l'œuvre. En dépit d'un casting prestigieux incluant Sting, Sean Young, Kyle MacLahan, Max Von Sydow et malgré des effets spéciaux spectaculaires, la fresque hollywoodienne a fait un flop, du fait d'un scénario alambiqué qui, à trop vouloir embrasser, était devenu cryptique.

Pourtant, le phénomène Dune n'a aucunement été entaché par cet incident de parcours. Le monde compte des millions de fanatiques, répartis dans de multiples associations et le roman figure au programme de plusieurs facultés de lettres américaines. S'il est une œuvre de science-fiction que les plus grands éditeurs de jeux vidéo ont convoitée frénétiquement, c'est bel et bien cette épopée de Frank Herbert.

Depuis l'année 1988, Martin Alper qui préside Virgin Games rêvait d'obtenir la licence d'exploitation de l'œuvre de Frank Herbert en vue d'une adaptation interactive. Pour cet honnête homme au maintien noble et aux goûts éclectiques, la motivation était d'abord personnelle. Amateur de science-fiction, Alper apprécie Robert Silverberg, William Gibson et Neal Stephenson. Pourtant, de tous les livres qu'il a pu dévorer, Dune est demeuré son préféré, le compagnon de choix pour la fameuse île déserte. Fasciné par cette œuvre, il juge qu'elle recèle un ensemble imposant d'enseignements de nature spirituelle :

« Dune est une métaphore relative à une religion alternative. Il n'est pas un aspect du livre qui ne présente un parallèle avec le christianisme ou le judaïsme, notamment l'idée du Messie qui vient sauver une étrange planète. Au-delà de ses qualités littéraires, ce qui m'a toujours impressionné était son caractère mystique qui confère une dimension supérieure à l'histoire. Dune amène à se poser des questions sur les autres civilisations qui pourraient exister : ont-elles les mêmes croyances, adorent-elles les mêmes êtres surnaturels ? »

L'écueil sur lequel a longtemps buté le président de Virgin Games concernait la propriété des copyrights relatifs à la saga. Dino de Laurentiis, qui avait acquis les droits d'adaptation cinématographique a fait faillite peu après la sortie du film de David Lynch. À la suite de la disparition de Frank Herbert en 1986, plusieurs procès se sont succédés sans que les juges ne parviennent à désigner les détenteurs des droits.

En ce printemps 1990, les contacts entrepris par Martin Alper avec les studios Universal semblent avoir bon espoir d'aboutir. Il reste à trouver une équipe de développement animée d'une flamme suffisamment forte pour donner vie à un jeu interactif digne de la matrice originelle.

Après le dépôt de bilan de Ère Informatique, Philippe Ulrich se retrouve une fois de plus à devoir repartir à zéro. Le cœur déraciné et l'humeur délavée, Don Quichotte cherche en vain les moulins d'une croisade qui n'a plus cours. La gloire est une étoile filante et ses traînées fugaces s'évaporent dans les vapeurs nocturnes. La saison n'est pourtant pas à l'abandon. La planche de salut du Captain Phil demeure la foi dans la force du groupe.

L'équipe qui a réalisé les plus beaux produits de Ère Informatique se soude autour de son mentor. Elle regroupe Didier Bouchon, Rémi Herbulot, le compositeur Stéphane Picq, l'auteur de bandes dessinées François Froideval, Michel Rho, Johan Robson et d'autres développeurs. Si la désillusion est profonde, l'énergie demeure intacte, comme celle d'un volcan au repos.

Ulrich, qui a reçu des centaines d'auteurs dans son bureau de Ère Informatique et révélé une quinzaine d'entre eux, ne demande qu'à rempiler. Pour faire survivre le rêve, il brandit haut et fort ce qu'il appelle la stratégie de l'Alien.

« Alien est indestructible parce qu'il sécrète ses propres acides pour se défendre, il est capable de demeurer des millénaires renfermé sur lui-même dans l'attente du moment propice. Il trouve toutes formes de reproduction pour parvenir à persister et survivre à tout prix. »

Ulrich suggère que l'équipe des auteurs serait comparable à la créature du film de Ridley Scott.

« Nous représentons une force qui transcende Ère Informatique, puisque cette société n'est plus rien sans nous.

Nous sommes comme Alien, avec une aptitude à survivre même s'il nous faut entrer en hibernation pendant quelques mois pour ressurgir au moment opportun. L'essentiel est que nous demeurions soudés. Notre seule force est dans notre union. »

Son message trouve un écho auprès de ses compagnons d'aventure. Le capital confiance amassé par l'équipe de Ère Informatique au cours des folles années écoulées est intact : la renommée de Macadam Bumper et de Captain Blood a traversé les frontières. Qu'ils s'appellent Mindscape, Origin, Epyx ou Cinemaware, les éditeurs sont nombreux à avoir approché Ulrich à un moment ou à un autre, afin de tisser des liens avec l'atelier de développement parisien, terre d'asile de desperados aux visions interstellaires. Aucun minerai n'est plus précieux dans la grandiose contrée du logiciel que le savoir-faire de créatifs hors pair.

Désoeuvrés, les anciens d'Ère Informatique soulèvent maintes idées de jeux tout en sachant qu'ils n'ont pas les moyens de les financer. D'interminables conversations téléphoniques se déroulent entre Paris et Caen où réside Herbulot, Marseille où se trouve Picq, Chartres où habite Johan Robson... Tous pressentent que le CD-ROM, ce support dont la capacité équivalut à celle de cinq cents disquettes, va devenir le média des dix prochaines années. Le petit disque brillant est perçu comme une formidable aubaine pour les bâtisseurs d'empires virtuels.

« Nous allons pouvoir inventer des univers, explique Ulrich. Les petits jeux des débuts de l'informatique n'avaient aucune pérennité car la technique était trop pauvre. Grâce au CD-Rom, nous allons réaliser des classiques, des oeuvres que nos enfants pourront toujours apprécier dans dix ou quinze ans. »

Entre Infogrames et ce qui demeure de Ère Informatique, les liens sont coupés. Rémi Herbulot et Didier Bouchon désirent entamer une procédure judiciaire afin de récupérer les droits qu'ils n'ont pas touchés sur leurs créations, respectivement Crafton & Xunk et l'Arche du Capitaine Blood. Par solidarité, Ulrich se joint à la procédure, même si les sommes qui lui sont personnellement dues sont infimes en comparaison. L'avocat choisi, Maître Brechignac, passe en revue les contrats établis et déclare : « C'est surréaliste ! »

La situation se révèle complexe du fait que Ère Informatique a déposé son bilan. Infogrames continue d'exploiter des titres tels que l'Arche du Capitaine Blood ou Purple Saturn Day. L'avocat envoie plusieurs lettres à Bruno Bonnell, le mettant en demeure de payer ce qui est dû aux auteurs, allant jusqu'à menacer Infogrames de procéder à la saisie des disquettes dans les boutiques.


Infogrames a comme à l'accoutumée un souci immédiat : assurer les payes de fin de mois. Vers la fin 1989, le président de Hasbro Europe, Norman Walker, un Américain blond et maigre avec des cheveux mi-longs et une petite moustache, a fait une offre de rachat. Des négociations avancées ont été menées, assorties d'audits juridiques et financiers.

Bruno Bonnell s'est finalement retrouvé à la table de signature chez Hasbro aux USA en l'absence de Norman Walker qui est en voyage.

Ce jour-là, Bonnell, le stylo à la main, s'apprête à signer l'accord puis à repartir avec un chèque qui va remettre Infogrames d'aplomb. À ce moment-là, l'avocat de Hasbro Europe, une sorte de bouledogue chauve précise un détail :

— Au fait, nous avons oublié de vous le dire. Nous avons divisé vos salaires par deux !

Bonnell sursaute et rétorque :

— Ah ! La bonne blague !

— Ce n'est pas une blague, reprend l'avocat de Hasbro. Nous estimons que la rentabilité n'est pas au rendez-vous et donc, nous divisons vos salaires par deux.

— Vous savez que c'est une violation du contrat, plaide Bonnell.

— De toutes façons, vous n'avez pas le choix.

L'avocat a dit la phrase de trop. Bonnell pose son stylo, se lève et sort de la salle. Décontenancé, l'avocat lui court après et se fait dire par Bonnell :

— Vous ne m'avez pas compris ? Je ne vendrai pas ! Et je ne reviens jamais sur une décision de ce type.

Dans l'avion, Thomas Schmider qui s'occupe des finances d'Infogrames s'inquiète :

— Tu te rends tout de même compte que nous n'avons pas de quoi couvrir les échéances du mois prochain ?

— Ce n'est pas grave, tempère Bonnell. Nous trouverons bien une solution. Il n'est pas question de se vendre à ces gens s'ils sont capables de nous faire un coup pareil au dernier moment.

De retour à Lyon, les actionnaires d'Infogrames pestent, ne parvenant pas à comprendre que Bonnell n'ait pas concrétisé l'opération. Il est vrai qu'ils perdent une bonne affaire puisque le deal impliquait qu'ils récupéreraient 13 fois leur mise.

L'éclaircie va survenir de façon inattendue...

En 1988, Jan Timmer, le grand timonier de Philips, a eu la vision d'un appareil multimédia qui viendrait se placer dans le salon sous chaque téléviseur : le CD-i (ou CD interactif). Pourtant, il a dû faire cavalier seul : Sony, Matsushita, Toshiba et les autres géants de l'électronique ont boudé le CD-i. Faute de mieux, Jan Timmer a lancé la production de son propre catalogue de titres. À Santa Monica en Californie, une équipe de trois cents personnes s'attelle à la réalisation d'un grand nombre de CD interactifs touchant à la culture, l'éducation et à la vie pratique.

En France, un dénommé Jean-Claude Larue a pris la tête de la nouvelle division multimédia de Philips. Excentrique lutin échappé de Qui veut la peau de Roger Rabbit ?, Larue a reçu pour mission de lancer le CD-i en Europe. La belle affaire ! Le catalogue des titres qu'il reçoit des USA le laisse déconfit : qui achètera jamais cela ? Il manque au CD-i un carburant d'une autre saveur : des jeux vidéo !

Larue a déjeuné avec un ami d'enfance du nom de René Bonnell, un chauve rondouillard qui supervise le cinéma chez Canal+. Une fois que le vaillant Larue lui a fait part de ses soucis éditoriaux, René Bonnell a répliqué :

— Il y a quelqu'un qu'il faut que tu rencontres, mon neveu Bruno.

À Lyon, Larue a découvert Infogrames et il n'est en pas revenu : le foisonnement créatif est sensible jusque dans l'air que l'on respire. Pourtant, l'éditeur opère sur la corde raide et se démène tant bien que mal pour demeurer à flot. Larue et Bonnell se sont implicitement reconnus : ils sont tissés d'un même coton, celui des guerriers celtiques et des navigateurs au long cours. La relation d'affaires qui voit le jour a un goût de fraternité. Larue va apporter son soutien à Infogrames et ce soutien sera indéfectible.

Immédiatement, Philips Multimédia passe commande à Infogrames de jeux destinés au CD-i. Dans la foulée, Larue apporte la caution de Philips auprès du méfiant propriétaire de l'immeuble de Villeurbanne afin qu'Infogrames puisse s'installer sur un étage supplémentaire. Peu après, lorsqu'il réalise que l'établissement des payes de fin de mois chez Infogrames relève encore et toujours de la haute jonglerie, Jean-Claude Larue revient de nouveau à la rescousse. Flamboyant, il avance le nom de Philips aux banques afin que les salaires d'Infogrames puissent être versés.

Au début des années 1990, Jean-Claude Larue juge utile d'aller plus loin. Philips Multimédia entre dans le capital d'Infogrames à hauteur de vingt pour cent. Un vent apaisant souffle sur les bords de la Saône. L'épisode malheureux concernant Hasbro est oublié. Enfin, presque : lorsque Norman Walker a lui-même appris l'esbroufe opérée par l'avocat américain, il est entré dans une colère noire. Il va quitter Hasbro peu de temps après.


Il manque un trait d'union pour lancer les auteurs de Ère Informatique dans une nouvelle équipée fantastique. Amateur de symbolisme, Ulrich cherche dans son passé la clé d'un nouveau souffle. Il se souvient alors de Philippe Constantin, le directeur artistique qui l'avait reçu en 1976 dans son bureau des Champs-Elysées alors qu'il n'était qu'un insignifiant troubadour. Le destin a voulu qu'entre-temps, l'auguste Constantin ait géré les éditions musicales de Virgin en France.

Virgin !... Et s'il était là, le chaînon manquant de son épopée ? Instinctivement, le baroudeur pressent qu'une partie de son avenir est là, dans le sillage de celui qui lui a un jour ouvert les portes de la chanson.

Virgin apparaît comme une société modèle. Bien que née en Angleterre, elle a réussi à rayonner dans le monde entier, gérant la carrière internationale d'artistes aussi légendaires que Pink Floyd. La filiale française a elle-même lancé des groupes du calibre de Rita Mitsuko et Téléphone. À l'heure où l'on parle de la fusion de la vidéo, du cinéma, de la musique et de l'informatique, Virgin apparaît comme un pôle imparable avec une fantastique banque d'images et de sons.

Ulrich décroche son téléphone et tombe sur Jean-Martial Lefranc, le cadre nommé par Patrick Zelnick à la tête de Virgin Loisirs afin de lancer la marque SEGA sur le sol français. À l'idée de rencontrer Ulrich, le jeune homme exulte : deux ans plus tôt, il a eu le coup de foudre pour un jeu qui n'était autre que... l'Arche du Capitaine Blood. Recevoir Julien Clerc ne lui ferait pas plus d'effet.

Place des Vosges, les locaux de Virgin Loisirs trahissent une organisation brouillonne, avec des cartons empilés un peu partout et des bureaux meublés à la hâte. L'un des employés, Luc Bourcier, a le prototype d'une nouvelle console, appelée la Mega Drive. À l'entendre parler au téléphone, cette machine de jeux serait une « bombe ».

Vêtu d'un spencer sur lequel sont agrafés des pin's en forme de microprocesseurs, Ulrich se présente à Jean-Martial Lefranc et vient offrir les services de son clan. S'il est heureux de recevoir la visite de ce créatif exalté pour lequel il éprouve le plus grand respect, le directeur de Virgin Loisirs, finaud, ne le laisse aucunement transparaître. Il suggère juste de le revoir prochainement en compagnie des fameux auteurs.

Le 20 juillet, une réunion de présentation de l'équipe au grand complet est organisée chez Virgin Loisirs en présence de Jean-Martial Lefranc et de Frank Herman, l'homme qui préside aux destinées du groupe depuis Londres. En découvrant ce jovial patriarche, Ulrich tombe sous le charme et la séduction est réciproque. La perspective, évoquée par Ulrich, de récupérer les droits de Captain Blood afin de porter ce jeu sur la SEGA Mega Drive sous licence Virgin soulève un réel intérêt de la part d'Herman. L'affable quinquagénaire fait comprendre qu'il fera tout ce qui est en son pouvoir pour intégrer la bande d'Ulrich au sein de Virgin Loisirs. Puis, l'œil espiègle, il s'amuse à titiller Lefranc :

— Tu vas souffrir mille morts, Jean-Martial. Tu ne sais pas ce que c'est que de gérer une bande d'artistes du jeu vidéo. Je ne connais pas de métier plus difficile au monde !

Herman demande à Ulrich, Herbulot, Bouchon et consorts de plancher sur trois nouveaux titres. Il ajoute qu'il fera en sorte qu'une rencontre soit organisée avec Martin Alper, le président de Virgin Games USA !

Au sortir de la réunion, les transfuges de Ere baignent dans une douce euphorie. D'autant que quelques jours plus tard, Luc Bourcier annonce qu'il a obtenu une entrevue avec Martin Alper !

Au tout début du mois d'août, Rémi Herbulot prend l'avion pour Los Angeles et se rend à Orange, au sud de la ville Californienne. L'esthète qui dirige Virgin Games porte sa perpétuelle barbe de trois jours. Il traite son hôte avec flegme.

La réputation de Captain Blood a précédé l'ambassadeur de Ère Informatique. Alper qui n'a de cesse d'analyser le secteur des jeux est pleinement conscient du potentiel artistique de ces programmeurs français. Tandis qu'Herbulot lui présente ses projets de développement, une particularité l'interpelle : les trois maquettes de jeux que lui soumet le breton ont pareillement trait à la science-fiction.

Lors de la discussion, Alper laisse entendre à Herbulot qu'il se bat depuis plusieurs années pour obtenir la licence d'un livre mythique. Puis, alors qu'il conduit le français dans sa Jaguar, il se laisse aller aux confidences.

— Ce serait bien que votre équipe réalise l'adaptation de Dune…

Devant le regard ahuri de Herbulot, il ajoute :

— Hélas, il y a peu de chances pour que nous obtenions jamais les droits.

Lorsque Herbulot s'en revient conter les détails de sa rencontre avec Martin Alper, Ulrich voit dans cette pirouette du destin un appel du désert des sables.

— Il y a là un signe ! J'ai acheté mon premier ordinateur dans une boutique qui s'appelait Dune. À Las Vegas, mes programmeurs et moi-même sommes tous descendus à l'hôtel Dune. À Londres, Didier Bouchon s'est acheté une bague avec un œil bleu. Dune est un retour aux sources ! Il me paraît évident que nous allons réaliser ce titre.

Quelques jours plus tard, Frank Herman propose l'embauche d'Ulrich chez Virgin Loisirs dès le début septembre avec un salaire confortable. Les autres membres de l'équipe opèreront de manière indépendante, sous sa supervision. La proposition agrée pleinement aux auteurs - la plupart rechignent à rejoindre une structure de manière permanente.

Un soir, à 21h, trois semaines après le voyage de Rémi Herbulot en Californie, Ulrich reçoit un appel de Jean-Martial Lefranc :

— Tiens-toi bien… Je viens d'avoir Martin Alper. Il a obtenu la licence de Dune et demande que vous commenciez à y réfléchir dès à présent !

La nouvelle dépasse l'entendement. Sonné, Ulrich se précipite

Dune

hors de son immeuble et fait plusieurs fois le tour du pâté de maison en courant. Il dira plus tard avoir eu l'impression d'entrer en lévitation. Une fois la surprise digérée, il téléphone à Herbulot, Bouchon et à tous les autres pour vendre la mèche. Tous nagent dans un bonheur irréaliste à l'idée d'adapter l'un des plus grands romans de tous les temps, avec à l'horizon, une distribution internationale !... Pour Didier Bouchon qui est un fou du désert - il en a traversé plusieurs et a constitué une imposante documentation sur l'océan sableux - participer à une telle aventure relève du rêve éveillé.

L'accord officiel est scellé vers la fin août lors d'un dîner au Fouquet's. En plein milieu du repas, Frank Herman penche sa tête et demande à Ulrich de toucher son crâne chauve. Interloqué, le créatif s'exécute. Herman déclare alors :

— Tu vois cela ? C'est à cause de gens comme toi !

Il enchaîne en déclarant que Virgin Games a donné son feu vert pour le travail préliminaire sur Dune.

Philippe Ulrich rassemble l'armada en vue de travailler sur le design de la saga interactive des Atréides. Remi Herbulot est chargé de la conception et de la programmation. Didier Bouchon, alias maître Captain Blood, aura pour tâche de mitonner les effets spéciaux. Jean-Jacques Chaubin, transfuge des Humanoïdes Associés, devient le commandant de bord de la section graphique. Le très lyrique Stéphane Picq s'attelle à la bande musicale. Deux autres fidèles à la cause, Patrick Dublanchet et Sohor Ty complètent la formation qui part à l'assaut de Dune, à la manière de Paul Atréides et les tribus Fremen chevauchant les vers géants du désert.

Alors que tout baigne dans la liqueur de papaye, Ulrich reçoit une visite de mauvais augure. En ce début de septembre, Herman présente le producteur qui sera chargé de chapeauter la réalisation de Dune. Ulrich découvre qu'il s'agit d'une vieille connaissance honnie, David Bishop ! Lorsqu'ils se serrent la main, des arcs électriques passent dans les yeux. Avec dans la voix un accent de revanche longuement mijotée, l'Anglais déclare :

— Je suis en train de faire le design de Dune.

La dernière fois que Philippe a vu ce petit homme aux manières huilées, leurs rapports avaient été cataclysmiques. Il avait mal supporté l'outrecuidance de cet égocentrique chefaillon.

Au moment de la sortie de Captain Blood, David Bishop était venu chez Ère Informatique avec la casquette de journaliste et avait été subjugué par ce jeu interstellaire. Il avait rédigé pour l'occasion un article dithyrambique.

Pourtant, le 16 décembre 1988, alors qu'Ulrich se trouvait à l'hôtel Meurice pour fêter le rachat attendu d'Infogrames par l'éditeur Epyx, il avait trouvé David Bishop transformé. Le reporter enthousiaste avait laissé place à un tyranneau sans envergure qui avait désormais la charge des logiciels chez Epyx.

Lors du déjeuner, Bishop avait confié à son interlocuteur français :

— Philippe. Il faut que l'on s'organise. Tu vas me donner les noms, les adresses, les projets de tous tes auteurs. Je veux tout connaître d'eux, leurs spécificités, leurs points forts…

— Comment cela David ? Il n'en est pas question. Tu me demandes de te transmettre le résultat d'un travail de cinq ans. Qu'est-ce qui me prouve que tu ne veux pas récupérer tout cela pour toi-même ?

— J'ai la ferme intention de réorienter les créations de Ere Informatique dans une thématique plus adaptée au marché américain. Je serais donc amené, que tu le veuilles ou non, à prendre les rênes de manière directe.

Le ton était monté. Soudainement, Philippe s'était levé et avait dit :

— David. Jamais je ne marcherai dans ton plan. Si nous ne travaillons pas dans un respect mutuel, nous n'aboutirons à rien. Sache bien qu'Ère Informatique n'est pas Infogrames !

Lorsque les deux hommes s'étaient séparés, l'atmosphère était chargée d'une telle électricité qu'il aurait pu tomber averse. Les choses en étaient restées là, Epyx ayant finalement renoncé à absorber l'éditeur lyonnais. L'affaire avait toutefois laissé un arrière-goût d'amertume. Et voilà que ce despote devenait son supérieur. Sans aucun doute, c'était un « jour sans »...

Décidé à sauver la mise, Ulrich dialogue avec le nouveau roitelet et prend note des idées qu'il propose. Il faut à tout prix éviter le clash avec les auteurs. Au cours des réunions qui s'ensuivent, il apparaît cependant que David Bishop n'a qu'une idée en tête : diriger intégralement la réalisation de Dune. Les discussions ne tardent pas à s'enliser, le producteur dénigrant systématiquement le travail des Français.

Tout au long de l'été, les tractations entre Maître Brechignac et Infogrames ont avancé à petit pas, au point où il est désormais possible d'envisager une résolution du conflit. Un soir, l'avocat réunit à son cabinet parisien Ulrich, Bouchon, Herbulot et Bruno Bonnell. La discussion se déroule de manière sévère mais élégante. Bonnell qui subit d'âpres attaques de la part de Bouchon, se contente de déclamer une litanie :

— Soyez patients ! C'est tout ce que je vous demande. Les choses finiront par s'arranger et je veillerai à vous régler votre dû.

Les plaignants obtiennent du patron d'Infogrames qu'il s'engage à combler sous forme de versements mensuels les retards de royalties accumulés à ce jour. Pendant un an, Infogrames devra régler une somme qui tourne autour du million de francs. Le trio infernal récupère au passage la licence de Captain Blood et obtient le droit de produire une suite.

Avant de quitter les lieux, Bonnell doit faire un premier versement à chacun des auteurs de Ere. Tout en s'efforçant de faire bonne figure, le fringant gentleman sort son chéquier dans lequel ne reste plus qu'un seul chèque. Est-ce l'émotion qui l'amène à faire une bévue en rédigeant ledit document ? Il bredouille alors :

— Je suis tellement ému que je ne sais pas si je vais pouvoir le remplir correctement.

Maître Brechignac se lève et déclare d'un ton péremptoire :

— Monsieur Bonnell, on a fini de plaisanter !

Affichant une apparente sérénité, le président d'Infogrames libelle un chèque en bonne et due forme.

Ulrich décide de sceller la nouvelle aventure en créant un label au sein de Virgin Loisirs, qu'il baptise Cryo. Le logo conçu par Didier Bouchon dépeint le visage d'une jeune femme endormie sous le casque d'un container de cryogénisation, symbole de pérennité, de temps suspendu et d'hypothétique immortalité. Cryo, tout comme la divine Exxos, est une déesse, mais il la veut plus humaine, calme et pacifique. Cette égérie qui préserve ses élus, les dote de dons fabuleux. Ulrich annonce que ce nouveau label sera placé « sous les signes du voyage, de la magie, de la beauté, de la technologie, de l'aventure et du mystère ».

A l'occasion du salon ECTS qui se tient à Londres en septembre, une rencontre est organisée avec Martin Alper chez Virgin. Ulrich, Herbulot et Lefranc découvrent que la tentaculaire entreprise fondée par Richard Branson a ses quartiers généraux dans un vieil immeuble gris et sans âme de la banlieue londonienne. La réunion ayant pour but de proposer des idées de développement, les trois mousquetaires présentent les maquettes de plusieurs jeux potentiels. Placide et concentré, Martin Alper les refuse un à un et résume sa position d'une pique imprévue :

— Tout cela est trop empreint de l'esthétique « à la française » !

Au cours de la discussion qui s'ensuit, Alper s'étonne de l'insigne que Philippe porte sur sa veste et sur lequel est inscrit la mention « KGB ». Si Ulrich se voulait provocateur, le pin's suscite une inspiration inattendue chez le président de Virgin Games.

— Ton pin's m'a donné une idée. Je mettrais bien en route une collection de jeux sur les services secrets. J'imagine une boîte sur laquelle serait inscrite la mention KGB. Le jeu raconterait une histoire dans les pays de l'Est à laquelle seraient mêlés des trafiquants et des financiers véreux. Nous pourrions ensuite produire un titre nommé CIA, un autre mettant en scène sur les services secrets israéliens, français... Pouvez-vous réfléchir sur ce thème ?

C'est ainsi que Cryo reçoit sa deuxième commande, celle d'un titre évoluant dans l'univers de l'espionnage contemporain et de sujets politiques brûlants. Prémonitoire, KGB pose l'hypothèse d'un coup d'Etat organisé en Russie afin de démonter la perestroïka ! Johan Robson démarre l'écriture d'un scénario à la John Le Carré.

Afin de ne pas réitérer l'échec de David Lynch, Virgin Games a assigné comme tâche première l'élaboration d'un ambitieux story-board. Plusieurs mois sont consacrés à déterminer les aspects du livre sur lesquels devra se focaliser le jeu. Chacun des membres de Cryo relit plusieurs fois les milliers de pages de la saga de Frank Herbert et s'active à mettre la main sur tout élément approprié (coupures de presse, commentaires de spécialistes, bulletins de fan club...). En parallèle, Ulrich et ses acolytes visionnent inlassablement le film de David Lynch afin de cerner les points de dérive du réalisateur. Chaque fois qu'ils rencontrent une personne qui a lu le livre, celle-ci se voit pressée de questions : « Qu'est-ce qui t'a le plus impressionné ? Qu'as-tu gardé en mémoire ? ».

Durant six mois, la conspiration des « duniens » travaille sur papier. Lors des réunions hebdomadaires, chacun présente idées, croquis, ébauches de story-board... Des nuits entières sont consacrées à la discussion sur les moindres aspects du livre. La check-list des caractéristiques appelées à rejoindre la saga interactive prend ainsi forme. Sont retenus : la planète désertique, la mystérieuse épice, les autochtones Fremen, les vers géants, la rivalité entre la Maison des cyniques Harkonnen et celle des magnanimes Atréides...

Il demeure que les réunions avec David Bishop sont de plus en plus tendues. Certains soupçonnent l'intermédiaire britannique de vouloir faire capoter le projet. Le cadre aux manières empesées s'immisce dans la création des auteurs d'une façon critique et suffisante, comme s'il voulait compenser une frustration personnelle. Il s'oppose notamment à la perspective de créer Dune sur CD-ROM.

Lors d'une réunion à Chartres chez Johan Robson, un auteur extravagant tout droit sorti d'un film des Monty Python, Bishop découvre le synopsis de KGB. Le concepteur a disposé sur plusieurs mètres carrés d'une pièce les fiches correspondant aux diverses étapes du jeu. En découvrant cet indescriptible puzzle, l'anglais émet, de façon prévisible, un avis négatif :

— Tu vois, cette scène-là, il faut l'enlever...

Avec un sourire entendu, Robson s'exécute. Quelques instants plus tard, Bishop revient à la charge :

— Celle-là n'est pas bonne non plus... Elle arrive comme un cheveu sur la soupe.

Robson fait mine de prendre note et soustrait la fiche. Après quelques minutes d'un tel manège, l'auteur prend la relève :

— Tout compte fait, cet épisode-là ne me plaît plus trop. Il faudrait peut-être mieux l'enlever.

D'abord surpris, Bishop acquiesce. La scène devient alors ubuesque, Robson faisant en sorte d'enlever un à un tous les éléments de KGB, tout en obtenant chaque fois l'approbation du producteur zélé. Il se passe une heure avant que Bishop ne réalise que Robson est en train de le narguer. Outrageusement vexé, Bishop jette à Ulrich :

— C'est réellement impossible de travailler avec vous !

En attendant, toutes les maquettes adressées par Cryo au siège californien transitent par Londres et il semble illusoire de compter sur un avis favorable de Bishop.

Régulièrement, Virgin Games reçoit d'immenses bréviaires constitués de planches de dessin commentées, présentant les personnages et la séquence de jeu. Il apparaît rapidement que les délires de la confédération parisienne laissent de marbre l'éditeur américain. Les commentaires qui font écho aux propositions révèlent un manque flagrant d'enthousiasme. « Bof... Pas terrible », « L'interface est trop complexe » « Le jeu mélange de l'aventure et de la stratégie, ce qui n'est pas souhaitable »...

Le 9 avril 1990, Graeme Devine, qui dirige le département Recherche et Développement de Virgin Games, adresse un mémo sarcastique que David Bishop s'empresse de retransmettre à Cryo. Après avoir titré : « Dune, le premier titre qui va nécessiter cinquante disquettes ! », Devine reproche au jeu de manquer d'unité et d'intégrer un trop grand nombre de séquences cinématiques inspirées du film de Lynch, au risque de lasser le joueur. Il conclut ironiquement en affirmant que le temps nécessaire à développer un tel jeu dépasserait la durée de vie moyenne d'un programmeur ! La déconvenue des auteurs est compensée par les encouragements de Frank Herman qui, lors de ses venues à Paris rassure Ulrich et l'enjoint à continuer sur sa lancée.

Pourtant, rien n'y fait... Ulrich et ses compagnons de route ont beau explorer les méandres de Dune, Virgin Games demeure insensible à leurs efforts. Le mémo reçu en mai porte cette mention laconique : « Les dix dernières pages sont d'un niveau honorable ». Graeme Devine insiste au passage pour que le jeu tienne compte des goûts du public américain.

Devant l'impasse, des réunions sont organisées à Londres par David Bishop afin de débattre en profondeur. Pendant de longs moments, les interlocuteurs demeurent silencieux. Penché sur le livre d'Herbert, chacun se livre aux élucubrations relatives à l'art et la manière d'adapter un tel monument sous la forme d'un jeu interactif. Le cahier des charges qui dépasse à présent la centaine de pages retient les thèmes essentiels de l'œuvre d'Herbert : colonisation de la planète à des fins d'exploitation de l'épice, avec en toile de fond un thème cher à l'auteur original, l'écologie. Pourtant Bishop se ferme toujours plus aux délires des français. La rupture n'est pas loin, même si elle n'est jamais formulée de manière explicite.

Tout au long de l'été, le silence radio est total. Plus aucun commentaire ne traverse la Manche ou l'Atlantique en direction de Cryo.

Puis soudainement, le 19 septembre 1990, Jean-Martial apporte une télécopie de l'Angleterre en provenance de Gerry Tucker. Anciennement chef comptable de Virgin Games à Londres, Tucker vient de prendre la direction générale suite au départ de Nick Alexander.

A la lecture du fax, Ulrich est atterré.

« Nous ne pensons pas que les projets Dune et KGB soient suffisamment forts pour qu'il soit possible de les publier sous le label Virgin Games. En conséquence, nous sommes désolés de vous informer que nous ne souhaitons pas que le travail soit poursuivi sur ces deux titres ».

Persuadé que David Bishop a fait en sorte de saboter le projet, Ulrich peste contre le producteur anglais.

— C'est un coup monté. Ils ont récusé nos deux projets ! Passe encore pour Dune, mais en ce qui concerne KGB, les Américains n'ont encore rien vu !

Appelé à la rescousse, Franck Herman sauve une fois de plus la mise à ses protégés. Il conseille de poursuivre les développements comme si de rien n'était et donne l'ordre à Jean-Martial Lefranc de continuer à verser le salaire d'Ulrich ainsi que les avances sur royalties des auteurs. Patrick Zelnick couvre l'opération d'autant plus aisément que Virgin Loisirs réalise des ventes records sur les consoles SEGA. À toutes fins utiles, Lefranc prend contact avec d'autres éditeurs tels Mindscape et Ubisoft afin de pouvoir vendre la licence de Dune le cas échéant.

Ulrich, pour sa part, décide que le moment est venu de faire jouer certaines armes. Il convoque plusieurs journalistes et leur présente les premières maquettes de Dune. Sans le moindre effort, il obtient la publication de nombreux articles vantant les mérites du jeu. Le fondateur de Cryo sait pertinemment qu'en agissant ainsi, il envoie d'insidieuses torpilles vers David Bishop qui a pour habitude de parcourir la presse spécialisée. Si les liens sont coupés, le message circule ainsi par média interposés.

Tous ignorent que de l'autre côté de l'Atlantique, Martin Alper a jeté l'éponge. Le président de Virgin Games ne croit plus que Cryo soit en mesure de développer Dune. Il a donc procédé au rachat d'un atelier de développement nommé Westwood. Ce studio sis à Las Vegas a reçu pour mission de réaliser une adaptation interactive de Dune sous la forme d'un jeu de stratégie ! Dans l'esprit d'Alper, Cryo appartient déjà au passé.

Pendant près d'un an, Infogrames a effectué les versements prévus à Bouchon, Herbulot et Ulrich. Puis soudain, les règlements mensuels cessent d'arriver. Bruno Bonnell affirme que « tous les auteurs ont été intégralement payés jusqu'au dernier centime, notamment l'intégralité des sommes convenues avec Maître Brechignac concernant l'Arche du Captaine Blood, et j'en veux pour preuve que cela nous a obligés à contracter un emprunt de l'ordre du million de francs sur quatre ans. » Et d'ajouter que dans la mesure où il n'a jamais fermé Ère Informatique, il était obligé de remplir de tels engagements.

Rémi Herbulot affirme pour sa part qu'il n'aurait recouvré que quatre-vingt pour cent des sommes qui lui étaient personnellement dues. Malgré cela, lassés des batailles juridiques, les trois auteurs décident de tirer un trait sur ce passé et de jeter l'éponge. Entre les deux parties, une mutuelle incompréhension persistera longtemps.

La vie de Cryo n'est décidément pas un long fleuve tranquille... En avril 1991, Ulrich passe devant le bureau de Jean-Martial Lefranc et découvre une lettre qui annonce que SEGA a racheté les activités européennes de Virgin. Après avoir écoulé plus d'un million de consoles sur le sol français, le constructeur japonais a décidé d'ouvrir ses propres filiales dans l'Hexagone comme au Royaume-Uni.

Quelques jours plus tard, Jean-Martial Lefranc annonce qu'il quitte Virgin Loisirs pour rejoindre Ciby 2000, la filiale cinéma de

Bouygues. Pendant son pot de départ, Ulrich est mortifié. Dans la mesure où les ponts sont coupés avec l'Angleterre, Lefranc demeurait le seul intermédiaire avec Virgin Games.

L'homme chargé d'effectuer la transition entre Virgin Loisirs et SEGA France, Christian Brecheteau, débarque place des Vosges. Ce cadre discret issu d'une société informatique découvre la présence d'Ulrich dans les murs et s'en étonne :

— Qui êtes-vous au juste et que faites-vous ici ?

En guise de réponse, Ulrich place Brecheteau devant un PC et lui montre les oeuvres en gestation, Dune et KGB. Dépassé par les événements, le nouveau dirigeant se montre rassurant, affirmant qu'il va voir ce qu'il peut faire. Il n'en est pas moins préoccupé que la filiale française de Virgin Games ait financé un développement de manière confidentielle.

À cette époque, Ulrich a repris l'une de ses activités fétiches, celle de directeur artistique et reçoit parfois des auteurs en quête d'éditeur. L'un d'entre-eux s'appelle Eric Chahi. Ce jeune homme chétif a publié trois jeux chez Delphine, écrits en collaboration avec un autre programmeur, Paul Cuisset1. Chahi s'est brouillé avec Delphine et songe à sortir son prochain titre sous un autre label. Le titre qu'il vient présenter à Cryo, Another World, laisse Ulrich décontenancé. Ce jeu qui narre les aventures d'un physicien nucléaire propulsé dans une autre dimension est trop beau ! Or, Chahi est prêt à se vendre pour la somme de cent mille francs !

Ulrich court dans le bureau de Christian Brecheteau et lui dit :

— Je viens de tomber sur une bombe ! Il faut absolument que vous regardiez cela.

Brecheteau regarde la démo d'Another World avec indifférence. La culture que SEGA France a importée du Japon diffuse désormais un seul et même message : tout ce qui sort de la console est négligeable, la Megadrive va balayer tout sur son passage.

Obstiné, Ulrich se rend à Londres chez Virgin Games et se heurte à une pareille impassibilité de la part des nouveaux cadres. Il rentre à Paris effondré, mais garde le contact avec Eric Chahi. Le jeune homme achève la programmation d'Another World dans le pavillon de banlieue de ses parents.

Chez SEGA France, un cadre japonais vient effectuer un audit des comptes de la société et découvre les sommes allouées mensuellement à l'activité Cryo. L'affaire remonte immédiatement à Londres. Brecheteau qui se trouve sur les lieux téléphone fébrilement à Ulrich :

— Philippe... Qu'est-ce que c'est que cette histoire ? Vous êtes en train d'effectuer un développement et personne n'est au courant ici !

— Attendez, Christian. Ils savent pertinemment ce que nous faisons. Demandez à Frank Herman !

— Frank Herman ? Mais il n'est plus chez Virgin Games ! Il n'y a plus personne ici. C'est une histoire de fous. Vous n'avez même pas la licence de Dune !

L'ami Frank Herman, celui qui demeurait l'ultime soutien de Cryo a choisi de rejoindre SEGA. Et Martin Alper, qui est venu régler les affaires de la filiale anglaise a découvert le pot-aux-roses !

— Prenez le premier avion pour Londres et venez défendre votre cause, lance Brecheteau. Je ne peux plus rien pour vous.

Muni de ses disquettes, de planches à dessins et autres documents relatifs à Dune, Ulrich se rend illico dans la capitale anglaise. Il arrive le matin chez Virgin Games et attend que Martin Alper le reçoive. Les heures s'écoulent interminablement sans qu'il n'obtienne signe de vie. Il lui faudra patienter jusqu'à la fin de l'après-midi pour qu'enfin, il soit convié dans la salle de réunion.

Alper reçoit l'homme de Cryo en présence de quelques cadres, parmi lesquels figure David Bishop. Ulrich demande juste qu'on lui laisse la chance de montrer son logiciel. Dès les premières minutes de la démonstration de Dune, Alper manifeste son rejet :

— Ce n'est pas un jeu !

Pourtant, dans la pièce, quelque chose est en train de bouger. Tout doucement, Ulrich perçoit que l'ambiance se métamorphose. En découvrant les images du désert, les constructions, les personnages qui parlent sur un fond musical enivrant, les cadres de Virgin Games ne peuvent s'empêcher d'être touchés - même David Bishop témoigne un intérêt réel pour ce qu'il voit. Martin Alper campe néanmoins sur sa position et affirme qu'il ne veut plus entendre parler de ce jeu. Il est vrai qu'il est placé dans une situation complexe : voilà qu'il se retrouve avec deux versions de Dune, celle qu'il a commandée auprès de Westwood et celle que l'équipe d'Ulrich a réalisée dans une quasi-clandestinité ! Progressivement, Alper ravale son courroux. Le travail accompli par Cryo est remarquable. Il ne manque pas grand chose pour transformer l'essai.

Au moment de partir, Alper discute brièvement avec ses collègues puis donne sa décision à Ulrich :

— Je donne cinq semaines à Cryo pour m'envoyer quelque chose de correct. Si cela ne me plaît pas, je ne veux plus jamais entendre parler de vous. Quoi qu'il en soit, tu es licencié !

Dans l'avion, Ulrich a les larmes aux yeux. Comment se sortir de cette impasse ? A peine rentré à son domicile, il annonce à ses enfants et à sa compagne Nelly qu'il est au chômage. Il écrit ensuite une lettre à Eric Chahi pour lui expliquer qu'il a été viré de Virgin Games et que cette société d'édition est en déliquescence. Il ajoute : « Ton jeu ne les intéresse absolument pas. Cours chez Delphine et sors ton produit chez eux ! » Chahi suivra sagement ce conseil d'ami.

Ulrich reçoit une lettre de Martin Alper qui résume la position de Virgin Games.

« Notre avis sur le jeu n'a pas changé. Le graphisme et la présentation sont appréciables, mais le design général demeure trop déroutant, en particulier si l'on prend en compte les goûts du public américain. Nous sommes préparés à soutenir votre travail jusqu'au 15 juillet, date à laquelle nous devrons recevoir en Angleterre comme aux Etats-Unis, une version jouable du jeu. Si les critiques émises par David Bishop se révèlent non-fondées, nous serons heureux de soutenir vos efforts jusqu'à la réalisation finale. Toutefois, nous tenons à faire remarquer qu'il ne sera en aucun cas possible de transférer la licence de Dune à un autre éditeur et qu'aucun jeu adapté du roman de Frank Herbert ne pourra être publié sans notre consentement ».

Une refonte générale de Dune est effectuée. Malgré le respect qu'il voue à l'œuvre d'Herbert, Rémi Herbulot consent à faire subir des altérations à l'intrigue afin de l'inscrire dans un scénario plus ludique. Dans un souci de simplification, les péripéties démarrent au moment de l'arrivée de Paul Atréides sur Arrakis. Le jeu est également divisé en deux parties essentielles. Dans la première, l'héritier du Duc Léo Atréides doit étendre son influence en gagnant la confiance des Fremen et en les encourageant à récolter l'épice. Par la suite, une fois qu'il a acquis le contrôle d'une moitié de la planète, il lui faut livrer bataille aux Harkonnens.

Rémi Herbulot travaille nuit et jour, assisté de son épouse Danièle et des autres auteurs. Didier Bouchon en revanche est de plus en plus absent et paraît désormais se désintéresser du devenir de Dune.

Cinq semaines après la lettre de Martin Alper, Ulrich poste en express les disquettes qu'il vient de recevoir de Rémi Herbulot à destination de l'Angleterre et des Etats-Unis. La veillée d'armes commence alors. Chez lui, il tourne en rond tout en attendant près du téléphone et en surveillant son fax.

Trois jours plus tard, un appel provient de la Californie.

— Philippe, je m'appelle Justin Hebert et je suis le vice-président de Virgin Games USA. Félicitations ! Martin a vu le jeu et comme tout le monde ici, il est emballé. Ce que vous avez fait est fantastique. C'est la première fois que l'on observe une telle baisse de productivité chez nous, tant les gens sont passionnés par votre jeu !

Avant qu'Ulrich n'ait pu réaliser qu'il ne s'agissait pas d'un fantasme éveillé, Justin Hebert continue de plus belle :

— A propos, qui a fait la musique ?

— Stéphane Picq, un membre de Cryo, et moi-même, répond Ulrich qui s'abstient d'expliquer qu'ils ont produit la mélodie sur des instruments électroniques installés dans sa cuisine.

— Est-ce que les droits sont libres ? demande Hebert. Nous voulons sortir le disque aux Etats-Unis.

Tout en se pinçant pour y croire, Ulrich répond par l'affirmative. Avant de reprendre :

— Justin, une chose me tient à cœur. J'aimerais monter la filiale française de Virgin Games, et développer une édition de logiciels sous ce label.

— Nous n'avons pas l'intention de rouvrir une telle structure dans l'immédiat, répond Hebert. Mais tu peux tranquillement monter ta propre société : tu auras des commandes pour au moins deux années !

Incapable de retranscrire une telle conversation, Ulrich qui l'a enregistrée se contente de la faire écouter à ses auteurs éberlués.

Jean-Martial Lefranc a quitté Bouygues et travaille dans une nouvelle société de cinéma, la Compagnie des Images, qui produit le film d'Arnaud Depleschin, La Sentinelle. Ulrich le retrouve dans la cuisine d'un vieil appartement qui sert de bureau provisoire et s'acharne à le convaincre qu'il est la personne adéquate pour fonder et diriger la société Cryo.

L'Histoire semble à nouveau vouloir mettre son grain de sel dans les destinées de Cryo. Johan Robson a continué de travailler sur le projet KGB qui évoque un éventuel putsch communiste dans la nouvelle Russie. Or suite à un coup d'Etat à Moscou,

Gorbachev est enlevé par des intrigants : contre toute attente le scénario de KGB est en train de se réaliser ! La chance veut que, comme dans la réalité, le scénariste, Johan Robson ait prévu une issue heureuse. À nouveau, le messager de l'univers veut croire à un signe. Ulrich en est certain ; lorsqu'il montrera KGB à Alper, celui-ci comprendra l'ampleur du titre. Ulrich contacte l'agence TASS et obtient les droits de reproduction du putsch avec Eltsine, debout sur les chars qui appelle à la résistance, afin d'inclure la vidéo en début de jeu.

En septembre 1991, au cours d'une réunion à Londres, Martin Alper s'engage à financer la fin des développements de Dune comme de KGB. Le 27 septembre, Virgin Games USA signe un accord avec SEGA concernant l'adaptation de Dune pour la console Mega-CD - un développement qui assure quinze mois de travail pour l'équipe d'Herbulot.

Dune est prêt en fin d'année. Le feu d'artifice visuel doublé d'un accompagnement musical envoûtant déroule une intrigue qui dure près de soixante heures. Son développement a coûté trois millions de francs, dont huit cent mille alloués à la société Cryo, officiellement fondée par Ulrich, Lefranc et Herbulot en janvier. Le contrat par lequel Virgin Games s'engage à diffuser Dune est signé dans la foulée au salon CES de Las Vegas. Lefranc et Ulrich ressortent de la réunion avec un budget de six cent mille francs et ont l'impression d'être devenus milliardaires.

Dune est publié en mai 1992 aux Etats-Unis. Dès la première semaine, il se vend à vingt mille exemplaires, soit cinq fois plus que les meilleurs jeux. Ce n'est que quelques mois plus tard que Cryo découvre l'existence de la deuxième mouture de Dune réalisée par Westwood Studios. Virgin publie alors cet autre jeu qu'elle choisit d'intituler Dune II !

Comme Virgin Games a obtenu entre temps les droits d'exploitation sur le film de David Lynch, Alper insiste pour que la version CD-ROM du jeu inclue les visages des acteurs. Ainsi, c'est un dessin représentant Kyle McLachlan, devenu une star aux Etats-Unis suite à son rôle dans la série Mystère à Twin Peaks, qui apparaît désormais à l'écran pour personnifier Paul Atréides, tandis que Sean Young sera sa compagne de cœur. Un quart d'heure d'images est extrait du film afin d'illustrer l'histoire durant le jeu. En fin de parcours, Sting, qui interprète le rôle du psychopathe Feyd Rautha, neveu du baron Harkonnen, refuse l'utilisation de son image. Le graphiste Jean-Jacques Chaubin doit donc altérer le visage du chanteur afin de le rendre méconnaissable. Dans la foulée, ce dernier va jusqu'à pasticher des personnalités liées à l'actualité et certains protagonistes se retrouvent avec le visage de Khadafi, Khomeyni, Salvador Dali ou Salman Rushdie.

La version CD-ROM de Dune est prête plusieurs mois avant le produit sur lequel Virgin mise l'essentiel de ses ressources : The Seventh Guest. Publiés simultanément, les deux titres participent pleinement à faire entrer le jeu dans l'ère de la fascination visuelle.

Pour Ulrich, le temps de l'espoir est revenu. Le rocker reconverti en programmeur aborde la quarantaine avec une passion immaculée. Déjà dans les couveuses de Cryo, de fabuleux ptérodactyles entament une danse éblouissante sur les rives d'un lac bleuté, et de stupéfiantes automobiles se lancent sur la piste infernale au milieu de montagnes escarpées. Un art nouveau est en train de prendre forme. Le monde ne pourra pas résister longtemps à cette débauche insensée de glamour.


En juin 1993, Bruno Bonnell cherche encore et toujours désespérément des fonds pour renflouer sa société. Harassé, le fondateur d'Infogrames envisage sérieusement de fermer boutique faute de trouver un appui financier. Voilà dix ans qu'il se bat avec ses acolytes contre vents et marée, tentant de convaincre les banques de lui accorder un ultime répit afin de lancer de nouveaux jeux et faire subsister une structure qui compte désormais cent dix employés. À perpétuellement écoper un bateau qui prend l'eau, les cadres sont usés et déprimés.

Infogrames s'apprête pourtant à publier plusieurs produits majeurs tels qu'Astérix sur consoles Nintendo, ou Tennis, une simulation sportive pour le CD-i de Philips. Si le cap des cent millions de chiffres d'affaires est sur le point d'être franchi, la société ne parvient toujours pas à éponger un passif qu'elle traîne interminablement depuis plus de cinq ans.

L'ami Larue est une fois de plus au rendez-vous. La perspective de voir Infogrames, l'une des rares entités de création française, sombrer dans le tourbillon des dettes et impayés, est de nature à préoccuper ce personnage romanesque du multimédia français. Il s'en confie à Janine Langlois-Glandier, une sexagénaire élégante et gracile, qui supervise la réalisation d'une encyclopédie sur CD-i chez Pathé.

Solidaire, Langlois-Glandier défend le dossier Infogrames auprès de Jérôme Seydoux, président de Pathé et financier éclairé. Jean-Claude Larue vient prêter main-forte à la dame fougueuse, démonstration à l'appui. Hmm... Lorsque Jérôme Seydoux voit de ses yeux ce qu'est le CD-i, il a ces mots envers Jean-Claude Larue :

— Ou bien vous êtes complètement fou ou bien vous êtes un visionnaire extraordinaire !

Par chance, Jérôme Seydoux n'a pas d'a priori et il se déclare prêt à découvrir par lui-même la fameuse société Infogrames.

Un matin, à dix heures, Bruno Bonnell et Christophe Sapet se rendent à la gare de Lyon Part-Dieu afin d'accueillir l'investisseur du dernier espoir. Dans son costume austère, Seydoux se montre chaleureux et sans manière. Tous partent sans plus attendre vers Infogrames, l'homme providentiel n'étant là que pour trois heures, en tout et pour tout.

Bonnell redoute la première impression. Faute de moyens, les locaux d'Infogrames sont d'une banalité déconcertante avec une moquette tâchée et des murs vieillissants. Pourtant, Seydoux a ces mots rassurants :

— J'aime bien les sociétés qui ne perdent pas d'argent en frais généraux.

Devant les images d'OVNIs se faufilant entre deux gratte-ciel dans un temps apocalyptique, le président de Pathé se montre sceptique et déconcerté. Il n'en témoigne pas moins un intérêt authentique pour ce nouvel art.

Une fois la tournée effectuée, Bonnell propose d'aller déjeuner au buffet de la gare, en attendant le train pour Paris. À table, il se lance dans le grand saut à l'élastique :

— Est-ce que Pathé pourrait investir dix millions de francs dans Infogrames ?

Seydoux demeure coi et méditatif. Quelques instants plus tard, alors qu'il s'avance vers le TGV, il est traversé d'une fulgurante intuition :

— Je crois que je vais le faire... Je vais le faire ! Je vais vous envoyer deux ou trois associés afin de valider notre accord.

Il n'a fallu que trois heures à cet homme au regard perçant pour observer, analyser et prendre une décision.

Au moment d'entrer dans un wagon, Seydoux ajoute comme en aparté :

— J'ai confiance en vous... Je ne vois pas pourquoi vous auriez intérêt à me raconter des histoires ?

Une vingtaine de jours plus tard, une nouvelle structure qui regroupe les divisions multimédia de Pathé et Philips entre dans le capital d'Infogrames. Une onde de soulagement se diffuse au sein de la société, qui peut ainsi éponger d'un trait l'intégralité de ses dettes.

Quelque chose change instantanément, comme si le rétablissement de ce point névralgique opérait une acupuncture à distance : l'attitude du monde financier se métamorphose comme par enchantement. À présent, les banquiers se font doucereux et les investisseurs longtemps boudeurs arborent le visage du loup de Tex Avery. Galilée Investissement décide d'injecter dix millions de francs dans Infogrames. Et comme ce cabinet de capital-risque fait partie de la banque De Machy Worms, des financiers de cet établissement proposent de piloter une entrée en bourse de l'éditeur.

Les événements se précipitent alors, car les spécialistes de De Machy Worms jugent que décembre serait le moment idéal pour une introduction sur le second marché. Dans le plus grand secret, Bruno Bonnell et Christophe Sapet mettent en œuvre l'opération sans en toucher un traître mot aux autres employés. Ils passent maintes nuits blanches à photocopier des documents qui partent par coursier, vers la Commission des Opérations Boursières, désireuse de s'assurer de la pérennité de l'entreprise.

Bonnell se livre ensuite à une tournée des investisseurs qui s'achève par une allocution devant deux cents analystes au Palais de la Bourse.

— Dans notre métier, l'essentiel est d'attraper la bonne vague au bon moment, déclare le pétillant président à l'assistance. Si c'est trop tôt, vous la prenez dans la figure, si c'est trop tard, elle part sans vous…

Peu avant le 16 décembre, journée d'introduction officielle sur le second marché, tous les indicateurs sont au beau fixe. Astérix sur les consoles Nintendo s'est vendu à cinq cent mille exemplaires en six mois. Alone in the Dark continue sa carrière internationale, s'acheminant vers les quatre cent mille unités. Tennis sur CD-i est n°1 des ventes aux USA.

Dès la mise en vente, la demande pour le titre Infogrames (proposé à 110 francs et coté à 162) est patente. Soixante et un millions d'actions sont sollicitées à la corbeille, soit cinq cent trente fois l'offre initiale. La société d'édition qui frôlait le naufrage en juin, a battu six mois plus tard le record historique d'introduction sur le Nouveau Marché !

Un an plus tard, Jérôme Seydoux appellera tout de même Larue pour lui faire part de son constat quant à Bruno Bonnell :

— Ce type est ingérable ! Je vais vendre mes parts. Comme vous avez joué l'aventure avec moi, je vous donne la priorité.

Et oui... En ces temps où l'on explore encore des terres inconnues, les chercheurs d'or du jeu vidéo sont à l'image des personnages qui prennent forme sur les écrans de pixels : fiers, audacieux, emplis de grandeur, imprévisibles !...

## XI MYST - L'écriture qui crée des mondes.

Que s'est-il passé sur cette île abandonnée ? Pourquoi pelouses et bâtiments sont-ils si propres alors que toute vie a disparu ? À quoi peuvent servir ces machineries, ces leviers qui ne déclenchent plus rien en apparence et cet engrenage sur le promontoire ? Que dire de ce vaisseau spatial étrangement relié à un pylône ? La clé de l'énigme se trouve-t-elle dans les rares ouvrages de l'auguste bibliothèque qui ont survécu à l'usure des années ? Ou dans les cryptiques inscriptions murales qui ornent la cave souterraine de l'ancienne bâtisse ? Mystère. Nous sommes plongés dans l'univers de Myst et il faudra faire preuve de patience et d'intuition. Ponctuée par la musique du vent dans les feuillages, la visite est longue et les indices ne sont distillés qu'à dose homéopathique.

Et puis il y a le mystère de ces livres magiques. On pose la main sur la couverture et l'on se trouve propulsé dans le monde même qui est décrit dans ce livre. Quelle civilisation a pu accéder à une telle connaissance ? Pourquoi a-t-elle disparu ? Quelle catastrophe a pu se produire pour engloutir un peuple qui avait atteint un tel niveau de science ?

Progressivement, des éclairages surgissent, le puzzle prend forme et l'histoire commence à se dessiner. Le parcours mène le joueur dans plusieurs mondes oniriques, appelés « Ages » : l'Age du Sélénium, l'Age de la Passerelle de Bois, l'Age du Bateau-Pierre...

Les plus zélés des explorateurs parviendront à reconstituer la tragédie d'Atrus, de son épouse Catherine et de leurs enfants Sirrus et Achenar, qui abordèrent un jour cette île avant de se trouver piégés dans un autre temps. Car le jeu, à l'image d'un livre, a une fin, un épilogue qui peut se révéler tragique ou heureux selon le choix ultime du joueur.

L'engouement pour cette inclassable fresque sera immédiat. Myst a été publié sur CD-ROM en septembre 1993 et dès la fin du mois d'avril, deux cent mille exemplaires avaient été écoulés. La performance était de taille compte tenu du fait qu'à la fin de l'année 1993, on ne dénombrait que trois millions et demi de lecteurs de CD-ROM dans les foyers.

Une telle popularité a été étonnante à plusieurs titres. Myst n'avait rien des jeux vidéo habituels... On n'y trouve aucune violence : ni combat, ni arme futuriste, ni giclées de sang, pas même un système de points. Dans la plupart des scènes, les personnages brillent par leur absence. La fameuse vitesse de réaction qui met habituellement à l'épreuve les réflexes n'est pas davantage au rendez-vous.

Myst n'est même pas un jeu facile, aisément accessible à tous. Les énigmes sont d'une grande complexité et leur résolution requiert une farouche ténacité. La progression dans ce labyrinthe intellectuel est mesurée et demande une attention soutenue vers l'environnement, avec une patience digne d'un yogi. Myst s'apparenterait plutôt au genre d'œuvres que les critiques se plaisent à saluer, mais qui demeurent boudées par le grand public. S'il s'agissait d'un film, il se situerait plutôt dans la lignée de Kurosawa que dans celle de James Cameron.

Les phares se sont naturellement portés sur les créateurs d'une œuvre aussi originale, capable de séduire le marché tant convoité des adultes. Myst n'avait pas été créé par un géant à la Sierra On Line ou Electronic Arts. C'est un tout petit atelier de développement de Spokane, dans l'état de Washington, qui a été à la source du phénomène. Les créateurs de ce studio, Cyan World, vivent retirés dans les hautes plaines d'un pays aride bordant le Canada.

Rand et Robyn Miller sont les dignes rejetons d'un pasteur qui a donné naissance à quatre enfants. Ce prêcheur chrétien, Ron, a eu pour particularité de n'être affilié à aucune église particulière, une situation qui l'a amené à voyager d'une congrégation à une autre, d'un bout à l'autre du territoire des Etats-Unis comme à

Hawaii ou Haïti. Ron Miller s'est distingué par une approche audacieuse de la foi, se refusant à imposer ses vues. Cet homme éclairé affectionnait les débats animés et encourageait ses fils à exposer leurs idées et poser toutes les questions qui leur venaient à l'esprit. Il était même suffisamment large d'esprit pour pouvoir changer d'opinion suite à de telles discussions. Ce terreau s'est révélé propice à l'éclosion de personnalités épanouies d'autant que leur mère, Barbara Miller, les incitait à aller au bout de leurs rêves.

Né en 1959, Rand Miller, l'aîné des quatre frères, a passé le plus clair de son adolescence à Albuquerque, au Nouveau Mexique. Intelligent, pondéré et bienveillant, ce garçon modèle manifestait une forte attraction pour les sciences. Avide de comprendre le fonctionnement des choses, il dévorait dans le détail de vastes ouvrages techniques. Lorsqu'il fut en âge de fréquenter le lycée, ce passionné de technologie ne manqua jamais une occasion de visiter le bâtiment informatique de l'Université locale, situé à quelques pas de son école.

« J'aime lire les ouvrages scientifiques car j'aime comprendre comment fonctionne notre monde : la micro-biologie, la physique quantique... Cela me fascine. Certaines lectures de ma jeunesse ont également été marquantes, en particulier Tolkien et C.S. Lewis, l'auteur des Chroniques de Narnia. Ce sont des histoires fantastiques pour enfants. Dans ce dernier, ils ouvrent une armoire qui est la porte pour un autre monde. Visiblement, cela nous a influencés ! », raconte Rand Miller.

Un jour, Rand vit un ami s'adonner à Lunar Lander - (Atterrissage sur la Lune – l'un des premiers jeux informatiques jamais parus). Il se surprit alors à fouiller dans les poubelles de l'université afin de repérer dans les listings froissés de quoi reconstituer un mot de passe donnant accès à l'ordinateur. C'était plus fort que lui. Lorsqu'il jouait à Lunar Lander, le temps s'arrêtait. Happé par le défi de toujours améliorer son score, Rand ne pouvait résister au plaisir de faire encore une ultime partie. C'est ainsi qu'il découvrit, bien avant l'explosion du marché des consoles d'Atari et de Mattel, que les jeux interactifs étaient porteurs de félicité. Il se mit à vouloir programmer les siens. Sa mère Barbara, loin de réfréner ses ardeurs l'encouragea à aller de l'avant. Alors qu'il était en classe de première, l'aîné des Miller programma un jeu, Swarms, dans lequel des abeilles tueuses tentent d'envahir les Etats-Unis. Barbara harcela Rand jusqu'à ce qu'il accepte de participer à une compétition nationale d'informatique. Il se retrouva en seconde position, de quoi stimuler son penchant pour la programmation.

Robyn était le troisième des enfants de la famille Miller et près de huit ans le séparaient de Rand. Du fait de leur différence d'âge, les garçons n'eurent d'abord que peu de contact - Robyn se souvient toutefois que Rand l'a frappé un jour à la tête à l'aide d'une batte de base-ball ! Lorsque son aîné se maria, il venait d'entrer au lycée et ce n'est qu'à partir de cette époque qu'ils en vinrent à s'apprécier mutuellement.

À la différence de son frère, Robyn ne manifestait aucun intérêt pour les jeux et la programmation des ordinateurs. Ses affinités personnelles allaient vers la peinture, la pratique de la guitare et des synthétiseurs. Il écoutait volontiers des artistes tels que Dead Can Dance et Peter Gabriel.

Bien qu'il ne jouât pas dans un groupe, Robyn s'intéressait à l'orchestration, étudiant dans le détail les livres dédiés à la théorie musicale. Il se plaisait aussi à réaliser de savantes illustrations donnant libre cours à un sens aigu de la précision et de la nuance. L'artiste en herbe n'a jamais caché son admiration pour Walt Disney, qui selon lui a accompli quelque chose de rarissime : définir une nouvelle forme d'art. Barbara Miller n'a cessé d'encourager Robyn à poursuivre ses expérimentations artistiques.

En 1987, Rand Miller officie comme programmeur à la Citizens National Bank of Henderson, une banque du Texas, située à la frontière de la Louisiane. Cette activité qui l'occupe depuis une dizaine d'années est loin de l'enchanter. Robyn, pour sa part, suit des études d'anthropologie à l'Université de Washington. Le week-end, il donne libre cours à son passe-temps : la peinture de paysages oniriques.

Myst

Un beau jour, Rand appelle Robyn pour évoquer un « livre électronique pour enfant » qu'il a imaginé, et pour lequel, les illustrations du cadet seraient du meilleur effet. Robyn acquiesce pour la forme, sans trop savoir de quoi il retourne.

Dès son premier contact avec un ordinateur, le dessinateur s'entiche du logiciel de dessin HyperCard. À titre d'essai, il crée une bouche d'égout d'où sort une vigne grimpante. Rapidement, il s'avère impossible de brider la créativité de l'artiste de la famille. Alors que Rand envisageait l'équivalent d'un livre sur ordinateur, Robyn peint un environnement fantastique et souterrain peuplé de boîtes secrètes et de pièces bizarres que les enfants pourraient ouvrir à l'aide d'une clé. L'émule de Walt Disney découvre que le dessin sur ordinateur est une activité prenante, insidieusement gratifiante.

Rand récolte ce bazar imagé, organise le scénario, ajoute des effets sonores et programme un jeu étrange dans lequel un voyageur égaré doit s'aventurer au sein d'un monde insolite et farfelu. En pénétrant par la bouche d'égout, il va découvrir d'incroyables rivières souterraines entourées de colonnades et de mystérieuses tours habitées par des guides. Ces hôtes primesautiers s'empressent d'accueillir l'explorateur et d'indiquer les chemins à suivre. Rand conçoit son jeu dans une optique propre à rassurer les enfants - il est impossible de pousser le mauvais bouton et d'échouer. La création familiale est baptisée The Manhole (la bouche d'égout).

Le jeu apparaît en 1988 et l'originalité de son approche lui vaut une distinction de la Software Publisher Association. The Manhole reçoit le prix de la « Meilleure nouvelle utilisation d'un ordinateur ». Robyn n'est pas peu ravi de découvrir qu'il peut mettre à profit ses dons artistiques dans l'informatique, ce domaine qu'il vient tout juste d'apprivoiser.

Les frangins créent un studio de développement, qu'ils baptisent Cyan World. Ils décident de s'installer à Spokane, dans l'état de Washington, leur père ayant obtenu une nomination dans l'église indépendante de la région, la Northview Bible Church. Barbara s'oblige à ne pas laisser transparaître son inquiétude : Rand quitte son emploi bancaire et Robyn, ses études, pour créer des jeux vidéo !

Un dimanche, alors qu'ils se rendent à la Northview Bible Church avec leurs épouses, les deux frères font la connaissance de Chris Brandkamp, un drôle de comptable qui ressemble comme deux gouttes d'eau à Rand. Les sympathies établies, une association voit le jour. Doué pour la menuiserie et le travail du bois, Brandkamp a tout de l'homme à tout faire. Une fois devenu gérant de Cyan World, il construit lui-même les locaux : un bâtiment dont l'aspect évoque celui d'un garage. C'est dans cet environnement bordé de pins que prend forme le premier jeu maison : Cosmic Osmo qui transporte le joueur dans les cieux à bord d'un vaisseau spatial échappant aux définitions habituelles du genre.

De nombreux éducateurs intéressés par le travail de Rand et Robyn leur demandent s'il serait possible d'écrire un jeu similaire à Cosmis Osmo, avec un contenu éducatif. La réponse des frères Miller s'appelle Spelunx et les Caves de Mr Seudo. Ce jeu d'exploration de la Nature fait la part belle aux expérimentations scientifiques et introduit les enfants à de nombreux sujets allant de la lecture à l'astronomie. Cosmic Osmo et Spelunx sont pareillement acclamés par la critique et se vendent raisonnablement bien. Pourtant, le grand tournant a lieu en 1991 lorsque démarre le projet Myst...

Rand et Robyn ont désormais l'ambition d'écrire un jeu destiné à un public adulte, celui de leur tranche d'âge, les 25 - 35 ans.

Le concept du nouveau jeu est inspiré par un roman dont Robyn démarre la lecture à la même époque, L'Île Mystérieuse, de Jules Verne, qui conte l'histoire d'un groupe d'un ingénieur, d'un marin, d'un journaliste et deux autres personnes débarquant sur une île où semble opérer une présence inconnue.

Au cours des deux premiers mois, Rand et Robyn définissent l'intrigue et se montrent particulièrement ambitieux à son égard :

elle doit être suffisamment riche pour aller plus loin que l'histoire dévoilée dans le jeu, dans le passé comme dans le futur.

« C'était incroyable » se rappelle Robyn. « Nous avons passé de très longs moments à définir le canevas de Myst. Tout devait avoir un sens, avec une histoire cohérente reliant le tout, puisque le titre devait s'adresser à un public adulte ». Les vagues impressions et concepts diffus qui hantent leur imagination se métamorphosent en un scénario aux ramifications sinueuses et entortillées.

L'idée majeure qui émerge de leurs discussions est celle d'une civilisation, les D'ni. Ce peuple avait développé une écriture ésotérique, permettant d'élaborer des mondes…

« Pendant que nous réalisions Myst, nous avons commencé à créer une histoire autour du jeu, en réfléchissant aux divers événements qui avaient pu mener jusqu'à l'intrigue de Myst », explique Rand Miller.

« Chaque univers fantastique présentant un attrait nécessite le moyen d'accéder à d'autres mondes. Il faut un portail, que ce soit une penderie, un miroir ou une fusée, un mécanisme qui puisse vous emmener vers des endroits sortant de l'ordinaire. Au début, nous avons pensé à une image sur le mur, à travers laquelle vous pourriez passer, ou encore à un écran. Puis nous avons eu l'idée des livres, et nous nous sommes dit : « bien sûr ». Cela semblait si naturel. Au début, c'était simplement un mécanisme pour se rendre vers d'autres endroits. Puis, l'histoire a commencé à évoluer autour d'une civilisation qui saurait écrire de tels livres, et comment seraient les choses s'ils pouvaient obtenir tout ce qu'ils voulaient de ces livres. C'est donc devenu beaucoup plus dense que cela ne l'était au départ. »

« Si ces livres reliaient vers d'autres endroits, d'où venaient-ils ? Quelles étaient les règles qui présidaient à leur écriture ? Qui étaient les gens qui avaient développé cet art ? Même si nous n'allions jamais le dire à qui que ce soit, même si nous ne devions réaliser que le jeu Myst, il fallait nous satisfaire nous-mêmes en définissant quelque chose de plus grand. Progressivement, l'histoire prenait corps. »

Les livres rédigés dans le langage secret Dn'i permettent de créer des mondes qui se matérialisent. Encore faut-il les concevoir dans les règles de l'art. Si un livre D'ni est écrit de façon médiocre, le monde qui en découle est imparfait : la terre est impropre à la culture, sujette à des fissures, et la population en souffre. D'immenses intrigues en découlent puisque des esprits peu éclairés peuvent tenter de s'approprier cette écriture à des fins égoïstes.

Le personnage d'Atrus prend forme. Cet homme, soucieux d'acquérir les connaissances les plus expertes possibles dans les sciences, dans la mécanique, dans la composition des sols n'est pas sans rappeler Rand Miller. Atrus prend le temps de maîtriser la science de l'écriture Dn'i afin de créer des îles et terres où il fera bon vivre, où la végétation sera saine, où les outils seront opérationnels.

Rand et Robyn font des pieds et des mains pour trouver un financement et l'obtiennent d'un éditeur japonais, Sunsoft Corp. Friand de leurs précédents jeux, ce dernier débloque un budget de 1,5 millions de francs et acquiert les droits de diffusion au Japon. La rumeur veut alors que Nintendo soit en train de travailler en collaboration avec Philips sur une nouvelle technologie, une console dotée d'un lecteur de CD-ROM. Le budget final sera le double de l'apport initial de Sunsoft.

L'idée de l'île s'impose progressivement, les deux frères désirant que le décor présente des frontières naturelles que l'on ne puisse franchir.

« Nous voulions que le joueur puisse explorer intégralement l'environnement, explique Rand. Si nous avions situé l'action dans une ville, il y aurait inévitablement eu des rues ne menant nulle part. L'île, en revanche, est un univers fermé dont ne peut s'échapper. »

Le scénario extrêmement fouillé que les frères ont élaboré se matérialise sous la forme d'immenses cartes reliées entre elles et déployées sur les murs. Il est convenu que la genèse demeurera inconnue du joueur qui verra l'action démarrer à la suite d'une catastrophe dont il ignore tout. C'est en avançant à tâtons dans l'île désertée que l'explorateur, libre d'aller où bon lui semble, découvrira pas à pas l'incroyable tragédie vécue par l'humaniste Atrus.

Les frères Miller envisagent un temps d'appeler leur jeu du même nom que le roman de Jules Verne, mais Robyn opte finalement pour le titre plus court et ténébreux de Myst (le mot anglais « mist » signifiant « brume »).

L'influence de l'écrivain français sera sensible dans certains décors Victoriens - en particulier la bibliothèque sous-marine de l'Age de Pierre, dans laquelle certains croiront reconnaître la cabine du Capitaine Nemo. Les deux frères diront également avoir été influencés par le Seigneur des Anneaux de J.R.R. Tolkien. Robyn Miller puise aussi son inspiration dans la période littéraire qu'il affectionne, le XIXème : les romans d'Alexandre Dumas ou L'île au trésor de Robert-Louis Stevenson. Rand pour sa part, met à profit ses connaissances scientifiques pour définir certains des appareils présents sur l'île.

La simplicité de l'interface est un choix clairement déterminé : le joueur doit avoir l'impression qu'il évolue dans le monde de Myst, et non pas dans celui d'un jeu informatique.

« Nous avions adopté une telle approche dès notre premier jeu, The Manhole, explique Robyn. Cela vient probablement du fait que nous avons eu comme premier public les enfants. Quelle est la chose la plus familière pour eux ? Le monde réel. Ils savent comment il fonctionne et comment aller d'un point à un autre. Dans le monde réel, il n'y a pas de bouton qui dise : Parlez à Maman et choisissez l'une de ces trois réponses . Il s'agit donc de la meilleure interface qui soit, puisqu'elle est invisible ».

Robyn Miller déploie sans réserves ses talents de dessinateur. C'est sur un Macintosh qu'il dessine l'île de Myst dans ses moindres détails, à l'aide d'un logiciel ad hoc ; StrataVision 3D. Il réalisera deux mille cinq cents images, un travail méticuleux et fastidieux, compensé par la magie de voir le décor se constituer progressivement.

« Nous créions le modèle polygonal d'un arbre, scannions un bout d'écorce, puis introduisions divers paramètres dans l'ordinateur tels que l'éclairage, la brume, la réflexion et la texture », a expliqué Rand. « Lorsque nous revenions quelques heures plus tard, le programme avait effectué la représentation d'une forêt entière ! »

Il faudra près de deux années à raison de douze heures de travail par jour pour mener le projet à bien.

« Le véritable challenge pour nous tous a été d'apprendre à dompter la technique de l'interactivité », raconte Robyn. « Bien que les images soient un élément essentiel, de nombreux autres éléments devaient être combinés si l'on voulait véhiculer et déclencher une réaction émotionnelle chez le joueur. L'équilibre à trouver était délicat, d'autant que dans ces mondes interactifs, la tâche du joueur est de le bouleverser. »

Alors que toutes les images ont été définies et assemblées, Myst se révèle d'un profond ennui. Quelque chose manque pour donner vie à ces paysages inhabités... Une bande sonore !

Le cadet des frères Miller compose l'équivalent d'une musique de film sur un synthétiseur E-mu Proteus MPS. Brandkamp, pour sa part, passe plusieurs semaines à créer des bruitages, avec les moyens du bord. Le crépitement du feu dans une chaudière est reproduit en roulant lentement sur les pierres de l'allée de Cyan World, le clapotis de l'eau est enregistré dans une piscine, l'apparition des carrés dans un puzzle est rythmée par le déclic d'une agrafeuse à air comprimé... Brandkamp effectue le mixage de ses échantillons sonores dans une ancienne chambre frigorifique reconvertie en studio de fortune.

Enrobé de sonorités, l'univers de Myst est métamorphosé. Le vent caresse les vagues ou les pins qui surplombent l'océan, la passerelle de bois craquelle... Quarante minutes de musique contribuent à l'atmosphère de cette quête.

Les frères Miller présentent leur œuvre, encore inachevée à l'éditeur californien Broderbund. Séduit, ce dernier acquiert les

Myst

droits d'une version Macintosh et prend en charge l'adaptation du jeu sur PC. Du côté japonais, le projet d'une machine avec lecteur de CD-ROM ayant été abandonné par Nintendo, Sunsoft porte le jeu sur plate-forme SEGA, ce constructeur envisageant d'utiliser un tel support pour ses jeux.

Les frères Miller savent que leur titre dégage une ambiance ensorcelante et se prennent à croire que Myst pourrait être un succès. Dans leur esprit, cela signifie vingt mille, peut être même trente mille exemplaires. Si le jeu échoue à trouver son public, il ne restera qu'à mettre la clé sous la porte, leur trésorerie étant exsangue. Rand et sa femme Debbie ont été obligés de recourir aux aides gouvernementales pour nourrir leurs trois filles.

Aucun des membres de Cyan World ne s'attendait à un tel raz-de-marée...

Dès la sortie de Myst, le bouche à oreille se propage, dans les magazines branchés comme sur les forums de discussion d'Internet. Dans les cocktails comme dans les émissions de radio, on se met à parler de Myst avec délectation.

Il se dit que le jeu n'est pas seulement beau, sombre et intrigant. Il a tout simplement inventé sa propre catégorie.

Wired estime que Myst est « la première création interactive qui puisse suggérer l'éventuelle émergence d'une nouvelle forme d'art ». Le magazine propose par ailleurs cette définition badine, mais judicieuse : « une nouvelle forme d'art qui s'apparente à une boîte à énigmes à l'intérieur d'une nouvelle, elle-même située dans un tableau, agrémenté de musique. Ou quelque chose du genre ! ».

Newsweek qualifie Myst de « classique !... sans aucune comparaison possible dans le domaine du jeu ». Le New York Times se pâme : « Son esthétique réfléchie, presque paisible, suggère le vaste champ de possibilités qui pourrait dériver d'un tissage judicieux de l'image, du son et de la narration vers une nouvelle forme d'expérience. »

Certains vont jusqu'à comparer Myst à l'Ulysse de l'écrivain irlandais James Joyce ou La vie, mode d'emploi de Georges Perec, deux romans qui ont innové pareillement dans leur structure.

Fait nouveau, Myst touche un public plus mature que celui de Sonic ou Donkey Kong. Avocats, médecins ou architectes demeurent à leur cabinet jusqu'à des heures indues afin d'avancer dans Myst. Pour de nombreux accros, le monde de tous les jours est parfois devenu un simple intermède entre deux sessions de Myst !

En mars 1994, la Software Publishers Association (Association des Editeurs de Logiciels) décerne trois récompenses à l'aventure sur l'île mystérieuse : meilleure interface utilisateur, meilleur jeu de rôle / fantastique, choix de la critique.

Le demi-million est atteint en janvier 1995. En février, le logiciel reçoit le grand prix du MILIA, salon multimédia organisé à Cannes. Sur l'année 1995, Myst s'offre le luxe de vendre plus d'un million d'exemplaires, laissant loin derrière tous les autres titres multimédia et ludiques.

Interrogé sur le succès de Myst et sur l'explication qu'il pouvait en apporter, Rand Miller répond ceci :

« Je ne sais pas au juste... Les gens adorent explorer des mondes, cela remonte à l'enfance. Or, plus vous avancez en âge et plus il devient difficile et coûteux d'aller explorer des mondes inconnus. La série Myst a fait vibrer cette corde qui fait que l'on désire savoir ce qui se trouve au-delà de ce que l'on voit. De plus, Myst peut toucher un public potentiellement très large. N'importe qui peut y jouer, même celui qui serait habituellement effrayé par les ordinateurs peut commencer à se balader dans l'île. Le jeu ne requiert aucune aptitude particulière, il n'est pas nécessaire d'apprendre des combinaisons de touches au clavier. En outre, il n'existe aucun risque de mourir et donc d'avoir à recommencer entièrement des scènes. Myst est donc particulièrement 'non-menaçant'. Et comme, il n'y a pas de violence, ce n'est pas un titre que l'on rechignerait à recommander. Si quelqu'un arrive dans une boutique et demande ce qu'il devrait acheter, il est facile de lui dire : avez-vous essayé

Myst ? C'est peut-être bien souvent le premier jeu qu'un utilisateur va tester. »

À la fin de l'année 1996, le revenu généré par ce jeu dépasse les cent millions de dollars, ce qui le met à égalité avec les grands succès annuels d'Hollywood.

« Nous ne savions pas si nous aurions jamais la chance de raconter cette histoire globale dépassant celle de Myst, nous ne savions pas si quiconque serait un jour intéressé de la connaître, » raconte Rand.

Par bonheur, la gloire, outre le fait qu'elle leur amène de l'oxygène au niveau financier, attire des investisseurs inattendus. Hyperion, une filiale de Disney dédiée à l'édition, acquiert les droits de trois romans fondés sur Myst. La très longue trame imaginée par les frères Miller peut ainsi s'exposer sur des centaines de pages. Le Roman d'Atrus qui apparaît au début de l'année 1996 amène la réponse à des questions qu'ont pu se poser bien des joueurs. Quelle a été la jeunesse d'Atrus ? Comment a-t-il développé ses pouvoirs ? Qu'est-ce que l'île de Myst ?... Dans l'un des chapitres, Gehn, le père d'Atrus lui expose les mystères de la langue D'ni :

— Cela fait six semaines maintenant que tu apprends le vocabulaire de base D'ni et que tu découvres la beauté et la complexité des mots de notre langue. Mais ces caractères possèdent un sens particulier, Atrus. Un sens plus grand que tu ne le penses. Et pas seulement dans ce monde. Ces mots ont été développés au cours des siècles en vue d'une tâche spécifique : celle de décrire les Mondes... celle de créer d'autres univers. Oui, de créer. Car ces mots ne sont pas comme ceux que nous employons dans la conversation ni ceux que nous lisons dans les livres. La grande Ecriture D'ni n'est pas seulement un art, elle est une science. La science de la description précise. »

De leur côté, les frères Miller se sont attelés à la réalisation d'une suite, Riven, qui met en scène la rivalité d'Atrus avec son père Gehn qui entend détourner le pouvoir de l'écriture D'ni pour satisfaire sa propre soif d'adulation. Une part importante des bénéfices a été investie dans l'achat de stations de travail Silicon Graphics haut de gamme et dans des locaux spacieux. Brandkamp s'est déchargé de la comptabilité afin de consacrer l'essentiel de son temps à capturer et créer des sons.

Myst a fait preuve d'une longévité à toute épreuve, se refusant à quitter le sommet des classements. En 1997, la suite Riven s'est classée n°1 durant quelques mois mais son prédécesseur l'a talonnée avant de reprendre la position suprême. En 1999, six ans après son lancement, Myst figurait encore parmi les trois meilleures ventes de jeux sur PC et sur Macintosh.

La plus grande énigme est toutefois demeurée celle liée à Myst lui-même : aucun éditeur n'a jamais été en mesure de recréer un jeu « à la Myst » qui présenterait pareil attrait...

Les frères Miller eux-mêmes n'ont pas réussi à concevoir un autre univers qui puisse susciter un large engouement. La version en ligne Uru a été abandonnée en 2007 faute de participants et cette désertion a laissé Miller désappointé quand bien même il s'interroge parfois sur le sens profond de tant d'aventures interactives.

« De temps en temps, chacun d'entre nous regarde en arrière et se dit : qu'avons-nous accompli ? Avons nous fait quelque chose qui véhicule ce que nous pensons être vrai ? Je parle ici de choses subtiles, qui pourraient amener les gens à réfléchir sur la vie et vouloir en apprendre plus. Je ne suis pas sûr que nous ayons réalisé cela. Seuls de grands artistes y parviennent. Il nous reste beaucoup de chemin... »

ant 
# 4ème partie : Improbable maturité

## XII DOOM - Tirez sur tout ce qui bouge !

L'action se déroule dans une cave sinistre dont les murs humides évoquent les bas-fonds de citadelles médiévales. À tout moment, un monstre peut surgir et vous prendre pour cible. Une seule issue : épier le décor dans ses moindres recoins. Dans ce dédale de couloirs, la survie n'obéit qu'à une règle implacable : tirer le premier et ne pas rater sa cible. L'inattention est fatale au milieu de cette galerie de mutants, démons et créatures dégénérées.

Parler d'accoutumance vis-à-vis de Doom ou Quake est une lapalissade. Leurs propres créateurs ont été les premiers à déplorer les journées de productivité perdues, se trouvant dans l'incapacité d'arrêter une partie. Si les jeux à la Doom génèrent une telle attirance, c'est parce qu'ils sont avant tout amusants, follement amusants. Le plus militant des non-violents se laisse happer par cette mixture de frénésie, suspense et ambiance sanguinolente.

Apparu en décembre 1993, Doom a innové à plusieurs titres. Il offrait une représentation inédite de l'action : à tout moment, le joueur bénéficiait d'une vue subjective à 360 degrés, impression renforcée par une gestion spatiale de la stéréo. En deuxième lieu, Doom donnait la possibilité de jouer aisément contre d'autres joueurs, que l'on choisisse de coopérer dans l'attaque des monstres ou bien de se prendre mutuellement pour cible...

C'est à Shreveport dans la marécageuse Louisiane qu'un improbable trio s'est constitué, à la suite d'un caprice du hasard. À l'instar du bon, de la brute et du truand, cette association dégageait une électricité particulière, quelque chose relevant de l'alchimie : un programmeur ultra-doué, un dessinateur ignorant les sentiers battus, un concepteur de jeu déchaîné. Dissimilaires mais complémentaires, les jeunots avaient un trop plein d'énergie qu'ils déversaient chaque mois dans un magazine spécialisé, Gamer's Edge.

Agé de 21 ans, John Romero avait eu la vocation de programmeur dès l'adolescence. Après avoir vu Pac-Man, une pensée avait fusé : « Je veux faire quelque chose comme cela ». En ce début des années 1990, son apparence évoquait celle d'un guitariste de hard rock avec de longs cheveux noirs. Égocentrique et extraverti, Romero adorait la compétition sous toutes ses formes.

Plus sage dans son apparence, John Carmack évoquait un premier de la classe avec ses cheveux blonds impeccablement coiffés et ses lunettes. Le benjamin du trio (18 ans) était habité de la flamme du programmeur de génie : John Carmack n'avait de cesse de se fixer des objectifs techniques insurmontables et de les résoudre coûte que coûte.

Plus bouffi, Adrian Carmack - aucun lien de parenté avec John – excellait dans le dessin de créatures abracadabrantes.

En ce début des années 90, ces trois créatifs avaient été recrutés par Softdisk, un éditeur de magazines couplés avec des logiciels sur disquettes. Ils avaient pour tâche de concevoir de nouveaux jeux pour l'édition mensuelle de Gamer's Edge. Dure limite ! John Carmack brûlait de réaliser des jeux d'envergure, pas de l'amuse-gueule à éphémère portée. C'est tout de même à cette époque que les deux premiers jeux « à la Doom » sont apparus. John Carmack avait conçu une technologie d'affichage des décors que ses collègues exploitèrent pour produire deux jeux de tir qui rétrospectivement apparaîtront comme les ancêtres de Doom : Hovertank One et Catacombs 3D.

Un dénommé Scott Miller a réalisé qu'il existait un potentiel dans cette approche. Fondateur de Apogee Software, Miller avait développé des dizaines de petits jeux pour les Commodore PET, Commodore 64, l'Amiga 1000 et les PC avant de s'intéresser à un système de diffusion baptisé le shareware – parfois traduit sous le nom de « partagiciel ». Le shareware est l'équivalent de la carotte que l'on offrirait au chaland pour le mettre en appétit : une version limitée d'un programme est proposée en essai gratuit. Si l'utilisateur est séduit, il peut alors acquérir la version complète.

Miller a fondé Apogee Software et a adopté le système du shareware pour diffuser une série baptisée Kroz.

« C'est en 1987 que j'ai inauguré la méthode consistant à publier gratuitement le premier épisode d'un jeu à titre d'appât. Nous étions les seuls à le faire à l'époque et avons rencontré un succès énorme. La croissance d'Apogee m'a amené à rechercher d'autres concepteurs de jeux » raconte Miller.

En mai 1990, Miller est attiré par Dangerous Dave, un jeu de plate-forme conçu par Romero.

« Dangerous Dave était le genre de jeux que l'on pouvait facilement vendre en épisode. Le souci, c'est que le créateur avait déjà un job chez Sofdisk. Je savais qu'il ne me serait pas possible de lui faire une offre d'embauche, j'étais certain que le management de Softdisk filtrait les emails », poursuit Miller.

Miller utilise donc une tactique : il adresse à Romero des lettres enthousiastes, des lettres semblant venir d'un fan.

« Dans chaque lettre, je lui posais une question innocente, espérant qu'il me répondrait personnellement. Romero a accroché mes lettres sur son mur. Il a fini par se rendre compte que, si les noms étaient différents, toutes les lettres partaient de la même adresse », relate Miller.

La réaction n'est pas forcément celle qu'attendait le directeur de Apogee Software. Romero lui adresse une lettre dans laquelle il le traite d'individu dérangé et instable ! Par chance, il a inclus son numéro de téléphone. Miller peut donc l'appeler et expliquer en long et en large sa démarche.

« Nous avons tous deux bien ri et il s'est montré intéressé par ma proposition : créer un jeu que ma société diffuserait en shareware. »

Romero adresse alors à Miller la démonstration d'un « moteur de jeu » développé par son collègue John Carmack.

« J'étais renversé par ce que j'ai vu ! » témoigne Scott Miller.

Un contrat est rapidement signé afin que l'équipe développe un jeu de plate-forme du nom de Commander Keen. Romero, Carmack et un autre compère du nom de Tom Hall installent plusieurs ordinateurs dans une grande salle du domicile de Romero et démarrent la réalisation. Commander Keen, conte l'histoire d'un garçon de huit ans au Q.I. démesuré qui doit sauver la Terre d'une destruction extraterrestre.

Au bout de quatre mois, en décembre 1990, le trio apporte sa création à Scott Miller. Comme prévu, Apogee place la première partie de Commander Keen sur un réseau informatique à titre d'appât. Un mois plus tard, Miller adresse à l'équipe un chèque de dix mille dollars. Instantanément, Romero et ses compères se convertissent à la religion du shareware : diffuser des jeux, c'est donc si simple que cela !

Le studio id Software est fondé en février 1991 grâce aux revenus gagnés avec Commander Keen. L'équipe va transiter d'un lieu à un autre avant de se trouver un port d'attache, dans une tour de verre de Mesquite au Texas où ils s'installent pour ne plus repartir.

Le premier développement de id Software s'articule autour du château Wolfenstein, un manoir allemand du 17ème siècle qui a servi de quartier général pour les SS et dans lequel, à en croire des rumeurs persistantes, les chefs nazis participaient à des cérémonies occultes. Le ton est donné : dans Wolfenstein-3D, l'objectif consistera à traquer et pourchasser des nazis.

Mis en ligne en mai 1992 par Apogee Software, Wolfenstein-3D est particulièrement bien accueilli : plus de cent cinquante mille utilisateurs déboursent les cinquante dollars nécessaires à l'obtention des épisodes résiduels. Un vaste fan club virtuel prend forme avec des effets secondaires inattendus. Certains programmeurs mettent en ligne des logiciels permettant d'enrichir l'expérience de Wolfenstein-3D : éditeurs de niveaux, sonorisations, didacticiels... Toutes ces extensions au jeu original ont vu le jour d'elles-mêmes sans la moindre intervention de id Software. Les fondateurs du studio sont les premiers médusés par ces apports de la communauté des joueurs.

À tort ou à raison, id Software décide de couper les ponts avec Apogee. Il apparaît à Romero et ses compères qu'ils peuvent désormais voler de leurs propres ailes — l'atelier entend dorénavant commercialiser directement ses jeux à son public. Scott Miller semble avoir pris la chose avec philosophie :

« Etant donné l'incroyable succès de Commander Keen et de Wolfenstein-3D, id Software maîtrisait à la perfection la méthode du shareware. Ils avaient à la fois la connaissance et les fonds nécessaires pour le pratiquer eux-mêmes. Il leur est donc paru logique de se développer par eux-mêmes. J'aurais fait de même à leur place. »

Le nouveau projet porte le nom de Doom. Il naît du croisement de trois forces : un moteur graphique révolutionnaire de John Carmack, des décors hallucinés inventés par Romero et une infernale galerie de monstres conçus par Adrian Carmack. Le scénario tient sur un ticket de métro : un fusilier marin est confronté à une horde de démons sauvages.

L'essentiel de l'atmosphère de Doom doit reposer sur un nouveau « moteur graphique » élaboré par John Carmack. Objectif : afficher les décors en temps réel, où que l'on regarde, où que l'on se tourne. Autant faire entrer un PC dans le chas d'une aiguille : en cette année 1992, la plupart des ordinateurs peinent à afficher des animations. Carmack entend réaliser un dessin suffisamment rapide de l'image pour que les sens perçoivent une impression d'instantanéité. L'utilisateur doit entretenir l'illusion qu'il est bel et bien en train de se déplacer dans les couloirs de Doom ! Afin d'y parvenir, Carmack doit trouver un compromis entre la précision de l'image et la vitesse d'affichage des pixels. Il choisit de privilégier l'action immédiate au raffinement visuel. Il est vrai que l'ambiance de l'épopée infernale s'accommodera bien de cette absence de finesse. Qui serait assez fou pour prendre le temps d'admirer ces tunnels nauséabonds ?

John Romero conçoit les labyrinthes que le guerrier devra explorer et définit les actions qui s'y déroulent. Il est secondé dans cette œuvre par Sandy Petersen, qui a auparavant créé un jeu de rôle autour d'une nouvelle de Lovecraft.

Adrian Carmack définit le style visuel de Doom, aidé en cela par un autre graphiste, Kevin Cloud. Araignées métalliques crachant un venin verdâtre et autres monstres hideux que n'aurait pas reniés le dessinateur Giger sont créés sous la forme de pâtes à modeler avant d'être soumis à l'action d'une caméra et filmés depuis huit angles de vue différents. Les images sont ensuite entrées une à une dans l'ordinateur.

Dès lors que le bruit se répand que le successeur de Wolfenstein-3D est en route, des milliers de suggestions apparaissent sur des bulletins d'informations en ligne. La popularité de Wolfenstein-3D suscite un intérêt considérable pour Doom...

Le 1er janvier 1993, un communiqué de presse d'id Software annonce la couleur. Tout excité, John Carmack y affirme que Wolfenstein-3D est un jeu primitif en comparaison de Doom et parle d'un affichage de 35 images par seconde sur les PC les plus puissants.

« Doom va offrir l'environnement le plus réaliste que l'on n'ait jamais vu sur PC. »

Pour la fin de Doom, John Carmack a enregistré une phrase choc que l'ingénieur du son a inversée :

« Pour gagner le jeu, vous devez me tuer, moi John Romero ! ».

Il se trouve que les artistes se sont amusés à placer la tête de Romero sur une pique à l'intérieur du crâne du boss final et que John Carmack a fait en sorte qu'il soit nécessaire de tirer sur cette tête si l'on veut éliminer le boss. Ambiance !

Le 10 décembre 1993 à 12 heures 2 minutes très exactement, Doom est envoyé sur plusieurs sites de téléchargement, depuis l'ordinateur de l'université du Wisconsin. De nombreux systèmes sont saturés de demandes et certains « plantent », incapables de supporter l'afflux de demandes.

La découverte de Doom va décupler la fièvre. À peine s'est-on jeté dans le lugubre capharnaüm avec son atmosphère déliquescente que l'on s'y croit. Le réalisme est renforcé par la tension, l'imprévisible, la nécessité de demeurer perpétuellement en alerte, de longer les murs en scrutant toute intrusion sur la gauche, sur la droite, devant ou derrière soi.

Conformément à la tradition du shareware, seul le premier épisode de Doom a été placé sur les canaux de libre diffusion. Une fois parvenu à terme, le joueur se retrouve en plein milieu d'une situation à suspense, et se voit proposer un numéro vert ! Il peut alors acquérir la version complète auprès d'id Software.

En quelques semaines, Doom devient un phénomène à grande échelle. Certains attribuent à la pratique de ce jeu le fait d'arriver en retard à leurs rendez-vous. Pour mieux s'y adonner, ils sautent systématiquement le repas de midi. D'autres rapportent de curieux effets secondaires – ils ont parfois l'impression de voir les murs bouger et s'attendent à voir surgir un monstre du plus inoffensif des couloirs. Ceux qui ont choisi d'aborder le jeu avec l'option « cauchemar » se gaussent des blancs-becs qui préfèrent effectuer la visite en mode « trop jeune pour mourir » – dans le premier cas, les monstres ressuscitent au bout de huit secondes ! Passionné par Doom, le groupe de rock Nine Inch Nails installe un réseau local dans son bus de tournée afin que les musiciens puissent s'affronter rageusement entre deux concerts.

L'un des aspects de Doom cause bien du souci dans les grandes entreprises : le mode multijoueur. À la moindre occasion, certains employés se lancent dans d'interminables parties de Doom. Ce logiciel devient bientôt l'une des raisons majeures de la baisse de productivité dans les entreprises et universités. Un grand nombre d'entre-elles bannissent l'utilisation du programme – notamment l'université de Texas et la société Intel – et certaines vont jusqu'à menacer de licenciement tout utilisateur qui conserverait une copie du programme sur son disque dur. On trouve même bientôt sur Internet un virus dont la mission consiste spécifiquement à effacer Doom d'un PC !

Un autre élément attise la Doom-mania. Comme pour Wolfenstein-3D, la communauté Internet renvoie la balle en apportant sa pierre à l'édifice. Partout dans le monde, des joueurs s'affairent à développer de nouveaux décors. Certains programmeurs décortiquent le logiciel et créent des outils permettant de le faire évoluer. Des centaines d'extensions apparaissent ainsi. Une fois qu'un joueur a terminé le Doom officiel, il peut ainsi récupérer les centaines de niveaux disponibles sur Internet.

Considérés comme des stars davantage que comme des programmeurs, Carmack et Romero sont reconnus par leurs fans et doivent se soumettre au rituel des autographes, une situation qui ennuie le premier, alors qu'elle enchante le second.

Doom est banni en Allemagne en raison de son caractère excessivement violent. En Angleterre, l'Advertisers Standards Authority – équivalente britannique de notre Bureau de Vérification de la Publicité – obtient le retrait d'une campagne de lancement de Doom comportant ce slogan païen « Allez en enfer : vous le méritez ! ».

Sollicité par les médias, Romero a beau jeu d'expliquer que Doom ne reflète aucunement sa vision personnelle du monde.

« Nous avons simplement voulu faire quelque chose qui soit réellement amusant ! Vous ne pouvez pas buter de véritables démons dans la vie courante puisqu'il n'y en a pas... »

Lors de la première année de commercialisation de Doom, seuls cinq pour cent des utilisateurs de la version gratuite ont acquis une copie payante, soit cent quarante mille utilisateurs. Un tel volume a pourtant été suffisant pour que le robinet de la fortune coule à flots. Sur l'année 1994, id Software voit ses revenus s'élever à 7,7 millions de dollars. L'absence d'intermédiaire entre producteur et consommateur engendre des profits records - aux alentours de 85 pour cent du chiffre d'affaires. Cette montée en puissance est matérialisée par l'achat de deux Ferrari Testarossa qui viennent s'aligner dans la cour d'entrée. Ce sera le seul signe extérieur de richesse du gang. Insatisfait des prouesses de sa Ferrari, Carmack se fera même construire son propre modèle.

Alors que Doom II est à l'horizon, l'appétit des majors du jeu vidéo mute en voracité. Electronic Arts, Activision comme Sierra ont assisté à la frénésie Doom sans être de la fête. La situation ne peut perdurer. Prêts à dégainer leur carnet de chèque, les directeurs d'édition font la cour à id Software. Le studio cède à la tentation et confie la publication de Doom II à l'éditeur GT Interactive. Quelques jours avant le 10 octobre, date du lancement officiel, les commandes émanant de distributeurs s'élèvent à cinq cent mille exemplaires. La compagnie texane se voit également draguer par les industries du livre et du film. Pocket Star Books achète les droits de quatre romans inspirés de Doom.

Vers la fin de l'année 1994, Microsoft, qui est en train de développer Windows 95, réalise qu'il serait incongru de publier ce nouveau système s'il n'est pas en mesure de supporter le best-seller Doom. Des discussions sont engagées afin qu'une version allégée du jeu figure dans Windows 95. La tractation capote car les membres d'id Software se refusent à toute édulcoration de leur jeu. Microsoft prend en charge la tâche consistant à convertir Doom sous Windows 95 et ce jeu gore est communément utilisé par le géant du logiciel lors des démonstrations de son nouveau système. Même la sage IBM prend acte de la popularité de Doom et contacte id Software afin qu'une version soit réalisée pour son propre système d'exploitation, OS/2.

Tandis que les clones de Doom, baptisés « Doom-killer », poussent comme des champignons, le gang s'attelle dès la fin 1994 à lui donner une suite : Quake.

John Carmack commence par créer un tout nouveau moteur 3D, surpassant celui de Doom en rapidité et précision. Adrian Carmack s'attaque à la définition des décors avec l'aide de Kevin Cloud. Leur inspiration les mène vers les temps aztèques, avant de dériver vers les châteaux médiévaux.

Vers le milieu de l'année 1995, l'inquiétude gagne l'antre du soleil noir. Si les Doom-killer se succèdent inlassablement ; du côté d'id Software, rien de nouveau. Manquant d'une forte motivation, l'équipe de développement prend son temps.

Alarmés par le relâchement de leurs troupes, Carmack et Romero prennent les choses en main. Les murs qui tendaient à isoler les programmeurs dans leurs tours d'ivoire sont abattus. Toute l'équipe, des développeurs aux graphistes en passant par les scénaristes se retrouve logée à la même enseigne, dans une immense salle, aussi aguichante qu'un centre de tri postal. Sur les tables qui longent les murs ne demeurent que les ordinateurs, bloc-notes, livres de programmation et autres accessoires dédiés au développement. Il en sera ainsi jusqu'à ce que Quake soit terminé. John Romero met un point d'honneur à produire le plus de niveaux possibles – jusqu'à un par semaine.

L'univers médiéval imaginé par Adrian Carmack et Kevin Cloud a montré ses limites, l'éventail des armes anciennes amenant une jouabilité limitée. À la suite d'une séance de brainstorming, l'équipe choisit de placer le début de Quake dans un environnement futuriste, à même d'ouvrir la voie à des équipements extraordinaires, et ce, quand bien même cela implique une refonte de l'acquis. Le scénario remanié inclut le voyage dans le temps – dès lors que l'on franchit certains portails. Lors de son périple, le joueur croise des créatures qui voyagent pareillement à travers les époques. Le surréalisme fantastique atteint un degré inattendu lorsqu'on rencontre des zombis qui, depuis leur cachette, arrachent des morceaux de leur chair afin de les projeter sur leurs assaillants.

La formule du travail collectif libère l'explosion de talent collective qui a autrefois permis Doom. Très vite, la pièce devient un concert de cris, d'insultes et de furie, tandis que les programmeurs se transforment en testeurs occasionnels. Les compétitions qui peuvent s'étendre sur plusieurs heures donnent lieu à des échanges truffés de termes que les dictionnaires se refusent à répertorier. Romero se fait un plaisir de battre ses collègues à ces joutes par ordinateur interposé. Trent Reznor, du groupe de rock Nine Inch Nails, crée l'ambiance sonore du titre sous forme d'effets et de musique instrumentale « heavy metal ».

John Carmack se distingue par sa passion pour les armes médiévales. De ce fait, une épée à la Excalibur et une hache d'armes faite-main à la lame chromée figurent parmi les ornements de son bureau.

Un soir, la porte du bureau de John Romero se bloque. Coincé à l'intérieur, le créatif se trouve dans l'impossibilité de sortir avant le petit matin. Dans le couloir, plusieurs membres de l'équipe débattent de la situation quand soudain Carmack est saisi d'une illumination.

— J'ai une hache d'armes dans mon bureau !

Aussitôt, toute l'équipe entonne un mantra :

« La hache d'armes ! La hache d'armes ! ».

Carmack s'empare de l'objet et s'acharne à fracasser la porte. Celle-ci est demeurée en l'état.

Le destin de Doom prend une curieuse tournure lorsqu'il apparaît que la marine américaine souhaiterait détourner le soft pour entraîner ses troupes.

« Après avoir joué à Doom pendant un bon moment, nous avons eu l'idée qu'un tel environnement généré par ordinateur pourrait être adapté comme aide à la formation des soldats », explique le Lieutenant Scott Barnett.

Vers la fin de l'année 1995, Barnett et d'autres experts militaires ont œuvré durant plusieurs mois à transformer les labyrinthes et monstres de Doom, remplaçant les éléments du jeu par des images de fusiliers marins confrontés à des soldats ennemis et en développant des centaines de scénarios de combats réalistes.

Le colonel Paul E. Hanover n'a reproché qu'une chose à l'original : son manque de subtilité. « L'objectif de Doom est de tuer. Vous gagnez en éliminant le plus de gens, et la violence maximale obtient le meilleur résultat. C'est une mauvaise leçon. S'il est un état d'esprit qu'un guerrier professionnel ne devrait jamais avoir, c'est bien celui-là ! »

Dans la version revue et corrigée, il n'est pas question de tirer pour le plaisir. L'objectif consiste à entraîner une équipe de quatre soldats à coopérer, écouter et prendre des décisions rapides. Marine Doom est censé permettre d'économiser aussi bien des fonds que des vies humaines ! C'est un sacré retournement de situation.

Le test à grande échelle de Quake est effectué sur Internet en vertu d'un principe qui a fait ses preuves. Trois niveaux sont diffusés en février 1996. Deux jours plus tard, des listes d'anomalies affluent dans la boîte aux lettres électronique des programmeurs. Certains « bidouilleurs » ont eux-mêmes élaboré des correctifs et ne sont que trop heureux de les fournir à id Software.

Publié le 22 juin 1996, Quake porte à un niveau supérieur l'expérience de Doom. Jay Wilbur, qui dirige id Software, adopte une nouvelle forme de diffusion. Quake est diffusé en direct par le biais d'un CD-ROM ne comportant que le premier tiers du jeu.

Quake ne manque pas d'atout. Pour la première fois, l'intégralité de l'environnement est représentée en trois dimensions alors que cette sensation de relief n'était que simulée dans Doom. De plus, Quake a été conçu de manière à pouvoir accommoder seize joueurs simultanés sur un même serveur d'Internet. Très vite, cette nouveauté va pulluler sur le réseau d'un bout à l'autre de la planète. Jamais encore, le jeu multijoueur via Internet n'a pris une telle tournure.

Toutefois, id Software doit désormais faire face à de nombreux compétiteurs, à commencer par Duke Nukem 3D. Piloté par Apogee Software, ce jeu est sorti trois mois avant Quake et s'est démarqué par une atmosphère humoristique et un héros fort truculent. Au fil des mois, il s'avère que l'on compte autant de fans de Quake que d'acharnés de Duke Nukem 3D. Ce dernier se vend à trois millions d'exemplaires en un temps record, prouvant si besoin était que id Software n'est plus seul à pouvoir proposer des bons jeux de tir en 3D.

Est-ce la déception de voir un autre logiciel monter sur le piédestal ? Le 8 août 1996, le fier guerrier Romero quitte id Software en vue de démarrer son propre studio. Officiellement, il part en très bons termes et déclare qu'il compte utiliser le moteur 3D de John Carmack pour réaliser son propre jeu de tir en 3D : Daikatana. Romero ne sait pas encore qu'il va affronter des épreuves dignes du making of de Apocalypse Now, accumulant retard sur retard en dépit d'horaires de travail surchargés et de dépassements successifs de budgets, épuisant de nombreux collaborateurs d'une équipe plusieurs fois renouvelée. C'est une autre équipe qui va décrocher le jackpot...

Elaborée par d'anciens employés de Microsoft, Half-Life est la toute première création de Valve Software et le jeu est initialement développé à partir du moteur de Quake d'id Software. Toutefois, Valve raffine en profondeur ce moteur graphique et définit un jeu d'une incroyable ambition. L'éditeur Sierra se propose de publier le jeu, tout en se montrant extrêmement chiche dans son avance sur recettes.

Dès sa première apparition publique en mai 1997, Half-Life fait l'objet d'un accueil dithyrambique de toutes parts. Pourtant, sa sortie sera repoussée afin d'améliorer le scénario et l'Intelligence Artificielle. Le jeu apparaît finalement en novembre 1998 après avoir reçu une pluie historique de récompenses de la part de la presse spécialisée comme des institutions. Half-Life connaît des ventes phénoménales : plus de 8 millions d'exemplaires, un chiffre record dans l'univers du PC.

Au cours des années 2000, c'est le jeu Halo de Bungee Software sur Xbox qui va reprendre le flambeau. Sorti à la fin 2001 aux USA, il va être acheté par 94% des acquéreurs de cette console. En octobre 2007, la sortie de la version 3 va recevoir un accueil sans précédent et réaliser, au premier jour de sa commercialisation un chiffre d'affaires de 170 millions de dollars, supérieur à celui du film Spider-Man 3.

Id Software qui a continué d'engendrer de nouvelles versions de Doom ou Quake s'est vu dépassé dans le genre que le studio avait initié. John Carmack n'en a probablement cure. Depuis l'année 2000, il a diversifié ses passions en créant la société Armadillo Aerospace dont l'objectif est de permettre le tourisme spatial. Par ailleurs, le surdoué de la programmation a reçu maintes distinctions pour ses réalisations dont un Emmy Award en 2008.

Doom, pour sa part a conservé une aura toute particulière. En juillet 2001, un sondage mené par Gamespy auprès d'une centaine de professionnels du jeu l'a élu : « jeu n°1 de tous les temps ». Un autre magazine, PC Gamer l'a placé deuxième meilleur jeu de tous les temps dans son édition d'avril 2005.

Les ventes globales de Doom ont dépassé deux millions d'exemplaires. Pourtant si l'on prend en compte les versions réduites diffusées gratuitement, Doom apparaît comme l'un des jeux les plus populaires de tous les temps, car dans un tel contexte, le nombre des utilisateurs s'élèverait à près de trente millions.

Quelles que soient les qualités de Half Life ou des versions de Halo, un fait demeure : c'est avec Doom que les joueurs ont expérimenté pour la première fois cette infernale sensation d'être immergé dans un jeu...

## XIII  WING COMMANDER · Le film dont vous êtes le héros

Sur le fond bleu océanique, Mark Hamill agite bras et jambes dans le vide, l'air benêt, à l'instar d'un macaque parachuté par erreur sur la piste de Holiday on Ice. Toute ressemblance avec Luke Skywalker échappe à l'observation immédiate. Coupe au rasoir, la bedaine naissante, Hamill n'a plus rien du rebelle mèche au vent qui combattait les forces impériales dans l'épopée des Star Wars. Le voir gesticuler méthodiquement dans un décor plus dépouillé qu'une composition de Mondrian donne l'impression d'assister à une rétrospective sur le mime Marceau par un jour de chômage des accessoiristes. Glamour, glamour, où es-tu ?

Heureusement, il y a le moniteur témoin. Un coup d'œil sur cette fenêtre magique et le héros reprend sa place dans un écrin fantastique. Tout s'explique... Sur fond de voûte étoilée, le capitaine Hamill escalade une immense échelle qui mène vers le Victory, un gigantesque vaisseau spatial. Ce genre de maquette coûte ordinairement si cher que Robert Wise, le réalisateur de Star Trek n'hésita pas à imposer aux spectateurs une interminable séquence de cinq minutes dans laquelle le USS Enterprise était filmé sous toutes les coutures. Le Victory, pour sa part, n'a pas mis à mal la trésorerie de la production. Tout comme le paysage galactique, ce cargo interstellaire est le fruit du coup de « pinceau » d'un infographiste. Lors de la scène suivante, Hamill est rejoint par d'autres acteurs sur le même plateau d'une teinte émeraude. Sur l'écran témoin, le commandant donne ses ordres au sein d'un centre de contrôle dont la sophistication n'est pas sans rappeler celui du vaisseau Nostromo de Alien, le Huitième Passager.

« George Lucas m'avait dit qu'un jour, tous les films seraient réalisés de cette façon, » confie Hamill. « Cela rend l'interprétation plus complexe puisque que nous ne pouvons pas nous appuyer sur des repères visibles pour nous déplacer. Peut-être atteignons-nous là une forme plus pure du jeu d'acteur. Nous appartenons par définition au monde de l'illusion ».

Le réalisateur de ce film au décor invisible, Wing Commander III, est un jeune coq au physique de contrôleur de gestion. Un peu empâté, Chris Roberts est coiffé et habillé de manière sage. S'il paraît réservé et sous tension, c'est parce qu'il tient les commandes d'une invraisemblable machinerie sur laquelle il porte en permanence une intense concentration.

Le tournage qui a lieu dans le studio Haven Hearst de Los Angeles s'apparente à un marathon, les scènes étant tournées à la chaîne.

« Sur un plateau traditionnel », explique Hamill entre deux prises, « vous jouez une scène puis bénéficiez de plusieurs heures pour vous relaxer et vous préparer à la suivante, le temps que les techniciens mettent en place le décor, réajustent la lumière ». Ici, aucun relâchement n'est permis, puisqu'un simple clic peut transformer les poussières d'étoile en cabine de repos avec couchettes futuristes. Hamill n'est pas enclin à se plaindre ; à ce stade de sa carrière, il a accueilli cette proposition de tournage avec soulagement.

Formé à l'art dramatique, Mark Hamill avait vu sa carrière faire un bond lorsqu'il avait été choisi pour interpréter le héros de la Guerre des Etoiles. Entre le second et le troisième volet de la trilogie, le jeune premier avait été victime d'un grave accident de voiture qui l'avait partiellement défiguré. De minutieuses opérations de chirurgie esthétique avaient été nécessaires pour lui recomposer un faciès de jouvenceau, mais les séquelles demeurant visibles, les scénaristes avaient dû remanier l'histoire du Retour du Jedi, afin de justifier son changement d'apparence.

Une fois achevé le tournage du dernier épisode de la trilogie de Lucas, Hamill s'était sans cesse vu proposer des rôles de sauveur de planètes menacées par d'horribles aliens. Il les avait systématiquement refusés. Les offres avaient fini par s'espacer, et suite à la rupture avec son agent, il s'était retrouvé au chômage avant de sombrer dans l'oubli. Hamill avait alors porté un amer constat sur sa situation : il était trop mûr pour jouer les adolescents et trop jeune pour incarner un personnage mûr. Il avait préféré se retirer du cinéma afin de tenter un come-back retentissant l'heure venue. Avec sa femme Marilou et leurs trois enfants, le comédien avait migré à New York. Mark Hamill s'était lancé dans une carrière théâtrale, succédant à David Bowie dans Elephant Man puis reprenant le rôle-titre de la pièce Amadeus.

Lorsqu'il était revenu à Los Angeles sept ans plus tard, Hamill avait dû déchanter. En guise de rôles, il ne s'était vu offrir que des « voix » dans des publicités, des dessins animés (celle du Joker dans Batman), ainsi que dans un jeu vidéo (Gabriel Knight). Désoeuvré, le comédien passait la plupart de son temps à retaper sa maison de Malibu. Il entretenait l'espoir d'être sollicité pour la deuxième trilogie de Star Wars que préparait Georges Lucas. Cependant, le réalisateur avait finalement choisi de situer la nouvelle série avant la naissance de Luke Skywalker, ce qui avait ruiné les espoirs de l'acteur déchu. Sur le conseil de son agent, Hamill avait alors accepté de participer à un casting insolite, celui de Wing Commander III.

Contre toute attente, Chris Roberts, dont l'enfance avait baigné dans Star Wars, avait accueilli Hamill à la manière d'une star et n'avait été que trop heureux de l'engager pour le rôle principal. Le destin avait certes été suffisamment narquois pour faire rempiler l'acteur dans un rôle de sauveur de l'humanité. Avec une nuance...

Le tournage effectué par Roberts n'était pas destiné à drainer les populations d'Amérique et d'Europe vers les multiplexes et drive-ins. Dans Wing Commander III, les images confrontant Hamill et des extraterrestres allaient venir s'intercaler entre deux séquences d'un jeu informatique.

Depuis toujours, le cinéma avait servi de source d'inspiration pour le jeu vidéo. Qui veut la peau de Roger Rabbit ?, Total Recall, Dick Tracy, Top Gun, Platoon, Rambo, Robocop, Les Dents de la Mer, Retour vers le futur, Indiana Jones avaient fait partie de la première vague de titres disponibles sur la NES de Nintendo. Quelques années plus tôt, Atari avait produit une version de Star Wars, un jeu spectaculaire adapté du film de Lucas. Au début des années 90, les Tortues Ninja et Aladdin avaient représenté des succès majeurs sur console. Les adaptations de Cliffhanger, Last Action Hero, Dracula, Demolition Man, Star Trek et Jurassic Park étaient dans les cartons. De son côté, l'ordinateur était depuis belle lurette mis à contribution pour les effets spéciaux du cinéma, sur un chemin jalonné par Tron, Abyss et Terminator II.

L'idée d'un genre hybride, à mi-chemin entre le jeu et le cinéma avait donc fait son chemin, les CD-ROM invitant aux expérimentations en matière d'image. La société Origin avait été l'une des premières à prendre le grand virage. Elle avait été fondée par Richard Garriott en 1983…

Dans la vie, Garriott porte des chemises de cow-boy et des jeans noirs. Pourtant, si l'on évoque son nom, la plupart des joueurs ont tendance à se le représenter sous la forme d'un souverain de l'époque des croisades. Si l'on s'en tient à sa frange sur le front qui lui donne un air à la Louis XI et aux nombreuses photographies et gravures qui le représentent sous cette forme, il serait aisé d'en déduire que Garriott est ancré dans l'époque médiévale. Pourtant, cet homme au charisme prononcé échappe aux définitions hâtives. Bien qu'il puisse paraître mystique de par certaines conversations, Garriott s'intéresse aussi aux sports extrêmes, de la plongée sous-marine au parachute en passant par le saut à l'élastique. Né d'un père astronaute qui a eu l'heur d'être l'un des premiers à se mouvoir dans l'espace, Garriott cultive également un attrait pour l'astronomie et la conquête spatiale.

Au début des années 1970, l'adolescent Garriott développe un goût certain pour les jeux de rôle et s'éprend de l'univers de légende que dépeint J.R.R. Tolkien dans le roman Le Seigneur des Anneaux. En 1974, à l'âge de treize ans, il se met à programmer des variantes de Donjons et Dragons sur le lecteur de bandes perforées de l'ordinateur du lycée. Il écrira vingt-huit versions de ce programme.

Le père de Richard, Owen Garriott effectue son premier voyage spatial pendant une soixantaine de jours à bord du vaisseau Skylab au cours de l'été 1979. Au même moment, Richard qui a terminé le lycée décroche un emploi dans une boutique d'informatique et découvre l'Apple 2. Très vite, il profite de ses soirées pour créer une énième mouture de Donjons et Dragons sur cet ordinateur. Le jeu, qu'il nomme Akalabeth, est une quête au trésor comprenant plusieurs heures de duels à l'épée avec des monstres et nécessitant de discuter tout le long de l'aventure avec les paysans rencontrés sur son chemin.

A tout hasard, Garriott investit l'essentiel de son pécule, deux cents dollars, en sacs plastiques et photocopies de jaquettes, afin d'auto-éditer son jeu. La première semaine, il ne reçoit que sept commandes. Pourtant, un matin, un appel survient d'un éditeur californien, assorti d'un billet d'avion pour San Francisco. California Pacific propose au jeune auteur de diffuser Akalabeth et lui fait signer un contrat selon lequel il sera rétribué cinq dollars par unité. Le jeu se vend à trente mille exemplaires et Garriott récolte ainsi cent cinquante mille dollars pour un jeu dont la programmation lui a tout juste demandé trois mois de soirées de travail.

Le passionné de jeux de rôles qui a démarré des études d'ingénieur en électricité à l'Université du Texas développe une suite à Akalabeth qu'il intitule Ultima. Rebelote : cette nouvelle mouture lui rapporte trois cent mille dollars. Le jeune prodige de l'informatique apparaît bientôt dans les colonnes de magazines tels que People, Money ou National Enquirer. Ultima II est mis en chantier dans la foulée. Ce qui devait arriver arriva : pendant que ses revenus augmentent, ses notes à l'Université s'effondrent. Etudier ou programmer, il faut choisir ; Garriott choisit la deuxième option.

Richard fonde Origin à Austin en 1983 dans le garage paternel, avec la bénédiction d'Owen Garriott qui l'aide à réunir les fonds nécessaires. La même année, le père de Richard passera dix jours dans l'espace à bord du Spacelab 1 - il a été l'un des six premiers astronautes sélectionnés par la NASA pour des expériences en laboratoire spatial. Origin s'apparente à une affaire familiale : le frère de Richard, Robert, qui est titulaire d'un Master of Business Administration prend en main la gestion tandis que sa mère Hélène gère le département artistique. Seul le cinquième larron, l'auteur de logiciels, Charles Bueche échappe à l'arbre généalogique des Garriott.

Origin est alors le seul atelier de développement de logiciels à mille kilomètres à la ronde. La devise choisie par Richard résume l'esprit dans lequel compte opérer le studio : « Nous créons des mondes ». Le premier titre produit en interne, Ultima III se vend à près de cent mille exemplaires. De manière générale, la saga des Ultima va devenir une série culte dans l'histoire des jeux micro, frôlant le million d'unités vendues pendant les années 1980. Au fil des versions, Richard Garriott s'éloigne de la programmation afin d'assumer les fonctions de directeur d'Origin. Il va notamment embaucher en 1987 un as de la programmation, Chris Roberts.

Tout comme Garriott, Roberts est texan mais il a passé sa prime jeunesse en Angleterre. Comme le créateur d'Ultima, il a découvert la programmation à l'âge de treize ans et l'année suivante, il vendait déjà son premier jeu. Lorsqu'il a rejoint Origin à l'âge de dix-neuf ans, Roberts comptait déjà trois hits britanniques à son actif : Match Day, Wiz Adore et Stryker's Run. Dès son arrivée dans la société texane, il va développer un énorme succès, Times of Lore. Classique, carré et réservé, Robert brille par sa capacité à faire avancer un projet pas à pas jusqu'à son achèvement.

La décennie qui a vu s'effondrer le mur de Berlin tire à sa fin. Origin a connu une croissance mesurée et emploie désormais une cinquantaine de personnes. La plupart d'entre-eux sont des programmeurs travaillant jour et nuit - certaines pièces sont meublées de lits de fortune pour ceux qui aspirent à faire une sieste. Garriott et Roberts sont à la tête d'équipes de développement séparées qui ressemblent étrangement à leur chef de file. Le personnel d'Origin s'est livré un jour à une caricature de ses supérieurs qui reflètait de manière synthétique l'ambiance que chacun fait régner. Richard Garriott apparaissait sur un podium à la manière d'un politicien avec pour indication : « Conception des jeux par la démocratie ». Chris Roberts était représenté en uniforme militaire avec la mention : « Conception des jeux par ordonnance ». Une façon comme une autre d'indiquer qu'il ne tolère aucune ambiguïté sur son autorité.

## Wing Commander

Tout le monde n'a pas eu la chance d'avoir un père astronaute... Richard Garriott est de plus en plus attiré par l'espace et rêve d'une simulation qui aurait les étoiles pour théâtre. Un tel jeu nécessiterait la supervision minutieuse d'une large équipe avec ses programmeurs, dessinateurs, écrivains et musiciens spécifiques. Roberts apparaît indéniablement comme le commandatore d'une telle entreprise.

Dès le premier volet de Wing Commander, Roberts aborde le nouvel ouvrage à la manière d'un film et produit un cahier des charges volumineux. Même si en cette époque, il n'est aucunement question de tournage en réel, le scénario qu'il entrevoit révèle une complexité peu commune, avec une histoire truffée de rebondissements et des notes de mise en scène détaillées. Wing Commander est conçu dans la perspective d'une saga épique, telle Star Wars ou Star Trek. Roberts entend capitaliser sur les nouvelles techniques informatiques afin d'exploiter au maximum les capacités de l'ordinateur qui accueillera ce jeu, le PC.

L'action de Wing Commander se situe au 27ème siècle. Une guerre sans merci a éclaté entre les humains et les Kilrathis. Félins à tête de lion, les Kilrathis sont belliqueux et sanguinaires, leur culture n'étant pas sans rappeler celle du Japon médiéval. Décidés à envahir les systèmes planétaires des Confédérés - nom attribué aux Terriens - ils mettent en péril toute la race humaine.

Le joueur incarne Christopher Blair, un pilote aux prises avec les guerriers de l'empire Kilrathi. Romantique, il a du mal à vivre son histoire d'amour avec la très indépendante Angel. Au début de Wing Commander I, il vient de sortir de l'Académie et prend la direction du Tiger Claw, vaisseau à bord duquel il va se forger une réputation intergalactique.

Wing Commander est présenté au salon CES de l'été 1990, à une époque où la vague Nintendo est à son zénith. Par la force des choses, la plupart des visiteurs consacrent l'essentiel de leur temps à regarder des jeux pour consoles jusqu'à la nausée. Pourtant, le bruit commence à se répandre qu'il se passerait quelque chose d'exceptionnel sur le stand d'Origin. Ceux qui en reviennent sont unanimement abasourdis. Les journalistes qui désirent en avoir le cœur net s'en vont alors découvrir la simulation de combat spatial réalisée par Roberts. Ils rencontrent un drôle de fanfaron qui ne cache aucunement son intention de devenir le Cecil B. De Mille du loisir interactif. Par bonheur, l'orgueil dont fait preuve Roberts est corroboré par ce qu'il présente avec une auto-satisfaction non-feinte. Sur les écrans, les spécialistes du jeu vidéo voient apparaître des images faisant appel à d'authentiques prouesses techniques et demeurent la plupart du temps sans voix. Wing Commander I est sensationnel et vibrant. Plusieurs magazines spécialisés estiment que ce jeu consacre le PC comme un ordinateur de jeu, alors qu'il était jusqu'alors associé au monde de l'entreprise.

Produit dans la foulée, Wing Commander 2 sort un an plus tard. Une fois encore, les joueurs sont fascinés par un scénario qui offre l'opportunité de participer à des missions intergalactiques entrecoupées de scènes en dessin animé. En proposant une intrigue évolutive, Wing Commander donne ses lettres de noblesse à un genre - les simulateurs de combats spatiaux - qui jusqu'alors, ne semblait pas promis à un grand avenir.

Deux ans après la sortie du premier épisode, Wing Commander apparaît comme une institution. Au total, Origin a vendu plus de 1,5 millions d'exemplaires de titres issus de la série. Pourtant, la société fondée par Richard Garriott est proche de la faillite à la suite d'un certain nombre d'erreurs stratégiques.

« Du fait que je suis un grand fan d'Apple, nous avons continué de concentrer nos efforts de développement sur cette plate-forme alors que le PC devenait la machine de choix. Cela a bien failli nous achever », explique Garriott.

Pour ne pas sombrer corps et bien, Origin entre dans le giron du géant californien Electronic Arts, le 25 septembre 1992, suite à une transaction de trente millions de dollars.

En ce début des années 90, Electronic Arts est le leader du jeu informatique et le huitième éditeur mondial toutes catégories confondues. La société a été fondée en Californie en 1982 par Trip Hawkins.

Bel homme mince et élégant aux yeux verts, Hawkins fait preuve en toutes circonstances d'une apparente maîtrise des événements. Toujours de bonne humeur et capable de se mettre à la portée d'autrui, il semble né pour les relations humaines.

Hawkins a eu l'ambition de créer une société d'édition de jeux dès qu'il a appris l'apparition du premier microprocesseur durant l'été 1975. Trois ans plus tard, il est entré chez la jeune société Apple, qui n'avait encore vendu que mille ordinateurs. Le 12 décembre 1980, l'entrée en bourse triomphale d'Apple a rendu les premiers employés millionnaires au point où l'on a vu les voitures de luxe envahir le parking. En avril 1982, Trip Hawkins a quitté son poste de directeur du marketing d'Apple et a fondé Amazin' Software (le logiciel stupéfiant) le 28 mai suivant. Toutefois, cette dénomination ne lui semblait pas satisfaisante : Hawkins souhaitait que l'écriture de programmes soit reconnue comme un art. Le nom Electronic Arts (« les arts électroniques ») a surgi au cours d'un long brainstorming en octobre.

Les premiers jeux de Electronic Arts se sont distingués par un détail : le nom du créateur apparaissait sur la jaquette, comme dans le cas d'un livre ou d'un film. Dès l'année 1983, Hawkins a associé un sportif de renom à un jeu de basket-ball, une pratique qui s'est développée dix ans plus tard avec EA Sports. Un dénommé Larry Probst a rejoint Electronic Arts à l'automne 1984 et il a eu pour politique de diffuser les jeux maison directement dans les boutiques.

Pendant près de dix ans, Hawkins a fait preuve de sagacité, réorientant régulièrement la stratégie de développement d'Electronic Arts de manière à servir les plates-formes les plus en vogue. En octobre 1983, il avait parié sur le Commodore 64. Trois ans plus tard, il s'est rallié à l'Amiga. Au passage, il a embauché l'une des futures stars du développement : le très british Peter Molyneux.

Suite au décollage des consoles, Hawkins, hostile aux conditions draconiennes imposées par Nintendo a pris le risque de rejoindre le clan SEGA, investissant 2,5 millions de dollars sur la production d'une dizaine de titres pour la Mega Drive dès 1989. La raison était en partie technique : la 16 Bits utilisait le même processeur que le Macintosh, l'Amiga et l'Atari ST sur lequel Electronic Arts disposait d'une longue expérience. En raison d'une telle maîtrise, Hawkins a pu menacer SEGA de publier des jeux sans son autorisation si le constructeur n'adoucissait pas ses conditions. Le bluff a été payant : dans son combat contre Nintendo, SEGA ne pouvait négliger aucun soutien et le géant japonais a cédé.

L'investissement dans les jeux de SEGA n'a été rentable qu'en 1992, mais cette année-là, Electronic Arts a publié deux méga-hits - John Madden Football et NHL Hockey pour Mega Drive - et a globalement vendu 35% des jeux pour cette console.

Le défaut essentiel de Trip Hawkins réside dans une obstination absolue, une certitude d'être dans le vrai qui rend parfois toute discussion inutile. Sous sa direction, Electronic Arts a publié un clone d'Ultima, Death Horde, présentant une similarité troublante avec l'original. Garriott et Hawkins ont eu d'ardentes altercations, le premier affirmant qu'Electronic Arts n'avait aucunement le droit de publier Death Horde et le second répliquant que Garriott n'avait pas à lui apprendre son métier. Hawkins a fini par céder et a consenti à altérer les aspects de Death Horde qui plagiaient trop ouvertement Ultima. Toutefois, la plaie est restée ouverte.

En ce mois de septembre 1992, si Garriott a pu accepter le rapprochement avec le premier éditeur de jeux des Etats-Unis, c'est parce que Trip Hawkins s'en est allé. Persuadé que l'avenir serait aux consoles de jeu haut de gamme, le fondateur d'Electronic Arts a fondé 3DO, une entreprise vouée à la conception d'une console de capacité supérieure à la SNES et à la Mega Drive. L'homme au large sourire a été remplacé par le financier hautain qu'est Larry Probst.

« Origin n'aurait jamais considéré une alliance avec Electronic Arts si Hawkins était demeuré en fonction », a confié Garriott lors des transactions.

Pour Garriott, cette fusion vient à point nommé. Les équipes d'Origin vont désormais disposer d'une assise financière considérable. Le nouveau président d'Electronic Arts ne va d'ailleurs pas tarder à recevoir sur son bureau une proposition de développement dont le coût est astronomique par rapport aux normes de l'époque : deux à trois millions de dollars.

Mettre à contribution de véritables acteurs apparaît à Roberts comme une étape logique dans l'évolution de la série Wing Commander. La puissance des PC est désormais suffisante pour qu'il soit possible de simuler de la vidéo à l'écran. Suite à la baisse des prix du marché, les ordinateurs multimédia entrent dans les foyers. Ils sont plus de deux millions en 1992 et certaines études prédisent que le parc va se multiplier par huit au cours des trois années à venir. Il reste à faire approuver le budget de Wing Commander III par Electronic Arts. La version 2 a coûté un million de dollars, une somme faramineuse à l'aube de 1991. Tripler la mise est une éventualité angoissante pour le nouveau détenteur des cordons de la bourse.

— Je désire que Wing Commander III transmette une expérience analogue à celle que vous ressentez lors d'un long métrage ou d'une série télévisée. Un tournage en réel avec des acteurs est la seule façon d'y arriver, plaide Chris Roberts.

— Les consommateurs vont vouloir que la qualité des CD-ROM soit équivalente à celle de la télévision et du cinéma, faute de quoi, ils ne seront pas prêts à débourser leurs deniers, surenchérit Garriott.

— Je ne sais pas dans quoi nous mettons les pieds, tranche Larry Probst. Mais j'espère que cela va rapporter plus que cela ne coûte !


La maîtrise d'œuvre de Wing Commander III est confiée à Donna Burkons, une scénariste et productrice qui a fait ses armes chez United Artists, 20th Century Fox et Disney. En se fondant sur le travail préliminaire de Chris Roberts, Burkons réalise un premier script, puis engage Frank de Palma et Terry Borst, deux membres de la Guild of Writers1 pour qu'ils le retravaillent en profondeur. Pendant deux jours, de Palma et Borst étudient le travail préparatoire et les croquis effectués et harcèlent Chris Roberts de questions. Les deux scénaristes découvrent que dans un jeu vidéo, l'intrigue doit comporter plusieurs variations et dérivations suivies de points de recoupement. Suite à un combat meurtrier, il faut prévoir une scène morose en cas de mort d'un pilote et une autre montrant son retour triomphal s'il s'en est sorti indemne.

Borst et de Palma remanient l'histoire globale en appliquant des règles propres à l'univers du grand écran. Leur travail se concrétise deux mois plus tard sous la forme d'un document de trois cents pages, là où les scénarios qu'ils rédigent habituellement se limitent à cent vingt. Il ressort du script de Wing Commander III un curieux cocktail d'action, de romance, de suspense et de drame.

L'action se déroule en 2654, à une époque où Blair est devenu colonel. Lors de la première scène, il contemple l'épave fumante d'un bâtiment de la flotte terrienne anéantie par les félins, qui ont dominé la longue guerre intergalactique. L'amiral Tolwyn impute à Blair la responsabilité de cet échec et l'affecte sur le plus vieux vaisseau de la flotte, le Victory, plus connu sous le nom de « poubelle de l'espace ». Dans la navette qui le mène vers le vaisseau, Blair apprend que les autorités militaires lui mentent et que la Terre est sur le point d'être évacuée. Comme un traître se cache vraisemblablement dans l'équipage, chaque membre deviendra un suspect potentiel.

Là n'est pas tout. Au cours d'une mission de sabotage lancée contre les Kilrathi, un commando terrien a été capturé. Seule la ravissante Angel, fiancée de Blair a eu la vie sauve. Elle n'a dû son salut qu'au fait qu'elle était la compagne du « Cœur de tigre », surnom dont les Kilrathis ont affublé Blair en reconnaissance de sa bravoure.

A bord du Victory, tandis qu'il tremble pour Angel, Blair subira les avances de deux allumeuses, la blonde mécano Rachel et Flint, une ravissante pilote au passé mystérieux. Il ne demeurera pas insensible à la sensualité de ces charmantes compagnes de vol. L'une des scènes finales donnera dans le tragique, les Kilrathis se résolvant à éliminer la fiancée de Blair.

Burkons et Roberts partent pour Los Angeles afin de dénicher les acteurs professionnels qui prêteront vie aux personnages filmés. Leur budget ne permettant aucunement d'embaucher des stars du calibre de Harrison Ford ou Jack Nicholson, ils se contentent de placer des annonces dans des magazines professionnels du cinéma. Contre toute attente, ils reçoivent un nombre impressionnant de réponses, sous forme de photos, bandes vidéo et curriculum-vitae, avec dans le lot quelques candidats de renom. Burkons et Roberts voient défiler acteur sur acteur qu'ils soumettent à un test de lecture. Lors de la visualisation des auditions enregistrées sur vidéo, Roberts trahit son immaturité en matière de cinéma en se laissant aller à des fous rires incontrôlables.

Parmi les postulants pour Wing Commander III figure Mark Hamill. Il apparaît idéal pour incarner Blair à plusieurs titres. En premier lieu, son nom demeure associé à un film qui a fait date dans la science-fiction, celui de Star Wars. De plus, il correspond parfaitement au type d'individu recherché pour incarner Blair. Dans la mesure où le joueur est censé s'identifier au personnage, il paraît important de ne pas choisir un acteur disposant d'une aura trop forte, qui empêcherait une identification de soi-même.

« Blair s'apparente à un individu sans prétention qui se retrouve confronté à des situations extraordinaires, comme Harrison Ford dans les films de Tom Clancy ou encore Kevin Costner. » a expliqué Chris Roberts. « Il s'est trouvé que Mark Hamill était exactement ce genre d'acteur. Cela se voyait déjà dans La Guerre des Etoiles où il interprétait un simple fils de fermier qui par la force des choses, doit combattre l'Empire. Mark a un côté homme de la rue qui rend aisé pour un joueur d'entrer dans sa personnalité ».

Désespéré de ne jamais pouvoir tourner à nouveau, Mark Hamill se montre fort conciliant avec la production. Il accepte notamment de n'être rémunéré que sous la forme d'un pourcentage sur les ventes du jeu.

Un autre acteur s'impose de manière immédiate, Tom Wilson, qui a joué Biff, la brute des cours de récré dans Retour vers le futur. Il apparaît instantanément comme le comédien idéal pour interpréter Maniac, un pilote casse-cou et imprévisible dont Blair a le plus grand mal à contrôler les agissements. Cinq secondes suffisent pour qu'il crée l'unanimité : « C'est lui ! C'est Maniac ! »

Malcom McDowell a connu une carrière relativement stable, à la différence de Mark Hamill. Suite à l'aura qu'il a pu tirer des rôles d'adolescent rebelle dans If puis Orange Mécanique, l'acteur s'est retrouvé aux premières positions dans C'était demain, La féline, sans oublier le sulfureux Caligula. Il a ensuite tenu des rôles plus secondaires dans des films tels que The Player de Robert Altman. Son visage est demeuré familier des spectateurs et ses prétentions sont raisonnables. Cet acteur abonné aux rôles troubles est choisi pour interpréter le sombre amiral Tolwyn qui n'est stimulé que par la seule ambition personnelle.

Autre quinquagénaire sélectionné, John Rhys-Davies est un acteur de théâtre longtemps spécialisé dans les productions shakesperiennes. Rhys-Davies a tenu des seconds rôles dans maintes productions à succès : Les Aventuriers de l'Arche perdue, Indiana Jones et la dernière croisade - où il incarne Sallah, l'archéologue égyptien ami d'Indy, Tuer n'est pas jouer, Victor, Victoria sans oublier aussi la nouvelle mouture télévisée des Incorruptibles.

Au total, la distribution compte près de vingt-cinq acteurs. Parmi eux, figure une ancienne actrice de films hard, Ginger Lynn Allen, qui est choisie pour interpréter Rachel, la technicienne aux allures de garçon manqué. Une cascadeuse accomplie, Jennifer MacDonald, incarne la ravissante et aguichante pilote Flint qui a le béguin pour Blair.

« Nous nous sommes rendu compte qu'Hollywood considère bel et bien le jeu interactif comme un nouveau média de loisir et qu'un grand nombre d'acteurs tiennent absolument à y participer, » juge Chris Roberts. Tom Wilson voit les choses sous un jour plus sarcastique : « les acteurs sentent venir l'argent de très loin. »

Donna Burkons réunit une équipe et déniche le studio de tournage Haven Hearst, à Los Angeles. Le tournage effectif débute en mai 1994. Les interprètes découvrent une nouvelle façon de jouer, qui oblige à faire appel à l'imagination, puisqu'ils sont filmés sur un fond bleu vert, les décors « peints » à l'ordinateur étant mélangés aux prises de vues. Ils sont également confrontés à une situation inédite, dans la mesure où pour chaque scène, ils doivent se souvenir de l'évolution précise du scénario, retrouver l'état d'esprit dans lequel se trouvait le personnage au sortir de la scène précédente, selon qu'il a par exemple réussi ou échoué une mission. Cinq ou six prises sont généralement nécessaires avant d'obtenir une scène qui « fonctionne ».

En dépit de son inexpérience, Chris Roberts fait preuve d'une maîtrise qui étonne les acteurs. « J'ai été surpris d'apprendre qu'il s'agissait de son premier tournage » a avoué Mark Hamill. « S'il ne nous l'avait pas dit, je ne l'aurais jamais deviné ». Sur le plateau, le rôle qui consiste à endosser le costume des Kilrathis est le plus ardu, la respiration étant presque impossible une fois la gueule fermée. Entre deux prises, afin d'atténuer la température de 35° qui règne à l'intérieur du costume, des assistantes viennent régulièrement insuffler de l'air froid. Pour l'animation des têtes de Kilrathis, la production s'appuie sur un procédé baptisé l'Animatronique, grâce auquel les mouvements faciaux peuvent être contrôlés à distance.

Le tournage dure vingt-cinq jours, une durée comparable à celle d'un téléfilm, et se termine au début du mois de juin 1994. À partir de la centaine d'heures de prises converties en format numérique, Roberts produit plus de trois heures de vidéo. Les acteurs sont incrustés dans le décor réalisé sur ordinateur Silicon Graphics à l'aide du logiciel Alias. La production découvre au passage qu'il faut légèrement retraiter les images filmées - leur perspective est habituellement déformée par la lentille de l'objectif, alors que l'image issue d'Alias ne présente aucune courbure.

Wing Commander III tient sur quatre CD et comprend trois heures de séquences cinématographiques. L'introduction à elle seule, dure une dizaine de minutes. L'interaction existe dans certaines séquences cinématiques, Blair devant parfois choisir entre deux attitudes qui auront une incidence sur la suite de l'histoire. Durant certains dialogues, l'action s'arrête parfois de manière brusque et le joueur se voit alors proposer plusieurs options. Ainsi, pendant le briefing original, Blair doit sélectionner son coéquipier. Qui choisir ? Hobbes, un Kilrathi qui a rejoint les Terriens ? La jolie pilote Flint ? Maniac, le cinglé du manche ?

Lors de la présentation du jeu au salon ECTS à Londres, l'un des dirigeants d'Electronic Arts commet une gaffe de taille. Au cours du dîner auquel est convié Mark Hamill, il lance sur le ton de la plaisanterie :

— Tiens, vous vous êtes fait tailler les oreilles ?

Un silence gêné s'ensuit, personne ne parvenant à saisir où se situe la saillie. Le plaisantin s'en explique alors : il a fait référence à Spok. Seul problème, l'acteur qui interprète ce héros de la série Star Trek est le fameux Leonard Nimoy ! Vexé, Mark Hamill change de table.

La production de Wing Commander III a finalement coûté plus que prévu - trois millions et demi de dollars, une somme près de trois fois plus élevée que la moyenne des jeux. Electronic Arts ayant créé un précédent, il devient courant pour les éditeurs d'annoncer le coût de développement comme un argument de vente. Pourtant, si Wing Commander III connaît des ventes honorables – cinq cent mille exemplaires – il n'arrive qu'en onzième position des ventes de l'année 1995, très loin derrière Myst ou Doom dont le budget était infime en comparaison. L'autre film interactif qui fait alors grand bruit, Under a killing moon vient plus loin encore dans le classement.

Chris Roberts a d'autres préoccupations. Wing III n'était pas plus tôt terminé qu'il a confié son ambition aux pontes d'Electronic Arts :

« Nous pourrions véritablement relayer l'ambiance d'un long métrage si nous tournions un vrai film dans de véritables décors, et non pas simplement de la vidéo sur fond bleu-vert. Nous pourrions ainsi atteindre un niveau supérieur de profondeur visuelle, un déplacement de la caméra plus naturel, une meilleure saturation des couleurs, une lumière plus vive... »

En découvrant le budget de Wing Commander IV, Richard Garriott a levé les yeux au ciel. Le glacial Larry Probst a donné, de manière inconsciente, dans le comique de répétition :

— J'espère que cela va rapporter plus que cela ne coûte.

La frénésie a alors repris. Trente-huit décors, ainsi que la réplique d'un vaisseau futuriste ont été construits dans les studios de Ren-Mar en plein Hollywood. Une soixantaine d'acteurs et plusieurs dizaines de figurants ont investi les lieux. Désormais, la caméra s'est mise à tourner autour des acteurs et les effets spéciaux ont été en bonne partie réalisés sur le plateau même par un spécialiste et son équipe.

Publié en février 1996, le jeu comportait quatre heures de vidéo interactive, avec une introduction cinématographique de onze minutes. Le budget de douze millions de dollars – dont un pour la promotion – était désormais supérieur à la plupart des films français.

Chris Roberts pour sa part, est passé de l'autre côté. Quelques mois après la sortie de Wing Commander IV, il a annoncé qu'il quittait Origin pour monter sa propre société, Anvil, avec l'intention de diriger un vrai film. Son destin va alors croiser celui de Jean-Martial Lefranc, PDG de Cryo mais aussi producteur de cinéma à ses heures.

Larry Probst est-il rentré dans ses frais ? Il est difficile à dire. Il demeure que globalement les versions III et IV de Wing Commander ne se sont pas vendues davantage que les I et II, dont le budget était bien moindre. À tout prendre, Prosbt a passé l'opération dans les dépenses institutionnelles car elle aura au moins servi l'image d'Electronic Arts.

Il demeure que depuis, l'insertion de séquences filmées est

devenue une constante de nombreuses productions, notamment celles liées d'une façon ou d'une autre à des productions cinématographiques : X-Files, Le Seigneur des Anneaux, Matrix... L'avènement du DVD n'a fait qu'amplifier la tendance.

L'insertion de coûteuses séquences vidéo apporte-t-elle un réel bonus aux aventures interactives ou contribue-t-elle à créer des oeuvres pompeuses et ennuyeuses ? Les avis sont partagés.

Ceux qui aiment l'allégresse que procure une bonne jouabilité s'impatientent lorsque les séquences filmées s'éternisent. Par bonheur, il suffit généralement de presser une touche pour mettre fin à la projection et replonger dans l'interactif.

Dans le même temps, les cinématiques filmées ou à base d'images de synthèse ont contribué à faire entrer le jeu vidéo dans une phase de maturité. Elles sont souvent utiles pour installer l'intrigue, tisser le lien entre deux niveaux, ménager une pause ou même récompenser le joueur par une gratification animée au sortir d'une action trépidante. Parfois, elles permettent d'offrir quelques scènes inédites d'un long métrage. Dans le meilleur des cas, elles représentent un bonus, une pause luxueuse, une dégustation éphémère et spectaculaire qui s'inscrit durablement dans le souvenir...

## XIV PLAYSTATION - Une console pour les gouverner tous !

Que résonne le gong !

Olaf Olaffson, le viking venu d'Islande a réuni les hérauts, scribes et messagers pour une déclaration tonitruante.

Oyez, bonnes gens !

En ce mois de juin de l'an de grâce mille neuf cent quatre-vingt-onzième de notre ère, la glorieuse Sony scelle un acte de fraternisation avec le seigneur de la guerre, Maître Nintendo.

L'alliance des deux aigles vise à l'accomplissement d'une invasion en règle des demeures de l'Orient comme de l'Occident.

L'Excalibur qui va favoriser l'intrusion des forces coalisées est la combinaison de deux armes redoutables : la Super NES et la Sony Play Station, lecteur de CD-ROM de la console précitée.

Que les porteurs de flammes consacrent la fusion en embrasant les pièces d'artifice !

Les relations entre Sony et Nintendo ont pris forme en 1988, discrètement, sans défrayer la chronique. Si l'on démonte le capot d'une Super NES, on peut apercevoir, au cœur d'une carte hérissée de micro-pointes, une puce portant le label Sony. Ce petit composant anodin gère l'audio de la console.

À présent, la liaison porte autour d'un lecteur de CD-ROM que fournirait Sony et qui est baptisé PlayStation. L'alliance doit être annoncée au Consumer Electronic Show (CES) de Chicago.

Or, depuis plusieurs semaines, le fondateur de Nintendo se hérisse à la moindre évocation de ce rapprochement, conclu un peu hâtivement à son goût. Olaf Olafsson, le président de Sony Electronic Publishing, a dévoilé un sacré talent lors des discussions menées avec Minoru Arakawa, président de Nintendo of America au cours desquelles ce dernier n'a cessé de perdre du terrain.

Olafsson est un individu d'une redoutable perspicacité, qui

mène les négociations avec finesse et minutie. Ingénieur en physique, doté d'une force de travail exemplaire, ce natif d'Islande a publié trois romans qu'il a trouvé le temps d'écrire en se levant très tôt le matin, tout en assumant ses fonctions de président.

Plus les événements évoluent et plus il apparaît à Yamauchi que Sony se sert du CD-ROM comme d'un cheval de Troie pour prendre pied sur le marché du jeu vidéo. Nintendo n'est qu'une simple pièce d'un échiquier que semble manipuler Norio Ôga, président directeur général de Sony. Voir cet encombrant partenaire prélever une quote-part sur chacun des titres publiés sur CD-ROM dresse une menace latente sur la forteresse de Kyoto. En laissant entrer le loup dans la bergerie, Nintendo risque de perdre le contrôle de son marché captif.

Quelques jours avant le CES, la discussion entre Yamauchi et Olaffson a tourné à la foire d'empoigne. La prise de bec portait sur les royalties émanant des jeux qui seraient publiés sur les CD-ROM de la PlayStation. Sony réclame une honorable part de ce plantureux gâteau. Yamauchi ne l'entend pas de cette oreille et ne prend pas de gants pour faire entendre la logique Nintendo à son homologue : le n°1 de la console a jusqu'alors joui d'un monopole incontesté sur la production de ses cartouches.

Depuis, les conversations téléphoniques entre Yamauchi et Olafsson se sont envenimées jusqu'à prendre des accents haineux.

Au cours de la conférence de presse organisée au CES de Chicago, Olaf Olafsson, se pose en conquérant et clame haut et fort que Sony est la seule société à détenir les droits du CD-ROM de la PlayStation. Du haut de ses deux mètres, le blond wisigoth explique que Sony vendra la licence des CD-ROM pour la PlayStation à toute l'industrie du logiciel et veillera à exploiter les catalogues discographiques de Sony Music et le fond cinématographique de Columbia Pictures en vue de développer une gamme de jeux à nulle autre pareille.

De l'autre côté du Pacifique, à Kyoto, les déclarations d'Olafsson sont perçues comme une ultime offense et renforcent la détermination de Hiroshi Yamauchi de briser les liens.

Au début du printemps 1991, Arakawa et son alter ego Howard Lincoln ont discrètement entamé, sur ordre de Yamauchi, des discussions avec Philips. Ce constructeur travaille sur le CD-i, un appareil multimédia qui accueille son propre type de CD interactifs. Les deux dirigeants de Nintendo of America ont fait le voyage jusqu'à Eindhoven en Hollande afin d'étudier la possibilité d'un rapprochement. Le géant néerlandais s'est montré moins vorace que Sony : Philips accepterait d'abandonner à la compagnie de Kyoto tous les droits relatifs aux jeux qui sortiraient sur ses CD. En contrepartie, le constructeur hollandais obtiendrait le droit d'adapter Super Mario, Zelda et autres fleurons de la gamme Nintendo sur son lecteur de CD-i, ce qui l'aiderait à promouvoir son appareil multimédia familial.

Résolu à se libérer du guêpier dans lequel il estime s'être fourré en flirtant avec Sony, Yamauchi a donné instruction à son gendre Minoru Arakawa de concrétiser l'accord avec Philips. Extrême affront, la nouvelle alliance sera annoncée au CES le lendemain de la conférence de Sony !

Dès que le bruit de ce mariage de circonstance est parvenu aux oreilles des cadres japonais de Sony, la consternation a été générale. Le président directeur général du conglomérat, Norio Ôga, a lui-même pris le téléphone et appelé Yamauchi afin de brandir la menace de poursuites judiciaires. Pourtant, ses protestations sont demeurées vaines. Les hommes de Sony ont alors tenté de mettre la pression sur Philips et le téléphone n'a cessé de sonner au siège de Eindhoven. Jusqu'à la dernière minute, Ôga et Olafsson ont espéré que Nintendo reculerait subitemment. Toutefois, l'altière cérémonie organisée par Sony au CES, loin d'amener le vieux dragon à fléchir, a renforcé sa détermination.

Le lendemain de la prestation de Olafsson, Nintendo tient comme prévu une conférence de presse à neuf heures du matin et

Howard Lincoln annonce, à la stupéfaction générale, l'alliance avec Philips.

Avec sa coutumière hardiesse et son sourire pincé, le co-président de Nintendo of America déclare que le lecteur de CD-ROM de la Super NES sera fabriqué par la société hollandaise. Nintendo n'aurait rien à craindre sur le plan juridique, puisque, selon le rusé Lincoln, le contrat établi avec Sony n'a aucunement été rompu et demeure valide. Peu après l'événement, Olaf Olaffson se dépare de son self-control et qualifie la manoeuvre de « coup d'épée dans le dos ! »

Humilié, Norio Ôga n'envisage pas une seule seconde de laisser les choses en l'état et mijote une revanche à grande échelle. Pour ce personnage intense, sensible au moindre détail, toute attaque envers Sony est une agression personnelle. Depuis près de cinquante ans, pas un produit ne sort des ateliers de Sony sans avoir reçu l'aval de ce fantasque dirigeant. Lorsqu'il désavoue un appareil qui lui est présenté, Ôga a pour coutume de le jeter violemment à travers la pièce, comme pour mieux évacuer son dégoût.

Norio Ôga est entré dans l'entreprise au milieu des années 40. Chanteur d'opéra, il avait acheté l'un des premiers magnétophones Sony. Il s'était alors fendu d'une lettre au président Akio Morita indiquant que la qualité de l'enregistreur n'était pas suffisamment bonne pour restituer fidèlement le timbre de sa voix. Intrigué par l'arrogance de ce client aux manières précieuses, Morita l'avait mis en contact avec ses ingénieurs afin que ceux-ci conçoivent un meilleur produit. Tous avaient été impressionnés par le niveau d'exigence du jeune artiste, qui loin de se limiter aux aspects techniques désirait que le moindre bouton soit doté d'une ergonomie parfaite et soit placé à l'endroit idéal. Ôga s'était vu proposer un poste de responsable qualité qu'il avait longtemps tenu en parallèle à sa carrière de chanteur lyrique.

En 1991, Ôga est le numéro deux de Sony, le patriarche Akio Morita demeurant encore et toujours à la tête de l'entreprise. Un ingénieur dévoué corps et âme, Ken Kutaragi, l'homme qui a conçu la puce audio de la Super NES, se voit confier un projet ultra-secret : réfléchir à la conception d'une console de jeux qui porterait le label Sony.

Voilà plusieurs années que l'envie d'entrer sur ce marché titille Ôga et Morita. La légende veut que lorsque les deux hommes ont vu la Game Boy de Nintendo, ils se soient dit : « c'est un produit que nous aurions du créer ! » On aurait même reproché à certains ingénieurs-maison de ne pas y avoir pensé. L'affront subi lors du CES agit à la façon d'un éperon. « Sony peut construire une machine de jeux supérieure à toutes les autres », tonne Ôga.

Pour Kutagari, un quadragénaire qui compte vingt ans de maison, le challenge est bienvenu. Le domaine du jeu vidéo laisse de marbre ce petit homme nerveux et intransigeant. En revanche, Kutaragi affectionne l'élaboration de machines quelles qu'elles soient – il a participé à la création du walkman et au développement d'une puce permettant l'affichage de graphiques 3D sur un téléviseur. L'ingénieur, qui consacre ses rares moments de détente au ski, a l'esprit vif et précis. Il est également réputé pour l'âpreté d'un caractère qui tolère peu les opinions divergentes.

À la suite du clash avec Nintendo, Sony est approchée par l'Américain Trip Hawkins, le fondateur d'Electronic Arts (EA). Hawkins est persuadé que les adolescents, population versatile s'il en est, seront prêts à abandonner Nintendo comme SEGA du jour au lendemain, au profit d'une nouvelle console plus performante avec des images 3D. À l'automne 1991, Hawkins a cédé sa place à la tête d'Electronic Arts à son second Larry Probst. Il a ensuite démarré le développement d'une nouvelle technologie de console, la 3DO, qu'il vend sous licence à des constructeurs tels que Matsushita.

La visite qu'effectue Kutaragi dans les locaux de 3DO à San Mateo en Californie, laisse l'ingénieur de marbre. « Je n'ai rien vu d'extraordinairement nouveau chez 3DO », rapporte Kutaragi à Norio Ôga. « Nous avons les moyens de construire une machine bien plus impressionnante en termes de graphisme ».

Le groupe de Recherche et Développement dont Kutaragi prend la direction compte huit employés dont la loyauté est indubitable. Ils ont pour charge de concevoir un prototype qui pourra éventuellement être converti en console de jeu. Ôga ne désespère de ramener Nintendo à la raison et de rattraper l'accord concernant la PlayStation, faute de quoi, Sony entrera dans l'arène en tant que compétiteur, avec une férocité sans pareille sur le plan technique comme marketing.

L'accord entre Nintendo et Philips demeurera lettre morte. La Super NES ne sera jamais dotée d'un lecteur de CD-ROM. Aux yeux de Yamauchi, ce support apparaît trop dangereux à terme. Nintendo contrôle chaque aspect du processus de fabrication de ses cartouches et réalise un profit sur toutes celles qu'il livre à ses commanditaires, qu'ils les vendent ou non. Plusieurs éditeurs ont essuyé des pertes colossales après avoir payé rubis sur l'ongle à Nintendo des dizaines de milliers de cartouches qu'ils n'ont pas écoulées par la suite. Juge et arbitre, le géant de Kyoto diffuse parfois ses propres cartouches de jeux à un prix inférieur afin d'imposer un titre maison.

De nombreux éditeurs de jeux, lassés des excès d'une telle pratique voient dans l'avènement du CD-ROM une libération potentielle. Si ce support multimédia décolle, son coût de fabrication sera singulièrement réduit, d'autant qu'il est présent sur plusieurs machines : les PC, les Macintosh sans oublier la nouvelle console 3DO de Trip Hawkins et la Jaguar que lance Atari, dans une tentative d'ultime retour. En attendant que le CD-ROM se fasse une place au soleil, les cartouches de jeux de la Super NES atteignent des records de ventes et Yamauchi est déterminé à ne rien faire qui puisse favoriser l'essor d'un support alternatif pour les jeux vidéo.

À Haneda, Hayao Nakayama, président de SEGA a fait construire d'immenses locaux en face de l'ancien siège et n'a pas ménagé la dépense. Dans cet immeuble somptueux organisé à la manière d'une tour d'ivoire, Nakayama dispose de son ascenseur privé dans lequel aucun autre employé n'oserait jamais monter, à l'exception de ses gardes du corps. Alors que dans le privé, il place une part importante de sa fortune dans une fondation qui aide les enfants défavorisés, Nakayama incarne un général impassible au sein de son fief.

En réalité, les nuages s'amoncellent sur le challenger de Nintendo. Si la Mega Drive a connu ses heures les plus glorieuses au cours de l'année 1992, dès le début de la nouvelle année, la situation apparaît sous un autre éclairage. En dépit de sa progression fulgurante en termes de parts de marché, SEGA n'a réalisé qu'un maigre bénéfice. Depuis l'Angleterre, le vénérable Franck Herman qui supervise les activités européennes a tenté d'alerter Hayao Nakayama qu'il était temps de freiner les dépenses et il s'est invariablement heurté à une incompréhension absolue.

— La période faste est en train de s'achever, a prévenu Herman. Si en 1993, nous parvenons à vendre autant de consoles qu'au cours de l'année précédente, nous pourrons être fiers de nous.

— Il n'en est pas question, a répondu Nakayama. J'exige que vous réalisiez une progression de cinquante pour cent sur l'Europe.

— Vous n'avez aucune réalité de notre marché ! Ce sont les gamins qui font la loi et ils ont pour habitude d'être lunatiques.

— Monsieur Herman. Nous vous avons donné une cible. À vous de faire en sorte de l'atteindre. Je n'ai rien à ajouter.

En janvier 1993, Patrick Lavanant quitte Nintendo France pour prendre la direction de la filiale française de SEGA. À son tour, celui-ci découvre que la furie de 1992 masque une dure réalité : les distributeurs commencent à retourner les Mega Drive invendues chez l'importateur. Dans la frénésie des ventes, chacun a cru bon de commander des volumes excessifs et le manque à gagner sur les prévisions prend une ampleur considérable.

Le couperet tombe à la fin mars lorsque l'empire SEGA fait connaître ses résultats financiers. Sur le Vieux Continent, les pertes s'élèvent à près de cinq cent millions de francs. La dérive européenne a pour conséquence une chute spectaculaire des bénéfices au niveau mondial, de quarante pour cent. Si la société qui produit Sonic affiche encore et toujours des résultats positifs, la tendance est au reflux.

Derrière une façade impérieuse et en dépit de ses rodomontades, Nakayama sait pertinemment que le marché des consoles 16 bits a atteint son zénith. À l'heure où les PC font peser leur menace avec des jeux à la Seventh Guest d'une étonnante qualité graphique, il n'est que temps de passer à une nouvelle génération de consoles. De manière ouverte ou dans le plus grand secret, les constructeurs affûtent leurs armes en vue de renouveler leur offre.

En compensation de ses piètres résultats, SEGA compte sur l'effet d'annonce de deux nouvelles machines pour redonner des couleurs aux investisseurs. Le mot d'ordre est désormais : 32 bits. Pour succéder à la Mega Drive, la société sise à Haneda entend proposer une console haut de gamme, la Saturn, avec lecteur de CD-ROM et une autre, plus accessible, la Jupiter, utilisant les traditionnelles cartouches qui ont fait le succès de Sonic. Des passerelles seront établies entre les deux afin de ne pas laisser sur le carreau des tribus d'adolescents frustrés. Deux vétérans de l'électronique participent à l'élaboration des machines, Hitachi et JVC, cette dernière ayant été choisie pour fabriquer le lecteur de CD-ROM.

Dans le plus grand secret, Nintendo mijote sa parade. Au début de l'année 1993, Jim Clarke, président de Silicon Graphics a pris l'initiative d'entrer en contact avec Minoru Arakawa et Howard Lincoln.

Jim Clarke a fondé Silicon Graphics en 1984 et cette société s'est imposée comme incontournable dans le traitement d'images. Ses ordinateurs sont utilisés par Walt Disney au centre Epcot pour l'attraction Aladdin, un parcours de tapis volant en Réalité Virtuelle. Dans l'aéronautique, ils réduisent le temps de réalisation des jumbo-jets, de la maquette jusqu'au produit final.

Ford les met à profit dans le design de ses automobiles et la simulation des collisions.

L'entreprise californienne est aussi la coqueluche d'Hollywood. Les stations de travail de Silicon Graphics ont permis la réalisation des fabuleux effets spéciaux de films tels que Terminator II ou Abyss. Spielberg est en train de les mettre à profit pour animer les tyrannosaures de Jurassic Park. Les plus grands pontes de la télévision et du cinéma viennent frapper aux portes de Silicon Graphics afin de découvrir les secrets des nouveaux sorciers du graphisme. Dans le domaine de l'image, Silicon Graphics jouit d'une réputation comparable à celle d'Apple dans les années 80.

Clarke est attiré par le marché de masse que représente le jeu vidéo, d'autant que les visuels les plus époustouflants sont souvent réalisés par les créateurs. Lors de la rencontre avec Howard Lincoln, il se déclare prêt à mettre sa technologie à la disposition d'un géant du jeu.

Informé de l'entrevue, Hiroshi Yamauchi, accorde le plus grand intérêt à la proposition de Silicon Graphics. À une heure où la bataille semble se jouer sur la qualité graphique, Nintendo pourrait proposer une console d'une avance technologique imparable, animée du même processeur graphique que la Reality Engine. Ainsi dotée d'une puce 64 bits, la console de Nintendo serait incomparablement plus puissante que la Saturn de SEGA. À première vue, l'équation n'est pourtant pas simple. Les puces qui animent les dinosaures de Jurassic Park ont un prix comparable à la stature de ces sauriens disparus. Insérer une électronique haut de gamme dans un appareil qui est encore assimilé à un jouet relève de l'acrobatie. Comme si l'on voulait placer le moteur d'une Porsche sur un vélomoteur ! Par bonheur, l'immense trésorerie du géant de Kyoto ouvre toutes les perspectives. Au fil des discussions avec Clarke, Howard Lincoln parvient à monter un plan qui rendrait une telle performance envisageable. À la clé, se trouve un volume de commande sans précédent. Le projet, qui reçoit le nom de code Project Reality, démarre en août 1993, sous la direction de l'ingénieur Genyo Takeda.

Pour parvenir à comprimer le coût de production, Lincoln a dû écarter l'intégration d'un lecteur de CD-ROM dans la future console, car un tel accessoire gonflerait le prix de la machine. Genyo Takeda corrobore une telle décision en rappelant que l'accès aux informations sur une cartouche est près de mille fois plus rapide que sur un CD-ROM. Yamauchi, qui était déjà réfractaire à ce support entérine donc ce choix, d'autant qu'il considère que le public privilégié de Nintendo veut avant tout des titres procurant un plaisir de jouer incomparable avec un temps de réaction instantané.

A Mountain View, soixante-dix ingénieurs de Silicon Graphics sont affectés au Project Reality, aussitôt renommé Ultra 64. Contrairement aux habitudes, dans cette société californienne où l'ambiance est « cool », le laboratoire dédié à la machine de jeux est entouré d'un secret intégral, y compris au niveau interne. La future Nintendo 64 est alors prévue pour l'été 1995.

À l'automne 1993, la rumeur filtre des ateliers de développement, gagne les rues, zigzague dans les faubourgs, s'amplifie jusqu'à envahir l'immeuble d'Haneda : Sony se lancerait dans la production d'une console !...

Dès le mois de novembre, la rumeur se mue en annonce officielle. Le conseil d'administration a donné son feu vert au prototype présenté par Ken Kutaragi et décidé le lancement d'un appareil baptisé PlayStation. Les premiers échos font état d'un système d'une étonnante sophistication, globalement plus ambitieuse que la Saturn. Le géant de la hi-fi annonce perfidement sa sortie pour la fin de l'automne 1994, soit au même moment que la console de SEGA.

À cette nouvelle, les joues de Hayao Nakayama, le redoutable président de SEGA, virent au rouge dragon. Lorsqu'un empire multinational de l'électronique se jette dans l'arène, le plus téméraire des félins sent son pelage se hérisser. Dans un mouvement d'humeur orageux, Nakayama se précipite dans les bureaux de la division Recherche et Développement et entreprend de tourner en dérision les réalisations de son équipe. Que SEGA puisse être terrassée par une nouvelle venue est inconcevable, impossible, impardonnable ! Le Fuji Yama n'aurait pas été plus dévastateur que les laves qui coulent de cette bouche fulminante. Nakayama avait tout prévu, sauf cela !

Le projet Saturn est immédiatement retardé de plusieurs mois afin d'en muscler les caractéristiques. La première riposte se traduit dans la décision d'intégrer un processeur d'images vidéo 3D plus puissant afin de soutenir favorablement la comparaison avec la future PlayStation. Appréciable tactique, si ce n'est que la firme au hérisson est soudain passée de l'offensive à une position défensive. De plus, cette entaille dans un planning jusqu'alors crénelé et huilé dans ses moindres rouages engendre un inévitable allongement des délais. La plupart des partenaires de SEGA s'interrogent sur les capacités du n°2 mondial à jamais tenir la date de sortie de fin 1994.

La voie initialement abordée, celle menant à deux consoles est abandonnée. Seule la Saturn et son lecteur de CD-ROM demeurent en lice. Les hommes du marketing, dans une tardive crise de lucidité, ont jugé peu judicieux de vendre des jeux sur cartouche, de moindre qualité graphique, plus cher que les versions haut de gamme sur CD - les premières étant plus coûteuses à produire que les secondes. Le travail effectué sur Jupiter va néanmoins permettre la sortie d'un accessoire curieux, qui donne à la Mega Drive des capacités 32 bits (le 32x) : l'Histoire, dans sa magnanimité tentera d'oublier ce pas de côté, digne d'un crabe groggy.

Du côté de Nintendo, en revanche, l'effet de manche de Sony laisse de marbre. La société n'est que trop heureuse d'annoncer que pour sa part, elle travaille déjà sur une génération de machines plus avancées que la Saturn et la PlayStation ! La seule véritable menace concerne le fait que ces deux entreprises concurrentes vont utiliser le CD-ROM pour leurs jeux, ce qui pourrait entraîner une baisse conséquente du prix de vente des logiciels.

Le développement de ce qui va devenir la PlayStation est officialisé le 1er décembre 1993, date à laquelle est constituée l'entité Sony Computer Entertainment (SCE) – division

Informatique de Loisirs de Sony. Terihusa Tokunaka, un cadre attaché à l'entreprise depuis vingt-cinq ans est nommé à sa présidence. Cet homme versé dans la culture occidentale et passionné de golf mesure un mètre quatre-vingt dix, une taille très au-dessus de la moyenne au Japon. Tokunaka parle d'une voix douce et se montre d'une aimable courtoisie dans ses relations. Il se distingue par une intense acuité intellectuelle. Au cours d'une réunion, Tokunaka peut demeurer silencieux durant plusieurs heures. Lorsqu'il prend enfin la parole, il pose inévitablement la question la plus opportune.

En cette fin d'année 1993, les deux nouveaux outsiders de la console haut de gamme, 3DO et Atari rencontrent un accueil très modéré. Comme il se doit, Electronic Arts a soutenu la console de Trip Hawkins en proposant des versions de Wing Commander et du best-seller John Madden Football pour la 3DO. Pourtant, en dépit de ses capacités techniques, cette nouvelle console, tout comme la Jaguar d'Atari souffre de l'absence d'une gamme de logiciels plus importante.

Afin d'éviter à la PlayStation de connaître le même sort, Ken Kutaragi fait procéder à l'acquisition de la société d'édition anglaise Psygnosis. Il lance également une opération séduction tous azimuts auprès des sociétés de logiciels.

Les éditeurs de jeux japonais ont d'abord accueilli la PlayStation avec froideur. Chez Namco comme chez Konami, la réaction a été la même : « Pour quelles raisons devrions-nous modifier une politique de développement qui dans l'ensemble fonctionne correctement avec Nintendo et SEGA ? » La défiance et l'incrédulité sont par ailleurs de mise vis-à-vis de Sony dont la tentative d'entrer sur le marché de la console dix ans plus tôt, avec le standard MSX, s'est soldée par un échec. Les spécifications avancées par Ken Kutaragi apparaissent donc comme de pures fanfaronnades.

Les réactions changent du tout au tout dès lors que l'ingénieur en chef présente le premier prototype de la PlayStation. Epoustouflés par le saut technologique, la plupart des éditeurs japonais se déclarent alors prêts à apporter leur concours, si tant est que SCE puisse garantir la vente d'un volume minimal de machines. Terihusa Tokunaka s'engage à faire ce qui sera nécessaire sur le plan marketing pour qu'un million de PlayStation soient écoulées au Japon dès la première année de mise en vente.

En Europe, le britannique Phil Harrison reçoit pour tâche de séduire les éditeurs de jeux occidentaux. Le prototype qu'il reçoit à Londres ne paye pas de mine sur le plan externe - il s'agit d'un large boîtier gris de cinquante centimètres de côté et trente centimètres d'épaisseur. Toutefois, les performances sont déjà remarquables. Après avoir signé un accord de confidentialité, une centaine de développeurs, parmi lesquels figurent les français Eric Chahi et Frédérick Raynal, sont conviés dans la capitale anglaise le 22 décembre 1993. Une fois la démonstration effectuée, Harrison demande : « Y-a-t-il des questions ? » et un grand silence se fait alors entendre dans la salle. Médusés, les participants sont sous le choc. En l'espace d'une journée, Sony s'est adjoint le concours de la crème des éditeurs européens. Quelques semaines plus tard, à l'occasion de l'ECTS de janvier 1994, Harrison effectue soixante-dix présentations privées à des programmeurs de sociétés américaines. Pete Stone de Konami témoignera : « Nous sommes tous sortis de la réunion la langue pendante ». Suite à la demande d'une majorité de programmeurs, Ken Kutaragi décide d'augmenter la capacité mémoire de la PlayStation.

En France, un éditeur estime qu'il faut saisir au bond l'opportunité représentée par la PlayStation. Ubisoft a été créé en avril 1986 par les cinq frères Guillemot, natifs du Morbihan. Affable et espiègle, son président Yves Guillemot mêle une malice toute paysanne à une vraie passion du jeu.

Ubisoft a rapidement jugé bon de développer ses jeux en interne, allant jusqu'à louer un château du 19ème siècle en Bretagne afin d'y loger des programmeurs à l'abri des distractions. Si l'expérience a été éphémère, elle a révélé les potentiels d'un créatif de Montpellier, le jeune Michel Ancel.

À partir de 1993, Guillemot a décidé que le développement devait changer d'échelle...

« Le marché français n'est tout simplement pas suffisant pour amortir les frais de développement », explique Guillemot. « Nous avons été contraints d'adapter notre production en vue d'une diffusion sur le monde entier. »

Tandis que les embauches se multiplient, Yves Guillemot affine sa stratégie : si Ubisoft entend rivaliser avec les géants américains et japonais du jeu vidéo, il faut coller à la sortie des nouvelles consoles. Par bonheur, Ubisoft a ouvert une structure japonaise deux années plus tôt et celle-ci a déjà réalisé un jeu pour la SNES de Nintendo : Jimmy Connors Tennis. Accompagné de son homologue d'Ubisoft au Japon, Yves Guillemot s'est acharné à gagner la confiance de Sony.

« Nous nous sommes présentés comme un développeur japonais à part entière et avons ainsi pu récupérer des kits de développements PlayStation six mois avant nos concurrents. »

Il manque à Ubisoft un projet d'envergure mondiale et Michel Ancel va l'apporter. À cette époque, sa compagne Alexandra a conçu un petit personnage dont les mains et les pieds ne sont pas reliés au corps, avec des cheveux pouvant se transformer en hélicoptère. Baptisé Rayman, il déploie ses facéties dans un jeu de plates-formes à la Mario qu'Ancel a démarré à domicile.

« Michel Ancel voulait que Rayman soit amusant et différent, d'où son gros nez. En rendant les bras et les jambes invisibles, il a obtenu une fluidité jamais vue pour l'époque. Quand il nous a présenté ce projet, nous avons décidé de lui permettre de travailler dans sa ville natale de Montpellier », raconte Yves Guillemot.

Immédiatement, Ubisoft embauche des développeurs japonais avec pour mission de traduire en français le kit de développement de la PlayStation. L'objectif est clair : être présent avec le jeu Rayman lors du lancement de la console de Sony.

Pas moins de cinquante techniciens sont affectés au développement de Rayman et le jeu se voit allouer un budget trois fois plus important que ce qui se pratique alors chez les concurrents.

La fin de l'année 1993 révèle l'ampleur de la décrue dans laquelle est entré le marché de la console. Suite à la guerre des prix qui a sévi en Europe, la Mega Drive a vu son prix se diviser par deux. La société de Haneda y a laissé des plumes. Les prévisions alarmistes de Frank Herman trouvent un écho dans le discours de début d'année que prononce Hayao Nakayama dans le luxueux hôtel Okura à Tokyo. Le speech du président s'apparente à une déclaration de défaite. Les instituts d'analyse prévoient des pertes pour l'année fiscale 1993 de SEGA. Si la filiale américaine parvient tout juste à se maintenir à flot, l'Europe est dans le rouge.

Les résultats publiés à la fin mars 1994 dressent un bilan déprimant. En premier lieu, les revenus sont en chute de 64%. De plus, les dépenses phénoménales engagées en vue d'acquérir vingt cinq pour cent du marché mondial ont eu un coût énorme, qui se traduit par une dette de sept cent millions de dollars. SEGA a également dû verser 50 millions de dollars à Atari en règlement d'un conflit juridique qui traînait depuis quatre ans, autour du brevet d'un joystick. La division européenne, pour sa part, est entrée en récession avec des revenus en chute libre. En guerre avec le siège de Haneda, Franck Herman projette de quitter la direction de SEGA Europe mais Nakayama insiste pour qu'il reste à son poste encore une année.

Maigre consolation, le chiffre d'affaires de Nintendo accuse également une baisse même si la situation est loin d'être aussi dramatique. Le numéro un de la console capte encore 82% du marché international, n'a aucune dette et dispose d'une importante trésorerie. Si les bénéfices accusent une chute de 40%, ils demeurent confortables - plus d'un milliard de dollars avant impôts. Au CES de Chicago, Yamauchi ne cache pourtant pas sa déception.

« Même si nous restons la plus grande société de jeux vidéo dans le monde, nous ne sommes pas satisfaits de notre prestation. Bien que nous écrasions nos concurrents, pour la première fois de notre histoire dans le monde des jeux vidéo, notre bilan a baissé. »


Aux Etats-Unis, un ancien directeur commercial d'Atari, Steve Race est nommé à la tête de Sony Computer Entertainment (SCE) en juin 1994. Bon vivant exubérant, Race a l'allure d'un joueur de football et se caractérise par son esprit d'indépendance, un trait de caractère qui ne va pas toujours faciliter ses relations avec le siège japonais.

Le kit de développement de la PlayStation a été livré aux développeurs européens en mai 1994. Kutaragi a pris une décision éclairée en choisissant le PC comme plate-forme de développement et un langage de programmation prisé des programmeurs, le C. Un tel contexte favorise le portage des jeux PC sur la PlayStation. Sony entend s'attirer les faveurs des développeurs et fait savoir qu'elle ne tire aucun profit du kit de développement. Pourtant, dans la pratique, la multinationale semble déjà tentée par un contrôle similaire à celui pratiqué par SEGA ou Nintendo. Pour les titres destinés à la PlayStation, elle n'accepte que des CD gravés sur un graveur qu'elle fabrique elle-même. « Cela revient aussi cher que de produire pour SEGA et Nintendo » déplore le responsable d'un atelier de développement français.

Les coûts de réalisation des jeux vont atteindre des niveaux inattendus avec la nouvelle console que prépare Nintendo. En juillet 1994, Silicon Graphics a conçu un émulateur qui permet de démarrer la programmation de jeux Nintendo 64 sur une station de travail, la Reality Engine. Pour écrire les jeux de la future console, Nintendo forme ce qu'elle appelle la Dream Team - équipe de rêve - composée d'éditeurs triés sur le volet, parmi lesquels Angel Studio, compagnie d'image de synthèse ou Paradigm qui est spécialisée dans les simulateurs d'avions sans oublier Virgin, Acclaim, Lucas Arts, Rare, DMA, Design et Iguana. Ces éditeurs doivent signer de volumineux documents relatifs à la sécurité et apporter la preuve que leurs locaux sont à l'abri de toute intrusion externe. Ils doivent également débourser près de deux cent mille dollars pour acquérir la station de développement Reality Engine. Pour sa part, Shigeru Miyamoto démarre la réalisation d'une nouvelle version de Mario adaptée à la Nintendo 64.

La Saturn est la première console majeure à entrer en lice, dès novembre 1994 en terre nippone. La publication simultanée d'un jeu aguichant, Virtua Fighter, joue le rôle de détonateur - 98% des premiers acheteurs de Saturn en acquièrent une copie. Le concepteur de Virtua Fighter, Yu Suzuki, jouit d'une célébrité comparable à celle d'une star cinématographique au Japon, et s'autorise en conséquence un franc-parler incisif. Le programmeur vedette ne se montre pas d'une tendresse excessive pour la Saturn à laquelle il reproche de s'appuyer sur deux processeurs parallèles. « Un seul processeur central aurait été largement préférable », confie publiquement Suzuki. « Seul un programmeur sur cent sera en mesure d'utiliser un tel duo de façon à exploiter réellement la vitesse d'affichage de la Saturn ». De fait, la gamme de logiciels disponibles n'est pas à la hauteur des attentes - il manque un titre du calibre de Sonic. Le géant de Haneda vise néanmoins le million d'unités pour la fin 1995.

Pour frapper les esprits au niveau publicitaire, SEGA délie les cordons de la bourse, au risque de pousser les responsables financiers à un salutaire hara-kiri. Le marketing veut une campagne voyante, tonitruante, et elle l'obtient. Objectif avoué : accaparer soixante-dix pour cent du marché des consoles nouvelle génération. Si la Saturn ne séduit pas au moins cinquante pour cent des agitateurs de joysticks, les développeurs pourraient bouder la machine, laquelle serait alors condamnée à terme.

Au cours des dernières semaines de mise au point de la PlayStation, les équipes de Ken Kutaragi ont investi le siège de Sony et certains préfèrent dormir sur place. Comme le lieu ne comporte pas de douches, l'un des membres de l'équipe néglige de se laver pendant deux semaines.

Le lancement japonais « le plus important de Sony depuis le walkman » est organisé dans l'hôtel le plus luxueux de Tokyo, le

New Otani, en présence de la crème des journalistes de la grande presse et de la télévision. Teruhisa Tokunaka confirme que la machine sortira le 3 décembre 1994 et que trois cent mille consoles seront chez les distributeurs avant la fin de l'année. Le président laisse clairement entendre que la PlayStation sera le produit le plus stratégique lancé par Sony au cours de la décennie. Plus ambitieuses que celles de SEGA, les prévisions de vente s'élèvent à un million d'unités sur six mois, et le double d'ici la fin 1995. Si seulement huit jeux sont prévus à la sortie, Tokunaka révèle que sept cents kits de développement ont été livrés dans le monde, ce qui augure d'une belle moisson à venir. Dès la fin décembre, trois cent mille PlayStation ont trouvé acquéreurs au Japon.

Nintendo ressurgit élégamment sur le devant de la scène en fin d'année en publiant Donkey Kong Country, un jeu conçu par l'éditeur anglais Rare. La prouesse a consisté à tirer de la SNES des capacités dignes d'une machine 32 bits - le jeu était d'ailleurs originellement prévu pour la Nintendo 64. Pour cela, Nintendo a exploité une technologie de Silicon Graphics dont elle a l'exclusivité. Au cours des quarante-cinq derniers jours de l'année, ce logiciel se vend à 6,1 millions d'unités, battant un record en terme de rapidité de vente. Donkey Kong Country permet à Nintendo de redresser la barre de manière spectaculaire : elle reprend la moitié du marché américain.

Pourtant, si Nintendo pavoise, les éditeurs indépendants accusent le coup. David Perry de Shiny Entertainment qui vient de lancer Earthworm Jim découvre que Nintendo a publié Donkey Kong Country sur une cartouche dont la capacité mémoire est double et vendue à un prix inférieur aux jeux usuels. Un tel comportement ouvertement partial de la part de Nintendo commence à lasser les acteurs du logiciel qui s'affirment de plus en plus nombreux à souhaiter la réussite de la PlayStation, afin que les deux leaders soient contraints d'assouplir leurs positions.

Au début de l'année 1995, le secteur du jeu vidéo, glisse inexorablement vers une redistribution des cartes. Nintendo a dû céder la moitié des marchés américains et européens à son rival SEGA, suite à une terrible guerre des prix. La valeur de l'action de la société de Kyoto est inférieure de moitié à sa cotation dix-huit mois plus tôt. SEGA pour sa part, continue de voir ses revenus plonger et ne se maintient à flot que par sa présence dans le domaine des salles d'arcade. Par ailleurs, les PC équipés de CD-ROM séduisent une part de plus en plus importante de la population des joueurs. Les éditeurs de logiciels sont friands de ce support, dans la mesure où ils n'ont aucune redevance à verser à Nintendo, SEGA ou qui que ce soit, la technologie étant universelle. De plus, le coût de production d'un CD pour PC ou Macintosh est insignifiant.

En mars, le débonnaire Frank Herman quitte la direction générale européenne de SEGA. Agé de soixante-trois ans, le vieux routier jovial supporte de moins en moins les nombreux déplacements qu'il doit effectuer. Qui plus est, il est lassé de trouver porte close lorsqu'il essaye de faire comprendre à Nakayama que les cibles de ventes sont de plus en plus irréalistes et que les dépenses en promotions sont trop élevées. À chaque fois, il n'a reçu une seule réponse : « Augmentez la part de marché de SEGA en Europe quel qu'en soit le prix. »

En apprenant son départ chez un autre éditeur de jeux vidéo, Tom Kalinske qui dirige la filiale américaine de SEGA lâche à Frank Herman :

— Le secteur du jeu ressemble de plus en plus au monde du football.

— Que voulez-vous dire ?

— Toujours les mêmes joueurs mais dans des équipes différentes !

Le climat ne tarde pas à changer au sein de SEGA Europe, Franck Herman étant remplacé par Malcom Miller, un quadragénaire issu d'Amstrad, au visage boutonneux et barbu et qui, selon Herman, aurait pour défaut de ne rien entendre au secteur de la console. Dès les premières heures de sa prise de fonction, Miller se fait remarquer par une incapacité à affronter les problèmes humains. À Hambourg, le nouveau directeur européen rencontre son directeur du marketing. Ce dernier demande s'il a des soucis à se faire pour son avenir et Miller répond par la négative. Le soir-même, lorsque cet homme rentre chez lui, il trouve dans sa boîte aux lettres un message indiquant qu'il est licencié. Il tente en vain de joindre Miller afin d'obtenir des explications : ce dernier est parti à Paris. Un tel épisode augure mal de la nouvelle donne dans les filiales européennes. De fait, malgré les préventions de ses directeurs de filiales, Miller prépare un lancement de la Saturn en allouant un budget promotionnel qui cette fois est excessivement réduit.

Surprise, surprise ! Faut-il parler de raid sans préavis, de complot secrètement ourdi au nez et à la barbe des intéressés ? Dans un accès de flamboyance, SEGA lance la Saturn le 11 mai à Los Angeles, au cours du nouveau salon consacré aux jeux, l'E3, alors que la sortie américaine officielle avait été originellement annoncée pour le 2 septembre. Du jamais vu dans la stratégie de la guerre des consoles, d'autant que, comme l'annonce crânement Tom Kalinske, « nous avons démarré les livraisons en nombre hier, ce qui veut dire que la Saturn est présente dans mille huit cents boutiques canadiennes et américaines ». Quel effet de manche ! La société de Haneda affirme avoir dépassé ses prévisions en ayant vendu un million de consoles au pays des mangas. Pourtant, les performances de la machine sont inférieures à celles de la PlayStation. La lutte entre les deux jeux de courses rivaux Daytonna USA (Saturn) et Ridge Racer (PlayStation), donne nettement l'avantage à la console de Sony. Maigre consolation, celle-ci se fait encore attendre sur le sol américain.

Howard Lincoln, avec son sourire pincé qui en dit long sur son art de mijoter les contre-attaques se prend à démolir de manière cynique l'escarmouche. « L'avantage que nous avons sur SEGA est notre condition financière. SEGA, tout comme Sony d'ailleurs, vend sa nouvelle plateforme à perte, ce qui va les amener à perdre des sommes considérables. Je crois comprendre que ces deux sociétés entendent se rattraper sur le logiciel. C'est une stratégie risquée car en attendant, ils se préparent à perdre des millions de dollars, ce qui n'est pas notre cas », prétend-il.

La filiale américaine de SCE, à défaut de présenter à la foule sa console tant attendue annonce une tarification plancher – deux cent quatre-vingt-dix neuf dollars, un prix nettement inférieur à celui de la Saturn. La décision de casser ainsi le prix de vente a été prise par Steve Race sans en référer à ses supérieurs hiérarchiques du Japon. Pour les dirigeants de la multinationale, une telle libre échappée reste en travers de la gorge. Race organise également une party mémorable pour laquelle il loue les services de l'artiste-maison, un androgyne mutant connu sous le nom de Michael Jackson. Coût de l'opération de marketing : deux millions de dollars. En parallèle, SCE s'offre une affiche agressive, montrant qu'elle a assimilé au mieux les principes du marketing des consoles. La bannière suspendue sur la façade du centre qui accueille l'E3 fanfaronne à propos de la PlayStation : « Elle dévore la Nintendo pour son déjeuner, puis la vomit ». L'annonce en dit long sur l'immaturité cultivée par le marketing de cette industrie. Il demeure que la PlayStation passe le million d'unités vendues au Japon dès le mois de juin et que Nintendo n'est pas au rendez-vous prévu au cours de l'été 1995.

La campagne de lancement américain de la PlayStation démarre dès la fin août. Organisée par Chiat Day, elle a coûté cinquante millions de dollars. Elle porte rapidement ses fruits avec cent mille unités vendues dès la première semaine, ce qui place Sony devant SEGA. Tom Kalinske se voit obligé de réagir et décrète une baisse de cent dollars du prix de la Saturn, qui passe à son tour à 299 dollars.

Sur la seule année 1995, l'embauche a explosé chez Ubisoft avec quatre cents nouveaux arrivants et une attention toute particulière sur le jeu que prépare Michel Ancel.

« Nous avons terminé Rayman à cent personnes, du jamais vu à l'époque », raconte Ancel. « Nous nous sommes fait peur », confirme Yves Guillemot, « il fallait impérativement que le jeu se vende bien. »

Rayman sort bel et bien au moment du lancement américain de la PlayStation, alors que seuls neuf titres sont disponibles pour la console. Le pari est transformé : le jeu devient un succès international (1 million d'exemplaires seront diffusés aux USA et 2,5 en Europe).

« Rayman a installé Ubisoft mondialement. Le fait de sortir un jeu de qualité sur une nouvelle machine nous a permis d'obtenir des articles partout dans le monde. Nous avons été considérés comme un éditeur qui compte », affirme Guillemot.

L'expansion de l'éditeur parisien ne fait que commencer...

Au début de l'automne, deux mois après le lancement de la PlayStation, Steve Race est remercié. En imposant aux Japonais un prix excessivement bas et en se montrant prodigue en matière de dépenses, Race a mis en péril la profitabilité de Sony Computer Entertainment. Norio Ôga n'apprécie pas les électrons libres.

Une charrette bien plus importante se prépare du côté de SEGA. Novembre 1995 est le mois des coupes sombres aux Etats-Unis comme en Europe. La filiale française, qui comptait cent cinquante personnes en 1993 voit ses effectifs ramenés à trente employés. Au niveau européen, le personnel est réduit à cent dix têtes, un quart de ce qu'il était auparavant. Les bureaux belges et hollandais sont fermés. Une page de l'histoire de SEGA est tournée et Howard Lincoln a beau jeu d'indiquer, avec force perfidie, que le seul concurrent de Nintendo demeure Sony.

La Nintendo 64 fait ses vrais débuts médiatiques le vendredi 24 novembre 1995 pendant le salon Shoshinkai organisé au Japon. Pour les passionnés qui se sont parfois déplacés du monde entier, la surprise vient de ce que seuls deux jeux sont présentés : Super Mario 64 et Kirby Bowl 64. Au dernier moment, Hiroshi Yamauchi a décidé de retirer dix titres de la démonstration. En coulisse, plusieurs éditeurs clament leur indignation devant cette décision arbitraire d'autant que seuls deux logiciels-maison ont trouvé grâce à ses yeux.

Le jeu Super Mario 64 est irrésistible... On y voit le plombier vedette courir, plonger dans les eaux bleues pour en ressortir dans un mouvement d'une totale fluidité, escalader une colline, descendre tout schuss dans la poudreuse, tomber dans un abîme... Ce jeu dont le développement a duré plus de deux ans montre que Miyamoto, alors âgé de 43 ans, n'a rien perdu de sa créativité.

« Jusqu'à présent, il était difficile de rendre les jeux réalistes », déclare l'intéressé. « Ces nouveaux moteurs graphiques représentent un véritable défi pour les créateurs de jeux. Pour ma part, j'ai voulu que Super Mario 64 donne l'impression d'un dessin animé 3D interactif. »

Lors de son allocution aux participants, Yamauchi fustige sans réserve l'industrie du jeu et accuse les éditeurs indépendants d'avoir sabordé le marché des consoles 16 bits par une production générale de piètre conception : « les jeux ne sont plus amusants » fulmine le président qui est l'aube de ses 70 ans. Il s'en prend à ceux qui « développent autant de titres que possible en espérant que l'un d'eux deviendra un succès ». Selon lui, cette stratégie pourrait conduire à une crise plus importante encore que celle du début des années 80. Il explique alors qu'en limitant le nombre de développeurs pour la Nintendo 64, la vénérable maison va aider au retour de jeux extraordinaires, du genre de ceux dont les adolescents raffolent.

L'année 1996 révèle une baisse des revenus mondiale. Malgré l'arrivée des nouvelles consoles, il ne s'en est vendu que 14,3 millions en 1995 alors que 27 millions avaient trouvé acquéreur en 1992.

La Nintendo 64 peut-elle redonner du tonus au secteur ? Il s'avère que ce n'est pas le cas. Certes, le public japonais a manifesté son engouement par l'achat de deux cent cinquante mille exemplaires dès le premier jour et huit cent mille écoulées le premier mois. Pourtant, il s'avère bientôt qu'en dépit d'une qualité d'animation appréciable, la N64 est limitée par la capacité réduite de ses cartouches qui ne permettent aucunement aux développeurs de réaliser des décors raffinés comme l'on en voit sur les jeux à base de CD-ROM.

Les temps ont changé...

Au moment où Nintendo débarque dans la compétition, la course est lancée depuis belle lurette et Sony caracole en tête, avec une avance qui réduit à néant tout espoir de lui arracher la coupe. Le géant de l'électronique a fait mouche sur tous les tableaux : puissance graphique, qualité des jeux, timing... La suprématie de Sony sur SEGA est notable avec un rapport qui se rapproche de 2 pour 1.

La déferlante PlayStation prend des allures d'avalanche. Déjà vaste, le catalogue compte quelques perles : Tekken, Resident Evil, Wipeout... Au Japon, les deux premiers ont dépassé le million d'exemplaires en quelques jours.

Pour Nintendo, une terrible perspective se dessine à l'horizon : faudra-t-il se contenter de n'être que n°2 ? Les dés sont-ils déjà jetés ?

# 5ème partie :
# Les rêves que l'on partage

## XV DEUXIEME MONDE - Une Terre moins terre à terre

En pénétrant dans les bureaux de Cryo, Paul-Loup Sulitzer ne s'attendait pas à voir cela. Au sein de la ruche parisienne règne une atmosphère de créativité débridée. Certes, rien n'a été fait pour agrémenter la venue de visiteurs du monde des affaires. Dans l'entrée dépourvue de fauteuil d'accueil, une antique cabine de simulation automobile avoisine les restes d'une maquette de vaisseau spatial. Sur un présentoir de pacotille se dressent quelques trophées épars : une tête gélatineuse de dinosaure chaussée de lunettes d'aviateurs, le boîtier d'un logiciel assorti d'inscriptions en cyrillique, un médaillon offert par Mindscape pour célébrer les ventes de MegaRace...

Derrière un panneau de fortune, s'alignent des tables disposées en rang d'oignons devant lesquelles opèrent des programmeurs en tee-shirt. L'immense pièce ne paye pas de mine avec sa moquette usée et son éclairage terne. Sur les murs, affiches de cinéma et posters à base de graffitis encadrent une Swatch géante qui sert d'horloge.

Si la magnificence n'est pas de mise, elle envahit les écrans. Sulitzer voit éclore des scènes extraordinaires, tant par les décors que par le caractère fascinant des personnages qui y évoluent. Certaines productions-maison telles Commander Blood ou le futur Atlantis semblent participer à l'éclosion d'un art nouveau tout comme les premiers films d'Abel Gance ou de Griffith en leur temps. Les développeurs, qui pour la plupart n'ont pas la trentaine, sont parfois des autodidactes de tous horizons qui ne connaissaient rien à l'ordinateur quelques années plus tôt.

— Notre succès est dû aux qualités graphiques de nos programmeurs, s'exclame l'étoile filante Philippe Ulrich qui sert de guide à l'écrivain. « Quand je vois ce qu'ils sont capables de produire, je demeure pantois. Ils semblent disposer d'un savoir-faire inné » !

De surprise en surprise, Sulitzer passe en revue les comptes de Cryo et observe une voluptueuse courbe de croissance. Créée au début 1992, la société est passée de 2,5 millions de francs à 12 millions en 1993 et 37 millions en 1994. Elle vise un chiffre d'affaires de 65 millions de francs pour l'année en cours. L'écrivain découvre avec stupeur que 75% de la production du petit atelier parisien est vendue à l'export, par des éditeurs tels que Virgin ou Mindscape. Ces multinationales du logiciel se montrent prêtes à investir des millions de dollars sur un jeu avant même qu'une seule ligne de programme ait été écrite, à partir d'un simple synopsis et de planches de dessins commentées.

— Nous nous sommes fixés pour règle de ne jamais démarrer le développement d'un jeu avant d'avoir trouvé son financement, argue Jean-Martial Lefranc. Chacun de nos projets est présenté à un éditeur afin qu'il alloue un budget. Grâce à une telle avance sur recette, nous pouvons rémunérer les différents intervenants : scénaristes, graphistes, programmeurs, musiciens... Parfois, il nous faut un an et demi pour dénicher le producteur, mais d'autres fois, il suffit d'un simple coup de fil.

Partant d'un tel principe, Cryo est assise sur des bases extrêmement solides et n'a jamais perdu un centime sur la moindre de ses productions.

L'écrivain caresse ses hôtes dans le sens du poil.

— Vous êtes intelligents. Et pour ma part, j'aime les gens intelligents !

Fin renard, Sulitzer cherche à investir ses deniers de manière avisée. À défaut de saisir la substantifique moelle du jeu interactif, le financier a découvert cet univers à travers le prisme de la presse, qui évoque une croisade vers un nouvel empire et compare ses capitaines aux successeurs de Magellan. Subtilement, l'écrivain policé entame un semblant de négociation en vue d'acquérir des parts du studio de développement. Un petit cigare aux lèvres, Jean-Martial Lefranc traduit ses pensées sous la forme de tapotements sur une calculatrice de poche. L'homme qui tient les cordons de la bourse de Cryo se montre attentif mais prudent.

Peu après le départ de Sulitzer, Lefranc se connecte sur le Minitel et obtient des informations sur les sociétés gérées par l'écrivain. Il découvre avec effroi qu'en ce début d'année 1995, celles-ci sont en perte de vitesse. Il ne sera pas donné suite aux avances de l'auteur de Money.

Quelques jours plus tard, Olivier Dassault entre à son tour dans les locaux. Bronzé et guindé, le fils de l'avionneur parle peu, laissant son directeur financier poser les questions. Les premiers contacts sont officiels et réservés. Pourtant, lors de la coutumière tournée, le bellâtre baisse sa garde et révèle une authentique curiosité. Comment fonctionnent les simulateurs de vols ? Qu'est-ce que la représentation 3D temps réel ? Les chars des salles d'arcades sont-ils réellement conformes aux véritables modèles ? Les questions fusent en « rafales ».

Après la visite, les trois fondateurs de Cryo, Philippe Ulrich, Jean-Martial Lefranc et Rémi Herbulot s'interrogent une fois de plus, afin de déterminer s'ils ont enfin trouvé « la promise » - l'entreprise qui saura se marier au mieux avec la leur tout en scellant l'union d'une dot conséquente. Le diapason renvoie une note étouffée, presque dissonante. Au suivant !

Après trois années de décollage, le trio infernal a jugé que le moment était venu de « lancer le troisième étage de la fusée ». Suite au succès de Dune, diffusé à trois cent mille exemplaires, y compris en version chinoise, Cryo a vu les commandes pleuvoir. Mindscape, Virgin, SEGA, Electronic Arts, Sony ou encore le français Microfolies n'ont pas hésité à investir des millions de francs afin que les artistes maison puissent concevoir des aventures interactives.

Dès la fin de l'année 1993, Lefranc a posé à ses deux partenaires une question-clé :

— Allons-nous rester avec deux ou trois équipes et publier un ou deux jeux par an ou devons-nous essayer de construire un studio à l'échelle industrielle ?

Tous les trois s'étaient accordés sur la deuxième option. Tout au long de l'année 1994, la société a poussé à la façon d'un champignon passant d'une dizaine à près de cent cinquante employés ou affiliés. Le triumvirat a alors estimé que la situation d'atelier de développement avait suffisamment duré. La prochaine étape consiste à se hisser au niveau des grands en devenant éditeur. Cryo s'est alors mis en quête d'un partenaire d'aventure. Une entité brassant les milliards comme d'autres battent le blé, avec à sa tête un bâtisseur qui en dépit d'une pratique aguerrie de la prédation n'aurait pas perdu le sens du rêve et du fantastique.

Par chance, les studios de logiciel ont le vent en poupe auprès de la confrérie des oiseaux noirs, cette étrange caste qui aime à lorgner de longues colonnes de chiffres et dont le cœur bat au rythme des pulsations du CAC 40. Un an plus tôt, une société lyonnaise a fait monter leur tension et rendu aphones les plus criards du lot. Dans le climat bouillant d'une séance d'ouverture en Bourse, l'action Infogrames s'est arrachée, sous les assauts de fourmis légionnaires d'une sanguine voracité...

Images surnaturelles, animations plus vraies que nature, visionnaires fous égarés au milieu d'intellos soporifiques... Imagina est une curieuse kermesse dont on repart les yeux remplis de couleurs féeriques, de poissons mythiques et de bulles somptueuses. Au cours de ce rendez-vous annuel des passionnés de l'image à Monte Carlo, les idées fusent et les projets prennent forme de manière spontanée, au sortir d'un exposé convaincant ou de la projection d'un film qui défriche des horizons inexplorés.

Invité à s'exprimer au cours de l'édition de février 1994 d'Imagina, Philippe Ulrich fait sensation en déclarant : « Je prends date. Dans un an, le jeu vidéo sera le premier producteur d'images de synthèse sur la planète. » En s'exprimant ainsi, le rebelle de Cryo a pleinement conscience de lacérer le statu quo. En cette année 1994, Imagina vénère les sorciers des effets spéciaux tels que ceux d'Industrial Light and Magic, qui ont créé les dinosaures de Jurassic Park sur des stations de travail Silicon Graphics.

Ulrich, pour sa part, dit avoir observé un incroyable phénomène dans l'atelier de développement dont il tient la direction artistique à Paris. Des adolescents qui découvrent l'image de synthèse sur un simple PC poussent cette machine dans ses derniers retranchements et en tirent des animations prodigieuses, dignes de celles que l'on trouve sur Silicon Graphics. Franck de Luca, le créateur de MegaRace n'avait que 17 ans lorsqu'il a poussé la porte. Après son entrevue avec le directeur artistique de Cryo, le lycéen est allé jusqu'à lui demander de quoi acheter un ticket de métro ! MegaRace, qui doit être publié en mars par Mindscape, a fait la une du magazine anglais Edge - référence en la matière - en hommage à la prouesse accomplie.

Dans l'assistance, un intellectuel vêtu de noir acquiesce mécaniquement. Robocop fragile et décalé, Alain Le Diberder est un joueur de la première heure. Il a connu Pong, la VCS d'Atari, les premiers micro-ordinateurs familiaux et n'a jamais cessé de suivre les évolutions du secteur. Au début des années 80, avec son look à la Pascal Obispo, ce docteur en économie a réalisé le jeu Matignon sur Apple 2, une simulation de gestion d'un gouvernement. En 1989, Alain Le Diberder a rejoint le Ministère de la Culture comme conseiller de Jack Lang pour les nouvelles technologies et a incité le gouvernement à subventionner l'infographie. Une fois entré à France Télévision en mars 1991 comme directeur de la recherche et des études, il s'est distingué par un livre pamphlétaire sur les jeux vidéo. En cette année 1994, les potentiels qu'il entrevoit à l'occasion du rapprochement d'Internet et des jeux l'amènent à imaginer une nouvelle forme de divertissement.

Le soir, à dîner, Philippe Ulrich et Alain Le Diberder se retrouvent à une table de Monaco avec la journaliste Danièle Oayan de France Info et l'écrivain Régis Debray. L'ancien professeur de philosophie, compagnon de Che Gevara puis de Mitterrand réfléchit depuis plusieurs années aux enjeux de la communication, de l'image, et des médias. Dans son livre Vie et mort de l'image, le philosophe maniéré s'est interrogé sur le fonctionnement des médias et ce qui fait leur efficacité.

Venu à Imagina dans l'espoir de mieux comprendre les nouvelles technologies de l'audiovisuel, Régis Debray assaille Ulrich et Le Diberder de questions : qu'est-ce que l'argent virtuel ? La société va-t-elle s'améliorer ou empirer en entrant dans l'ère « cyber » ? Au hasard des échanges d'idées, Ulrich évoque le cheminement technologique dans lequel s'est engagé Cryo et qui amènerait à créer des mondes en trois dimensions sur les réseaux. La démocratie sera-t-elle sauvegardée dans ces univers parallèles, demande naturellement le philosophe ?

Tandis que chacun rentre vers son hôtel, Alain Le Diberder invite Ulrich à prendre un dernier verre. Les deux intrigants se retrouvent à une heure du matin dans un bar, éclusant whisky sur whisky. Le Diberder évoque alors une fantasque vision :

— Est-ce qu'il ne serait pas possible de développer une sorte de ville virtuelle ?

Une telle ville n'existerait que sur les écrans des ordinateurs reliés au réseau Internet... Elle aurait des rues et des avenues dans lesquelles chacun pourrait se balader, des habitations que l'on pourrait décorer à son gré, des places publiques avec tribuns et bateleurs, des manèges et kiosques à musique dans les parcs. Des gens se connectant du monde entier pourraient s'y promener, converser entre eux, échanger des images numériques... Faudrait-il instituer des règles et des lois ? Aurait-on le droit d'aller n'importe où ? De fil en aiguille, les deux routards galactiques réalisent qu'ils sont en train d'inventer une nouvelle dimension.

Alain Le Diberder est demeuré discret sur ses projets immédiats, mais en coulisses, le spécialiste du jeu vidéo est en train de quitter France Télévision et de négocier son entrée chez CANAL+, comme directeur des nouveaux programmes. En avril, il téléphone à Ulrich pour annoncer sa nomination.

— Philippe. Je tiens à t'annoncer que je dispose désormais du budget nécessaire pour développer notre monde virtuel.

Il indique alors qu'en tant que responsable de la nouvelle

division multimédia de la chaîne payante, il entend confier à Cryo la réalisation de ce Deuxième Monde. Ulrich retient son souffle, comme s'il allait sauter dans le vide.

— Alain... Si nous développons un tel projet, il n'aura pas de fin. Il faudra l'alimenter en permanence. Cela deviendra un baobab...

Emmanuel Forsans, directeur de production chez Cryo, est chargé de mettre en œuvre la terre promise. Les réflexions relatives au Deuxième Monde sont entamées dès le début de l'été 1994, avec la participation de Didier Bouchon de Cryo et la diaphane Chine Lanzmann de CANAL+. L'écrivain Bernard Werber vient de temps à autre se joindre à la réflexion.

C'est la ville de Paris projetée dans un futur hypothétique, trois siècles plus tard, qui est choisie comme décor. Le Diberder pour sa part, est intrigué par les développements communautaires appelés à naître : les pensionnaires du Deuxième Monde voteront-ils leurs propres lois ? S'organiseront-ils spontanément en démocratie ? Est-ce qu'ils feront la révolution ? Emmanuel Forsans plaide en vain pour que l'on organise des jeux, des épreuves, des missions...

Dans la communauté virtuelle future, chacun pourra se façonner le visage de son choix, choisir son sexe et ses habits, se donner un rôle selon l'humeur du moment. « Chacun donnera à l'autre l'image de soi qu'il désire. Ce sera Venise ! » s'exclame Philippe. Les débats touchent au métaphysique : faut-il permettre le vieillissement et la mort des personnages ? Doit-on permettre aux gens de s'entre-tuer ? Un couple qui se rencontrera sur le réseau pourra-t-il faire des enfants virtuels ? L'argent virtuel pourra-t-il être transformé en argent réel ?

Il ressort assez rapidement que Alain Le Diberder et son frère, qu'il a associé au projet, ne souhaitent pas développer un jeu vidéo en tant que tel mais donner libre cours à des expériences citoyennes. Du côté de Cryo, qui penche pour des applications ludiques, une certaine réserve se dessine. Ne va-t-on pas s'ennuyer dans un tel monde ?

Didier Bouchon qui finalise alors Commander Blood, une suite du jeu Captain Blood, démarre en parallèle ce projet, le plus fou jamais encore abordé par Cryo.

Vers le début de l'année 95, Cryo présente un profil plus qu'attrayant pour les investisseurs potentiels. Non contente d'afficher une courbe de croissance radieuse, la société a toujours été profitable – le bénéfice s'élève à 7 millions de francs sur l'année 1994. Dune et Dragon Lore se sont pareillement vendus à trois cent mille exemplaires tandis que MegaRace a atteint les huit cent mille. Cette simulation automobile a été n°1 pendant plusieurs semaines en Angleterre et a atteint la position n°4 aux Etats-Unis. Megarace a été nominé dans la catégorie « meilleur jeu informatique » aux côtés de Myst et Seventh Guest aux oscars américains de l'interactivité. Près de deux cents personnes opèrent désormais à temps plein pour Cryo.

Jean-Martial Lefranc ayant laissé entendre que Cryo allait ouvrir son capital, les investisseurs défilent un à un : Mindscape, Virgin, Electronic Arts, la plupart des banques françaises, la Compagnie Financière Edmond de Rothschild, la Banexi, de Machy (groupe Worms), la Caisse des Dépôts et Consignations, Matra-Hachette, CANAL+, le groupe Lazare, Dassault et Paul-Loup Sulitzer.

Accaparés par leurs écrans, les programmeurs en t-shirts prêtent à peine attention à ces messieurs aux manières courtoises et mondaines, qui paraissent avancer sur des œufs de lump. Tous découvrent une entreprise aux finances saines, qui diffuse dans le monde entier ce qu'il est devenu courant d'appeler la « french touch ». La plupart des investisseurs potentiels ont fait réaliser des études préalables qui montrent que secteur du jeu interactif rime avec dollars. Ils manifestent donc un réel intérêt à placer leurs fonds dans ce nouvel eldorado. Sur leur réserve, Lefranc, Herbulot et Ulrich observent médusés les grands financiers faire le paon pour mieux séduire leurs interlocuteurs. Le courant ne passe pas.

L'expansion n'est pas toujours vécue avec sérénité par les auteurs de la première heure. Peu après avoir terminé

Commander Blood, Didier Bouchon décide de quitter Cryo. Le programmeur de randonnées galactiques n'apprécie guère de voir la folle aventure des premiers jours se transformer en une usine à produire des jeux avec des dizaines de salariés. Nostalgique de l'époque glorieuse de Ère Informatique, il tolère mal certaines prestations que s'autorise désormais Cryo - comme Super Dany, un jeu Nintendo réalisé pour le compte de Danone.

La rupture est théâtrale, dans une atmosphère que n'aurait pas renié Fellini. Ulrich vient d'apprendre que Serge Lafond, l'homme qui a produit Commander Blood pour le compte de la société Microfolies, celui-là même qui vient régulièrement les voir en moto, vit une double vie. Dans la journée, le commanditaire opère comme conseiller du Président de la République ! Dans la mesure où la maladie de François Mitterrand s'aggrave, Lafond a jugé bon de se reconvertir de manière discrète dans le domaine du multimédia.

Pour fêter la sortie prochaine du jeu, Lafond invite Philippe Ulrich et les deux principaux programmeurs de Commander Blood, Didier Bouchon et Marcello Mora ainsi que leurs compagnes à un dîner à l'Elysée en janvier 1995. Tous sont encore sous le coup du stress paroxystique qui est de mise lors des semaines d'achèvement d'un produit et accusent leurs heures de retard de sommeil.

Après la réception dans un petit salon doré, Lafond convie les membres de Cryo à un repas dans un décor surréaliste de magnificence. Après un plateau de fromages plantureux, arrive le moment des alcools. Les convives qui ont bu plus que de raison se laissent aller aux confidences, l'atmosphère étant suffisamment baroque pour libérer des réactions inaccoutumées. Lafond embraye la discussion sur un sujet qui s'apparente à de la dynamite : la situation des auteurs et celles des salariés.

— Philippe, est-ce que tu te sens plus du côté des auteurs ou des salariés ? demande alors Marcello.

Ulrich refuse d'accepter un tel clivage et justifie avec fougue la nouvelle optique adoptée pour le studio de développement. Didier Bouchon récrimine contre Jean-Martial Lefranc, accusé de transformer Cryo en une réplique parisienne d'Infogrames, ce qui dans sa bouche confine à l'avanie. Ulrich prend instinctivement la défense de son associé. Perfidement, Lafond se range du côté des auteurs, et le ton monte de part et d'autres, jusqu'à l'inévitable clash, Marcello Mora se laissant aller jusqu'à traiter Ulrich d'exploiteur. Le mot qui blesse a été lâché. Soucieuse d'éviter le pire, la femme de Mora enjoint son compagnon à quitter la pièce. Dans la cour de l'Elysée, les cris et vociférations retentissent dans la nuit.

Le lendemain matin, Bouchon et Mora sont chez Cryo et chacun a repris le travail comme si rien ne s'était passé. Pourtant, la rupture est consommée. Les deux programmeurs se préparent à quitter Cryo pour fonder leur propre studio de développement, le Comptoir des Planètes.

Le projet Deuxième Monde se heurte à deux soucis. En premier lieu, le parc de modems, appareils nécessaires pour se connecter à Internet, est encore réduit en France. De plus, les technologies permettant de se déplacer en 3D dans un monde virtuel en sont encore à leurs balbutiements. Où pourrait-on dénicher le sorcier à même d'apprivoiser ces nouveaux outils ? Philippe Ulrich a soudain une illumination et vient s'en ouvrir à Emmanuel Forsans :

— Au temps de Ere Informatique, j'avais rencontré un petit génie de la programmation. Je dois pouvoir retrouver son numéro de téléphone. Tu l'appelles et tu vois ce que nous pourrions faire avec lui...

Le prodige n'est autre que Sylvain Huet, ce gamin de 14 ans qui avait réalisé un Othello alors qu'il était encore en classe de troisième.

Dix années ont passé. En 1991, Sylvain Huet a été admis à l'École Polytechnique et c'est dans les murs de cet institut de Palaiseau qu'il a découvert Internet, version haut débit. À présent, il achève ses études d'informatique au Corps de l'Aviation Civile à Toulouse.

Au début de l'année 1995, Sylvain Huet reçoit un appel pressant d'Emmanuel Forsans :

— Nous sommes à la recherche d'un moteur 3D pour le Deuxième Monde…

Quelques mois plus tôt, Huet a découvert une interview de Philippe Ulrich dans le magazine Tilt. Le visionnaire de Cryo y évoquait les méandres d'un territoire en devenir qu'il appelait le Deuxième Monde. La demande de Forsans tombe à pic : l'étudiant stationné à Toulouse s'acharne à développer un outil qui permettrait de se déplacer en 3D sur Internet.

Séduit par l'opportunité de contribuer au Deuxième Monde, Huet soumet à Cryo son moteur 3D et propose d'en assurer la maintenance à distance. À vrai dire, cette mission est du meilleur augure : Huet a choisi pour sujet de thèse : la 3D et Internet.

Quelques mois s'écoulent alors. Un jour où Huet est monté à Paris, une réunion a lieu à la direction de Cryo à laquelle participe l'équipe du Deuxième Monde. Très vite, l'étudiant perçoit un malaise dans l'atmosphère. Ulrich crache alors le morceau : l'équipe qui a été affectée au Deuxième Monde n'est pas captivée par ce projet et de ce fait, le monde virtuel patine. Jean-Martial prend alors les devants :

— Vous- ne voulez pas être sur le Deuxième Monde. Très bien, on vous change de projet !

Huet vient de découvrir avec surprise que dans un studio de jeu vidéo, une décision stratégique peut être adoptée en quelques secondes ! Alors qu'il se destinait à la fonction publique, il vient de découvrir le charme discret des petites structures dynamiques.

Dès cet instant, Huet est mis en charge du projet Le Deuxième Monde, tandis qu'un illustrateur, Stéphane Levallois, élabore les décors d'un Paris futuriste. Le studio parisien produit une maquette qui est à même de rassurer CANAL+ quant au potentiel de la fantasmatique cité.

Lors de l'édition de février 1995 d'Imagina, Ulrich est à nouveau convié à donner une allocution publique. Le projet Le Deuxième Monde électrise alors son attention. Avec la fièvre d'un solo de Pearl Jam, il se livre à un discours enflammé sur ce qu'il appelle à présent, les « bio-jeux ».

« Le jeu vidéo est un fabuleux champ d'expérimentation qui oblige à précéder sans cesse les tendances et développer les outils les plus affûtés : compactage de données, 3D temps réel... »

« La 3D et l'immersion vont permettre l'apparition de bio-jeux ou jeux vivants »

« Les techniques de 3D temps réel peuvent nous plonger dans des espaces virtuels identiques à la réalité : catacombes, forêts, océans... »

« Imaginez des personnages vivant dans ce monde virtuel et obéissant à des règles simples dictées par un scénario : tel monstre doit se nourrir de chair fraîche, chasser, dormir la nuit... Imaginez maintenant une splendide créature blonde qui se promène près de la cabane du monstre. Vous, le joueur, courtisez la fille en lui parlant de la pluie et du beau temps. Dans le monde réel, elle s'appelle Albert et joue à travers le réseau sur son PC par l'intermédiaire d'un modem taiwanais. Comme le monstre a bien chassé les Elfes, la blonde pulpeuse est d'accord pour se reproduire avec lui. Cela fait une dizaine de nouveaux monstres en plus qui vont à leur tour devoir chasser. Ainsi va la cyber-vie »

« Après 14 années passées à développer des jeux, je considère que le jeu vidéo entre dans l'âge de sa puberté cybernétique. »

« L'ère du multimédia, à peine née, est déjà dépassée, nous entrons dans celle du média vivant. Le cyber est partout. Il façonne la société. »

« Dans cette nouvelle société, les bio-jeux ont pour mission de nous préparer au monde de demain. Je suis fier de contribuer à l'éveil des consciences. Car le jeu vidéo, c'est aussi une culture, une pulsion rebelle, une curiosité à vif, un instinct de survie à tout prix. »

« S'il existe encore quelques aventures à vivre, quelques nouveaux mondes à conquérir, quelques sensations fortes, c'est bien là qu'ils se trouvent. »

« Car nous assistons à un événement unique, colossal et fascinogène. Un événement probablement aussi important pour l'humanité que le Big Bang ou la formation d'un système solaire. »

« La naissance d'un Univers, d'un Monde Nouveau. »

« Un deuxième Monde. »

Au début de l'été 1995, Cryo est toujours à la recherche du magnat de la finance avec lequel convoler en justes noces. De tous les prétendants, CANAL+ paraît le favori, les élucubrations relatives au Deuxième Monde favorisant une relation intense et débridée. Dans le même temps, Henri de Bodinat qui a quitté Sony pour diriger le Club Méditerranée met alors en contact Jean-Martial Lefranc avec Daniel Piette, le n°2 du groupe LVMH.

Première société française et cent treizième sur le plan mondial, LVMH fédère tout un ensemble de marques de prestige. L'idée de voir le label Cryo cohabiter avec des noms tels que Moët Hennessy, Louis Vuitton, Guiness, Parfums Christian Dior, Guerlain, Givenchy, Kenzo, Christian Lacroix ou Fred Joaillier apparaît fantasque. Il demeure que Piette vient de lancer une étude importante concernant les secteurs porteurs et que le loisir électronique a été identifié comme l'un d'entre-eux.

Tout comme Sulitzer, Dassault et consorts, Daniel Piette vient se prêter à la cérémonie de présentation des activités de Cryo. Les trois fondateurs découvrent un grand homme dynamique et bien en chair dont les yeux pétillent derrière les carreaux de lunettes. Lors de la tournée, Piette pose mille questions et cherche à appréhender comment fonctionnent la technologie 3D et les ordinateurs. Bien qu'il ne connaisse pas le secteur, il adhère aisément au discours de ses interlocuteurs, faisant preuve d'une étonnante acuité. Signe précieux : Piette ne dissimule aucunement son respect des créateurs et fondateurs. Cette qualité est compensée par une franchise brutale.

— Comment pouvez-vous créer des produits qui intéressent la terre entière, demande Piette ? tout en tirant nerveusement sur sa cigarette.

Lefranc explique alors la théorie chère à Cryo sur la « culture mondiale ».

— Il existe tout un débat sur la culture française par rapport à l'américaine, explique Lefranc. Nous pensons pour notre part qu'il existe une culture mondiale et c'est celle dans laquelle nous évoluons. Elle a des apports français, américains et japonais. Les Américains ont apporté la Guerre des Etoiles et les japonais les mangas. L'apport européen et français concerne tout ce qui est lié à la légende des Chevaliers de la Table Ronde, les dragons, tout ce qu'a apporté le Moyen Âge... Il s'agit d'un aspect plus ancien et historique mais qui n'en est pas moins partie intégrante de cette culture. Tous les gamins du monde savent qui est le Roi Arthur au même titre que Luke Skywalker ou DragonBall Z. C'est une culture que les Américains savent particulièrement recycler et qui englobe pourtant de nombreux éléments européens qui nous sont propres.

Le discours fait mouche. Fidèle à lui-même, Ulrich s'enflamme, expliquant que les programmeurs travaillent sur « l'imaginaire du troisième millénaire » et insiste sur la nécessité pour les Français de riposter à l'invasion culturelle américaine et japonaise.

— Le potentiel créatif est immense chez les jeunes. J'ai vu arriver chez Cryo des adolescents qui ne savaient pas toujours bien écrire et n'avaient pas été bien loin dans leurs études. Ces mêmes gens, devant un ordinateur, se mettaient à développer des choses extraordinaires. Ce potentiel me semble infini...

— Infini ? Allons bon.

— Je pèse mes mots, il n'y a pas de limites. Dans ce métier, nous sommes tous à armes égales, avec les mêmes outils, argumente Ulrich. Celui qui gagne est celui qui parvient à dessiner l'avenir avec son ordinateur et son imagination. Où qu'il se trouve, il a les moyens de le faire.

Piette écoute attentivement, intrigué par ces forces inhérentes à un univers dont il ignorait l'essentiel une heure auparavant.

— Comment tout cela fonctionne-t-il ?

Ulrich détaille les tenants et aboutissants du travail des sorciers parisiens de l'image de synthèse, débitant un couplet enflammé sur les outils de représentation en 3D.

— C'est formidable, réagit Piette, qui semble établir d'étranges connexions dans son ordinateur interne. Vous pourriez réaliser les futurs magasins de Dior avant même qu'on les construise ?

— C'est dans le domaine du possible. Nous pouvons aller bien au-delà et concevoir des mondes virtuels sur les réseaux où les gens peuvent se rencontrer, faire des achats, apprendre et jouer...

Daniel Piette réalise progressivement que Cryo s'intègre parfaitement dans le puzzle des sociétés du groupe LVMH. Tout comme les autres marques fédérées par le groupe, l'atelier travaille dans un univers où le raffinement est un perpétuel Graal. Avant la fin de l'entrevue, il fait connaître son intérêt pour une prise de participation minoritaire dans le studio.

Extase... Les hommes de Cryo sont impressionnés par la capacité d'émerveillement manifestée par de cet homme d'argent. Ulrich le trouve « magique », tandis qu'Herbulot n'en revient pas de rencontrer un financier faisant preuve d'un tel talent d'écoute. Pour les trois fondateurs, LVMH apparaît incontestablement comme le bon choix.

La signature du protocole d'accord intervient en août. LVMH prend une participation minoritaire – 20% – dans Cryo assortie d'une augmentation de capital de vingt millions de francs. Pour sceller l'union, une entrevue avec Bernard Arnault est organisée dans une grande salle, à une table de réunion prévue pour une trentaine de personnes. La discussion se déroule à voix feutrée, l'épaisseur des pièges à son incrustés dans les murs étant telle que celui qui parle a l'impression qu'il sera entendu au dehors s'il ne pondère pas son volume vocal.

Grand et sec, avec des cheveux noirs ondulants, Arnault parle de manière calme et posée. Ulrich l'assimile à un mutant, un T3000.

— Il paraît que nous allons faire une affaire dit Arnault. Cela tombe bien. Mon fils adore votre jeu MegaRace.

Bien malgré lui, Ulrich se lance dans la description du concept qu'il caresse, la « 4D temps prémonitoire », qui consisterait à amener les ordinateurs à prédire le futur. Curieusement, Arnault paraît intégrer un tel discours. Il conclut en déclarant qu'il est tombé amoureux de leur entreprise.

Le Deuxième Monde a évolué de manière fantasmagorique sous la houlette de l'illustrateur Stéphane Levallois qui a donné libre cours à ses pinceaux. Cosmopolite, le Paris virtuel dispose d'une cité des loisirs, une cité du jeu, de la finance, du sexe... Les grands joyaux architecturaux de la ville y sont disséminés.

Pourtant, vers le début de l'année 1996, les choses se gâtent. Ulrich ne tarde pas à découvrir un changement d'attitude de la part de l'initiateur de l'œuvre, Alain Le Diberder. Probablement déçu que Cryo ait choisi de convoler avec LVMH, le directeur des programmes de CANAL+ se fait plus directif. Lui-même a suivi son propre cheminement par rapport au Deuxième Monde. Un décor trop avant-gardiste pourrait être déroutant pour l'utilisateur.

« Pour que les joueurs puissent délirer dans leurs rapports, il est préférable qu'ils aient des repères, » juge le Diberder.

Au cours d'une séance tragique, il en vient à exprimer son rejet des mondes fantastiques bâtis par Cryo. Ce qu'il désire, c'est du photo-réalisme. La ville de Paris telle qu'elle existe aujourd'hui, avec toutes ses rues et ses monuments !

À court d'arguments, Ulrich et ses collègues finissent par céder devant les desiderata du bailleur de fonds. Adieu cités, fantasmes, dragons et libellules géantes.

Que faire des infernales créations picturales de Levallois ?

Seront-elles broyées en pitoyables confettis, comme des pixels qui passeraient à l'état gazeux ? Magistral, Jean-Martial Lefranc parvient à sauver ce qui peut l'être. Il suggère à CANAL+ d'inclure dans la boîte du Deuxième Monde un jeu vidéo offert en bonus qui exploiterait les illustrations de Stéphane Levallois. Il repart ainsi avec une nouvelle commande pour une œuvre d'aventure qui va s'intituler Obscura.

Depuis plusieurs mois, Ulrich martèle régulièrement auprès de Lefranc qu'il serait idéal d'embaucher à temps plein Sylvain Huet ce garçon qu'il juge « brillantissime ». Cryo pourrait bénéficier d'un ingénieur qui jouit désormais d'une formation hors pair et travaille extrêmement vite.

Huet rejoindrait volontiers Cryo, seulement voilà : il doit travailler pour le gouvernement en vue de rembourser ses études. Lefranc et Ulrich conviennent qu'il faut payer le prix adéquat pour annexer l'oiseau rare. La décision est prise : Cryo va rembourser le contrat qui lie Sylvain Huet à l'Etat Français.

L'ingénieur Sylvain Huet rejoint ainsi Cryo avec pour mission de développer sa technologie destinée à favoriser la création de mondes parallèles que l'on peine alors à envisager : ils seront le fruit de l'imagination de millions d'êtres humains !...

L'ambiance n'est pourtant pas rose bonbon. Durant une autre réunion organisée en mai 1996, le Diberder se livre à des propos plus alarmants. Il laisse entendre qu'une fois le projet achevé par Cryo et livré à CANAL+, les deux parties pourraient en rester là.

Au niveau de Cryo, une telle perspective serait grave. Huet est train de développer une incroyable technologie de navigation en 3D dans un monde virtuel et qui a été baptisée SCOL. À une époque où le Web explose, il serait catastrophique d'être absent d'un tel enjeu. Si Cryo laisse passer le coche, un autre l'attrapera...

Atterré, Jean-Martial Lefranc confie ses malheurs à Daniel Piette de LVMH.

— Nous ne pouvons pas nous arrêter comme cela. Nous avons là plusieurs mois de Recherche et Développement.

L'adjoint de Bernard Arnault réagit alors avec bonhomie :

— Il n'y a de problème... Si CANAL+ le veut bien, nous pouvons leur racheter le Deuxième Monde.

Quelque chose a bel et bien changé dans le mode opératoire de Cryo ! Ulrich se sentirait presque pousser des ailes. Pourtant, la transaction se heurte à un mur, Le Diberder se refusant à vendre une œuvre que la chaîne cryptée entend mettre à son catalogue. Il n'empêche... Le troisième étage de la fusée est bel et bien lancé et la nouvelle épopée paraît aussi prometteuse que celle qui entraînait le Captain Blood aux confins des galaxies.

Pourtant, c'est par un retour inopiné dans les corridors d'un château royal que Cryo va connaître son plus grand rayonnement...

## XVI ULTIMA ONLINE - Docteur Jekyll & Mister Hide

Larry Probst n'est pas un être chaleureux. Le ludique n'est pas sa tasse de thé. Il s'attarderait plus volontiers sur un vin de haute cuvée. L'implacable prédateur qui dirige la première société d'édition de jeux au monde pourrait se prêter à une expérience de cryogénisation sans que ses proches ne remarquent la différence. Le buste raide, aussi vertical qu'un fil à plomb, renforce l'aspect fantasmagorique de ce bunker sur pattes. Les pulls noirs moulants en maille fine qu'il affectionne lorsqu'il ne porte pas le costume concourent à lui donner le pelage d'un insecte extra-terrestre. D'ailleurs, quand bien même ses cheveux blonds roux au brushing impeccable trahissent de lointaines origines irlandaises, ce financier au regard de tueur dégage une telle aura de menace sourde que certains employés l'ont surnommé Darth Vader. Quelle que la soit la démonstration à laquelle il est convié, le président d'Electronic Arts (EA) maintient un masque d'impassibilité. Bien téméraire qui s'aventurerait à le dérider.

Bing Gordon, le co-fondateur de la société californienne est plus pittoresque. Echappé d'une fable rabelaisienne qui aurait été revisitée par le scénariste des Police Academy, cet ancien jongleur est bruyant et sûr de lui. Véritable armoire à glace, Gordon aurait pu faire carrière dans le hockey et n'aurait pas ménagé les coups dans les côtes. Le destin en a voulu autrement et Gordon le joufflu, celui qui mange des bananes à longueur de journée, tient les rênes d'une société d'édition de logiciel. Tout comme avec Probst, les subalternes préfèrent s'abstenir de tout commentaire inutile, car l'ogre à la voix tonitruante aime se moquer et décocher de cinglantes répliques aux inconséquents.

Braver le faciès d'iceberg de Probst et les sarcasmes de Gordon fait partie des contraintes auxquelles doit se soumettre de temps à autres un chef de projet. En cette matinée de novembre 1995, Starr Long, l'un des responsables du développement d'Origin est de corvée. S'il est venu depuis le Texas jusqu'en Californie, c'est pour présenter aux pontes d'Electronic Arts, un projet d'avant-garde, dont l'audace rappelle le courant fauviste en peinture ou l'Ulysse de Joyce en littérature. Un jeu de rôle sur Internet ! Un jeu appelé à réunir des milliers de participants du monde entier dans un même territoire virtuel où chacun pourra se déplacer à sa guise, côtoyant d'autres joueurs. Ce type de rencontres du quatrième type n'a jamais existé auparavant sur la planète Terre. Peut-on espérer que les dirigeants de Electronic Arts comprendront la force d'un tel concept, eux qui perçoivent l'univers du jeu à travers livres de dépenses et recettes, bilan comptables et cours du Nasdaq ?

Starr Long a apporté la maquette d'Ultima Online. Il s'agit de la mouture multi-utilisateurs d'une saga dont les divers épisodes, de Ultima 1, à Ultima VIII, ont été diffusés à raison de deux millions d'exemplaires. À défaut de se passionner pour les péripéties contées dans ces jeux de rôle, Probst associe la série à des revenus conséquents, ce qui est de bon augure pour la présentation.

Comme à l'accoutumée, la démonstration est effectuée sur un ordinateur, mais cette fois, le sifflement d'un modem indique le début d'une connexion sur le réseau. Long entame une courte explication :

— Dans Ultima Online, chacun des participants commence par choisir un personnage que nous appelons « avatar ». C'est en manipulant cet avatar que nous évoluons dans le territoire. Je vais donc commencer par me créer une apparence humaine.

Au début de la session, Long hérite, comme tous les autres joueurs, d'un corps dans le plus simple appareil, qui lui est octroyé à l'intérieur d'un temple. Il s'empresse de sortir de l'édifice afin de dénicher au plus vite des vêtements. Long croise un guerrier qui passe dans l'allée et s'adresse à lui, en tapotant sur le clavier.

— Bonjour, pouvez-vous m'aider ? Je suis à la recherche de vêtements.

— Pas de problème, répond le soldat. Je dispose d'une série d'habits récupérés au cours de mes diverses batailles. Je veux bien vous en donner un. Je sais ce que vous devez ressentir, je suis passé par là moi-même...

Sur ces entrefaites, l'avatar supervisé par Starr Long se trouve affublé d'une imposante tenue de chevalier. Alors que le généreux donateur s'apprête à passer son chemin, le nouvel arrivant du monde d'Ultima revient à la charge :

— Excusez-moi d'insister. Mais pourriez-vous également me prêter un bouclier ?

Le guerrier s'insurge devant un tel sans-gêne.

— Et oh ! Un peu de mesure... Je viens de vous donner des vêtements et maintenant vous voulez mon bouclier !

— Pardonnez moi... Il faut que je vous explique, je suis en train de faire une démonstration à la direction d'Electronic Arts.

— Quoi ? Vous faites partie d'Electronic Arts ?

— En quelque sorte... En fait, je suis d'Origin, la société qui développe ce jeu pour le compte d'Electronic Arts.

— Ça alors, c'est incroyable ! Je suis moi-même un employé d'Electronic Arts à Londres ! Qui êtes vous ?

— Dans le civil, je m'appelle Starr Long.

— Mais nous nous connaissons ! Nous nous sommes rencontrés lorsque je suis venu chez Origin en début d'année. Mon nom est Raphaël Colantonio !

Dans la salle austère où se tient la démonstration pour la direction, Starr Long assiste alors à un phénomène comparable à une éclipse de lune. Le glacial Probst sort de sa réserve et laisse transparaître quelques signes d'une authentique stupéfaction. Malgré sa superbe et sa rigidité, Larry n'a pu s'empêcher d'être touché par cet incroyable effet du hasard. Un hasard que le caustique Bing Gordon se plaît aussitôt à contester, persuadé que la scène a été astucieusement préparée. Starr Long doit redoubler d'arguments pour persuader les deux capitaines que la chance est seule responsable de cette rencontre inopinée.

Si l'on en croit Long, alors Gordon doit reconnaître qu'il s'est passé quelque chose de peu ordinaire : deux individus situés de part et d'autre de l'Atlantique ont lié connaissance au sein d'un univers médiéval. Le Carnaval de Venise a pris forme sur Internet ! La suite de la démonstration va confirmer l'étonnement.

Starr Long se déplace dans le village, au milieu des arbres, parcs et murets. Il rencontre d'autres joueurs et découvre qu'ils se sont connectés depuis les endroits les plus inattendus : Honolulu, Manille, Tel Aviv, Bombay... La vie a commencé à s'organiser dans le village. Un avatar qui a rassemblé énormément d'objets au cours de ses combats a investi une maison vide et a monté un magasin où il vend toutes sortes d'articles. Un compagnon s'est joint à lui, et à l'extérieur de la boutique, incite les passants à venir visiter ce bazar.

Un autre duo s'est lancé dans une activité licencieuse, le premier, mâle en apparence, protégeant une prostituée. Dans la pratique, la belle avatar incite les citoyens à la rejoindre dans une pièce en échange de dix écus locaux. Elle se déshabille alors, se laisse virtuellement toucher et profère des soupirs sous forme de « Oh, Ah ! » qui s'inscrivent sur l'écran.

L'événement est représentatif de la liberté laissée à chacun de faire évoluer ce monde comme bon lui semble. Ce caractère imprévisible laisse entrevoir bien des potentiels. Larry Probst paraît d'ailleurs, en filigrane, presque heureux d'avoir investi les millions de dollars d'Electronic Arts dans une telle production. La magie d'Internet a frappé.

Après le rachat d'Origin par Electronic Arts, le studio de développement fondé par Richard Garriott s'est installé dans un énorme complexe composé de cinq bâtiments de quatre étages, à quarante minutes du centre ville d'Austin. Pour parvenir jusqu'à l'atelier, il faut traverser de larges routes taillées dans la roche au milieu du désert texan. Au sein de ces locaux rachetés au constructeur informatique Dell, les deux cents programmeurs isolés du reste du monde peuvent demeurer sur place plusieurs semaines durant sans manquer de rien. Le site abrite un distributeur de pop-corn, un juke-box, une cantine, un bar, et même une salle de cinéma. Un terrain de base-ball a également été aménagé dans le parking.

Le climat torride qui règne à l'extérieur des salles climatisées – quarante degrés en moyenne – réfrène toute envie de sortir. Plusieurs artistes travaillent généralement dans une même pièce en vue de favoriser l'émulation et le contact. Signe d'une intense activité ludique, tous les couloirs ont été arrondis afin que personne ne puisse se dissimuler lors des courses poursuites au pistolet laser.

Lorsque le visiteur pénètre dans le département de Richard Garriott, un immense gyrophare se met en marche. Un message lumineux apparaît alors, qui indique : « Vous êtes entrés dans une nouvelle dimension ». Des posters représentant le personnage vêtu comme un roi recouvrent les murs. Celui que l'on surnomme ici Lord British et qui, à cette époque, s'est fait pousser une longue natte, est apprécié pour son caractère altruiste. Lorsqu'il obtient un bonus de la part d'Electronic Arts, Garriott a pour coutume de le partager avec son équipe.

Ultima Online apparaît comme la matérialisation d'un désir fort : celui de créer des jeux de rôles grandeur nature. Garriott a longtemps laissé entendre qu'il aimerait se lancer dans le développement de parcs d'attraction de grande envergure, qui permettraient de créer l'atmosphère d'Ultima dans le monde réel. L'étonnant Garriott n'a pas hésité à mener plusieurs expériences à une moindre échelle. En 1988, l'homme à la coiffure de chevalier s'est fait construire un immense château médiéval sur une colline, en fonction de plans qu'il avait lui-même dessinés, avec donjons et souterrains. Toute l'excentricité de ce Richard Cœur de Lion transparaît dans cet habitat hétéroclite, à mi-chemin entre Disneyland, la demeure de la famille Addams et l'univers de Monty Python, Sacré Graal.

L'environnement de la maison comporte une cour équipée d'un trampolino, un pont suspendu surplombant un lac dans lequel sont amarrés un galion et des canots, une piscine qui se prolonge jusqu'à l'intérieur de la maison, un manège de chevaux de bois... La seule concession au vingtième siècle vient de la présence dans le jardin d'une capsule d'Apollo. Les couloirs de la demeure fourmillent d'objets de légendes, de passages secrets, dédales et trappes. Dans les sous-sols, le visiteur égaré peut se retrouver nez à nez avec un squelette décati, découvrir une page du Necronomicon (un livre supposé maudit), un morceau de lune, un crâne de gorille, un cobra empaillé... Quant à la tour du troisième étage, recouverte d'un dôme de quatre mètres, elle sert d'observatoire astronomique.

À l'occasion d'Halloween, il arrive régulièrement que l'habitation accueille une véritable réplique de Donjons et Dragons. Le seigneur du château investit alors cinq cent mille dollars de sa poche pour créer les effets spéciaux de l'événement. Pendant près de trois mois, plusieurs employés d'Origin se relayent pour préparer les décors, les spectres animés et autres éléments d'un scénario conçu spécialement par le maître de céans.

Aux douze coups de minuit, les hôtes de la fête, déguisés en monstres, sorcières ou citrouilles se présentent aux portes du manoir. Lord British lui-même, en tenue royale, leur explique qu'ils doivent rechercher un parchemin magique à même de sauver la terre des forces maléfiques.

Accueillis par des dragons cracheurs de feu, les invités descendent au fond d'une douve, d'où ils doivent découvrir les entrées des corridors noyées dans la brume. Tout en affrontant la furie d'explosions soudaines, l'éruption de boules de feu ou des averses artificielles, ils doivent gagner les autres salles, s'enfoncer vers les caves ou gagner les hauteurs jusqu'à l'antre abritant le télescope rotatif. En chemin, ils peuvent se trouver nez à nez avec des fantômes en hologrammes, des gargouilles qui prennent vie, des araignées géantes mangeuses d'humains... Tant bien que mal, ils doivent négocier leur voie dans des labyrinthes où retentissent des hurlements de loups-garous, pénétrer dans des cryptes gardées par des monstres, grimper sur des échelles brinquebalantes, canoter le long du Styx, fleuve des enfers de la mythologie grecque, éviter les trappes qui pourraient les jeter dans l'un des cachots souterrains dont les murs peuvent se refermer de manière fatale.

Voilà plus de cinq ans que le fondateur d'Origin songeait à réaliser une version multi-utilisateur d'Ultima s'appuyant sur Internet. La technologie a longtemps manqué à l'appel. Par la suite, le plus complexe a été d'envisager des scénarios suffisamment ambitieux pour pouvoir agrémenter un flot de participants censés interagir en direct à toute heure du jour et de la nuit.

« Je suis un conteur », explique Garriott. « J'aime raconter de grandes histoires épiques. Lorsque des milliers de gens participent à une telle réunion, le plus difficile est de définir l'intrigue dans laquelle ils vont pouvoir s'impliquer et participer chacun à sa façon ».

Le créateur de la série Ultima peut puiser une partie de son inspiration dans les rencontres organisées par la Société pour un Anachronisme Créatif. Cette association dont les milliers de membres sont répartis sur toute la surface des Etats-Unis a pour objectif de recréer l'ambiance et la philosophie du Moyen Age. Vêtus en armures, ses membres se rencontrent de temps à autre afin de se mesurer dans des joutes à coup de haches, rapières et épées, fabriquées en rotin.

Classique du jeu de rôle sur ordinateur, la série Ultima a subi une évolution majeure à partir du quatrième épisode. Dans les premières versions, le joueur avançait dans un cadre simpliste, résolvant la plupart des situations surréalistes rencontrées en tuant et pillant sans raison.

Lors de l'écriture de la version IV d'Ultima, Richard Garriott a pris conscience qu'il ne pouvait continuer à mettre en scène de telles histoires manichéennes. Il s'est alors plongé, des heures durant dans une réflexion relative au message qu'il entendait véhiculer au fil de la série. La quête du héros est devenue plus raffinée, chaque aventure ayant désormais pour objectif d'incarner des vertus : l'honneur, la justice, l'honnêteté, l'amour, la vérité et le courage.

Désormais, selon que le joueur est bon ou mauvais, les réactions des autres personnages sont à l'avenant. « Les tricheurs sont pénalisés, explique Garriott. Par exemple, dans l'un des Ultima, le joueur doit acheter des herbes à une femme aveugle et jeter des pièces dans une corbeille. Plus tard, il rencontre un sage qui l'aidera ou non dans la poursuite de sa quête selon qu'il a réglé la femme en bonne et due forme ou qu'il a préféré abuser de sa cécité. »

À partir de cette même mouture, l'action des Ultima évolue dans un monde parallèle, Britannia, dans lequel Richard Garriott apparaît sous la forme d'un personnage, Lord British. En tant que tel, il est le gouverneur bienveillant du royaume.

La nouvelle approche philosophique a déclenché des réactions dépassant tout ce que Garriott avait prévu. Un joueur lui écrit et affirme avoir trouvé le chemin de Dieu en jouant à Ultima IV. « Je ne prétends pas détenir la vérité ni vouloir changer les gens. Ultima reste avant tout un jeu» déclare l'auteur, abasourdi par de telles réactions.

Ultima Online est un projet d'une toute autre envergure. Dans les versions antérieures, les personnages étaient animés par l'Intelligence Artificielle. Le défi consiste à ce que de véritables personnes se rencontrent sur un monde virtuel pendant un long laps de temps, via Internet. Pour que la fête foraine batte son plein en toute heure et que les microcosmes s'épanouissent de manière spontanée et grouillante, il reste à définir une quête suffisamment large pour embrasser des milliers de destinées éphémères.

L'histoire d'Ultima Online se situe à une époque parallèle à celle de la série. Une cassure temporelle s'est produite et Lord British entend réparer cette anomalie. Il va donc distribuer des quêtes qui auront pour objectif d'aider à rétablir les deux lignes de temps. Afin d'apporter un supplément d'émotion dans cette expérience, il est décidé que Lord British n'apparaîtra dans Ultima Online que lorsque Richard Garriott est lui-même connecté. Le gouverneur du royaume sera donc bel et bien présent dans le jeu ! Toutefois, afin que l'action puisse se dérouler à tout moment, Garriott va disposer d'une hiérarchie d'avatars – des personnages artificiels pré-programmés – qui relaieront ses intentions à la population lorsqu'il n'est pas en ligne.

Pour corser l'intrigue, un personnage s'oppose au projet de fusion temporelle proposé par Lord British. Il s'agit de Black Thorn, un être malveillant qui avait menacé Britannia dans Ultima V. Lors du déroulement d'Ultima Online, Black Thorn, est également interprété par un individu en chair et en os : Starr Long, le directeur du développement ! Chaque fois que Lord British demande de trouver certains objets, Black Thorn veille à ce que ses partisans les cachent et les éparpillent dans les bosquets ou donjons du royaume.

En novembre 1995, une annonce apparaît sur le site Web d'Origin, afin d'inviter des gens du monde entier à participer au test d'Ultima Online. La journée fait le plein – des milliers de réponses affluent mais seuls deux cents participants sont sélectionnés pour le premier essai. Divers membres du personnel d'Electronic Arts se joignent à l'expérience qui ne doit durer que dix jours.

A une heure précise, les modems s'activent depuis Montluçon, Nashville, Tokyo, Casablanca... Les joueurs découvrent des décors léchés en deux dimensions, reflétant une ambiance médiévale relayée par une musique évoquant le premier millénaire.

Au démarrage du test, Richard Garriott se connecte et arpente Britannia en qualité de Lord British avec son armure noire et son sceptre royal. Il croise alors un quidam.

— Salut !

L'étranger s'arrête et répond :

— Bonjour, Lord British !

Excité par cette première rencontre, Garriot demande à l'inconnu :

— Dans quel coin de la planète es-tu ?

— Je suis dans la ville de Trinsic

L'avatar vient de nommer l'une des villes d'Ultima.

— Non... Ce que je voudrais savoir c'est dans quelle ville du monde tu te trouves actuellement ?

— Trinsic.

— Blague à part ! D'où es-tu ?

— Trinsic.

— Allez !... Quelle est ta fonction ?

— Je suis un travailleur des champs.

— Comment t'appelles-tu ?

— Gilberto.

Garriott réalise alors qu'il est en train de discuter avec l'un des personnages artificiels qu'il a lui-même conçus – des avatars se comportant à la manière d'humains, mais totalement programmés. Au cours de son premier contact, il a été mystifié par un personnage de son propre jeu !

Le seigneur des lieux ne tarde pas à croiser un joueur authentique qui dit être de Scandinavie. La conversation s'engage alors naturellement : quelle heure est-il là-bas, quel temps fait-il, que fait-il dans la vie réelle ?... Lorsque la magie de l'aléatoire met en contact deux êtres du bout du monde, l'expérience est palpitante.

En avançant dans la ville, Garriott découvre qu'un attroupement s'est massé autour d'une maison. Il s'enquiert alors de ce qui se passe là et un hallebardier lui explique la chose :

— Comme il n'y a pas grand chose à faire dans cette version test, Lord British, l'un des avatars a décidé d'organiser des duels dans cette masure.

Quand une joute est organisée, les curieux se rassemblent autour de la demeure, lancent des paris et manifestent leur soutien à l'un des combattants par de chaudes acclamations.

Garriott découvre bientôt que l'une des premières guildes formées par les testeurs du jeu s'est intitulée « Allons éliminer Lord British ». Comme le créateur du jeu n'apparaît qu'à des moments imprévus et ne reste connecté qu'un court laps de temps, des messages font la navette entre les membres, dès lors qu'un avatar aperçoit le roi de Britannia. Les guerriers de la ligue gagnent alors un endroit précis et tentent de traquer le seigneur des lieux. Toutefois, peu après, une nouvelle guilde est spontanément constituée : « Protégeons Lord British ». Les membres de cette communauté ont pour habitude de se déplacer discètement dans le sillage de leur maître à la manière d'un groupe d'agents secrets. Des agents doubles ne tardent pas à se manifester avec pour mission d'infiltrer la guilde opposée.

Celui qui entre dans le monde d'Ultima doit choisir en premier le rôle qu'il entend y tenir. Il peut choisir de rejoindre le camp de Lord British ou celui de Black Thorn ou encore adopter un rôle neutre – boutiquier, capitaine de bateau...

S'il décide d'être un guerrier au service de Lord British, l'avatar doit choisir une quête, comme dénicher une épée mythique aux pouvoirs extraordinaires. Pour ce faire, il devra trouver des partenaires acceptant de se joindre à l'expédition. Celle-ci peut nécessiter d'entrer dans un château truffé de pièges, dont l'enceinte est protégée par des gardes trop nombreux pour qu'il soit possible de les affronter seul, ou de terribles animaux sanguinaires. Les stratégies d'attaque et de défense ne sont limitées que par l'imagination. Pour corser le tout, il n'est pas possible de savoir a priori si l'un des compagnons choisis ne va pas se comporter en traître à un moment crucial. Aucun jeu classique à base d'Intelligence Artificielle ne peut donc prétendre apporter un tel niveau de suspense et d'imprévu.

Si le joueur n'est pas favorable aux émotions fortes, il peut se contenter d'être un vendeur de pommes (ces fruits ayant la vertu d'augmenter les « points de vie ») et aller en cueillir afin de pouvoir les vendre à d'autres joueurs. Avec l'argent accumulé, il peut monter une ou plusieurs échoppes, acquérir une influence de plus en plus importante dans la vie de la cité. Le monde d'Ultima Online étant composé de plusieurs îles, il faut parfois dénicher un bateau pour se rendre de l'une à l'autre. Il est donc possible aux membres d'une guilde de s'allier avec un richissime vendeur de pommes et le persuader d'acheter un navire, en lui faisant miroiter divers avantages telle qu'une protection rapprochée.

Pendant une dizaine de jours, se déroule une incroyable réplique de la Comédie Humaine. À partir de Perros-Guirec, un guerrier va interagir avec un homologue de Pékin ou du Venezuela, tenter de l'anéantir ou bien se mettre en équipe avec lui pour voler les effets d'un autre personnage, attaquer un donjon, partager le butin... C'est la rencontre inopinée entre avatars qui est la plus étonnante. Si un guerrier porte de beaux vêtements dérobés au chevalier qu'il a tué, d'autres joueurs peuvent l'interpeller et lui demander comment il a pu se procurer de tels atours. La plupart des participants prennent l'habitude de demander à quel stade du jeu est parvenu l'interlocuteur :

— Tu es de quel niveau toi ?

— 5. Et toi ?

— 37.

— Wow !... Comment as-tu fait ?

L'avatar de niveau 5 sait que son homologue peut le tuer en un nombre de coups réduits, du fait de son rang supérieur. Il paraît donc préférable de s'allier avec lui, d'autant que cette capacité peut être utile dans l'assaut d'un château ou d'un monstre.

Le plus étonnant est de voir que les participants se prennent au jeu au point de reproduire naturellement les travers ou réflexes de la société réelle. Ainsi, lorsque quelqu'un découvre une possibilité, il est tenté de s'allier avec d'autres pour la pratiquer à plus grande échelle. Un avatar malicieux découvre que lorsque l'on clique dans le dos d'un personnage, son sac à dos s'ouvre et on peut dérober ses biens à son insu. Il lance alors un appel à la constitution d'une « Guilde des voleurs ».

— Il faut que nous nous entraînions mutuellement à opérer des larcins sans que le propriétaire ne s'en aperçoive, lance l'initiateur de ce projet.

Des séances d'entraînement sont effectuées entre émules d'Arsène Lupin. Une fois la pratique assimilée, des groupes de deux complices se rendent en ville selon un scénario bien rôdé : l'un aborde un étranger et l'autre en profite pour se placer derrière afin de lui dérober ses effets.

Ce qui devait arriver arrive. Certains joueurs, inquiets par la montée d'une telle déviance décident d'y mettre bon ordre et de créer une « Guilde des protecteurs du citoyen ». Le principe sur lequel s'accordent les organisateurs de ce corps d'élite est le suivant : « A l'extérieur, chacun peut faire ce qui lui plaît. À l'intérieur des murs, nous voulons que règne la loi ». En conséquence, ils se vouent à la punition du crime et à faire en sorte que les visiteurs du monde d'Ultima puissent déambuler dans les villes en toute sécurité. Afin d'être immédiatement reconnaissables, les membres de cette police médiévale décident d'arborer un même aspect, avec casque sur le visage, tunique, robe longue, bouclier et épée. Ces gardes mobiles qui veillent à l'ordre public rendent une justice rapide et efficace : si un joueur se met à tuer tous ceux qu'il rencontre, il est capturé et jeté dans un cachot.

Le plus étonnant, c'est que cette même police auto-instituée prend bientôt des initiatives pour régir la bonne harmonie de cette société selon ses propres critères. Elle définit ainsi une liste de « comportements anti-sociaux ». Ainsi, ceux qui se déplacent nus dans les enceintes d'une ville se voient arrêtés !

Il peut paraître surprenant qu'au bout de quelques jours d'une expérience sans lendemain, une société ait déjà commencé à s'autoréguler à un tel niveau. Dans la pratique, les tests préliminaires effectués par Origin ont eu pour conséquence de faire ressortir la nécessité de lois strictes afin que la vie de cette cité artificielle se déroule en bonne harmonie. Dans la version finalisée de Ultima Online, chacun a une identité et un passé qui le poursuit où qu'il aille sans qu'il puisse se dissimuler.

« Les gens ont une responsabilité sociale », explique Garriott. « Je ne veux pas que des gens immatures rendent l'expérience déplaisante pour tous les autres. Si quelqu'un veut jouer au méchant, il devra se résoudre à vivre l'existence d'un hors-la-loi. Il ne pourra entrer dans aucune ville sans risquer de se faire arrêter par des gardes. S'il est prêt à faire le sacrifice de sa liberté, il en prend le risque. »

En mai 1996, à l'occasion du salon E3 organisé à Los Angeles, un nouveau test d'Ultima Online est organisé pendant une semaine. Soudain, peu avant la clôture du salon, la nouvelle tombe : Lord British va apparaître et parler au peuple depuis son château. Rapidement, la rumeur se répand parmi tous les joueurs disséminés sur la planète et un incroyable phénomène se produit. Un à un, nous les voyons se rendre sur les lieux du manoir afin d'entendre les paroles du maître. À l'heure prévue, des centaines d'avatars sont rassemblés sur le parvis du château royal. Comme il se doit, Lord British prononce un discours magnanime, dans lequel il remercie tous les participants de s'être joints à cette démonstration.

Hélas, suite à une indiscrétion, il ressortira que Garriott, indisponible à ce moment précis, a dû se faire remplacer par l'un de ses collègues.

Si l'illusion a été parfaite, l'une des excentricités de ce monde est là : nul ne peut être certain de la véritable identité, du sexe ou de la position sociale de celui qui apparaît sous la forme d'un avatar !

Raphaël Colantonio qui collabore à la filiale anglaise d'Electronic Arts se souvient pour sa part du test d'Ultima Online comme d'une expérience fabuleuse, indescriptible mais aussi éprouvante :

« Je suis resté immergé pendant une semaine sans pouvoir m'en décrocher. La différence avec un jeu normal est énorme. Dans les anciennes versions d'Ultima, si on voulait faire une pause, il suffisait de sauvegarder sa partie, et l'on pouvait reprendre le lendemain ou même une semaine plus tard, comme si de rien n'était. À présent, si l'on quitte le jeu ne serait-ce que deux minutes pour se préparer un café, lorsqu'on revient, il est possible que l'on ait raté quelque chose. D'autres joueurs ont pu évoluer plus vite, et cela peut avoir des conséquences énormes ».

Ultima Online a ouvert ses portes virtuelles en mars 1997. Les premiers serveurs mis en place par Origin étaient censés accommoder trois mille participants simultanément, soit vingt mille abonnés. La demande a été suffisante pour que la société texane installe des serveurs plus robustes, capable de supporter dix fois plus d'abonnés que prévu initialement, en divers endroits de la planète.

A partir de 1998, Electronic Arts a emménagé à Redwood, à une trentaine de kilomètres au sud de San Francisco, dans une langue de la baie. Perdu dans une zone de blocs high tech, le nouveau siège d'EA avoisine l'immeuble d'Oracle, que dirige le bouddhiste Larry Ellison, l'un des hommes les plus riches de la planète. Composé de plusieurs bâtiments reliés les uns aux autres qui entourent des terrains de football et de basket, le boudoir géant qui accueille EA a l'allure d'un campus et dégage une atmosphère reposante.

A l'étage de la direction comme aux autres, les bureaux sont répartis en open-space, et de ce fait, Larry Probst est installé dans un cube ouvert à la vue de tous. En cette année 1998, le président d'Electronic Arts affiche une expression que d'aucuns pourraient assimiler à de la satisfaction. Avec cent cinquante mille abonnés acquittant un abonnement de dix dollars par mois, Ultima Online est devenue une activité juteuse. À l'occasion, Probst peut décocher une saillie à un époque où les sites Web ont pour coutume de briller par leurs dépenses et leurs maigres revenus : « Ultima Online est l'une des rares activités qui gagne aujourd'hui de l'argent avec Internet ! ».

Le personnage de Lord British s'est progressivement effacé de Britannia. À la suite de l'annulation du projet Ultima Online 2, Garriott a gagné d'autres territoires. Epaulé par un autre démissionnaire du nom de Starr Long, il a fondé le studio Destination Games et conçu un jeu en ligne fort original, City of Heroes articulé autour des personnages traditionnels de bandes dessinées américaines. Richard Garriott s'est également distingué en tant que sixième touriste de l'espace en octobre 2008 et il y a pris goût. Le navigateur magnifique a changé de trajectoire pour chercher le frisson dans un jeu de rôle qui semble n'avoir de fin, celui des astres et des poussières d'étoiles...

# 6ème partie : Elargissement du champ des possibles

## XVII LARA CROFT - La chanson de geste de Lara

Un peu timide, Toby Gard est l'un de ceux qui tutoient les claviers et semblent éprouver une part de leur ivresse par procuration, dans l'univers des pixels et des mondes virtuels.

Dame, comme ce garçon paraissait mal parti... Dans sa banlieue middle-class britannique, un vague expert avait diagnostiqué Toby Gard comme un « idiot ». Consolation, cette idiotie serait liée à sa dyslexie, ce qui était a priori rassurant puisqu'elle n'interviendrait que dans des conditions précises.

Lorsqu'on sait que Gard est le créateur de Lara Croft, celui qui en a animé les mouvements et donné naissance au mythe, il apparaît que ce piètre conseiller a fait preuve d'une incapacité pathologique à percevoir le génie qui sommeillait dans ce petit garçon, certes boudeur et pas toujours enclin à communiquer.

Les aventures de l'héroïne imaginée par Toby Gard ont scotché des millions de joueurs devant leur écran. Dans Tomb Raider, la pilleuse de tombeaux se déplace dans des décors souterrains à la recherche d'un trésor archéologique, plonge dans les fonds aquatiques, combat avec hargne, saute sur le crâne de crocodiles pour mieux traverser les eaux. Grâce à la magie d'une représentation 3D sans failles et d'une liberté de mouvement inédite, les garçons et les filles de son âge ont spontanément adopté la créature virtuelle comme l'une des leurs.

La seule marque d'inintelligence de la part de Gard pourrait sembler être d'avoir lâché la barre alors que le vaisseau Tomb Raider commençait juste à prendre le large. Pourtant, Toby répondrait simplement qu'il a déserté le navire parce qu'il ne reconnaissait plus celle qu'il avait engendrée. Il a donc préféré gagner d'autres îles sur sa bouée de fortune. Telle est l'inaliénable liberté du créateur.

« Je pense que nous sommes un condensé de ce que nous aimons et des œuvres que nous avons absorbées », estime Toby Gard.

S'il en est ainsi, quelles ont été ces ouvrages qui ont façonné l'intellect et la sensibilité de Gard ?

« A l'école, j'étais friand des 'livres dont vous êtes le héros' », raconte Toby Gard. « Je ne lisais pas de bandes dessinées et celles que j'avais découvertes me laissaient indifférent. Ce n'est qu'au collège, lorsque j'ai lu mon premier roman illustré, Ronin, de Frank Miller, que j'ai commencé à m'intéresser à ce domaine. »

Les films asiatiques captent le cœur de l'adolescent. Toby Gard adore Hero, Shaolin Soccer et Old Boy tout comme les dessins animés Akira et Totoro. Que l'on n'aille pourtant pas croire que le cinéma européen le laissait indifférent :

« Les films que j'ai le plus regardés sont Dark Crystal et Les Aventures du Baron Munchausen. »

Au niveau du jeu vidéo, si Gard dit avoir raffolé de Pong et ses boutons, le titre qui a été déterminant est une œuvre du chevalier Richard Garriott.

« Ultima Underworld est le jeu qui m'a donné envie de devenir concepteur de jeu vidéo. Je me rappelle avoir appris son existence dans un magazine, bien avant Doom, à l'époque où tout le monde parlait de Wolfenstein. L'article sur Ultima Underworld était tellement élogieux, dithyrambique, que j'ai d'abord cru à un canular. La semaine suivante, lorsque j'ai vu Ultima Underworld sur un rayonnage de la boutique locale de jeu, j'avais du mal à croire qu'il puisse être réel. Ce n'est que lorsque je l'ai emporté à la maison, que je l'ai installé et que j'y ai joué pendant quatre semaines durant mes vacances que j'ai compris. Ultima Underworld répondait à toutes mes attentes et allait bien au-delà. Je pense encore aujourd'hui que de tous les jeux que j'ai connus, c'est le plus brillamment réalisé. »

En 1992, alors qu'il est âgé de dix huit ans, Toby Gard s'est découvert une marotte : passager d'un temps parallèle, il s'applique à réaliser des animations sur un ordinateur Amiga. Il suffit que ce garçon réservé dévoile quelques bribes de ses cartoons pour que fusent les soupirs. Sa vocation est trouvée.

Pourtant, une bonne année s'écoule avant qu'il n'ose exposer ses dessins animés à des professionnels de ce milieu qui le fascine tant, le jeu vidéo.

« J'ai adressé mes créations à Core Design et à deux autres studios britanniques. Core m'a immédiatement répondu avec une offre d'embauche. »

Situé au centre de l'Angleterre, au Nord de la ville de Derby, Core Design est dirigé par Jeremy Heath Smith qui a fondé le studio en 1988 avec ses propres économies. À son arrivée, Toby Gard est affecté aux animations d'une sorte de clone de Mario Kart. Le prodige de l'animation a pourtant d'autres visées. Les techniques d'affichage en 3D sont en plein essor et il rêve d'un jeu de combat avec parcours et vue subjective, à l'image de Doom. Il lui paraît opportun de balader le héros au sein de somptueux décors plutôt que dans les souterrains glauques du jeu d'id Software.

Jeremy Heath Smith qui dirige Core Design convient que la sophistication est une orientation avisée : lui-même imagine les tribulations d'un pilleur de tombes qui s'introduirait à l'intérieur des pyramides d'Egypte. L'ambition de Toby Gard évolue en conséquence : il importe d'ancrer le jeu sur un scénario solide, à l'instar d'un film comme Les Aventuriers de l'Arche perdue. Prenant plus encore ses distances avec Doom, Gard abandonne la vision subjective et décide que le personnage principal apparaîtra à l'écran. Smith et lui se surprennent à rêver d'un jeu dont l'atmosphère serait aussi captivante que les meilleurs dessins animés.

Mettre en scène un ersatz d'Indiana Jones avec barbe de trois jours et chapeau n'est pas concevable. Il importe que l'aventurier ait sa propre personnalité et ne puisse aucunement évoquer le baroudeur de Spielberg et Lucas, interprété par Harrison Ford.

« Nous voulions que le personnage soit un peu timide, qu'il se déplace d'une manière furtive tout en faisant preuve d'agilité », confie Gard.

L'idée de placer une fille comme héros de l'aventure émerge progressivement...

Alors que le milieu des années 1990 approche, l'image de la femme a évolué. La page du féminisme militant est tournée : la wonder woman n'a plus peur d'afficher sa sensualité et dans le même temps, elle assume son destin. La tendance a été lancée par Geena Davis et Susan Sarandon qui disaient ouvertement adieu à leur petite vie rangée dans Thelma et Louise. Elle s'est amplifiée avec l'attitude de stars tels que Janet Jackson, Cindy Crawford, Claudia Schieffer, Kathryn Bigelow... L'héroïne de Tomb Raider s'inscrit dans ce nouvel archétype.

Toby Gard voit d'un bon œil de dépeindre celle qui pourrait réduire à néant tous les clichés sexistes. Il aimerait faire ressortir l'image d'une femme courageuse et intelligente, capable de se tirer d'affaire par elle-même en toutes situations :

« Les femmes fortes et indépendantes sont idéales pour les univers fantastiques. »

L'apparence de Lara, son visage, son attitude comme sa plastique exagérément mise en valeur seront le fruit de nombreux tâtonnements. Durant une longue période, elle porte des vêtements militaires. Cet accoutrement est progressivement rejeté car il donne d'elle, une image impitoyable, limite nazie. Elle est ensuite vêtue de pantalons baggy et arbore une coupe de cheveux à la garçonne qui la font ressembler à une déclinaison de Neneh Cherry. Elle est finalement coiffée d'une longue queue de cheval, habillée d'un short et d'un t-shirt moulant qui fait ressortir son opulente poitrine – Gard confiera de manière ironique au magazine The Face que le volume de celle-ci a été dû au fait que la souris ait glissé alors qu'il voulait l'agrandir de façon modérée. Il se trouve que la technologie est appropriée à la représentation de personnages à l'anatomie avantageuse.

« Il y a dix ans, la technologie n'était pas prête. Lorsque les jeux étaient en deux dimensions, personne n'aurait pu craquer pour une héroïne dépourvue de formes ! »

Lara Croft

A l'origine, l'aventurière s'appelle Laura Cruise. Elle est rebaptisée Lara car ce prénom convient mieux au public américain. Pourtant, à mesure que les mois passent, Gard insiste pour faire de Lara la quintessence d'une femme britannique, aussi éloignée que possible d'une poupée Barbie. Peu attiré par certains aspects criards de la culture yankee, il souhaite que le personnage soit une femme racée, distinguée et stylée. Gard la désire « forte, et non pas vulgaire » et envisage que les méchants soient américains et non pas britanniques !

Toby Gard élabore une identité complète à son héroïne et ce background détaillé contribuera à la légende. Lara est née le 14 février 1967, dans une famille aristocratique et a reçu son éducation dans le même collège que le Prince Charles, dans une université où les filles de bonne famille sont habillées de jupes écossaises. Dans un tel contexte, le nom de Cruise ne convient plus et la belle se voit appeler Croft, une appellation plus prestigieuse. Elle est la fille du lord Henshingly Croft.

A l'âge de 21 ans, au retour d'un séjour de ski, Lara a été la seule survivante d'un crash d'avion dans les hauteurs de l'Himalaya. Elle a dû apprendre à survivre dans un monde hostile. Au bout de deux semaines, elle est parvenue saine et sauve jusqu'à un village. Au sortir d'une telle expérience, Lara s'est sentie transformée. Le cocon artificiel de la haute société britannique ne la satisfait plus. Elle a alors démarré ses voyages à travers le monde. Reniée par sa famille, elle s'est mise à l'écriture afin de pouvoir financer ses expéditions.

Le scénario de Tomb Raider est conçu par Toby Gard en collaboration avec l'auteur Vicky Arnold. L'action se situe en 1996 alors que Lara a 29 ans et a déjà publié de nombreux récits de voyages. L'aventurière est contactée par une femme émanant d'une mystérieuse organisation, qui lui demande de partir à la recherche des trois fragments du Scion, une relique chargée de pouvoirs remontant aux temps de l'Atlantide. Le parcours ne sera pas une excursion touristique ; Gard veut entraîner le joueur vers des terrains où les lois du réel se dérobent. Face aux assauts de créatures sanguinaires, elle aura à tirer vite et bien. La tâche sera malaisée lorsque surgiront des monstres d'époques révolues et ravivés par d'obscures forces surnaturelles.

L'équipe qui réalise Tomb Raider se compose de six techniciens au total. Gard insiste pour réaliser lui-même l'animation de Lara ; il estime que la technique de capture de mouvements ne produirait pas l'effet souhaité. La personnalité de Lara doit se révéler dans sa façon de se mouvoir. Il la veut racée, féline, gracieuse, avec un mélange d'élasticité et de fermeté. Repérer l'athlète doublée d'une danseuse et d'une cascadeuse qui aurait les mouvements rêvés paraît illusoire. Née de l'imaginaire, Lara sera caractérisée par sa gestuelle. Dès les premières secondes de Tomb Raider, elle imprime sa personnalité par sa façon bien à elle d'opérer un saut tout en grâce et self-control. Gard l'a rêvée, Gard l'a faite.

Imposer une fille dans un jeu vidéo n'est pas gagné. Des études réalisées en France et en Allemagne font ressortir qu'une héroïne serait malvenue, la clientèle vidéoludique étant composée à 96% de mâles. Les professionnels du marketing, ceux qui se targuent de tout savoir sur la base de leurs chères statistiques, rejettent l'idée qu'une femme puisse être le personnage central d'un jeu. Enquête à l'appui, ils clament qu'un jeu organisé autour d'un héros féminin n'a jamais connu de bonnes ventes. Toby Gard a l'intelligence de braver le diktat des hérauts de cette science qui a pour coutume de n'encenser que les succès passés. Steve Jobs n'a-t-il pas fait un jour une cinglante remarque à un journaliste : « Est-ce que Graham Bell a fait une enquête avant d'inventer le téléphone ? ». Gard cultive une conviction qui brave les études de marché : ceux qui ont adulé les consoles Nintendo dans leur prime enfance sont devenus de jeunes adultes et ils vont apprécier de jouer avec une fille.

Alors que Tomb Raider est bien avancé, Toby Gard va obtenir le soutien enflammé d'une véritable légende mondiale du jeu de rôle, un quinquagénaire du nom de Ian Livingstone...

Fils d'un héros du débarquement, Ian Livingstone s'est passionné pour les jeux de stratégie dès le début des années 70.

En compagnie d'un ami d'école, Steve Jackson, il occupait alors ses soirées en confrontations stratégiques. En 1975, les deux compères ont fondé un magazine pour les amateurs du genre.

L'un des lecteurs, Gary Gygax, a écrit un jour pour évoquer le jeu qu'il venait d'inventer : Donjons et Dragons. Livingstone et Jackson ont entrepris de distribuer ce jeu de rôle en Europe. Le succès les a amenés à ouvrir une boutique de jeux à Londres, Games Workshop, en 1977. « Le jour de l'ouverture, il y avait la queue devant la boutique, » confiera Ian Livingstone. Games Workshop devient bientôt une chaîne nationale.

C'est en 1982 que Ian Livingstone s'est lancé dans l'écriture de livres de jeux de rôle. L'un de ses récits, développé avec son compère Steve Jackson, Forest of Doom, est publié en 23 langues. Au début des années 90, Livingstone s'immisce dans le logiciel en fondant la société Domark.

« Il était évident que le secteur du jeu informatique était devenu le meilleur support pour exploiter mes idées de jeu »

A la tête de Domark, Livingstone a découvert les affres de la gestion d'une société qui bat de l'aile. C'est alors qu'il a fait la connaissance d'un singulier individu, le trouble Charles Cornwall qui dirige l'éditeur Eidos...

Eidos est née en 1990 sous l'impulsion de Simon Streater, inventeur d'une méthode de compression permettant de jouer des films sur PC. Au cours de l'été 1994, le financier sud-africain Charles Cornwall a pris les commandes. Amateur de filles et flambeur, Cornwall manifeste un flair prononcé en matière de logiciel. Il a décrété une diversification des activités d'Eidos dans le jeu vidéo. S'adjoindre les conseils de l'un des pères du jeu de rôle lui apparaît sensé et de fait, Cornwall propose à Livingstone un rapprochement.

En premier lieu, Charles Cornwall met à profit les dons de Livingstone pour une mission précise. Eidos envisage de racheter l'éditeur Centergold. L'écrivain pourrait-il jeter un œil sur les actifs de celle-ci ? Livingstone rencontre les studios affiliés à

Centergold et c'est ainsi qu'il découvre un jour que Core Design élabore une aventure autour d'un personnage féminin, Lara Croft.

« Tomb Raider est le tout dernier jeu qu'ils m'ont montré, avec Lara dans toute sa gloire » a raconté Livingstone.

Livingstone a instantanément entrevu un avenir radieux. L'aventurière au short moulant est une potentielle icône. Une étoile est née ! Dès lors, tout se bouscule. En octobre 1995, Livingstone est nommé à la tête des opérations d'Eidos. L'éditeur britannique absorbe officiellement Centergold et par là-même Core Design en avril 1996, quelques mois avant la sortie de Tomb Raider.

Lara Croft se donne en public en novembre 1996 et impose instantanément son aura. Sur les écrans, elle resplendit, captive, étourdit. Ses mouvements sont souples et gracieux, ses petits cris étouffés sont touchants. Seule dans la pénombre, elle attise les sens et absorbe la lumière. Le jeu vidéo vient de découvrir la féminité.

Les joueurs manifestent un attachement particulier pour la belle héroïne. Certains prennent le temps de faire reculer Lara jusqu'à un recoin éclairé pour le seul plaisir de balayer la caméra sur ses avenantes cambrures. Des e-mails pour le moins inattendus arrivent chez Core Design avec des questions du type : « est-ce que Lara a un boyfriend ? » ou « quel est son groupe favori ? ». À croire que certains admirateurs de la belle veulent lui accorder une authenticité, au-delà des polygones qui la composent. Des mâles en chair et en os confessent qu'ils en pincent pour la créature de synthèse.

Le succès de Tomb Raider prend Eidos par surprise. L'éditeur a pressé cent mille CD et connaît une rupture de stocks. Deux mois après la sortie du jeu, cinq cent mille copies ont trouvé acquéreur – certains joueurs disent avoir pris une semaine de congé afin de se cloîtrer dans le salon et mener l'aventure à son terme.

Les ventes de Tomb Raider sont essentielles pour Eidos qui voit son bilan annuel prendre in extremis un nouveau tournant.

Alors qu'il était dans le rouge de 2,6 millions de dollars, il évolue vers un revenu de 14,5 millions.

Au début de l'année 1997, plus de deux mille sites Webs dédiés à Lara sont déjà apparus. Sur certains d'entre eux tels Nude Raider figurent des images de la belle dans le plus simple appareil. Mieux encore, un « patch » (correctif logiciel) permet de jouer à Tomb Raider tout en baladant une Lara à l'avenante poitrine dénudée. Si officiellement, Eidos et Core Design font mine de paraître choqués, certains éditorialistes font ressortir que l'égérie virtuelle a tout de même été taillée avec un certain esprit : lorsqu'elle s'arrête pour reprendre son souffle, ne laisse-t-elle pas échapper un soupir suggestif tout en remuant de façon équivoque son bassin ?

Sony prend acte de la popularité de Lara. Alors que le premier volet avait été disponible sur la Saturn de SEGA comme sur la PlayStation, Sony s'assure une exclusivité des épisodes suivants. De son côté Eidos met en place une ligne de produits dérivés qui va des blousons jusqu'aux montres en passant par des bandes dessinées. Au niveau mondial, un budget de 6,7 millions de dollars est alloué à la promotion de Tomb Raider.

Les programmeurs de Core Design n'ont pas le loisir de goûter aux retombées d'une telle popularité. Dès l'automne 1996, ils ont entamé la réalisation d'une suite. À présent, la pression exercée par Eidos pour une parution rapide de Tomb Raider 2 durcit les emplois du temps. Dormir sur un matelas pneumatique et se nourrir à la va-vite deviennent monnaie courante dans les bureaux de Core Design.

Toby Gard n'est plus à la fête. Il a créé Lara et veut passer à autre chose. En mars 1997, alors qu'il est âgé de 24 ans, il donne sa démission de Core Design, débauchant avec lui le programmeur principal de Tomb Raider, Paul Douglas. Tous deux créent leur propre studio de développement, Confounding Factor.

« J'ai quitté Core Design cinq mois après la sortie du jeu, du fait d'une opposition de point de vue sur le personnage et la façon dont il était exploité par le marketing », explique Gard.

Toby Gard entend conserver la liberté dont il a bénéficié en créant Tomb Raider et pressent que ce temps est révolu.

« Nous voulons avoir la liberté d'aller plus loin, de passer à l'étape suivante. Eidos veut exploiter le potentiel de Lara en publiant des suites. Nous avons de meilleures idées et ne désirons pas refaire les mêmes choses. Notre prochain projet sera incroyable », affirme alors Gard.

Subjugués par les déhanchements de la créature de pixels, les médias s'emparent un à un du personnage de Lara. La salve majeure est tirée en juin 1997 lorsque l'aventurière se retrouve en couverture de The Face, un magazine londonien branché, plus enclin à afficher Naomi Campbell sur sa Une que les émules de Mario. Huit pages sont dédiées à l'exploratrice. L'athlétique bimbo prête son corps aux créations de fashion designers de renom : bikini de Gucci, robe noire et rouge de Jean Colonna, tailleur de Alexander Mc Queen... En parallèle, les responsables de l'agence Models acquièrent les droits de cette Laetitia Casta de synthèse.

Interrogé par The Face, Toby Gard livre quelques confidences mémorables :

— Comment expliquez-vous la séduction opérée par Lara ?

— L'intouchable est toujours le plus désirable.

— Est-ce que votre fiancée trouve à redire que vous passiez autant de temps avec une autre femme ?

— Si vous voulez avoir une petite amie, évitez de travailler chez un éditeur de jeux vidéo. Lorsque vous trimez sept jours par semaine, quinze heures par jour, durant deux années, avec à peine quelques minutes pour boire une bière, il ne reste plus de temps pour les relations sociales. Qui plus est, les auteurs de jeux renvoient une image aussi cool que les travailleurs des abattoirs !

— Êtes-vous toujours amoureux de Lara ou bien lassé d'elle ?

— Ni l'un ni l'autre. La première option serait trop proche d'une situation du type La fiancée de Frankenstein à mon goût !

Au cours de sa tournée d'été, U2 accompagne sa chanson Hold me, thrill me, kiss me de la projection sur écran géant de Lara qui ouvre le feu de ses Uzis en direction du public tandis que Bono arpente la scène !

Pour incarner la nouvelle mascotte des gamers sur les salons, Eidos loue les services d'une actrice, la jeune Rhona Mitra (20 ans), Un disque réalisé par Dave Stewart, ex-Eurythmics et interprété par la comédienne est en préparation sous le titre Come alive.

Au moment où sort le second volet de Tomb Raider en novembre 1997, la star virtuelle est apparue en couverture d'une quarantaine de magazines. En avril 1998, le groupe punk allemand Die Artze l'inclut dans le clip vidéo d'une chanson qui se propulse au sommet des charts teutons. La bande dessinée s'empare à son tour de Lara : elle figure dans le tome 5 de Troy (heroic-fantasy) et dans une aventure de Witchblade. Le monde littéraire est aussi touché par la Croft-mania : Douglas Coupland, auteur de romans générationnels comme Generation X (une peinture caustique de la jeunesse californienne) et Microserfs (une satyre du mode opératoire des employés de Microsoft) se fend d'un livre sur Lara.

Le constructeur automobile Seat débourse la coquette somme de trois millions de francs pour reproduire l'image de l'aventurière dans le spot de la Cordoba Vario ; un montant que ne dédaigneraient pas certains acteurs. Si Volkswagen a insisté pour la « signer », c'est parce que les enquêtes sociologiques montrent que Lara Croft est plébiscitée par les 18 - 35 ans.

Le cinéma ne peut rester indifférent au phénomène. Dès l'automne 1997, cinq majors d'Hollwood ont entamé une bataille rangée en vue d'acquérir les droits d'adaptation de Tomb Raider : TriStar, Fox, MGM, Warner et Paramount. Le 17 mars 1998, le verdict tombe : Paramount a décroché la timbale pour un montant qui n'est pas rendu public.

La troisième version du jeu Tomb Raider est publiée à l'automne 1998. Lara se pare d'attitudes plus proches d'un James Bond au féminin. Plus âpre, ce nouveau volet diffuse une ambiance générale oppressante. La difficulté de cet épisode désarçonne bien des joueurs.

À l'aube du millénaire, Lara est devenue une institution. Il ne manque qu'une décoration officielle par la Reine d'Angleterre. Des millions de fans suspendus à ses faits et gestes, attendent de ses nouvelles.

Les quatre premiers volets de Tomb Raider pour PlayStation ont dépassé les 20 millions d'exemplaires et il apparaît alors que l'on pourrait égrener les épisodes à foison. Avec une une star aussi populaire dans son écurie, Eidos aurait de quoi pavaner. Pourtant, cette société d'édition dispendieuse affiche des résultats dans le rouge de plus de 61 millions de dollars.

Là n'est pas tout. Sur le quatrième volet de Tomb Raider publié à la fin 1999, les scénaristes de Core Design ont pris le risque de faire mourir la belle dans le temple d'Horus en Egypte. Gagnés par un certaine lassitude, ils ont cependant voulu se ménager une porte de sortie. À toutes fins utiles, ils ont laissé planer le doute : Lara pourrait avoir miraculeusement survécu. Ils devront bientôt trouver une parade car il suffit d'envoyer Lara en mission pour que ses adorateurs rempilent.

Au printemps 2000, le rôle de Lara Croft sur grand écran revient à Angelina Jolie. Alors peu connue du grand public, l'actrice est apparue dans une dizaine de films (La Carte du cœur, Hackers...) et les Oscars ont fait grimper sa cote ; la comédienne vient de recevoir la statuette du meilleur second rôle pour sa prestation dans Une vie volée, aux côtés de Wynona Ryder. Le réalisateur Simon West a été retenu pour le tournage. Mike Werb (auteur de The Mask et Volte-face) l'a développé en collaboration avec une inconnue : Sara B. Cooper.

L'histoire imaginée par Werb marie l'esprit du jeu vidéo avec celui d'un film d'action. Les planètes du système solaire sont sur le point de s'aligner – un phénomène qui se produit tous les cinq mille ans. Une société secrète, l'Illuminati, est à la recherche d'un talisman qui donnerait la capacité de contrôler le temps au moment où l'alignement va s'opérer. Lara se retrouve en possession d'une clé qui pourrait l'aider dans cette quête mais elle se la fait dérober par les Illuminati. Elle n'a que quelques jours pour la retrouver et détruire le talisman avant qu'il ne soit utilisé à des fins regrettables. Le tournage démarre au Royaume-Uni en février, plusieurs scènes devant être filmées au Cambodge et en Alaska.

Le 6 juillet 2000, malgré le succès de Tomb Raider, Eidos est officiellement à vendre. La raison en incombe en partie au train de vie luxueux de son président interlope, Charles Cornwall – durant les deux années précédentes, il a été payé près de 3 millions de livres – et à sa gestion dispendieuse.

Cornwall a annoncé son intention de quitter Eidos pour rejoindre sa terre natale d'Afrique du Sud -- il le fera en novembre et mènera le train de vie d'un playboy richissime.

Bruno Bonnell est approché en vue d'un rachat d'Eidos par Infogrames. Absorber cette société britannique ne lui déplairait pas : « S'il y a un titre que je regrette de ne pas avoir signé, c'est certainement Lara Croft's Tomb Raider, » a officiellement confié savoir l'intéressé. La discussion ultra confidentielle a lieu dans un petit hôtel de Londres. Alors que la négociation est engagée depuis une demi journée, Bonnell reçoit un appel de sa responsable de communication :

— Bruno, le Financial Times vient d'annoncer que Eidos intéresse Infogrames et que notre groupe pourrait faire une offre d'échange amicale de plus d'un milliards de dollars ! Le journal mentionne également des discussions avec Electronic Arts.

Bruno Bonnell est ulcéré : de ce qu'il comprend, cette fuite a été organisée dans le seul but de faire remonter le cours d'Eidos ! Immédiatement, il met fin aux discussions.

Le jeu Tomb Raider Chronicles qui paraît à l'automne 2000 est une rétrospective de la vie de Lara. Pour ce rendez-vous annuel, il amène les joueurs à plonger dans les souvenirs de ceux qui l'ont connue, occasion de la revoir à divers moments de sa vie.

Le film est lancé en juin 2001. Angelina Jolie y déploie une activité de tous les diables, combattant les robots, maniant les armes à feu et opérant cascade sur cascade. En dépit de critiques sévères, il engrange deux cent soixante quinze millions de dollars, soit davantage que des films comme Pulp Fiction ou Le Silence des Agneaux. Lara Croft pourrait-elle susciter des films en séries à l'instar d'Indiana Jones ou James Bond ? Il est trop tôt pour le dire. En tout cas, pour la première fois, un héros imaginé sur la palette graphique a réussi à franchir le Rubicon et engendrer un alter ego à même d'impressionner la pellicule.

Ereintée par la presse spécialisée, la sixième version du jeu Tomb Raider, L'Ange des Ténèbres ne connaît qu'un succès d'estime. Paramount va jusqu'à reprocher au jeu de faire de l'ombre au deuxième film, le Berceau de la Vie, réalisé par Jan De Bont (Speed) qui est tièdement accueilli par le public au cours de l'été 2003. Core Design se voit retirer la licence Lara Croft et le développement des épisodes suivants est confié à un studio américain, Crystal Dynamics.

En septembre 2003, Toby Gard est désigné comme la première personnalité d'un Hall of Fame (Galerie de la gloire) destiné à honorer les créateurs britanniques de jeu vidéo. Au moment de l'annonce, le jeu Galleon qu'il avait démarré six années plus tôt n'est pas encore sorti – il ne paraîtra qu'au printemps 2004.

À cette époque, Gard a touché en tout et pour tout cinquante mille livres anglaises à titre de royalties sur Tomb Raider. La créature a échappé à son créateur et d'autres ont tiré les marrons du feu.

Comme Toby Gard ne possède aucun copyright, les ventes des 28 millions d'exemplaires recensées en juillet 2003 ne lui ont pas rapporté le moindre penny. Il dit en avoir pris son parti :

« Parfois cela me rend triste. Dans le même temps, je ne cours pas après l'argent, ce n'est pas ce qui compte pour moi. Lara ne m'appartient plus. »

Pourtant, le vent a tourné. L'insuccès de Galleon oblige le studio Confounding Factor à fermer ses portes. En août 2004,

Toby Gard accepte de rejoindre Crystal Dynamics comme consultant sur Tomb Raider Legend et d'opérer un retour aux sources.

« Je me suis donné pour tâche d'éviter que le personnage n'aille totalement de traviole. Nous avons conservé le personnage tel qu'il est et c'est l'essentiel. »

Tomb Raider Legend va redonner du tonus à la franchise et relancer l'engouement pour l'égérie des joueurs.

Les adorateurs de Lara l'accompagnent dans toutes ses échappées et se montrent prêts à la suivre dans les pérégrinations les plus diverses. Il se trouve que les héroïnes de pixels sont dotées de ce don digne des déesses de l'Olympe : la jeunesse éternelle…

## XVIII VERSAILLES - La Machine à remonter le Temps

Que sont ces images qui s'animent sur simple clic ? Ces mélodies latentes qui ne demandent qu'à se faire écouter ? Ces fiches qui renvoient vers d'autres fiches qui elles-mêmes redirigent vers des vidéos, des extraits de symphonie, des discours pathétiques... C'est un nouveau support qui défraye la chronique : le CD-ROM.

Nous sommes fin 1993 et depuis quelques mois, la presse ne parle que de ce disque multimédia, de ses potentiels éducatifs et cuturels. Plusieurs titres mettent en valeur ses capacités, notamment l'inquiétant jeu The Seventh Guest avec ses fantômes à donner la chair de poule.

La Réunion des Musées Nationaux (RMN) entrevoit de grandes perspectives autour de ce petit disque brillant. Son président, Joël Poix, décroche un jour son téléphone pour appeler l'édition Textuel :

— Pourriez-vous réfléchir à un projet de CD-ROM culturel ?

« Le CD-ROM, c'est quoi au juste ? » se demanda Fabienne Waks, conseillère éditoriale. Une même perplexité se lit sur le visage de ses collègues. Pas question cependant de décevoir la RMN : Textuel se penche sur la question et découvre qu'il existe déjà une pléthore de titres anglo-saxons.

Textuel achève son analyse du marché par une proposition. En exploitant le fonds documentaire de la Réunion des Musées Nationaux, il serait possible de développer une collection de titres ludo-éducatifs. Le multimédia serait mis à profit pour présenter des logiciels répondant à cette équation subtile : culturel sans pour autant être ennuyeux.

Que choisir pour démarrer une telle série ? Pour Fabienne Waks, l'affaire ne fait aucun doute :

— Versailles !...

Comment expliquer une telle motivation de la part d'une post soixante-huitarde gagnée par le charme discret de la bourgeoisie ? Parce que, à la même époque, Textuel planche sur un album dont le thème est le palais que le Roi Soleil fit construire au 17ème siècle.

Waks et ses collègues ont eu maille à partir avec une femme de tempérament, Béatrix Saule, conservatrice des lieux. Du château de Versailles au temps de Louis XIV, Saule en connaît les moindres poignées de portes et dorures et sa conversation fourmille d'anecdotes sur le mobilier comme sur les personnages. À l'écouter, la cour du roi, en dépit de ses excès et de sa superficialité devient un sujet attachant, stimulant une vraie curiosité. L'album réalisé par Textuel, Versailles au siècle de Louis XIV, sort en novembre 1993 au moment où le château ouvre au public ses salles truffées d'objets de l'art de la table.

À présent, Textuel se sent d'attaque pour transposer l'expertise acquise sur un CD-ROM. Toutefois, il importe de recueillir en premier lieu l'assentiment de Béatrix Saule. Comme l'on peut s'y attendre, la Conservatrice du château ne cache pas son inquiétude vis-à-vis de la diabolique technologie.

Que faire ? L'aval de Béatrix Saule est jugé indispensable pour la RMN : un CD-ROM sur Versailles ne sera pris au sérieux que s'il a sa caution scientifique. Afin d'amadouer la dame du château, il lui est signifié qu'elle aura le pouvoir d'apposer son blanc-seing sur la totalité des écrits, images et musiques. Une fois la conservatrice réconfortée, une ébauche de cahier des charges est établie sous l'égide de la RMN, de Textuel et du château de Versailles. CANAL+ Multimédia rejoint bientôt ce trio.

Le multimédia est un art encore jeune, mais il dispose déjà de son salon, le MILIA, qui se tient pour la deuxième année consécutive à Cannes en février 1994. L'occasion est trop belle. Plusieurs membres de la RMN, de CANAL+ Multimédia et de Textuel se retrouvent sur la Croisette à arpenter les allées de l'exposition. Objectif : repérer un studio de création ayant la maîtrise de ce nouvel art.

L'un de ces studios s'appelle Cryo. Spécialisé dans le jeu vidéo, il excelle par la magnificence visuelle des mondes qu'il déploie sur les écrans. Fabienne Waks et sa collègue ont un coup de foudre pour ce studio hors norme. Seulement voilà ! Lorsqu'elles évoquent à Emmanuel Forsans, l'un des directeurs de création de Cryo, l'opportunité de réaliser un CD-ROM sur Versailles, ce dernier demeure bouche-bée. « Je pense qu'il nous a prises pour des cinglées » évoque Fabienne Waks.

Pendant ce temps-là, dans une pièce du château, Beatrix Saule rédige des dizaines de pages, décortiquant la situation historique de cette fin du XVIIème siècle. L'année 1682 paraît appropriée à une narration en raison de « l'affaire des poisons ». En mars 1679, une ancienne accoucheuse, la Voisin avait été arrêtée. Cette disciple de la magicienne Circé fournissait toutes sortes de potions venimeuses à la société parisienne. Ses révélations avaient mis en cause de nombreux notables, y compris des proches du Roi, impliqués dans des histoires de messes noires et meurtres rituels.

Pourtant, Béatrix Saule en vient finalement à pencher en faveur d'un récit qui se déroulerait vers 1685. Il paraît plus aisé de dépeindre les enjeux qui secouent le royaume de France cette année là. De plus, la construction du château étant plus avancée, il serait possible de mettre en scène la mythique Galerie des Glaces.

Emmanuel Forsans reçoit une délégation de la RMN chez Cryo. Il apprend que le studio est en concurrence avec trois sociétés : Gédéon, Montparnasse Multimédia et Syrinx. Pour départager les quatre entités, il est demandé de concevoir une maquette de CD-ROM. Forsans perçoit la chose favorablement :

« Versailles m'apparaissait comme beau projet en terme d'image. Nous allions réaliser un titre culturel, mettre notre savoir-faire au service de la culture. Je trouvais cela très bien. »

Il ne reste qu'à informer le directeur général de Cryo, Jean-Martial Lefranc, de cet appel d'offres. Sa réaction est claire et nette :

— T'oublies !

Sa position est argumentée : Cryo réalise des jeux vidéo et non pas des titres culturels. De plus, par principe, le studio ne répond à aucun appel à projet.

Emmanuel Forsans, troublé par cette réaction, s'entête, estimant que le jeu en vaut la chandelle. Cryo dispose d'ordinateurs à ne plus savoir qu'en faire. Il propose donc à un stagiaire maison, Sébastien Siraudeau et à quelques freelances, de mettre à leur disposition une salle avec un arrangement implicite. Ils réaliseront la maquette attendue par la RMN sans être rémunérés. Le deal ? « Si nous décrochons le budget, je vous embauche. »

Du côté de Textuel, le cœur penche nettement en faveur de Cryo. Afin de piper les dés, Fabienne Waks et sa collègue décident de faire venir Béatrix Saule chez Cryo. Par un beau jour de février 1995, la conservatrice de Versailles, éberluée, se retrouve dans l'atelier de création parisien, une sorte de taverne méphistophélique où d'inquiétants forbans tirent des soupirs d'extase des machines électroniques qu'ils manipulent.

« Quand elle est revenue de Cryo », raconte, joviale, Fabienne Waks, « Béatrix Saule était en état de choc. Toutefois, elle avait compris une chose : pour réaliser un projet aussi insensé, il fallait faire appel à des gens insensés ».

Siraudeau et ses collègues imaginent une scène de théâtre sur laquelle la journée du roi se déroulerait en plusieurs actes. Chaque lever de rideau serait le prétexte d'un changement de décor. L'aspect sonore est particulièrement soigné. Une pièce musicale ponctue avec grandiloquence l'introduction. Quant aux voix, elles sont enregistrées par des comédiens professionnels.

Un lundi après-midi de mars 1995, chaque studio vient présenter la maquette du CD-ROM qu'il a envisagé autour de Versailles à la Réunion des Musées Nationaux. Sébastien Siraudeau sort de trois nuits blanches et sa fatigue est telle qu'il tremble en manipulant la souris. L'écran devant lequel il fait défiler les images paraît minuscule, perdu au milieu d'une salle immense. Sireaudeau est persuadé que sa présentation a été pitoyable. Au final, le jury est partagé entre Syrinx et Cryo. Puis, une majorité se dessine en faveur de l'éditeur de jeux vidéo.

Ce jour-là, Emmanuel Forsans s'en retourne chez Cryo avec un contrat de production de la RMN et CANAL+ assorti d'un budget de 1,8 millions de francs. Il ne reste plus qu'à informer Lefranc de la bonne nouvelle.

Etrangement, Jean-Martial Lefranc prend fort mal d'avoir été doublé par Forsans. Ce dernier est convoqué devant le comité de direction, face aux trois fondateurs.

« Il y a un gros souci, Emmanuel. Ce n'est pas possible de travailler si l'on ne peut pas te faire confiance », déplore Lefranc.

Et de sous-entendre qu'il pourrait fort bien virer Emmanuel Forsans. De son côté, Rémi Herbulot manifeste son objection au projet, estimant que Cryo n'a pas à se lancer dans la réalisation d'un CD-ROM culturel. Comme à son habitude, Ulrich tente de calmer le jeu.

« Emmanuel, tu n'aurais peut-être pas dû faire cela comme ça. Dans le même temps, Jean-Martial, peut-être que c'est une bonne idée. Il y a tout de même un contrat. »

Tout est bien qui finit bien : Forsans conserve sa place chez Cryo et le projet démarre comme prévu. Sébastien Siraudeau, pour sa part, a une idée derrière la tête : et si l'on transformait le projet en jeu vidéo ? Et de glisser quelques mots sur le sujet à Beatrix Saule.

Au printemps 1995, Joël Poix quitte la RMN pour rejoindre Infogrames. Il est remplacé par la pétulante Laurence Herszberg. La nouvelle recrue découvre que le projet Versailles s'est mollement enlisé et décide de le reprendre en main. La négociation avec Cryo se prolonge jusqu'au début de l'été et sa production effective démarre en juillet 1995. À cette époque, après avoir reçu nombre de suggestions de la part de Siraudeau, Béatrix Saule a acquis la conviction qu'il pourrait être bon de produire un jeu.

Durant le second semestre, une trentaine de visites guidées du château sont organisées par Béatrix Saule. Graphistes et programmeurs de Cryo découvrent l'écrin royal sous la houlette d'une femme cultivée. L'expérience est fructueuse car les intrus manifestent une curiosité dénuée de préjugés. Un jour, Siraudeau demande ce qui peut bien se trouver derrière une porte. Le temps pour Béatrix Saule d'aller chercher les clefs et il découvre une chambre de serviteur. Siraudeau juge qu'il serait bon de situer une scène dans ces coulisses que ne visite jamais le public. Pour sa part, la conservatrice de Versailles a chargé une stagiaire, de réunir toute la documentation disponible sur la vie du château en 1685 : le décor de chaque pièce, quels personnages y vivaient, quel était le personnel attaché au Roi, quel était leur physique, etc.

Un à un, les plans sont entrés sur ordinateur, et les salles recréées l'une après l'autre. Tous les quinze jours, l'équipe de développement de Cryo retient son souffle. L'heure de la validation a sonné. Chaque visite de Béatrix Saule est vécue avec angoisse : après quelques minutes d'extase, la conservatrice ne manque pas de relever moult détails nécessitant de retoucher les images. Saule force notamment les graphistes à repeindre les torchères dorées de la Galerie des Glaces – en 1685, elles étaient encore en argent.

Une scénariste de Cryo, Sophie Revillard, prend l'initiative de proposer un synopsis autour d'une journée du roi, en incluant des énigmes typiques d'un jeu d'aventure. Très vite, il apparaît que ce modèle est le bon. À partir de là, les choses s'accélèrent. Il est décidé que Versailles sera un jeu d'une nouvelle catégorie, le « ludo-culturel ». Saule impose pour le personnage principal un « garçon bleu », l'un des assistants du premier valet de chambre de Louis XIV.

« J'étais favorable au choix du garçon bleu. » relate Béatrix Saule. « Pourquoi ? Parce que ce personnage passe sa journée à courir un peu partout. Tout le monde lui parle. De plus, il pouvait se permettre une parole qu'un personnage historique n'aurait pu prononcer. »

Au même moment, Jean-Martial Lefranc a d'autres soucis : Daniel Piette de LVMH pousse Cryo à changer de statut. Demeurer prestataire de service n'est pas une option acceptable à long terme : il faudrait que Cryo devienne l'éditeur de ses oeuvres. Lentement mais sûrement, l'idée fait son chemin.

En cette année 1995, la 3D essuie les plâtres. Les technologies permettant de se déplacer dans l'espace sont encore lourdes. Par chance, un programmeur de Cryo, développe un jour une technologie révolutionnaire qu'il baptise le warp. L'effet est saisissant : l'on peut observer une pièce à 360° tandis que le personnage tourne la tête !

L'innovation est telle qu'une réunion est organisée au comité de direction de Cryo afin de savoir ce que l'on pourrait faire du warp...

À cette époque, Rémi Herbulot est devenu un oiseau de nuit. Il débarque au bureau vers 9 heures du soir et repart vers 10 heures du matin, passant le plus clair de son temps à réaliser un jeu d'aventure fantastique, Atlantis. Herbulot entend produire une œuvre à part entière avec ses envolées lyriques, de l'émotion et de la démesure, en partant du thème de l'Atlantide. Son verdict est sans appel :

— Atlantis sera le premier jeu qui utilisera le warp. C'est une technologie exclusivement réservée à Atlantis !

Que faire ? L'équipe d'Emmanuel Forsans se trouve contrainte d'opérer une fois de plus en cachette. Une démonstration de Versailles est réalisée avec la mise en application du warp dans une pièce du château.

Cette fois, lorsque Jean-Martial Lefranc découvre la chose, le pragmatisme l'emporte sur l'opposition frontale. Sa réaction est simple :

— Que dire ? Nous allons le négocier !

Une réunion de deux heures est organisée de toute urgence avec CANAL+ et la RMN. Le déroulement a été soigneusement scénarisé. Cryo présente en premier lieu le projet Versailles tel qu'il existe alors, avec des successions d'images fixes. Et puis, il est indiqué que Cryo aimerait présenter quelque chose de plus... Les images munies de warp sont alors montrées. Dès qu'elles apparaissent à l'écran, l'extase est générale : « C'est génial », « Il faut que nous ayons cela ! »...

C'est alors que Jean-Martial Lefranc joue son atout :

— Et bien, pour avoir le warp, c'est 1,5 millions de francs de plus !

Abasourdie, Laurence Herzberg de la RMN crie au scandale.

— C'est du chantage, vous ne pouvez pas nous faire cela ! Si vous avez une nouvelle technologie, vous devez l'inclure dans Versailles !

Elle se heurte pourtant à une fin de non-recevoir. Acculés, la RMN et CANAL+ vont finalement consentir à remettre 1 million de francs supplémentaires sur le projet.

« En gros, Cryo a fait plus d'un million de marge avant même d'avoir lancé le jeu ! » s'amuse Forsans.

Là n'est pas tout. Jean-Martial Lefranc pose une deuxième condition pour la fourniture du warp. Cryo sera co-éditeur du jeu et touchera vingt pour cent des droits sur les ventes. Magistral, il obtient gain de cause sur ces divers tableaux.

Au même moment, dans la ville de Lyon, Infogrames resplendit de mille feux. Comme il est loin le temps des galères... Si Bruno Bonnell a traversé maintes crises sans lâcher prise, en cette année 1996, rien ne semble pouvoir l'arrêter. La stratégie adoptée par ce batailleur tenace passe désormais par des acquisitions à l'échelle mondiale.

L'une des premières proies est l'éditeur britannique Ocean, une société que dirige David Ward, un homme dont le visage évoque un Buster Keaton déplumé. Ocean publie de nombreux jeux dérivés de films dont un certain nombre pour la PlayStation de Sony, et dispose d'un bon réseau de distribution en Europe.

La négociation pour le rachat d'Ocean se déroule en juin 1996 dans les bureaux de Lazare à Paris. La transaction traîne en longueur et se poursuit durant plusieurs nuits. Bruno Bonnell et Thomas Schmider ont prévu la chose et emporté leurs brosses à dents, au cas où. Les discussions achoppent sur des centaines de détails : d'où vient cette dette d'Ocean qui n'était pas prévue initialement, pourquoi tel contrat n'est-il pas conforme à ce qui était annoncé au départ, quel sera le salaire des dirigeants actuels d'Ocean ?...

« Nous nous endormions et nous réveillions dans les bureaux de Lazare ! » se souvient Bonnell.

Un matin, au sortir d'une nuit blanche, Bruno Bonnell et David Ward officialisent le rachat d'Ocean par Infogrames dans un restaurant de l'avenue Montaigne. La présentation a lieu à 8 heures du matin, avant l'ouverture des marchés, alors qu'ils viennent de conclure trois heures plus tôt. Les journalistes présents ce matin-là croiront à tort que David Ward est déçu de l'opération alors qu'en réalité, il est épuisé et exténué.

Le rachat du britannique Ocean place Infogrames dans le peloton de tête international – le groupe issu de la fusion emploie six cents personnes et se situe aux alentours de la 10ème place mondiale !

L'été 1996 approche et au sein de Cryo, il manque encore pour Versailles un enjeu qui serait à même de tenir le joueur en haleine. Lors d'une réunion, Philippe Ulrich laisse échapper l'idée qui fait mouche : celle du château en train de s'embraser. Béatrix Saule se refuse catégoriquement à envisager une telle perspective. Elle lâche finalement du lest à une condition ; que l'on ne montre pas une telle séquence dans le jeu.

« J'ai accepté que l'on intègre la menace de faire brûler Versailles dans le scénario car c'était un enjeu réel. Toutefois, j'ai dit : attention !... Si je veux bien admettre l'éventualité d'un château qui brûle, je ne veux pas qu'on le montre. »

A partir de là, l'équipe de développement déploie des efforts titanesques pour tenir les délais, sous le regard de Jean-Martial

Lefranc qui passe parfois, de manière nonchalante, le cigare au bec.

Un beau matin de septembre, le jeu Versailles est achevé. Les premières images, exposées lors d'un salon londonien tirent des louanges des observateurs triés sur le volet.

Versailles complot à la cour du roi Soleil, est lancé le 20 septembre 1996. Immédiatement, il apparaît que Cryo tient son premier hit de portée universelle : les CD-ROMs se vendent par dizaines de milliers.

Le jeu d'aventure de Rémi Herbulot, Atlantis, pour sa part, ne sortira que l'année suivante. En dépit des pressions exercées par Jean-Martial Lefranc afin qu'il paraisse à la fin de l'année, Rémi Herbulot préfère s'octroyer quelques mois supplémentaires.

Ulrich choisit de faire confiance à Herbulot :

— Si Cryo distribue un mauvais jeu, c'est la fin pour nous. Alors que si nous avons six mois de retard, et qu'au bout du compte, nous sortons un jeu sacrément bon, tout sera pour le mieux.

Atlantis est finalement publié en juin 1997 et semble imbibé d'une grâce particulière. On est médusé devant l'envol de nefs qui fendent le ciel, mues par la seule énergie mentale de leurs pilotes. En revanche, l'atmosphère est ternie par certaines situations d'une difficulté excessive, à même de décourager bien des aventuriers en herbe. Peu après avoir livré Atlantis, Rémi Herbulot jette l'éponge et s'en repart pour la Bretagne. Comme à ses débuts, il n'interviendra plus que comme développeur externe.

« Pour moi, c'était le début de la fin de Cryo » estime Ulrich.

Début 1997, après avoir perdu 1 milliard d'euros dans l'aventure du CD-i, son lecteur de disque interactif pour la télévision, Philips décide de couper cette branche maladive.

Deux années auparavant, Jean-Claude Larue qui préside Philips Interactive avait senti venir la bourrasque et jugé bon de

Versailles

diversifier ses sources de revenus. Il a ainsi mis la main sur plusieurs entreprises de distribution : Ecudis en France, Bomico en Allemagne et X en Angleterre.

Larue a toujours manifesté un franc soutien à Bruno Bonnell et Infogrames. Dès lors que Philips se retire du marché multimédia, il fait donc miroiter à Bonnell la perspective de récupérer le réseau de distribution européen qu'il a développé. Pour Infogrames, l'occasion est trop belle. Bruno Bonnell et Larue se rendent à Londres et s'acharnent à convaincre la direction de Philips qu'il serait bon de vendre le réseau de distribution à Infogrames.

Âpre et entortillée, la négociation s'étire sur six semaines. Elle se termine par une victoire à l'arraché au terme de laquelle, en juin 1997, Infogrames devient le n°1 européen du multimédia.

Au même moment, l'éditeur lyonnais se prépare à sortir son premier jeu de haut niveau, V-Rally sur PlayStation. Il s'agit d'une course automobile qui concilie le fun avec une rigueur absolue dans les mathématiques de simulation des véhicules. Son créateur, Stéphane Baudet, a maintes fois fait ses preuves, notamment en adaptant Sim City sur PC. Féru de courses de rallye, il veille à ce que l'atmosphère d'une course soit fidèlement restituée, avec ses sensations de dérapage, de perte de contrôle du véhicule, ses parcours sur des routes faiblement éclairées ou voilées par une pluie battante.

V-Rally est le premier projet d'Infogrames mené « à l'Américaine », avec pour objectif de réaliser un blockbuster. Baudet supervise plusieurs équipes opérant en parallèle : calculs de simulation, programmation, graphismes... Une équipe est chargée de négocier des licences auprès des constructeurs automobiles et de rapatrier les caractéristiques techniques des bolides. Le pilote Ari Vatanen apporte sa caution à l'ensemble.

« Nous sommes sortis du stade artisanal pour entrer dans une ère industrielle, » commente Bonnell.

Dès l'automne 1997, Infogrames est en tête des ventes avec V-Rally, sur PlayStation.

Paris est désert. Ou presque...

Sur la place Notre Dame, un pékin costumé à la manière de David Bowie période Ziggy Stardust fait signe d'approcher et salue un quidam. Ensemble, ils arpentent les quais de la Seine, longent la Conciergerie, à la recherche d'une autre âme qui vive.

Si cette réplique de Paris est conforme à l'original, l'on pourrait se croire au lendemain d'une alerte nucléaire : il n'y a presque personne dans les rues et pas une automobile ne circule dans les artères de ce Lutèce déserté. L'action se passe dans Le Deuxième Monde. L'œuvre portée par CANAL+ et Cryo a fini par voir le jour.

Paru au printemps 2007, Le Deuxième Monde échoue à séduire son public. Il se heurte à deux écueils : en premier lieu, il semble impossible de dessiner un beau visage à son personnage et surtout, il n'y a rien à faire ! Les rares visiteurs de ce Paris désert manifestent leur ennui au fil de brèves connexions. Sur le tard, CANAL+ s'est résolu à installer des animateurs qui tentent de divertir les rares visiteurs.

À présent, les discussions portent sur la deuxième version du Deuxième Monde. Cryo souhaiterait y intégrer la technologie SCOL, développée par Sylvain Huet.

« SCOL était un langage de programmation qui permettait de créer des mondes virtuels sur le Web de manière efficace, » explique Jean-Martial Lefranc.

En cette fin d'année 1997, SCOL se développe sur un segment fort prometteur. Lefranc et Ulrich y croient si fort qu'ils décident de créer une nouvelle entité vouée au développement et à la commercialisation de SCOL, Cryo Networks. Objectif : développer des mondes virtuels à commencer par des jeux en ligne. LVMH pourrait être intéressé par une galerie virtuelle dans laquelle de grandes marques exposeraient leurs objets de luxe.

Avec son lyrisme coutumier, Ulrich se plaît à imaginer que SCOL va favoriser l'émergence d'une sorte de Paradis.

« Dans le monde parallèle, nous sommes des anges, capables de nous déplacer instantanément d'un point à un autre, d'apparaître en plusieurs endroits, de former une communauté fondée sur les affinités de goûts... »

Un premier jeu en ligne est prévu, Mankind. L'œuvre est pilotée par Frank de Luca, un grand maigre qui a jadis créé l'un des meilleurs jeux de Cryo, Megarace.

De Luca a fondé le studio Vibes et il est venu voir Cryo Networks pour présenter son projet : une libre exploration dans un espace de 900 millions de planètes. Une connivence s'est établie entre Ulrich et de Luca sur ce projet :

— Mankind, c'est un peu Captain Blood, reconnaît de Luca.

Tout n'est pourtant pas rose au niveau de Cryo Networks. La technologie SCOL développée par Sylvain Huet dispose d'un concurrent allemand, Blaxxun. Or, une pierre d'achoppement se dessine. Pour la deuxième version du Deuxième Monde, Alain Le Diberder de CANAL+ rejette SCOL et penche en faveur de Blaxxun !

Que chacun affûte ses lames car une scission se dessine autour de ce mal-aimé que l'on appelle Le Deuxième Monde. De mémoire humaine, jamais on ne vit une caravelle avec deux capitaines se disputant la barre de pilotage. L'un des deux devra passer par dessus-bord...

## XIX L'INVASION DES POKEMON - Le jeu de socialisation

Fallait-il s'en réjouir ou le déplorer ? Certains enfants ne pensaient qu'à cela. Pikachu, Bulbizarre et leurs compères de feu, d'électricité ou d'air. Ils pouvaient énumérer leurs qualités bien mieux qu'ils ne connaissaient les noms des plantes ou des villes de France.

Le jeu vidéo s'était échappé des consoles pour gagner les cours de récréation et ce qui se passait sur l'écran importait finalement peu. Par un habile retournement de situation, le véritable héros, c'était l'écolier lui-même. Une jolie collection de Pokémon était en soi une marque de distinction.

Le succès de Pikachu et de ses compagnons était parti d'une idée simple : élargir le champ des jeux vidéo à la vie sociale des adolescents...

Satoshi Tajiri a transposé dans Pokémon un peu de la joie qu'il pouvait tirer de l'exploration de la nature. Timide et tranquille, le jeune homme évoque spontanément l'image du mordu d'informatique que certains médias aiment à caricaturer.

Né le 28 août 1965, Satoshi Tajiri a passé son enfance à Machida, à l'ouest de Tokyo. Enfant atypique, mal à l'aise au milieu de ses pairs, il se plaisait à sillonner les chemins, observer les étangs, rivières et forêts.

Progressivement, l'heure du développement urbain était advenue. Sous ses yeux incrédules, les lotissements et le béton avaient empiété sur le territoire des plantes. D'année en année, des arbres étaient abattus pour laisser place à la morne cité. Les champs de riz comme les bois disparaissaient au profit des centres commerciaux, autoroutes et HLM. Machida devenait une banale banlieue de la capitale japonaise. Tajiri contemplait cette mutation dramatique engendrée par les adultes avec un sentiment de désolation et d'impuissance.

« Un étang à poissons devenait un centre de loisirs », se rappelle-t-il.

Délogés de leur espace vital, les insectes disparaissaient un à un. Le jeune garçon s'était senti animé d'une pulsion à la Noé : il fallait collectionner ces bestioles pendant qu'il était encore temps et sauvegarder leur diversité. Satoshi Tajiri rapportait ses captures à son domicile, étudiait leur comportement, découvrait que certains se nourrissaient d'autres. Il avait développé une telle acuidité en la matière que les autres enfants l'avaient baptisé Docteur Insecte.

« Les insectes me fascinaient », raconte Tajiri. « En premier lieu, leur façon de se déplacer était amusante. Ils étaient bizarres. Chaque fois que j'en découvrais un nouveau, il m'apparaissait mystérieux. Plus je cherchais d'insectes et plus je trouvais de choses. En mettant la main dans la rivière, il arrivait que je la ressorte avec une écrevisse. »

Ingénieux, Satoshi développait ses propres techniques de capture. En plaçant un bâtonnet au-dessus d'un trou, il créait une bulle d'air et découvrait que des insectes y prenaient place. Son esprit d'invention décuplait l'excitation : grâce à ses trouvailles, il récoltait bien plus de spécimens que les autres enfants. C'était notamment le cas pour les scarabées.

« Au Japon, de nombreux enfants les attrapent en plaçant du miel sur l'écorce d'un arbre. J'ai eu l'idée de placer une pierre sous un arbre, étant donné que les scarabées dorment durant la journée et qu'ils apprécient de se nicher sous des pierres. Au matin, je suis allé soulever la pierre et ils étaient là ».

Il en va pour des insectes comme des timbres : obtenir une belle collection suppose d'opérer quelques échanges de pièces rares. Tajiri pouvait donc se livrer à un troc de ses insectes avec d'autres collectionneurs assidus. Il savait aussi entraîner les criquets patiemment ramassés dans les bois afin qu'ils remportent les courses organisées dans la cour d'école.

Si la capture des insectes était son principal hobby, la vocation de Tajiri était ailleurs. Amateur de mangas et d'animes (dessins animés), il affectionnait la série Godzilla et les bandes dessinées d'Ultraman. Plus tard, il envisageait de faire carrière dans le domaine de l'animation. Au Japon, l'anime est considéré comme un art à part entière, et représente la moitié des tickets de cinéma vendus. Il est en de même pour l'industrie des mangas qui représente un tiers des livres publiés.

Lors de ses années de lycée, Satoshi Tajiri se sentait déphasé par rapport au système éducatif. À l'âge de treize ans, il s'était entiché de Space Invaders et la légende veut qu'il ait pulvérisé tous les scores sur ce jeu. Il prenait un malin plaisir à faire l'école buissonnière pour se rendre à la salle d'arcade la plus proche.

« En ce temps-là », évoque Tajiri, « une telle addiction paraissait étrange, nous étions assimilés à des délinquants. Pour la plupart des gens, nous ne valions par mieux que les voleurs à la tire. »

Tajiri a seize ans lorsque SEGA lance un concours en vue de glaner des idées de jeux futurs. Il s'y inscrit et décroche le grand prix. En conséquence, durant deux années, il peut étudier la programmation de la console Master System. De l'animation au jeu vidéo, il n'y a qu'un pas et sa vocation prend la tangente.

Esprit zélé, Tajiri n'a pas son pareil pour repérer les solutions des énigmes. Or, à cette époque, les joueurs peinent à trouver des informations sur leur marotte. En 1982, alors qu'il étudie au National College of Technology de Tokyo, Tajiri crée un fanzine spécialisé, Game Freak. Constitué de pages rédigées à la main et agrafées, le journal est truffé de trucs et astuces sur Donkey Kong et autres titres populaires en salles d'arcade.

Les ventes de Game Freak progressent au point de devenir une activité lucrative. Si les premiers numéros sont simplement photocopiés, la popularité de son bulletin d'informations l'oblige à en tirer une version imprimée. Au passage, Tajiri développe une perception avisée :

« Je pouvais aisément distinguer les bons et les mauvais jeux. »

L'un des numéros de Game Freak consacré au jeu Xevious se vend à dix mille exemplaires.

La popularité du fanzine rejaillit sur Tajiri qui acquiert une réputation de sommité des jeux vidéo. Il publie plusieurs ouvrages et apparaît dans des émissions de télévision afin de s'exprimer sur le phénomène.

Alors que Satoshi est devenu étudiant, son père reçoit un jour l'appel d'un professeur : les notes du rejeton sont d'un niveau insuffisant pour qu'il puisse obtenir son diplôme. Désespéré, Tajiri senior contacte un ami de la Tokyo Power Co et ce dernier propose de faire embaucher Satoshi comme réparateur de lignes électriques. Amère perspective pour un fan de Super Mario ! Stimulé, Tajiri prend le taureau par les cornes, s'inscrit à des cours de rattrapage et parvient à décrocher son diplôme.

Satoshi Tajiri a choisi sa voie depuis belle lurette. Qu'importe si ce métier n'est pas encore estimé dans son pays, il entend réaliser des jeux vidéo. Game Freak est devenu un magazine d'importance et s'appuie sur divers collaborateurs, comme Ken Sugimori, qui dessine des personnages ou des bandes dessinées. Ensemble, ils se plaisent à deviser sur les jeux qu'ils passent à la moulinette dans les pages du journal. De leurs discussions, il ressort une frustration : Tajiri et Sugimori estiment que la plupart des jeux ne sont pas bons. La conclusion coule de source :

— Et si nous réalisions nos propres jeux ? suggèreTajiri.

En 1987, Satoshi Tajiri démarre en solitaire le développement d'un jeu pour la NES, Quinty. Achevé deux ans plus tard, le jeu est retenu par Nintendo qui s'avise de le publier. Dans la foulée, Tajiri fonde le studio Game Freak et embauche Ken Sugimori comme responsable du design graphique, ainsi qu'un autre collaborateur, Junichi Masuda qui intervient sur les aspects musicaux.

Game Freak est installé dans un bâtiment sans caractère qui avoisine une école de rattrapage à Setagaya, une banlieue de Tokyo abritant de nombreux lycées et universités. Le studio développe plusieurs jeux pour les consoles de Nintendo comme

Yoshi's Egg, Mario & Wario ou pour la Mega Drive de SEGA comme Pulseman.

Satoshi Tajiri est âgé de 25 ans lorsque le concept des Pokémon prend forme. Pour l'essentiel, il va s'inspirer des petits bonheurs de l'enfance. Entre la conception initiale et la sortie des premiers jeux, il va s'écouler cinq années.

En cette fin de vingtième siècle, la Game Boy se répand dans les poches et cartables des écoliers. Le câble qui permet d'échanger des données d'un appareil à l'autre apparaît à Tajiri comme l'élément essentiel. C'est en voyant un criquet se poser sur un câble link qu'il aurait eu l'inspiration initiale de Pokémon.

« Ce câble m'a interpellé. J'ai eu le concept d'organismes vivants qui allaient et venaient à travers le câble », précise simplement Tajiri.

L'urbanisation intensive subie par le Japon a restreint les espaces naturels et les enfants ont rarement la possibilité d'aller capturer les insectes comme lui-même pouvait jadis le faire. Ils doivent se contenter de jouer à l'intérieur des appartements. Tajiri le déplore et il imagine de transposer dans un jeu vidéo la quête de petits animaux qui avait été la sienne. Et s'il était possible de collectionner, d'échanger et d'entraîner des bestioles afin qu'elles gagnent des concours analogues à ceux auxquels il participait dans sa cour de récréation ?

Ainsi prend forme l'aventure des Pocket Monsters, monstres de poche qu'il faut dénicher dans les forêts, les prairies ou sur la route. Sugimori s'attelle à dessiner les bouilles des créatures qui vont peupler cet univers. D'autres concepts appréciés lors de l'enfance de Tajiri remontent à la surface tels les « monstres en capsule » d'Ultraman, qui pouvaient acquérir de super pouvoirs au fil de leurs aventures. Tajiri se souvient aussi qu'il aimait élaborer des fiches techniques détaillées sur ses héros de jeunesse et veille donc à décrire avec méticulosité les spécificités des Pocket Monsters. Si nécessaire, il sera possible de gagner certains monstres par le biais d'échanges entre deux Game Boy, quitte à faire combattre les ténors de deux collections.

Satoshi Tajiri assure la programmation du jeu initial sans l'aide d'aucun autre technicien. Doté d'un sens aigu du civisme, il désire produire un jeu non-violent. Les Pokémon ne meurent jamais : lorsqu'ils perdent une bataille, ils s'évanouissent, puis reprennent connaissance.

Au départ, c'est la société Creatures et son responsable Tsunekazu Ishihara qui apportent à Game Freak une aide au niveau du financement, de la conception et du développement.

Aidé de Sugimori et Ishihara, Tajiri définit un environnement complexe peuplé de Pokémon de feu, d'eau, de glace, d'herbe, de roche... Chacune de ces bestioles peut prendre le dessus face à certains types de Pokémon tout en se montrant vulnérable face à d'autres. Ainsi Pikachu peut triompher aisément de Carapuce mais se trouve en position de faiblesse par rapport à Bulbizarre.

Les Pokémon capturés sont conservés dans des capsules, prêts à servir en cas de compétition. La victoire lors des matches fait passer un Pokémon d'un niveau à l'autre, quitte pour certain d'entre-eux à subir des transformations : au niveau 16, Salamèche devient Reptincel qui lui-même se métamorphose en Dracaufeu au niveau 36, etc.

La création du nom des créatures fait preuve d'un soin particulier. Nyoromo est un nom japonais proche de « têtard », animal auquel il ressemble (il sera nommé Ptitard dans la version française). Le tourbillon qui apparaît sur son ventre n'est pas anodin : Satoshi s'est rappelé que lorsqu'il attrapait un têtard, il pouvait en observer les intestins, le corps de l'animal étant transparent. Nyarth (Miaouss) vient d'un proverbe japonais qui dit qu'un chat sans argent sur sa tête ne sait pas où il est. Pikachu est issu de 'pika', le son d'une étincelle électrique en japonais, tandis que 'chu' désigne le petit cri émis par une souris. Il s'apparente donc à une souris électrique.

La quête, le challenge, la collection, l'échange... Les fondements d'un divertissement communautaire prennent forme. Durant trois années, Game Freak réalise l'essentiel de la programmation, avec l'aide de la société Creatures.

Alors qu'il est pour l'essentiel finalisé, le jeu fait l'objet d'une présentation chez Nintendo. Shigeru Miyamoto comprend vite le potentiel inhérent à ces Pocket Monsters. Il décide d'apporter une attention soutenue au projet et endosse la casquette de producteur.

Deux années de développement supplémentaires vont être nécessaires pour peaufiner le jeu. Miyamoto veut s'assurer de la complète cohérence de l'univers des Pokémon et ne cesse d'apporter son conseil tout au long de cette nouvelle phase.

« Je veillais à mémoriser le moindre avis qu'il m'apportait », explique Tajiri, témoignant de sa haute estime pour le créateur de Mario qu'il assimile à un mentor et à un modèle.

Selon Junichi Masuda, équilibrer les compétences de chaque Pokémon a été une affaire de longue haleine. Si un Pokémon particulier était excessivement fort, une fois capturé, un joueur pourrait facilement terminer le jeu et cela n'est pas souhaitable.

Miyamoto propose une idée brillante, celle de publier deux titres : Pocket Monsters Vert et Rouge. Ces deux jeux seront identiques au niveau du scénario, mais chacun ne proposera que 130 Pokémon, dont 20 uniques. Si un joueur désire récupérer les 150 créatures, il devra procéder à des échanges avec un joueur ayant acquis l'autre version.

L'identité des personnages humains est un clin d'œil à leurs concepteurs. Le joueur incarne le bien-nommé Satoshi (rebaptisé Sacha dans la version française), un jeune garçon appelé à étudier et mémoriser les spécificités de chaque Pokémon afin de devenir le « meilleur entraîneur du monde ». Le principal rival de Satoshi s'appelle Shigeru (à l'instar de Miyamoto) – il sera renommé Régis dans l'adaptation française.

Au cours des dernières semaines de développement, Satoshi Tajiri adopte un mode de fonctionnement original. Il travaille vingt-quatre heures d'affilée puis se repose durant douze heures, car c'est ainsi que lui apparaissent les meilleures inspirations.

La Saga des Jeux Vidéo

A la fin de l'année 1995, le jeu est achevé. Jamais un titre de Nintendo n'a nécessité autant de temps de développement et de test. Le souci, c'est qu'à cette époque, la Game Boy passe pour une has been. L'arrivée de jeux avec de magnifiques visuels consacre une nouvelle esthétique. Avec son écran minuscule et monochrome, la console portable de Nintendo fait pâle figure.

Originellement, un lancement d'envergure avait été envisagé, en partenariat avec Koro Koro Comics qui doit publier simultanément une série de bandes dessinées en couleur. À présent, Pokémon soulève au mieux des bâillements, au pire du mépris.

« Je me sentais un peu comme un joueur de base-ball mis sur la touche, » raconte Tajiri qui a craint que le projet ne passe à la trappe.

Le jeu est publié le 27 février sous la forme des Pokémon Rouge et Vert. L'objectif consiste à trouver, capturer, élever et entraîner les Pokémon disséminés dans la Forêt de Jade, dans le Parc Safari, dans le village de Bourg Palette...

Un phénomène de bouche à oreille s'insinue dans les cours d'école et jour après jour, l'attraction pour les Pokémon se développe. Les bandes dessinées publiées par Koro Koro Comics amplifient la curiosité pour ces ersatz d'insectes.

Le plaisir du troc joue son rôle. Si certaines entités sont faciles à repérer, d'autres sont rares et n'apparaissent qu'une seule fois en cours de partie. Lors de la récréation, il devient courant d'échanger un Chrysacier de niveau 10 contre un Taupiqueur de niveau 3 et un Racaillou, etc. De temps à autre, un éleveur de Pokémon ayant patiemment entraîné ses troupes connecte sa Game Boy à celle d'un autre coach afin d'organiser un combat des chefs.

Fin septembre 1996, Pokémon Rouge et Vert a dépassé le million d'exemplaires sans que le moindre sou n'ait été dépensé en publicité. Prenant acte de l'engouement pour les Pokémon, Nintendo confie la publication d'un jeu de cartes à une firme japonaise, The Media Factory. Tsunekazu Ishihara de Creatures élabore le concept lié à ces cartes. En parallèle, Nintendo lance le développement d'une série de dessins animés pour la télévision. Supervisée par Ken Sugimori, elle est conçue dans la tradition de l'anime japonais, avec des personnages complexes, à mille lieues des bons et méchants à l'américaine. Le héros humain, Satoshi (Sacha) n'est pas un garçon sans peur et sans reproche. Il peut se montrer imprudent, insouciant ou faire preuve d'hésitation devant certaines épreuves.

Pour les besoins de la série, il paraît nécessaire de distinguer une « star ». Un sondage effectué par Koro Koro Comics fait ressortir que garçons et filles apprécient particulièrement Pikachu, un Pokémon électrique de couleur jaune avec des pointes d'oreilles noires et des joues rouges. Il est décidé d'en faire la vedette du dessin animé.

« Ce n'était pas mon idée », se souvient Tajiri.

Ayant jadis publié un magazine de trucs et astuces, Tajiri sait combien les joueurs sont friands de bonus cachés, accessibles aux plus attentifs. Il a donc délibérément dissimulé un Pokémon dans son jeu, appelé Mew. Il s'agit d'une créature spéciale : les joueurs ne peuvent l'obtenir qu'en s'adressant à Game Freak ou à Nintendo. Qui plus est, il n'est pas possible d'acquérir un Mew faute de l'échanger contre un autre Pokémon.

« Cela a créé un mythe autour du jeu, comme quoi il existait un personnage invisible quelque part », raconte Tajiri. « Quelqu'un peut me donner Mew et je peux à mon tour te donner Mew et tu le transmets à un autre. »

Selon lui, ce nouveau personnage a contribué à attiser l'intérêt pour le jeu, en suscitant rumeurs et légendes à son sujet.

Le Tokyo Game Show qui se déroule à l'automne permet de prendre la mesure du phénomène. Satoshi Tajiri a invité les possesseurs de Game Boy à venir avec leur console afin qu'ils puissent télécharger Mew, le 151ème Pokémon. Surprise : la file d'attente formée par les dizaines de milliers de collectionneurs s'étend sur près de quatre kilomètres !

La série animée a démarré en avril au Japon et six mois plus tard, elle bat des records d'audience. Elle suscite pourtant une polémique. Le 16 décembre 1997, près de sept cents enfants sont emmenés d'urgence à l'hôpital. Tous sont entrés en crise en observant une certaine scène de l'épisode Computer Warrior Polygon : l'explosion d'une bombe à éclair suivie par cinq secondes de lumières rouges et jaunes clignotant dans les yeux de Pikachu. Dépassé par les événements, TV-Tokyo juge préférable d'annuler la diffusion de la série Pokémon.

Tajiri insiste pour remettre les choses à leur place :

« Lorsque j'étais enfant, on me disait de m'asseoir loin du téléviseur. Les postes sont devenus plus grands. Cela peut convenir aux USA où les gens ont de grandes pièces. Au Japon, elles sont petites et on a donc pris l'habitude de regarder la télévision de trop près. »

L'arrêt de la série est fort mal vécu ; lettres et appels téléphoniques de protestation submergent la station de télévision. TV-Tokyo consent à reprogrammer le show à partir du 30 mai 1998, tout en veillant à diffuser des messages incitant les enfants à s'éloigner du poste.

Un long métrage est en préparation, sous la direction de Kunikiko Yuyama. Il amène Satoshi (Sacha) et Pikachu à combattre MewTwo, un Pokémon assoiffé de conquête du monde.

Pokémon est-il exportable ? Telle est la question. Nintendo of America demeure sceptique quant aux chances de Pokémon sur le marché yankee. L'invasion est préparée de façon méthodique.

En premier lieu, la série animée pour la télévision est revue de fond en comble. Conformément aux désirs de la chaîne 4Kids, la musique originelle est remplacée par une autre, plus adaptée au public américain. Les textes en caractères japonais qui apparaissent dans le décor sont corrigés. L'américanisation va jusqu'aux vêtements dont certains aspects sont aménagés. Les noms des personnages sont anglicisés à l'exception de certains Pokémon comme Pikachu. La scène comportant des clignotements de lumières est bien évidemment ôtée. Enfin, toute séquence qui pourrait faire apparaître le moindre soupçon de discrimination sexuelle ou d'allusion à la religion se voit coupée. Une scène au cours de laquelle un ranger brandit un fusil est pareillement escamotée.

Le jeu est lancé au Kansas en août, avec un leitmotiv, « Attrapez-les tous ! » et pour une journée, la ville de Topeka est rebaptisée Topokachu. Dix Volkswagen Beetle spécialement décorées à l'image de Pikachu traversent le continent afin d'évangéliser les populations yankee.

En septembre, Pokémon Rouge et Pokémon Bleu sont mis en vente aux USA, en parallèle au démarrage de la série télévisée. Les doutes sont rapidement balayés : Nintendo of America écoule deux cent mille cartouches en moins de quinze jours. Le show télévisé modifie les habitudes de bien des enfants : dans des millions de foyers, les réveils sont réglés de manière précise sur 7:00 du matin, heure de diffusion des épisodes quotidiens.

Le long métrage animé est lancé en novembre 1999 aux USA. En dépit d'une qualité d'animation médiocre, il engrange cinquante-deux millions de dollars en cinq jours et se paie le luxe de dépasser Tarzan, le Disney hivernal. Pokémon le film devient le plus gros succès qu'une production cinématographique japonaise ait connu sur le sol américain.

En fin d'année, Hasbro lance une ligne de jouets. Après d'âpres négociations, Wizard of the Coast décroche la licence des cartes Pokémon et va en écouler des centaines de millions.

Satoshi Tajiri ne manifeste aucun désir d'être la vedette des magazines. Tim Larimer de Times Asia a le rare privilège de rencontrer le timide développeur en novembre 1999. Il décrit un individu fatigué, avec des cernes sous les yeux et des lèvres qui tremblent lorsqu'il parle. « Visiblement, il avait besoin d'un long sommeil réparateur », écrit Larimer, qui le juge « attentionné, avenant et complexe ». Tajiri livre au passage quelques explications sur le jeu et ses spécificités :

— Le câble reliant deux Game Boy était jusqu'alors utilisé pour la compétition. Dans Pokémon, il sert au partage, n'est-ce pas ?

— L'idée, c'était de faire circuler de l'information.

— Les jeux sont-ils aussi « fun » s'il n'y a pas de compétition ?

— J'aime moi-même la compétition, mais je voulais concevoir un jeu entraînant une communication interactive. Rappelez-vous qu'il n'y avait pas d'Internet au moment où Pokémon a été créé. Le concept du câble de communication est vraiment japonais : le 1 contre 1. Lorsque deux karatékas entrent en compétition, ils commencent par se saluer. C'est notre concept du respect.

— Comme les éléments rituels du sumo ?

— Une forme plus anodine de sumo. Sur Internet, la communication peut être dirigée vers n'importe qui dans le monde et elle est anonyme. Avec un câble de communication, les joueurs choisissent avec qui ils ont envie de jouer. La relation ne devient pas agressive. C'est un style de communication élaboré, presque subtil.

— Pourquoi les Pokémon sont-ils encore si populaires ?

— Lorsque vous êtes enfant et que vous avez votre première bicyclette, vous désirez aller à un endroit que vous n'avez jamais vu auparavant. Il en va de même pour le jeu Pokémon. Tout le monde partage la même expérience, mais chacun veut aller là où bon lui semble. Pokémon donne une telle possibilité.

— Est-ce qu'il est bon que les enfants passent autant de temps à jouer à Pokémon ?

— J'ai un réel souci des enfants et de leur nécessité, comme de leur désir d'améliorer leurs vies. L'industrie des écoles de rattrapage a démarré lorsque j'étais jeune. Il y avait déjà peu de temps pour le jeu. Durant les pauses, nous courions vers les salles d'arcade. À présent, les enfants ont encore moins de temps pour se relaxer. J'ai donc pensé à des jeux qui puissent remplir ces espaces de cinq à dix minutes.

En France, dès le jour du lancement le 8 octobre 1999, il apparaît que les écoliers et lycéens du terroir ne sont pas indifférents aux aventures de Pikachu, Salamèche, Ronflex et leurs compères : trente-cinq mille cartouches sont écoulées en deux semaines. Au 1er janvier 2000, ce chiffre s'est multiplié par dix. En l'espace de trois mois, Pokémon est devenu le jeu le plus vendu de l'année 1999 !

Aux Etats-Unis, les produits de la gamme arrivent en tête de liste des cadeaux de Noël. Les partenariats avec de grandes marques se multiplient et l'on trouve la bande déssinée dans les céréales de Kellog's comme dans les boîtes à cadeau de Mc Donald's.

Pour Nintendo, qui s'est vu distancer par Sony sur le terrain des consoles de salon, Pokémon est une aubaine : les cartouches ont redonné du tonus aux ventes de l'antique Game Boy. En juin, elle est devenue la première console de l'histoire à dépasser les cent millions d'unités. De nouveaux modèles s'apprêtent à voir le jour.

L'année 2000 vibre au son des Pokémon. Tout au long de l'année 2000, les records tombent un à un... En Europe comme aux USA, un jeu vidéo vendu sur quatre est un jeu Pokémon. La série animée pour la télévision est l'émission la plus regardée par les enfants au Japon, aux USA, au Canada et en Australie. À l'automne, plus de sept cent cinquante mille participants se retrouvent à Sidney pour la finale du Championnat Mondial de Pokémon. En octobre, les chiffres dévoilés par Nintendo font état de 52 millions de jeux vendus dans le monde. De fait, Pokémon est la première licence mondiale auprès des enfants. La vogue du jeu entraîne toutes sortes de produits dérivés : chewing-gums, peluches, timbres, porte-clés, bagagerie, stylos, confiserie, décalcomanies, vêtements, vaisselle... La compagnie aérienne

Nippon Airways va jusqu'à peindre des Pokémon sur neuf de ses Boeing 747.

Revers de la médaille : un marché de la contrefaçon s'est développé. Le 4 avril, les services douaniers de l'aéroport de Lyon saisissent plus de cent mille jeux de cartes et douze mille autocollants contrefaits. En 2001, sur les 5,4 millions d'articles de contrefaçon saisis par les douaniers français, l'essentiel concerne Pokémon.

Lorsqu'un jeu opère une telle captation sur la jeune population, le phénomène a tendance à interpeller les adultes.

Dans l'Express d'avril 2000, l'écrivain et philosophe Jacques Attali en livre une vision optimiste :

« Avec ce jeu, l'enfant fait l'apprentissage des qualités essentielles à la survie dans le monde de demain : l'art du réseau, de l'échange, de la négociation ; le bon usage de l'échec, l'importance de la ténacité, l'utilité de la mémoire, la pratique des labyrinthes. Et surtout, la pratique de l'autre, car on peut gagner des Pokémon sans que l'autre perde, on peut obtenir des forces en aidant les autres dans leurs propres quêtes. » Pourtant, cette opinion demeure minoritaire.

De nombreux membres du corps enseignant s'élèvent contre l'obsession que le jeu engendre chez certains enfants. Lors du World Summit on Media for Children (Sommet Mondial sur l'Information aux Enfants), ce thème est présent dans de nombreuses discussions : maints professeurs jugent que les Pokémon véhiculeraient l'apologie de la violence et amèneraient certains étudiants à une fixation exclusive.

Les critiques pleuvent à propos du prix que peuvent atteindre certaines cartes. Le prix d'un paquet de soixante cartes coûte environ vingt euros, mais son contenu n'est pas visible sur la boîte, ce qui amène certains enfants à en acheter plusieurs dans l'espoir de récolter les pièces rares ou bien à faire monter les enchères lors de la récréation : un Charizard peut être échangé contre une somme allant jusqu'à cent euros. L'avidité suscite des incidents largement médiatisés : coup de couteau dans la jambe de la part d'un gamin aux USA, attaques de bandes au Royaume-Uni... Afin d'éviter les dérives liées à un tel commerce, plusieurs écoles bannissent leur usage.

L'attraction opérée par les Pokémon va jusqu'à interpeller certains responsables religieux ! Si catholiques ou protestants veulent voir dans le phénomène des tendances maléfiques, d'autres y perçoivent des messages bibliques !

Anne Richards, théologienne de l'Eglise d'Angleterre prend la défense de la série en juin 2000 et veut y lire une fable sur le sacrifice chrétien et la rédemption. Dans l'histoire du vilain Mewtwo, la mort et la résurrection de Sacha seraient une parabole sur le caractère illusoire de la force et l'importance de la relation d'amour :

« Mewtwo se voit complètement transformé par le sacrifice de Sacha », explique Richards, « Tout le mal a disparu de lui et il est sauvé. Il part vers un nouveau monde, trouve de nouvelles réponses à des questions telles que 'qui suis-je' et 'quelle est ma finalité' ? »

La série bénéficie de l'onction implicite du Vatican qui, sur sa chaîne de télévision Sat2000, juge que les créatures « encouragent les enfants à développer leur imagination et leur inventivité ». Inversement, une critique émanant de la communauté juive reproche à la carte du Pokémon Zubat (Nosferapti en français) de faire apparaître une swastika, ressemblant à la croix gammée des nazis. Il s'avère que dans les cultures asiatiques, ce symbole signifie « bonne fortune » et qu'il apparaît à l'envers.

La plainte la plus inattendue émane du magicien israélien Uri Geller, connu pour sa capacité à tordre des cuillères à distance. Il s'avère que l'un des Pokémon porte le nom Ungeller (Kadabra dans la version française) et que la lettre de l'alphabet katakana pour le « n » ressemble à « ri ». Or, ledit Pokémon possède des aptitudes psychiques et transporte des cuillères tordues. À plusieurs reprises, Uri Geller a reçu des messages demandant si c'était bien lui qui apparaissait sur les cartes.

Alors qu'il se trouve à Tokyo pour faire ses emplettes de Noël 1999, Uri Geller entre dans un Pokémon Center de Tokyo. À son grand étonnement, le gérant sort de son bureau pour multiplier les courbettes, tandis que des centaines d'enfants brandissent des cartes Pokémon et insistent pour qu'il les dédicace.

« Je suis très remonté contre cela », explique Geller. « Je n'aurais jamais autorisé qu'un personnage malfaisant et agressif me représente. »

Le magicien entame une poursuite et réclame cent millions de dollars de dommages et intérêts. Il n'obtiendra pas gain de cause.

Mars 2003 a marqué une étape dans l'histoire des Pokémon : le cap des 100 millions de jeux a été passé. À la longue, le phénomène a commencé à quelque peu s'essouffler mais les Pokémon ont manifesté une certaine résistance à l'érosion. Chaque nouvelle console de Nintendo est assortie de titres Pokémon et certains d'entre-eux ont réalisé de très jolis scores.

Pokémon est devenu la deuxième série la plus vendue de tous les temps. Au printemps 2009, l'on dénombrait 186 millions de jeux en circulation, ce qui plaçait Pokémon derrière Super Mario et devant les Sims, Need for Speed, Final Fantasy et GTA.

Satoshi Tajiri veut croire que Pikachu et ses compères se sont installés dans le paysage et sont appelés à perdurer, car selon lui, l'essence des Pokémon réside dans les relations humaines.

« Si deux joueurs récupèrent des Pokémon en se les échangeant, ils entretiendront sûrement de bonnes relations. N'est-il pas sensationnel de voir que l'un de mes Pokémon va se retrouver dans la cartouche d'un inconnu ? »

7ème partie :
Game Over

## XX  LA DREAMCAST - Boulevard of Broken Dreams...

En ce mois de mai 1997, Adeline Software est toujours installée dans les bureaux qui ont vu naître LBA à proximité de la gare de Lyon Part-Dieu. L'équipe compte une bonne vingtaine de collaborateurs et la place commence à manquer, il est donc fréquent de voir trois développeurs entassés dans un même bureau.

Un matin, Frédérick Raynal, le directeur artistique Didier Chanfray et le chef de projet Laurent Salmeron reçoivent la visite d'une délégation de SEGA Angleterre. Quatre Japonais soignés en costume gris souris sont venus à Lyon et parmi eux, le jeune Kats Sato et le vétéran Kazatochi Miyake. Officiellement, SEGA souhaite parler de jeux futurs et s'entretenir avec l'équipe.

Miyake et ses compagnons sont de retour le lendemain et se livrent alors à une confidence.

« Nous sommes à la recherche d'équipes de développement pour une future console. »

Pour Raynal, Salmeron et Chanfray, l'opportunité tombe à pic. Ils viennent d'avoir une réunion avec Paul de Senneville et celui-ci leur a fait savoir qu'il envisageait de se délester d'Adeline Software, la conjoncture étant alors difficile.

Miyake expose la situation avec davantage de détails. SEGA a compris que la Saturn était un échec. L'impopularité de cette console est dramatique, elle représente moins de 1% des ventes en Europe. La marque symbolisée par la juvénile impatience de Sonic, celle qui donnait jadis des coups de boutoir à Nintendo, a essuyé un revers cuisant et il est urgent de se refaire une santé. À la suite de licenciements à la pelle et un renouvellement des postes directoriaux, SEGA entend faire peau neuve.

« Nous avions tellement de succès avec la Mega Drive que nous pensions que SEGA pourrait sortir n'importe quoi et que cela se vendrait ».

La Saga des Jeux Vidéo

L'atout de SEGA pour la reconquête des âmes est une nouvelle console, la Dreamcast, qui entend pulvériser la PlayStation en termes de performances. En prévision de son lancement, Miyake veut s'assurer du concours de développeurs clés.

Lorsque les visiteurs apprennent qu'Adeline Software est à vendre et que l'équipe de Frédérick Raynal serait prête à travailler pour SEGA, Miyake et ses collègues échangent des regards entendus.

— Nous allons vous rappeler, lâche Miyake.

Dès le lendemain, SEGA fait connaître sa position : le constructeur japonais souhaite racheter Adeline Software.

Au sein de Nintendo, le moral est au beau fixe. Chez le numéro un historique, on veut croire que la gloire de la PlayStation sera éphémère : une fois la N64 livrée à ses adorateurs, l'intruse de Sony demeurera dans les mémoires comme un interlude. L'accueil de la nouvelle console est certes triomphal. La N64 est entrée dans près de deux millions de foyers américains entre octobre et Noël 1996.

La situation n'est pourtant pas aussi rose qu'il y paraît. C'est au niveau des logiciels que le bât blesse. Développer sur la N64 nécessite un matériel coûteux et Nintendo impose une marge sur le prix de ses cartouches qui décourage de nombreux éditeurs. En conséquence, la différence est énorme au niveau du catalogue de jeux disponibles ; Sony en offre dix fois plus que Nintendo.

Le coup de grâce intervient lors de l'automne 1997. Un jeu particulier, Final Fantasy VII de Square Soft, va amorcer le grand tournant...

Le personnage clé de Square Soft s'appelle Hironobu Sakaguchi. Affable personnage arborant une moustache sur un visage rondelet, Sakaguchi est fasciné par les aspects cinématographiques des jeux vidéo.

En 1986, lorsqu'il a été nommé chef de projet chez Square, Sakaguchi a d'abord réalisé des jeux classiques tels que Highway Star, une simulation automobile. Il en fallait davantage pour le motiver. Son rêve, c'était de réaliser un immense jeu de rôle. Par chance, il était alors facile de convaincre le fondateur de Square Soft :

« Le seul interlocuteur incontournable à cette époque était le président et il ne comprenait pas grand chose au domaine des jeux. Je n'ai pas eu grand mal à lui vendre mon idée. »

Selon ce qu'a rapporté Sakaguchi, la discussion a été aussi brève que concluante :

— Je voudrais faire un jeu de rôle, a dit Sakaguchi.

— Est-ce que c'est bien ? Est-ce que c'est... intéressant ?

— Oui, c'est... drôle !

— Alors c'est d'accord !

Au fond de lui, Sakaguchi n'était pas convaincu des potentiels commerciaux d'une telle fresque. C'est la raison pour laquelle, il l'a ironiquement intitulée « fantaisie finale » ; ce serait probablement le dernier jeu qu'il lui serait donné de produire !

Final Fantasy est sorti en 1987 et très vite, ce jeu de rôle a touché un large public. Son succès a même été crucial pour Square Soft qui se portait alors mal. Les épisodes suivants ont été des exclusivités Nintendo, en raison d'un lien affectif qui s'est tissé avec le constructeur de la NES. En sus de scénarios romancés, chaque épisode a poussé la technologie existante dans ses limites. À chaque nouvelle sortie de Final Fantasy, il a été courant de voir des files d'attentes de plusieurs dizaines de mètres se former devant les boutiques, comme pour l'apparition d'une nouvelle console.

L'arrivée de la PlayStation a bouleversé la traditionnelle alliance avec Nintendo. Sakaguchi rêve de déployer de somptueux graphismes, assortis de fabuleuses cinématiques, ce que le CD rend possible. La N64 avec sa cartouche aux capacités limitées n'est pas en mesure de servir ses aspirations.

À l'automne 1995, peu avant l'annonce de la N64 au Japon, la nouvelle émerge : Square Soft a rompu avec Nintendo. Final Fantasy VII sortira exclusivement sur PlayStation ! Ce jour-là, l'ire de Yamauchi aurait pu fracasser les doubles vitrages ; la défection est vécue comme un camouflet.

Final Fantasy VII s'avère différent des jeux de rôle habituels, souvent inspirés de la mythologie médiévale. Il puise ses références dans les mangas fantastiques, avec des personnages à forte personnalité. Le scénario place un groupe de guerriers-magiciens face à une corporation qui assèche les réserves en énergie de la planète. L'épopée les amène à visiter des bâtiments monumentaux, le joueur étant assisté par une aide intervenant au moment opportun. La diversité des décors (temple, glacier, ruines...), la richesse de l'intrigue et des effets visuels aboutissent à un jeu exemplaire.

Dès sa sortie à l'automne 1997, Final Fantasy VII devient l'événement du moment. Son attrait est tel qu'il fait à lui seul pencher la balance : certains joueurs qui avaient fait l'acquisition d'une N64 confessent qu'ils sont en train de la revendre afin de racheter une PlayStation, avec pour objectif de jouer à Final Fantasy VII !

En mars 1998, une étude portant sur l'année écoulée donne la mesure du phénomène : Square Soft a réalisé neuf pour cent des ventes mondiales de jeux, dont seize pour cent sur le seul sol japonais !

Yamauchi conservera longtemps une amertume envers Square Soft et il s'écoulera de nombreuses années avant qu'il ne concède à envisager une relation avec cet éditeur.

Le 22 juillet 1997, l'équipe de Frédérick Raynal est intégrée à SEGA et pour l'occasion le studio est rebaptisé No Cliche. Seul

Laurent Salmeron n'est pas de la partie : il n'a pas souhaité lier son avenir à une console et préfère suivre la route du PC.

Pour préparer sa riposte, SEGA a contracté des alliances. Hitachi, Yamaha, NEC et Microsoft ont été appelés à la rescousse pour concevoir une puce graphique, une puce sonore, un système d'exploitation... La Dreamcast est animée par un processeur Hitachi 128 bits, secondé par un autre processeur de NEC, qui dessine trois millions de polygones par secondes, procurant une qualité d'images proche du cinéma. Clin d'œil aux studios de développement, le système d'exploitation est une variante du Windows de Microsoft. La création de logiciels sera donc aisée et fera oublier les affres liées à la Saturn.

L'équipe de No Cliche reçoit les toutes premières cartes permettant le développement de jeux pour la Dreamcast. Chaque demande qu'ils font remonter à SEGA est traitée avec diligence : il est entendu qu'ils ne doivent manquer de rien.

« SEGA avait la religion du développeur », raconte Frédérick Raynal. « Leur position, c'était : vous savez faire des jeux, vous connaissez votre métier, nous vous laissons vous débrouiller. »

De fait, le cahier des charges qui leur est donné est la brièveté même :

« Donnez-nous un jeu de qualité. Faites en sorte qu'il soit prêt pour la sortie européenne de la Dreamcast. »

L'idée de Toy Commander surgit au cours des semaines qui suivent.

« Un soir, je suis rentré à la maison et mon fils de quatre ans avait construit une tour en Kapla », raconte Didier Chanfray. « J'ai pris une pantoufle, j'ai simulé un avion, balancé trois Lego sur l'édifice et il s'est écroulé. J'ai alors eu une révélation : ce serait génial de piloter un petit avion au milieu des jouets et des animaux domestiques ! »

Frédérick Raynal est conquis par la suggestion. Quinze jours plus tard, une démonstration de Toy Commander est faite chez SEGA. Il s'avère que le projet a tout pour plaire au constructeur :

il est multijoueur et peut séduire les joueurs purs et durs. Toy Commander est aussitôt validé par SEGA. Y'a plus qu'à !

Chaque arrivée d'un nouveau kit à Lyon est vécue comme un moment inoubliable. No Cliche recrute de nouveaux collaborateurs et pour les loger confortablement, déménage dans de vastes locaux de deux cent cinquante mètres carrés. Parmi les personnes embauchées figure David Chomard qui a œuvré durant trois ans au Japon. Raynal juge que cette immersion pourra être utile pour leur faire mieux comprendre comment fonctionnent les Japonais.

Chanfray et Raynal, ainsi que quelques collègues, sont fréquemment conviés au siège de Haneda à Tokyo au Japon afin d'avoir des discussions techniques. Ils sont traités avec des égards pour le moins surprenants. SEGA leur réserve des billets d'avion en classe affaires, les loge dans des hôtels de luxe et les reçoit à la manière de princes. Les dirigeants de SEGA leur servent de guide pour un mémorable Tokyo by night et les invite dans de grands restaurants.

« Dans le passé, SEGA a pu laisser certains consommateurs sur leur faim. Nous nous engageons à ne plus décevoir » jette Shoichiro Irimajiri, le nouveau président. L'attitude arrogante qu'arborait son prédécesseur n'est plus envisageable et l'humilité se dessine sur les visages. Le SEGA nouveau se veut ouvert, coopératif et pondéré.

Charmant personnage, Irimajiri a un parcours assez original : avant d'entrer chez SEGA, il a mis au point des moteurs de Formule 1 chez Honda. Il a donc bien connu des pilotes comme Ayrton Senna ou Alain Prost, lequel a conduit une automobile estampillée Sonic en 1993.

Raynal et Chanfray ont le plaisir de rencontrer Yuji Naka, le père de Sonic et d'autres développeurs dont ils admirent les oeuvres. Les échanges se font tant bien que mal dans un anglais approximatif. Les Lyonnais sont presque gênés de découvrir que ces programmeurs émérites ne tarissent pas d'éloges sur des titres comme LBA ! En tout cas, l'avis des français est écouté avec attention, et leur jugement importe grandement.

Soucieux de témoigner de sa considération pour les développeurs, Shoichiro Irimajiri se rend à son tour à Lyon afin de rencontrer Raynal et ses associés sur leur terre natale. Sachant que leurs visiteurs japonais raffolent du vin, l'équipe de No Cliche a réservé les meilleures tables de Lyon et décidé de leur offrir quelques bonnes bouteilles. Un incident se produit alors.

Le jour de son arrivée, au moment où Irimajiri saisit le papier cadeau qui recouvre la bouteille du Beaujolais Nouveau, celle-ci glisse et tombe à terre, sans toutefois se casser. Les Japonais se regardent alors et paraissent consternés.

Ce n'est que quelques jours plus tard que Raynal et ses complices découvrent la raison d'un tel malaise. Les Japonais fonctionnent avec un système complexe de codes sociaux. Si un cadeau tombe et se brise, c'est un signe néfaste. Lors de l'incident, la bouteille ne s'est pas cassée mais elle est tout de même tombée. Faut-il y percevoir un présage ?

— Selon vous, qu'est-ce qui est la base d'un bon jeu ?

A cette question posée à Howard Lincoln, président de Nintendo of America, l'ancien avocat esquisse un sourire malicieux.

— Il en va du jeu comme du cinéma. Tout repose sur la qualité du créateur. Le problème, c'est qu'il y a peu de Spielberg...

Le renard aux cheveux gris sait de quoi il retourne. Nintendo a eu la chance de happer l'un de ces surdoués que les siècles prodiguent au compte-gouttes et de le conserver jalousement. Cela se passait en 1977 et il s'appelait Shigeru Miyamoto. En deux décennies, Nintendo n'a jamais remis la main sur un tel prodige.

La nouvelle œuvre de Miyamoto, Zelda, Ocarina of time, est le titre tant attendu de la N64, celui qui est censé faire la différence. Il s'agit du sixième épisode d'une série dont les débuts remontent à 1987. Pour cette nouvelle version, le maître a choisi de se surpasser.

« J'ai souhaité que les joueurs aillent de surprise en surprise et qu'ils puissent se dire : Wouah ! C'est la première fois que je vois quelque chose d'aussi cool dans un jeu. »

Le nouveau Zelda dégage une savante mixture de lyrisme, de poésie et de bravoure. Très vite, les bribes que certains journalistes parviennent à visionner laissent le sentiment d'avoir affaire à une oeuvre millésimée, d'une grâce insolente. L'attente du public n'en est qu'attisée. Pourtant, Miyamoto prend son temps et la promesse se fait attendre.

Les prévisions d'une sortie estivale en 1997 ayant été déçues, les espoirs se sont portés vers décembre. Peine perdue. Nintendo a fait miroiter le mois d'avril mais en vain. Yamauchi, l'homme qui préside l'empire, est connu pour laisser une paix royale à ses développeurs. Comme il aime à le dire :

« Lorsqu'un jeu est en retard, il ne l'est que jusqu'au moment de sa sortie. En revanche, lorsqu'un titre est mauvais, il le demeure jusqu'à la fin des temps. »

Aucun compromis n'étant admis sur la qualité, il faut donc patienter jusqu'à l'automne 98 avant que Zelda ne s'offre à ses adorateurs. Aux USA, plus de trois cent mille impatients ont déjà versé leur obole en guise de précommande, créant un record sans précédent.

Zelda, the Ocarina of Time, laisse pantois les joueurs de tous âges. Alors qu'il approche les quarante-six ans, Miyamoto a réalisé une œuvre qu'un grand nombre de magazines spécialisés et de joueurs désignent sans réserve comme « le meilleur jeu de tous les temps » ! L'orfèvre manifeste un don inaltéré à transcender les technologies de son époque.

Si le jeu redonne du tonus à la N64, il apparaît mois après mois que l'avance prise par Sony est insurmontable.

Logée dans un boîtier blanc, la Dreamcast est la première à se lancer dans la bataille des consoles de nouvelle génération. À son actif se trouvent des performances époustouflantes mises en valeur par des jeux fourmillants de détails tels que Sonic

Adventure. Le lancement intervient le 20 novembre 1998 au Japon et le démarrage augure du meilleur : cent cinquante mille exemplaires sont écoulés en une journée.

À l'extrémité Ouest des Etats-Unis, sévit un éditeur de logiciels dont le Windows est présent sur près de 95% des ordinateurs de la planète. Microsoft s'est rarement aventuré hors de son pré carré : le logiciel. Pourtant, son fondateur, Bill Gates, aime s'entourer d'esprits libres ayant pour mandat de sortir des sentiers battus.

L'idée d'une console estampillée Microsoft prend forme dans l'esprit de Seamus Blackley, l'un des ingénieurs de la division Jeux, vers la fin 1998. Les cartes graphiques et sonores qui apparaissent sur le marché des PC foisonnent et elles font de cet ordinateur l'appareil de jeu le plus impressionnant du moment.

« Je me suis dit qu'il serait possible de concevoir une console fabuleuse en combinant de tels accessoires », a raconté l'ingénieur. Blackley s'emploie à convaincre Jay Allard, l'une des éminences grises de Gates, des mérites d'une console maison.

Des cheveux de neige, un sourire narquois à la Elton John, une facilité déconcertante à lâcher un trait d'humour cinglant, Jay Allard est aux antipodes de l'image que l'on pourrait associer à Microsoft. C'est ce conseiller iconoclaste qui a persuadé Bill Gates d'aller au plus vite sur Internet en 1995, alors que celui-ci s'interrogeait sur les potentiels du réseau.

Blackley s'acharne aussi à rallier à sa cause Ed Fries, le responsable de la division Jeux chez Microsoft, dont le physique avenant et les cheveux blonds évoquent un personnage de série télévisée. Ensemble, Blackley, Allard et Fries ont la rude tâche de familiariser les deux dirigeants de Microsoft, Bill Gates et Steve Ballmer, à la perspective d'une console maison…

À l'aube du millenium, la PlayStation est devenue un phénomène de société à part entière. Au niveau mondial, son leadership est incontestable. Avec quarante-trois millions de consoles Sony diffusées fin 1998 contre quinze millions de N64, les joueurs ont nettement marqué leur préférence.

Devant un tel succès, la sortie d'une PlayStation 2 pourrait ne pas sembler particulièrement pressée. Pourtant, la rumeur va déjà bon train. Une dizaine de kits de développement circulent déjà dans le monde des éditeurs. Le message officiel n'en est pas moins d'une claire limpidité : no comment !

Dès le printemps 1999, il apparaît que le marché japonais a réagi mollement à la Dreamcast – neuf cent mille consoles ont été vendues en six mois, pas de quoi pavoiser. Ken Kutaragi de Sony estime pourtant qu'il est temps de réagir. Depuis plusieurs mois, il se prépare à une contre-attaque et attend son jour. Or, sa situation personnelle a bien changé...

Lorsqu'elle a été lancée le 3 décembre 1994 au Japon, la PlayStation n'était qu'un produit parmi des milliers d'autres chez le titan de l'électronique. À partir de 1995, un cadre visionnaire a pris la présidence de Sony : Nobuyuki Idei. Patiemment, mais avec détermination, Idei a mené une révolution culturelle à l'intérieur de Sony. Le nouveau président en est pleinement conscient : la PlayStation a sauvé l'entreprise en faisant entrer les profits si longtemps attendus.

Les chiffres parlent d'eux-mêmes : sur les cent trente mille personnes qu'emploie le géant japonais dans le monde, moins de cinq mille sont affectées à l'activité PlayStation. Or, celle-ci engrange 41% des bénéfices pour 11% du chiffre d'affaires. En clair, la PlayStation est devenue la division la plus profitable de Sony !

La console apparaît désormais au centre de la stratégie de Nobyuki Idei qui n'a de cesse de discourir sur les « enfants des rêves numériques ».

Le projet PlayStation avait été lancé par un quadragénaire atypique, aussi nerveux qu'intransigeant, comptant déjà vingt ans de maison, Ken Kutaragi. Les profits liés à la PlayStation ont transformé le statut de ce franc tireur. Bravache, ce dernier n'hésite pas à se vanter d'avoir imposé la PlayStation comme une marque, indépendamment du label Sony ! Quoi qu'il en soit, l'ingénieur a eu les coudées franches sur son nouveau bébé. Kutaragi a pu ainsi imposer des spécifications qui ont soulevé bien des fureurs dans d'autres divisions de Sony...

Pour annoncer la PS2, Kutaragi articule son message en deux étapes. Le 17 février 1999, à San Francisco lors d'un symposium dédié aux fabricants de puces, le petit bonhomme dont la tête proéminente est encadrée de deux plaques de cheveux noirs, présente un microprocesseur 128 bits révolutionnaire développé en commun avec Toshiba, l'Emotion Engine. Message subliminal : la Dreamcast est distancée d'un rapport proche de quatre à un en termes de performance !

La vente de la cinquante millionième PlayStation paraît être l'occasion idéale pour une déclaration officielle. Le 2 mars 1999, au Tokyo International Forum, plusieurs studios de développement sont conviés à une présentation du prototype de la future console. Le numéro un de Sony, Nobuyuki Idei, s'est lui-même déplacé, histoire d'affirmer haut et fort que le jeu vidéo est désormais pris très au sérieux par la compagnie. Son aval est important par rapport à certains éléments de l'annonce.

O stupeur... Les prévisions les plus folles sont pilonnées. Au cœur de la future PlayStation 2 se trouve le fameux processeur Emotion Egine et il est secondé par un processeur graphique pouvant dessiner 75 millions de polygones par seconde, une capacité digne des stations de travail Silicon Graphics. Les démonstrations parlent plus fort que les chiffres et traduisent une incursion du jeu vidéo sur le territoire de l'audiovisuel.

Kutaragi a d'autres surprises dans son escarcelle. Il a jugé important de préserver la compatibilité avec la PlayStation existante. Il lance ainsi un message aux joueurs – ils pourront à loisir rejouer à Crash Bandicoot, Tekken ou tous autres jeux affectionnés sur la console existante. En outre, en intégrant des ports de type USB, Sony promet une console dotée de capacités d'évolution. Plus fort encore, Kutaragi est parvenu à imposer la présence d'un lecteur de DVD passant outre les protestations des divisions de Sony chargées de vendre les appareils dédiés de salon.

Le bouquet final est donné par cette ultime annonce qui semble à elle seule sonner le glas de la Dreamcast : la PlayStation 2 est prévue pour le printemps 2000 !

Chez No Cliche, l'annonce de Sony est perçue avec un esprit de combativité : l'équipe demeure convaincue que la Dreamcast va l'emporter. Pourtant, les conséquences se font rapidement sentir.

« L'annonce de la PlayStation 2 a fait beaucoup de mal à SEGA », reconnaît Raynal. « Etant donné le succès de la PlayStation, un grand nombre de joueurs se sont dit : attendons de voir de quoi il en retourne. »

Du côté de Redmond, au siège de Microsoft, l'arrivée de la PlayStation 2 a été suivie avec une attention soutenue. Depuis 1975, Bill Gates a poursuivi un rêve : mettre un PC dans chaque foyer. Avec Windows, le magnat du logiciel a établi une telle domination que le gouvernement américain l'a poursuivi en justice pour abus de position dominante. Si Gates sait une chose, c'est que celui qui contrôlera le point d'accès central de la famille vers Internet sera le maître du commerce électronique. Il ne met pas longtemps à comprendre que la stratégie de Sony pourrait déborder sur celle qu'il s'est fixée.

Sur le papier, la PlayStation 2 a tout l'air d'une console universelle : les parents pourront regarder des films et les enfants jouer sur une même machine située sous l'appareil central du foyer – le téléviseur. En clair, elle apparaît comme le cheval de Troie de Sony pour imposer l'appareil multimédia de la maison familiale. Le plan suggéré par les conseillers de Bill Gates, Blackley, Allard et Fries, prend soudain une autre dimension. Il est urgent de contre-attaquer sur ce terrain inattendu.

Le projet d'une console Microsoft démarre de façon concrète, sous la supervision de Jay Allard. Parmi les options caressées par Gates figure d'abord la possibilité de racheter Nintendo mais sa proposition reçoit une sérieuse fin de non-recevoir. La perspective d'un rachat de SEGA est également envisagée et de sérieuses négociations sont entamées entre les deux entreprises. Puis l'option de bâtir l'équivalent d'un PC réduit l'emporte progressivement.

« Au départ, Xbox était un nom de code, mais il a été naturellement adopté. Nous nous sommes rendu compte qu'il était prononçable dans tous les pays du monde » raconte Allard.

Hiroshi Yamauchi qui préside Nintendo, estime nécessaire de réaffirmer sa combativité sur le terrain des consoles de salon. C'est à l'E3, le 13 mai 1999, que le paon déploie sa belle parure : Nintendo entame un partenariat d'un milliard de dollars avec IBM autour d'un nouveau type de processeur qui représenterait l'état de l'art. Cette puce sera au cœur de la Dolphin (rebaptisée par la suite GameCube), le successeur de la N64. Howard Lincoln laisse entendre au passage que Nintendo va laisser tomber les cartouches pour adopter à son tour un support de type DVD.

Pour SEGA, l'état d'urgence est de mise : il faut prendre des parts de marché aussi rapidement que possible, afin d'occuper le terrain avant l'arrivée de la PlayStation 2. Le million de Dreamcast est franchi peu avant le mois de mai 1999, un résultat honorable à défaut d'être spectaculaire.

La console blanche est attendue pour septembre 1999 aux USA comme en Europe et SEGA entend jouer son va-tout avec des budgets de marketing dépassant tout ce qui a été vu jusqu'alors. De tels investissements laissent perplexe : SEGA a déjà connu bien des déboires suite à ses dépenses outrancières de 1992...

C'est en septembre 1999 que les premières rumeurs commencent à circuler au sujet d'une incursion de Microsoft sur le marché des consoles. Depuis le début de l'année, une équipe réduite travaille sur le projet Xbox. Lors de l'été 1999, Gates a jugé qu'il serait de plus en plus opportun de se lancer dans la bataille.

Tout comme Sony, Microsoft dispose d'un atout énorme : la capacité à perdre longtemps de l'argent sur une activité donnée, le temps de conforter une position. Avec un bénéfice trimestriel supérieur à deux milliards de dollars, l'éditeur de Windows dispose de réserves de manœuvres titanesques.

Une date symbolique a été choisie pour le lancement américain de la Dreamcast : le 9/9/99. Elle est marquée par un record historique. Jusqu'à présent, la somme la plus astronomique jamais dépensée aux USA en une journée avait été de 28 millions de dollars, lors de la première de Star Wars : la Menace Fantôme. Le 9 septembre, la Dreamcast multiplie ce score par trois. Avec plus de cinq cent mille consoles vendues chez l'Oncle Sam en moins d'un mois, SEGA semble en mesure de réussir son pari. Et de présenter désormais la Dreamcast comme la « tueuse de PlayStation ».

En Europe, l'accueil initial est tout aussi enthousiaste. Au bout de 5 jours, près de deux cent mille consoles ont été vendues dont un bon quart en France. La sortie de Soul Calibur, un spectaculaire jeu de combat paraît en mesure de gonfler les ventes de Noël. Toy Commander, le jeu réalisé par No Cliche, est également de la fête.

À présent, l'équipe se voit confier une nouvelle mission : réaliser une version réseau, intitulée Toy Racer. Le studio s'attelle par ailleurs à une autre commande, adapter Quake 3 sur la Dreamcast.

Pourtant, les ventes de la Dreamcast ne sont pas suffisantes. Pour tenter de s'imposer face à Sony, SEGA a effectué des dépenses promotionnelles démesurées. Le déficit qui se creuse au Japon est en train de tirer la société vers les profondeurs du rouge vif.

La Xbox n'est encore qu'un projet et Bill Gates a plusieurs fois renvoyé l'équipe de développement à leurs planches, déclarant qu'il était peu impressionné. Le critère : une console Microsoft se doit d'être « bluffante », d'une supériorité indubitable. Sans oublier un bonus : elle doit être la plus facile à programmer. Allard et Ed Fries ont pris en compte ce désir de Gates d'offrir

Dreamcast

une machine dont les avantages seraient écrasants, perceptibles du premier coup d'œil.

En janvier 2000, une réunion secrète est organisée à Seattle. Auprès des développeurs conviés, qui ont été triés sur le volet, le géant du software dévoile son projet. Sur le papier au moins, la Xbox de Microsoft terrasse la PlayStation 2. Un mois plus tard, la rumeur est confirmée : un communiqué de presse d'Ubisoft inclut par mégarde une référence à la console de Microsoft.

La réunion cruciale a lieu le 14 février 2000. Jusqu'à sa conclusion, l'avenir de la Xbox est demeuré incertain. Il a notamment fallu convaincre Gates que la console serait une machine dédiée au jeu et donc incompatible avec le PC. À 21 heures, Allard et Blackley arrachent un feu vert à Bill Gates.

Lors de la Game Developer Conference qui se tient le 6 mars à San José en Californie, Bill Gates annonce lui-même la console maison. La grande innovation réside dans la présence d'un disque dur. C'est une première dans le monde des consoles et elle préfigure de nombreux plaisirs tels le téléchargement de démos ou de niveaux supplémentaires d'un jeu. Comme l'explique Jay Allard, grâce au disque dur « les impacts de balle sur les murs seront permanents », alors qu'avec les consoles actuelles, lorsqu'on revient dans une pièce déjà visitée, celle-ci a retrouvé son aspect d'origine.

Les principaux créateurs de jeux annoncent leur soutien : Electronic Arts, Activision, Acclaim, Konami, Eidos, Ubisoft.... La Xbox possède un sérieux avantage à leurs yeux : le coût de développement est faible en comparaison des autres consoles.

Au niveau design, la PlayStation 2 (communément appelée PS2) s'inscrit dans le nouveau millénaire. Dressée vers le ciel, telle une colonne noire qui attendrait des signaux extraterrestres pour émettre ses réponses, la nouvelle console est résolument futuriste. Elle n'est pas sans évoquer le sombre monolithe qui fascinait les singes du film 2001, Odyssée de l'Espace.

Kutaragi avait prévu une sortie de la PS2 avant la fin mars 2000. Il tient parole. Très vite, il se conforme qu'elle sera vendue le 4 mars. Au début de l'année, Sony annonce la prise de précommandes sur son site Web. En l'espace de quelques secondes, une centaine de milliers de consommateurs se connectent, provoquant un crash du site.

Le jeudi 3 mars 2000, la veille de la date fatidique, les traditionnelles files d'attente ont commencé à se former dans le quartier de Akhibara à Tokyo. Les campeurs sont des milliers à attendre l'ouverture de 7 heures le lendemain – certains sont installés depuis plusieurs jours. Au petit matin, les queues de teen-agers avides d'acquérir leur exemplaire paraissent interminables.

Dès l'ouverture, c'est la ruée... Dans certains magasins, tous les appareils disponibles sont écoulés en l'espace d'une heure. Dimanche soir, le chiffre tombe. Le million a été frôlé : 980.000 consoles ont trouvé acquéreur en 3 jours ! Le 18 avril, le cap du deuxième million est franchi. À croire que le public a rendu son verdict : en dix-sept mois de commercialisation, SEGA n'a vendu qu'un million et demi de Dreamcast au Japon.

L'année 2000 est morose pour SEGA. Dès janvier, il ressort que la PlayStation originelle a continué de se vendre sept fois plus que la Dreamcast. La blanche console n'a conquis que trois pour cent du marché mondial.

C'est au cours du mois de mars que l'on peut prendre la température exacte de SEGA. Le groupe annonce des pertes financières s'élevant à 44,9 milliards de yens (près de 500 millions d'euros). Le titre phare sur lequel le groupe fondait de grands espoirs, le cinématographique Shenmue a connu un démarrage en trombe mais s'est progressivement essoufflé.

Au cours des mois qui suivent, SEGA paraît chercher frénétiquement une stratégie de survie. La première annonce surprenante concerne la fourniture gratuite d'une Dreamcast à ceux qui s'abonneraient au service d'accès Internet de SEGA aux USA. En Angleterre, la filiale vante les mérites d'un accès téléphonique moins cher reposant sur la liaison Internet de la

Dreamcast.

Fin mai, la confirmation des mauvais résultats financiers fait naître les rumeurs les plus inquiétantes sur la survie de SEGA. Le président Shichiro Irimajiri démissionne et cède sa place au numéro 2, Isao Ohkawa. Dans un geste désespéré, ce dernier verse cinq cent millions de dollars de sa fortune personnelle afin de compenser les pertes de SEGA. Il va mourir d'une attaque cardiaque quelques semaines plus tard.

Fin août 2000, SEGA joue sa dernière carte en réduisant considérablement le prix de la console. Pourtant, les jeux sont faits. Après deux années de présence, on recense cinq millions et demi de Dreamcast en opération. En neuf mois, les ventes de la PlayStation 2 approchent déjà ce chiffre. SEGA est-il hors course ?

Le 8 janvier 2001, Jay Allard vient lui-même présenter la Xbox dans un grand hôtel parisien – la veille, Bill Gates l'a dévoilée à Las Vegas.

Première réaction : qu'elle est lourde, qu'elle est mastoc !... Arborant l'aspect d'un ventilateur industriel, la Xbox ne brille pas par son esthétique. On peine à l'imaginer cohabitant avec un téléviseur haut de gamme dans le salon, là où la PlayStation 2 peut tenir la tête haute. Faut-il croire que la Xbox, avec son look alien, serait destinée avant tout à la chambre de l'adolescent ?

Microsoft veut se concentrer sur les joueurs, et plus particulièrement le multi-joueurs. « Il sera aisément possible de relier une centaine d'étudiants sur un même jeu ».

Hiroshi Yamauchi conserve son aplomb et assure à qui veut l'entendre que sa future GameCube dépassera ses compétitrices, puisque Nintendo aura eu le temps d'examiner les offres de ses concurrents. Pourtant, le despote apparaît dans une position fragile, face à un opposant qui détient à présent 65% du marché.

Âgé de 72 ans, Yamauchi apparaît comme un autocrate dépassé par les événements, la réminiscence d'un Japon révolu, celui où les entreprises étaient transmises de père en fils, ce qui permettait un autoritarisme absolu. Les manières de Yamauchi (il se plait à insulter ses concurrents et même parfois aussi ses clients) déparent dans un univers nippon qui a mis le respect de l'autre au centre des relations commerciales.

Avec une fortune personnelle de 2,5 milliards de dollars, le vieux crocodile qui réside à Kyoto dans une maison ayant appartenu au médecin de l'empereur ne ferait-il pas mieux de laisser place à un successeur ? Il y songe à présent.

À la suite de Toy Commander l'équipe de No Cliche s'est lancée dans Agartha, un jeu à la Resident Evil et SEGA a donné un cahier des charges là encore plus bref que bref :

« Réalisez le plus beau survival horror qui ait jamais existé. »

Vers la fin décembre 2000, Raynal s'en vient à Londres présenter une maquette d'Agartha. Pour l'occasion, il envisage l'embauche de nouveaux développeurs. Contre toute attente, il s'entend alors dire par les cadres de SEGA Angleterre qu'il n'est pas la peine d'aller plus loin : SEGA se prépare à fermer l'activité Dreamcast !

Raynal repart avec une consigne :

— Il ne faut surtout pas en parler !

De retour à Lyon, Raynal doit « faire comme si » et s'abstenir de révéler que le projet Agartha n'aboutira jamais. Durant deux mois, il doit cacher, tant bien que mal, à une trentaine d'employés que le studio, faute de commandes, va devoir fermer. Pourtant, l'inquiétude se lit sur ses traits et un jour, l'un des employés le croise et demande :

— Fred, qu'est-ce qui ne va pas au juste ? Nous voyons bien qu'il y a un problème !

Le rêve prend fin pour la Dreamcast dès la fin janvier 2001, selon un mauvais scénario qui voit se succéder moultes informations contradictoires. Quelques fuites font apparaître que certains jeux SEGA pourraient être adaptés sur la PlayStation 2. Elles sont aussitôt démenties.

Deux jours plus tard, le quotidien Nihon Keizai Shinbun relance le débat. Il affirme que la production de la Dreamcast pourrait cesser dès la fin de l'année fiscale en cours, le 31 mars. SEGA n'aurait plus les moyens de supporter les coûts de fabrication et de distribution de sa console – la société perdant entre cinq mille et dix mille yens (42 et 95 euros) par appareil commercialisé et ne vendant pas suffisamment de jeux pour compenser cet investissement.

Le 31 janvier, les filiales américaine et française de SEGA s'acharnent à démentir l'article du quotidien japonais. Pourtant, dans le même temps, le portage de titres tels que Sonic sur la PlayStation 2 est confirmé. Le 1er février, une annonce sème à nouveau le doute : aux USA, le prix de la Dreamcast est tombé à 99 dollars, ce qui s'apparente à un tarif de liquidation des stocks.

Peter Moore, le président de SEGA of America se résigne à confirmer la nouvelle : la production de la console cessera définitivement à la fin mars.

Un acteur majeur de l'histoire des consoles tire ainsi sa révérence au grand dam de millions de joueurs admiratifs des capacités de la Dreamcast et de son superbe catalogue de titres. SEGA a trop tiré sur la corde et a dû lâcher prise faute de moyens, en dépit d'une qualité technique irréprochable. L'heure est au plan social avec le licenciement de trois cents employés.

« L'arrêt de la Dreamcast a été une grande déception », confie Yuji Naka, le créateur de Sonic. « Cela fait dix-huit ans que je suis entré chez SEGA et j'ai dû me faire à l'idée qu'il n'y aurait plus de console-maison. C'est triste. Il nous faut réapprendre notre métier de développeur dans un autre contexte. Jusqu'à présent, notre seule mission consistait à servir le matériel SEGA. À présent, nous devons écrire des jeux pour d'autres acteurs du domaine. »

Chez No Cliche, l'arrêt de la Dreamcast est vécu tout aussi douloureusement. Certes, SEGA a voulu que les choses se passent bien et les indemnités sont versées rubis sur l'ongle. Toutefois, la déconvenue se lit sur les visages à l'idée que Agartha ne sortira jamais – sentimental, Raynal se refuse à ce que le jeu apparaisse un jour sous une autre plateforme, et soit l'œuvre d'une autre équipe. Une maquette du jeu est réalisée afin que chaque développeur puisse s'en servir en allant démarcher d'autres studios. Il faudra plus de cinq mois pour effectuer la cessation de l'activité No Cliche.

Le 19 mai 2004, la PlayStation devient la première console de salon à dépasser les cent millions d'exemplaires. Elle sera rattrapée par la PlayStation 2 qui atteint ce même score plus rapidement encore, en novembre 2005. Qui pourrait croire alors qu'il soit possible de battre Sony ?

## XXI FRENCH TOUCH - Splendeurs et misères du jeu vidéo français

Quelque chose a changé au royaume des créateurs de jeux...

Les sociétés d'édition ont grandi à la manière de champignons mutants. Elles accusent des bénéfices démesurés, qui rendent jaloux les moguls du cinéma. La rentabilité d'un jeu à succès est pharaonique. Par la force des choses, le secteur est devenu une affaire de gros sous. Electronic Arts, le n°1 mondial, se prépare à devenir le partenaire de choix des grandes licences d'Hollywood.

Cryo n'échappe pas à cette mutation. Les banquiers et investisseurs ne sont pas entrés dans le capital de Cryo en raison d'un irrésistible penchant pour le loisir interactif. Ils ont flairé l'odeur des billets verts et sont adeptes de la multiplication des pains. De Cryo, ils ne connaissent qu'une courbe statistique évaluant la rentabilité trimestrielle. Sur leur conseil, en mars 1996, Cryo a pris des parts à hauteur de 44% dans un petit studio parisien, Index+ que dirige Emmanuel Olivier.

Depuis septembre 1996, le jeu Versailles complot à la cour du roi Soleil est un indéboulonnable des hit-parades. À la rentrée 1997, la société a connu un nouveau hit avec le jeu d'aventure Atlantis. Comme Cryo est co-éditeur de ces titres, la société engrange de plantureux revenus et les équipes ne cessent de croître. Lefranc et Ulrich tentent de répartir tant bien que mal les deux cent cinquante développeurs sur de nouveaux étages de l'immeuble de la rue Marc Séguin à Paris.

A présent, les hommes de finance veulent du grandiose, du péplum ! Ils insistent donc pour que Cryo entre en Bourse. Une fois que l'éditeur de Versailles sera coté sur le Second Marché, il pourra lever des montagnes d'argent et affronter le marché international. Inversement, disent-ils, si Cryo ne s'introduit pas en Bourse, la société est vouée à disparaître. Qu'on se le dise : LVMH ne désire plus investir ses deniers dans Cryo tant que la société ne sera pas cotée.

« Leur discours », relate Philippe Ulrich, « c'est que nous avions en face de nous Ubisoft et Infogrames et qu'il n'y avait pas de place pour trois éditeurs en France. »

L'exemple d'Ubisoft ne peut que conforter la thèse des investisseurs. L'éditeur de Rayman a fait une entrée en Bourse triomphale le 1er juillet 1996. Ce jour-là, le titre Ubisoft a multiplié par 252 sa valeur d'introduction ! Les frères Guillemot ont alors bénéficié de cinquante millions de francs pour opérer de nouveaux investissements et ont pu trouver d'autres sources de financement en vendant des parts de temps à autres. Depuis, Ubisoft a établi des studios de développement au Québec où le gouvernement propose de financer la moitié des salaires contre des promesses d'embauche. Rayman 2, qui est en gestation à Montpellier sous la direction de Michel Ancel, va s'apparenter à un dessin animé interactif.

Prévue pour le 8 décembre 1998, l'introduction de Cryo sur le Second Marché est pilotée par le Crédit du Nord en la personne de Philippe Bailly-Monthury, un banquier volubile de parfaite éducation qui connaît son métier à la lettre.

En cette journée de mai, Jean-Martial Lefranc se trouve au Luxembourg sur le plateau du film Wing Commander. Le directeur général de Cryo assume la casquette de producteur exécutif de cette adaptation cinématographique.

Tout a commencé par un jeu que Cryo réalise autour du film Time Cop. Afin d'en obtenir la licence, Lefranc s'est rendu chez Dark Horse Comics pour négocier avec Todd Moyer qui supervise la division Films et a produit Time Cop, The Mask, et Barbwire. Ils ont découvert qu'ils entretenaient un même feeling pour un certain type de cinéma. Lefranc et Moyer ont décidé de créer une société de production cinématographique, No Prisoners. De son côté, Chris Roberts, le créateur de la série Wing Commander, a souhaité passer pour de bon derrière la caméra : il entend désormais porter la saga sur grand écran. No Prisoners a ainsi obtenu sa première production.

Depuis peu, Jean-Martial Lefranc se rend régulièrement au Luxembourg sur les lieux du tournage. Le théâtre des opérations se situe en pleine campagne, au milieu des champs, dans une usine de fusils de chasse désaffectée. À l'intérieur de ce curieux repaire, trois plateaux de tournage ont été montés, de quoi accueillir une bonne dizaine de vaisseaux spatiaux. Concentré, l'air juvénile, Chris Roberts supervise une scène impliquant des acteurs grimés en extraterrestres. Sous les yeux de Lefranc se déploie la baie de départ des vaisseaux, conçue par Peter Lamont, décorateur des James Bond. Sur un autre plateau, les acteurs s'agitent devant l'immense écran bleu qui permettra d'incruster les images de l'espace. L'acteur français Tcheky Karyo joue le rôle d'un vieux routard de l'espace tandis que l'allemand Jürgen Prochnow, avec son visage taillé à la serpe, campe l'amiral de la flotte.

Au fil de ses visites, Lefranc a découvert que l'acteur Freddy Prinz Junior était un fan de jeu vidéo et il lui a apporté quelques titres de Cryo afin qu'il puisse se délasser entre deux scènes. De temps à autre, Prinz Junior vient demander à Lefranc un tuyau ou deux pour avancer dans Atlantis. La compagne de Prinz, Sarah Michelle Gellar, par ailleurs héroïne de Buffy, égaye l'atmosphère de son énergique présence.

Alors que Roberts est en train de tourner une scène, Jean-Martial Lefranc reçoit un appel de son avocat. En cette période où l'éditeur prépare son introduction en Bourse, le juriste annonce une nouvelle bien peu opportune : CANAL+ intente un procès à Cryo !


Depuis plusieurs mois, les choses se gâtent au niveau du Deuxième Monde.

« Nous étions dans la création d'un monde qui avait deux dieux, Cryo et CANAL+. Il s'en est suivi une guerre de religion qui a anéanti le monde, » relate Philippe Ulrich.

Alain Le Diberder, l'homme qui a lancé le Deuxième Monde à CANAL+ ne désire plus dépendre de Cryo pour les évolutions du jeu en ligne. Lefranc et Ulrich souhaitent imposer SCOL, la technologie inventée par Sylvain Huet tandis que CANAL+ préfère celle de l'allemand Blaxxun. Du côté de Cryo, l'on revendique haut et fort une part dans la propriété intellectuelle du Deuxième Monde : il n'est pas envisageable que CANAL+ fasse cavalier seul. L'argumentaire de Le Diberder est limpide : CANAL+ a passé commande du Deuxième Monde, l'a acheté et payé rubis sur l'ongle. Point final.

De guerre lasse, Cryo a réduit l'équipe de production du Deuxième Monde. Entre Jean-Martial Lefranc et Alain Le Diberder, le désamour est la norme et les conversations sont chargées d'animosité.

Durant une réunion avec Le Diberder, Ulrich a soulevé le nœud du problème : CANAL+ entend faire une chose et Cryo une autre.

— Il nous manque une bible, un document commun. Cela nous empêche d'avancer et nous allons tout droit vers un conflit...

A ces mots, Jean-Martial a saisi un document sur sa table et l'a jeté vers Philippe.

— Mais si, nous avons une bible, regarde cela !

Ulcéré par ce qu'il a perçu comme un coup de bluff, Ulrich a soulevé son bureau et renversé son contenu sur le sol. Après avoir déchargé son ire sur la porte, il s'est enfui, gagné par le découragement. Le Deuxième Monde, il le pressentait, était mort.

Un matin, en allumant leurs ordinateurs, les employés de Cryo ont découvert que le Deuxième Monde n'était plus en ligne ! A défaut, sur le site, l'on pouvait lire une lettre de Le Diberder expliquant que la décision n'était pas de son fait et accusant implicitement Cryo de la situation.

« Il a préféré casser le jouet plutôt que le partager » juge Ulrich.

Au sein de Cryo, la coupure du Deuxième Monde a fait l'effet d'une onde sismique. Il s'en est suivi durant quelques semaines des échanges vifs avec Alain Le Diberder. Ce dernier a finalement choisi l'affrontement légal : aux juges de déterminer à qui appartient le Deuxième Monde.

Ce procès intenté par CANAL+ vient contrarier l'opération d'entrée en Bourse préparée de longue date. Celle-ci est désormais suspendue à la décision judiciaire sur Le Deuxième Monde.

L'automne est venu... Ulrich, Lefranc et Huet se retrouvent au Palais de Justice pour le jugement du procès intenté relativement au Deuxième Monde. À leur grande surprise, ils découvrent que pas une seule personne de CANAL+ n'est venue à l'audience. Seule une avocate a fait le déplacement. Durant sa plaidoirie, il paraît clair qu'elle ne maîtrise pas son dossier. En moins d'une heure, l'affaire est réglée.

Ulrich et ses compères sortent du tribunal rassurés. Les résultats de la délibération tombent quelques heures plus tard et le jugement est sévère pour CANAL+ : la chaîne est condamnée à payer une expertise en vue de définir quel a été le manque à gagner de Cryo. Avant tout, cette décision judiciaire écarte les nuages qui assombrissaient l'introduction en Bourse.

Un mois plus tôt, un baron du multimédia a subi une singulière déconvenue. Jean-Claude Larue, l'ancien président de Philips Multimédia, avait été nommé au CSA (Conseil Supérieur de l'Audiovisuel) par René Monory président du Sénat. Or, en ce mois d'octobre, René Monory s'est présenté à sa propre succession et n'a pas été réélu, à seize voix près. Victime collatérale, Larue perd son poste au CSA et apprend que durant une longue année, il sera condamné à se tourner les pouces : jusqu'à l'automne 2009, il lui est interdit d'exercer une fonction liée aux médias.

De Lyon survient un appel fraternel d'un compagnon des jours difficiles. Qu'on se le dise : Bruno Bonnell a de la reconnaissance pour celui qui est maintes fois venu à la rescousse d'Infogrames...

— Jean-Claude, je ne sais pas trop comment nous pourrons faire mais Infogrames a des bureaux à Paris au Pont-Neuf. Nous allons te trouver un endroit où tu pourras te poser !

Soulagé, Larue s'installe dans les locaux parisiens d'Infogrames. Il se retrouve aux premières loges pour observer la montée en puissance de l'éditeur lyonnais. En cette ère ou les acteurs du jeu vidéo brassent les dollars par millions, Bonnell se pose en conquérant et entend servir ses produits à la population mondiale, rien de moins. Le cours de l'action Infogrames s'est multiplié plus de vingt fois depuis l'entrée en Bourse de 1993. Le méga-hit V-Rally semble parti pour flirter avec les cinq millions d'exemplaires. Une fois la période de non-intervention écoulée, Larue se verra offrir la présidence de Infogrames Europe.

Au début de décembre, le livre d'ordres de Cryo est ouvert. Durant plusieurs jours, Lefranc participe à d'incessantes réunions à la COB (Commission des Opérations de Bourse), et fait l'article aux traders chargés de placer les titres.

L'entrée en Bourse est opérée avec emphase le 8 décembre sur fond de cérémonie officielle dans un grand hôtel parisien. Jean-Martial Lefranc prononce un discours mesuré, suite à quoi, il cède la place à Philippe Ulrich qui, comme à son habitude, improvise son laïus. Enflammé, le directeur artistique de Cryo disserte de la création des jeux, de la 3D temps réel et des mondes imaginaires peuplés de créatures de pixels.

À un moment du discours d'Ulrich, les investisseurs se lèvent comme un seul homme et entament un tonnerre d'applaudissements. Accoutumé aux vivats de la foule des joueurs, Ulrich trouve la réaction fort naturelle.

Pourtant, lorsque certains financiers viennent le voir ensuite, ils font preuve d'une étonnante fébrilité :

— Nous n'avons jamais vu cela !

— Jamais quelqu'un n'a été applaudi lors d'une introduction en Bourse !

— C'est la plus belle introduction que nous ayons jamais faite !

Le soir, il apparaît que la demande dépasse plus de trente-cinq fois le nombre d'actions proposées. L'éditeur récolte une manne de cinquante millions de francs. La réussite laisse pourtant un étrange sentiment : Cryo a été sur-valorisée et ses dirigeants le savent pertinemment. La Réalité Virtuelle a quitté les écrans pour gagner le monde réel.

« Il s'agissait d'un jeu pervers », juge rétrospectivement Philippe Ulrich. « Les banques gagnaient énormément d'argent lorsqu'elles introduisaient en Bourse une société telle que Cryo. Comme le cours était multiplié du jour au lendemain, les financiers faisaient un énorme profit en revendant immédiatement leurs parts. »

À partir du moment où Cryo est devenue une société cotée en Bourse, une injonction est décrétée par les investisseurs : afficher rapidement un chiffre d'affaires d'un milliard de francs.

« La pression venait d'un fait », explique Lefranc, « comme Cryo était sur-valorisé, il fallait qu'à un moment donné, la réalité rejoigne la fiction. »

Le studio de développement débridé et libertaire subit une métamorphose. L'ère de l'industrialisation a commencé : il faut produire des jeux en quantité. Comme l'action se porte à merveille, Cryo peut emprunter de fortes sommes pour assurer son développement. Personne ne semble imaginer qu'un jour, le cours pourrait plonger et qu'il ne serait plus possible de rembourser les emprunts.

« J'avais bâti toute ma vie sur une idée simple, qui est que lorsqu'on crée une œuvre exceptionnelle et que celle-ci rencontre son public, on devient 'riche et célèbre'. L'acte de création était indépendant de l'acte de marketing. Je disais qu'il fallait amener le public là où il n'aurait pas pensé aller. Le marketing disait le contraire : il fallait savoir ce que le public demandait et lui donner ce qu'il voulait », déplore Ulrich.

De par sa fonction de directeur artistique, lui-même se déplace d'une ville à une autre, visitant les studios externes qui développent pour Cryo : In Utero, Eko, Arxl Tribe, Gamesquad…

La pression exercée sur les développeurs pour publier un jeu rapidement devient difficilement tenable. Certains titres de Cryo comme Ubik sortent alors qu'ils n'ont pas été complètement achevés. Désappointée, la presse spécialisée se montre assassine envers ces créations bâclées. Ulrich fait bonne figure et supporte tant bien que mal ces volées de bois vert dont il comprend l'ardeur.

Comment faire entendre sa voix lorsque l'argent coule à flots ? Vers la mi-1999, Cryo se lance dans une nouvelle levée de fonds. Lefranc débarque dans le bureau de Bailly-Monthury et découvre qu'il ne faut que dix minutes à ce dernier pour lever vingt millions d'euros. En réalité, durant ce laps de temps, il a obtenu près de cinq fois cette somme !

Depuis trois années déjà, Infogrames s'est établi une présence sur le continent américain. Bonnell en est toutefois conscient : pour peser durablement sur ce marché, il faut opérer à une autre échelle. L'opportunité va se présenter au printemps 1999, lorsque Bonnell découvre que l'éditeur américain Accolade est à la recherche d'un acquéreur.

Durant plusieurs jours, Bonnell et sa garde rapprochée épluchent les documents officiels d'Accolade. Spécialisé dans les jeux de sports, cette société d'édition a été créée en 1984 par deux anciens employés d'Atari — le nom avait été choisi afin de figurer devant Atari dans les listes d'éditeurs ! Accolade a réalisé l'essentiel de sa fortune sur un jeu de course automobile, Test Drive, et n'a cessé de décliner depuis. Jim Barnett qui dirige la société, a procédé à de nombreux licenciements et n'a plus qu'un objectif : se donner au plus offrant.

A San Jose, en Californie, Bruno Bonnell se rend dans les bureaux d'Accolade. Jim Barnett lui révèle alors qu'Infogrames fait face à un géant : Don Mattrick, qui a jadis développé des jeux pour Accolade est devenu le patron des jeux chez Electronic Arts (EA). Comme il se doit, il plaide en interne pour que Electronic Arts rachète Accolade. Pour Bonnell, le souvenir est cuisant : il a déjà été vaincu face à Don Mattrick pour le rachat de Maxis. Echaudé par cette expérience, Bonnell se bat bec et ongles en vue de décrocher l'affaire. Par un savant mélange de bagout et d'opérations adroites sur sa calculatrice, Bonnell aguiche Barnett. Sur la ligne droite, le Lyonnais terrasse le Californien. Don

Mattrick est renvoyé dans les cordes. Accolade entre dans le giron d'Infogrames.

Une prise bien plus belle se dessine à l'horizon. En 1997, Bonnell avait été contacté par Ronald Chamowitz, un juif de New York nerveux et débordant d'idées. Chamowitz dirige GT Interactive, une jeune société d'édition qui a pris en charge la diffusion de Doom et a rapidement prospéré. Chamowitz avait proposé d'acquérir Infogrames mais l'opération ne s'était pas concrétisée : la surexcitation de Chamowitz avait refroidi les Lyonnais.

À la fin de 1998, un nouveau président a été nommé chez GT Interactive, le quadragénaire Tom Heyman, qui en impose par sa grande taille. Il vient de Disney et a gardé le look maison, sportif et musclé.

En mai, Bruno Bonnell le croise dans le lobby d'un hôtel de Los Angeles. Heyman se lance :

— Nous devrions faire quelque chose ensemble.

— Nous avons déjà essayé et cela n'a abouti à rien, rétorque Bonnell.

Heyman le met dans la confidence :

— Je viens de faire une recommandation au conseil d'administration : il faut vendre GT Interactive.

— Et pourquoi ?

— Nous avons des problèmes de cash. GT Interactive plafonne. Nous avons investi sur la Nintendo 64 et avons négligé la PlayStation de Sony. Mauvais choix !...

Bruno Bonnell et ses lieutenants lyonnais examinent l'opportunité et découvrent un élément essentiel : GT Interactive dispose d'un réseau de distribution d'une puissance de feu impressionnante. Ils sont présents dans tous les Wal-Mart d'Amérique !

Bruno Bonnell et son directeur financier Thomas Schmider gagnent New York à l'automne 1999 afin de s'entretenir d'un potentiel rachat de GT Interactive. Ils sont reçus par l'un des principaux actionnaires, Joe Carrey. Doté d'un sens de la tchatche peu commun, l'homme leur fait penser à un vendeur d'automobiles. Joe Carrey tient à donner à ses hôtes les règles du jeu avant qu'ils n'abattent les cartes :

— Nous sommes répartis en dix-sept sociétés sur l'ensemble des Etats-Unis. Avant de me dire si GT vous intéresse, il faut que vous alliez les voir.

Joignant le geste à la parole, Carrey met son avion privé à la disposition de ses hôtes français.

Durant deux jours, Bonnell et Schmider jouent à saute-mouton sur le territoire américain : Salt Lake City, San Francisco, Seattle... Ils découvrent sur le tas que GT Interactive est composé d'un patchwork de sociétés indépendantes, sans culture commune. Ce système engendre des coûts excessifs et plombe la rentabilité. Dans la corbeille de GT Interactive figurent tout de même quelques fruits alléchants : Driver, Oddworld, Duke Nukem...

La négociation se déroule à New York dès le retour des Lyonnais. Joe Carrey est venu avec son frère, un imposant personnage, si obèse que le duo rappelle aux français Astérix et Obélix. Leurs caractères divergent, Joe apparaissant comme le sanguin de la bande tandis que le bedonnant du lot est un gentil qui s'applique à tempérer et à susurrer :

« Calme-toi, Joe ! »

Bruno Bonnell et Thomas Schmider ont décidé d'attaquer en proposant un prix excessivement réduit, le dixième de celui auquel GT Interactive aurait pu prétendre. Ils savent qu'ils peuvent procéder tranquillement pour une raison simple : GT a déjà prospecté Electronic Arts, Hasbro, Microsoft et Acclaim et ces derniers n'ont pas donné suite. Les prétendants japonais ont reculé en découvrant la complexité du système GT avec ses dix-sept filiales.

« Nous savions que nous étions leur seul acheteur et donc nous étions assez sûrs de nous », conte Bonnell.

Régulièrement, Joe Carrey se lève devant Bonnell, prend des poses à la Al Pacino tout en le pointant du doigt et profère des insultes, hurlant dans un débit saccadé, que les Français veulent l'entuber et qu'il les entubera tout autant. Face à lui, Bonnell demeure d'un calme olympien et ne bouge pas d'un millimètre. Thomas Schmider, qui se tient dans la salle voisine, est parfois persuadé que Joe Carrey et Bruno Bonnell sont en train de se battre !

Après des heures de postures, coups de colère et imprécations, Joe Carrey rend les armes :

— Vous êtes un dur. Faisons affaire !, lance-t-il à son interlocuteur venu de France.

Carrey lui tend alors la main pour qu'il la serre. Dès cet instant, le monstre du Loch Ness se métamorphose en poupée Barbie. Quand bien même la bataille a été rude, une fois que Joe Carey a fumé le calumet de la paix, il s'appliquera à tenir ses engagements.

Le 17 novembre 1999, l'annonce tombe sur les télescripteurs du monde : Infogrames a racheté GT Interactive en déboursant cent trente cinq millions de dollars. Un éditeur français est ainsi devenu le n°2 mondial du jeu vidéo !

Le plus dur reste à faire : il faut réorganiser la société qui vient d'être absorbée. Bonnell reprend son bâton de pèlerin et se fend d'une nouvelle visite aux dix-sept studios. Il n'en conservera que cinq. La cure d'amaigrissement apparaît inévitable car les pertes de GT Interactive s'élèvent à soixante-dix millions de dollars.

À présent, les semaines de Bonnell évoquent le parcours d'une boule de flipper. Il est fréquent qu'il soit à Paris le lundi, à San Francisco le mardi, à Boston le mercredi puis à Lyon le lendemain. Globe-trotter malgré lui, il passe le plus clair de ses nuits sur des sièges d'avion.

Adoubé par les médias de France et de Navarre, Bonnell affirme son objectif sans ambiguïté :

— Nous visons la position de n°1 mondial !

Alors que le millenium approche, l'actualité de la filiale Cryo Networks se focalise autour du jeu en ligne Mankind qu'un studio externe, Vibes, a réalisé. Deux semaines avant l'ouverture officielle, c'est la panique à bord. Le programmeur principal du jeu a disparu !

Durant quinze jours, Franck de Luca de Vibes, Lefranc et Ulrich jouent les Hercule Poirot tandis qu'ils tentent de retrouver sa trace. Ce n'est que sur la dernière ligne droite qu'ils parviennent à le repérer. L'intéressé a craqué : il n'en pouvait simplement plus de programmer ce jeu !

Le changement de millenium s'accompagne d'une euphorie boursière autour de l'économie liée à Internet. Un classement publié par Fortune a dressé la liste des 40 jeunes américains les plus riches et il en ressort que la plupart sont des responsables de sites Web.

À Cannes, lors du salon Milia mi-février, Ulrich se trouve à une fête organisée par Liberty Surf. Sur la plage, avec force champagne et musique techno, un millier de personnes célèbrent les vertus de la net-économie.

Réjoui de recevoir Philippe Ulrich, le directeur de Liberty Surf l'entraîne vers un petit cercle de patrons et investisseurs. Très vite, il est pris à partie par quelques jeunes loups qui reprochent comme un seul homme à Cryo d'être en train de louper le train de la net-économie. Des millions de dollars sont en train de tomber et ils ne sont pas là pour les récolter !

— Vous avez fait le Deuxième Monde et maintenant vous êtes complètement has been, lance un grand dadais sûr de son fait.

Lorsqu'il cherche à en savoir plus sur le mode opératoire de ce nouveau modèle, Ulrich entend dire :

— T'inquiète. Tu prends l'oseille et tu te tires !

— Je ne comprends pas grand chose à un schéma d'entreprise qui ne fait pas de profit et dont la valorisation repose sur le nombre de clics comptabilisés sur des pages Web, rétorque Ulrich.

Il expose comme il le peut ses réticences lorsque de frêles yuppies suggèrent qu'il investisse dans des sites Web qui n'ont aucune raison d'être. Troublé, il se fait copieusement allumer tout au long de cette soirée.

Une fois de retour à son hôtel, Ulrich se demande s'il doit changer de métier. Serait-il dépassé par les événements ?

Peu après cet épisode, Philippe Ulrich fait l'objet d'une bien curieuse demande. Il a pour ami un dénommé Marc di Dominico, un être cultivé qui apprécie la compagnie des artistes. Ulrich lui a laissé entendre qu'il pourrait mettre à profit les deniers accumulés chez Cryo pour produire le disque d'un jeune talent. Or, Marc Di Dominico vient lui vanter les mérites d'un chanteur octogénaire issu d'un temps en apparence révolu : Henri Salvador.

— Les majors ne veulent plus en entendre parler, plaide Di Dominico. Et pourtant, son nouveau répertoire, c'est de l'or…

Ulrich prépare un petit dîner au cours duquel di Dominico fait venir le chanteur métis. Ils passent la soirée à discuter jusqu'à des heures avancées du matin.

« Henri Salvador m'a parlé de choses qui ont résonné en moi, d'un tas de gens qui ont marqué mon adolescence : Duke Ellington avec qui il avait joué, Astrud Gilberto, Quincy Jones ou encore Boris Vian, son colocataire avec lequel il avait écrit des chansons… »

Lorsque Salvador fait écouter les maquettes musicales qu'il a réalisées à domicile en s'accompagnant à la guitare, Ulrich fond :

« J'avais les larmes aux yeux quand j'ai entendu ses morceaux. »

Instantanément, il vient de muer en producteur discographique.

En février 2000, Cryo organise une conférence de presse afin d'annoncer que LVMH entre au capital de Cryo Networks. Durant l'événement, Intel annonce son soutien à la technologie SCOL. L'effet est tel que durant dix jours, il est impossible de coter l'action Cryo !

« Lorsque la cotation a recommencé, je me suis brièvement retrouvé milliardaire sur le papier », ironise Lefranc. La liesse ne durera que soixante douze heures.

« L'euphorie était toute relative. Nous sentions bien que quelque chose n'allait pas. Je n'étais pas à l'aise avec tout cela », ajoute Ulrich.

Peu après, en mars, Infogrames atteint le pic boursier de son histoire avec une valorisation de 4,4 milliards d'euros. Le parcours de Bonnell est plus que jamais encensé par les médias en France comme ailleurs.

Et pourtant… La fête a été brève et elle est déjà en train de s'achever. Le secteur technologique vit ses dernières heures de démentielle surexcitation…

L'affolement boursier se produit le 14 avril 2000.

Ce jour-là, à la suite d'un long procès avec le gouvernement américain, un juge annonce son intention de couper Microsoft en deux. Bill Gates est la première victime de la dégringolade du cours Microsoft qui s'ensuit : l'homme le plus riche du monde voit s'envoler 11,1 milliards de ses dollars en une seule journée !

Dans la foulée, le Nasdaq, Bourse des valeurs technologiques, entame une chute vertigineuse. Au cours des mois qui suivent, les faillites et dépôts de bilan se succèdent pour les dizaines de milliers de sociétés bâties à la hâte autour d'Internet.

La Bourse française met un certain temps à répercuter le krach survenu aux USA et il s'ensuit une situation paradoxale : durant plusieurs mois, de nombreuses entreprises américaines sont ouvertes aux acquisitions et les ténors du jeu vidéo français en profitent largement, notamment Titus qui rachète Virgin Interactive.

Au début de l'été, Lefranc se trouve à New York en vue de recruter un responsable pour Cryo aux Etats-Unis. Olivier Pierre, un petit homme au visage austère, qui supervise les ventes internationales vient lui faire part d'une singulière proposition :

— J'ai une offre d'un éditeur canadien, Dreamcatcher, qui nous propose une dizaine de milliers de dollars par jeu pour distribuer notre catalogue aux USA.

Dans la mesure où Cryo a le vent en poupe, l'offre apparaît négligeable. Lefranc tente tout de même d'en savoir plus. Il découvre que Dreamcatcher s'appuie sur un business model solide. Cet éditeur de Toronto publie des jeux d'aventure à faible coût et les diffuse sur le continent américain. Une rencontre s'impose. Avec une idée derrière la tête, Lefranc saute dans un avion, traverse le Lac Michigan et se rend à Toronto.

Dreamcatcher est dirigé par Richard Wakan, un affable quinquagénaire d'origine chinoise ressemblant à un sumo miniature.

Lors de la réunion dans un grand hôtel, Lefranc jette ses filets dérivants :

— Votre proposition ne nous intéresse pas. En revanche, nous serions intéressés pour racheter votre boîte !

La partie d'échecs est serrée car Wakan allie un solide bon sens à une grande pugnacité. De guerre lasse, la discussion aboutit pourtant à une reddition : Cryo va absorber Dreamcatcher.

Cryo dispose désormais d'un canal de distribution sur l'Amérique du Nord.

La rentrée est focalisée sur l'introduction en Bourse de Cryo Networks. Or, quelques jours avant la date fatidique du 25 septembre, rien ne va plus !

Franck de Luca et son compère Mercier qui dirigent Vibes, le studio responsable de Mankind, réclament plusieurs millions d'euros à Cryo ! Faute d'un tel versement, ils brandissent la menace d'un procès. Les mutins ont écrit à la COB (Commission des Opérations Boursières) afin de spécifier que Cryo ne dispose pas des droits de Mankind et ne peut aucunement en revendiquer la possession dans les documents aux investisseurs.

Panique à bord. L'opération d'entrée en Bourse a été lancée et l'achat d'actions a déjà démarré. Lefranc n'est pas foncièrement surpris de la part de Franck de Luca dont il apprécie le talent mais qu'il a souvent connu comme « au bord d'une crise d'énervement ». Se pourrait-il aussi que ce garçon ombrageux ait mal été conseillé par ses partenaires ?

Le verdict de la COB est clair : il n'est pas possible de coter Cryo Networks aussi longtemps que le différend n'aura pas été réglé. Durant une nuit digne de celles du Grenelle de 1968, Lefranc lutte pied à pied avec Franck de Luca et ses représentants légaux. Ceux-ci ont une approche pour le moins déconcertante :

— Si vous ne voulez pas de problèmes, rachetez Vibes !

— C'est combien ?

— Nous estimons pour notre part que le studio vaut vingt millions d'euros.

— C'est peut-être un peu cher, réplique Lefranc d'un air taquin, même s'il n'en mène pas large. Nous serions prêt à prendre une participation dans Vibes, mais sans aller si loin.

Au terme d'une négociation tumultueuse, un accord est trouvé : Cryo consent à verser deux millions d'euros à Vibes. Toutefois, la fatigue aidant, l'avocat de Vibes commet une bourde en rédigeant le protocole d'accord. Il a ni plus ni moins oublié un zéro dans le montant des indemnités ! Lefranc et son avocat échangent un discret sourire complice.

Le protocole est immédiatement adressé à la COB. Pourtant, la joie est de courte durée. Le lendemain, de Luca rappelle l'institution boursière pour signifier qu'il n'y a toujours pas d'accord entre les parties. Au pied du mur, Lefranc accepte de modifier ce qui a été signé et la rançon initialement demandée est versée à Vibes.

La cotation de Cryo Networks peut s'opérer comme prévu le 25 septembre 2000. L'affection des boursicoteurs pour le secteur du jeu vidéo a fortement décru depuis le krach du printemps. Le titre est négocié sept fois sa valeur et l'opération permet tout de même de lever plus de trente millions d'euros. En réalité, la performance est étonnante car le chiffre d'affaires de Cryo Networks est encore très réduit.

« C'est le début de la fin mais à l'époque, on ne le sait pas encore... » lâche Lefranc.

De son côté, Ulrich vit des moments savoureux. Après avoir vendu quelques actions de Cryo, il a monté une société de production musicale qu'il a baptisée Exxos, en souvenir des années folles de Ère Informatique. Lorsqu'il s'échappe de Cryo le soir, il gagne le studio où Henri Salvador enregistre son album.

« Chaque soir, lorsque j'allais au studio, j'avais ma dose de plaisir. Je ne me suis jamais posé la question de savoir si ça marcherait ou non. Nous avons avancé avec une totale liberté. »

Fin octobre 2000, en publiant ses résultats annuels, Infogrames fait état d'un chiffre d'affaires en croissance de 70,4%. Le magazine Business Week rend hommage au fondateur de l'éditeur lyonnais en plaçant Bonnell parmi les cinquante acteurs économiques ou politiques qui comptent en France.

Les retombées du rachat de GT Interactive ont été perceptibles à de nombreux égards. Le jeu Driver récupéré par Infogrames lors du rachat s'est vendu à trois millions et demi d'exemplaires. Les pertes de la société américaine ont été réduites et le point d'équilibre n'est pas loin.

Il n'est pourtant pas question de freiner : Infogrames se prépare à absorber un autre géant du multimédia. Hasbro, le numéro deux mondial du jouet, vient de faire savoir que son département jeux vidéo est en vente...

En apprenant cette nouvelle, Bonnell sursaute. En février 1998, Infogrames a raté le rachat de la marque Atari. Alors en bout de course, la marque mythique s'était offerte à Tom Dusenberry de Hasbro Interactive pour une bouchée de pain – cinq millions de dollars. À l'époque, Bonnell n'avait pas décoléré en réalisant qu'une telle acquisition lui était passée sous le nez.

En mai 2000, Bonnell a croisé Tom Dusenberry, un américain pure souche et il a trouvé que le président de Hasbro Interactive avait une mine de papier mâché.

— Mes actionnaires ne me soutiennent pas, soupire Dusenberry. Je suis en train de réfléchir à un plan de sortie de l'activité jeu vidéo.

A l'origine d'un tel désaveu se trouve la mésaventure d'un autre fabricant de jouets, Mattel. Ce dernier, désireux de se diversifier dans les jeux vidéo, a racheté Sierra Online. Il s'en suivi une perte de trois milliards de dollars. Depuis, un vent de panique souffle chez les ténors du jouet.

— Thomas, attends une minute. Le positionnement d'Infogrames depuis ses débuts est le ludo-éducatif. S'il y a une marque dont nous pourrions rêver, c'est tout de même Hasbro !

Que dire ? Hasbro Interactive possède des licences telles que Monopoly et Trivial Pursuit et de plus, est propriétaire de la marque Atari.

Bonnell et ses collègues entreprennent une danse de séduction auprès des autorités américaines sans oublier Al Verrechia, le sexagénaire italien qui préside Hasbro. Pour financer cette acquisition de taille, Infogrames, sur recommandation de ses conseillers financiers a fait appel à des obligations convertibles qu'il lui faut rembourser d'ici cinq années.

« A cette époque, les banques pleuraient pour nous avancer de l'argent », évoque Bonnell.

Le 31 août 2000, une présentation aux analystes financiers est donnée à Londres. Comme Bonnell ne peut s'y rendre, Thomas Schmider assure la prestation. Or, dans la salle, sans qu'il ne le sache, se trouvent des journalistes.

— Nos opérations américaines seront moins rentables que

prévu, explique Schmider. En revanche, nos opérations européennes vont dépasser les prévisions. Globalement, l'année sera positive.

Le soir-même, la nouvelle est relayée sur Internet avec pour titre : « les opérations américaines d'Infogrames réaliseront moins que ce qui était prévu ». Il s'ensuit une inflexion immédiate du cours.

Le rachat de Hasbro Interactive est officialisé le 8 décembre 2000 et ponctionne Infogrames d'une centaine de millions de dollars. Lorsque Bonnell et sa troupe y posent le pied ils découvrent que l'éditeur est implanté dans un environnement paradisiaque à l'intérieur d'une réserve naturelle d'oiseaux.

Au prime abord, on ne peut qu'être impressionné par ce nom mythique : Atari est devenue propriété de la française Infogrames. Une enquête d'opinion confirme l'aura liée à ce pionnier du jeu vidéo. Désormais, les jeux Infogrames de « haute technologie » sortiront sous la marque Atari.

Il manque au conquistadore un palace à son image. De retour dans sa bonne ville de Lyon, l'empereur Bonnell 1er entreprend de faire construire un écrin digne d'Infogrames et ses six cents serviteurs. À l'image de Mitterrand qui a fait construire une pyramide dans la cour du Louvre, le monarque s'en vient sauver un quartier désaffecté de Lyon. Quatre péniches sont réparties sur la Saône autour d'une ancienne capitainerie reconvertie sur un parc immense. Ce coin de Lyon qui sort de l'oubli va plus tard accueillir d'autres entreprises comme Pathé et Electronic Arts.

Une à une, les start-ups affichent des résultats négatifs, ce qui affole la Bourse. Les cours accusent le coup, avec des valeurs qui se voient divisées par deux en l'espace de quelques semaines. Tout ce qui touche à Internet a perdu son panache et les éclaboussures rejaillissent indirectement sur les éditeurs de jeux.

En février 2001, Infogrames opère son premier plongeon. Le titre Driver 2 qui était attendu pour mars accuse du retard. Bonnell annonce que l'exercice en cours ne pourra pas intégrer les ventes de cette locomotive. La Bourse répercute la nouvelle par une chute du cours. Du côté des analystes, il est de bon ton de prédire que l'éditeur lyonnais ne passera pas l'hiver.

Au fil des mois, le chiffre d'affaires de Cryo Networks s'effondre à son tour. La moitié des revenus de la société réside alors dans la vente de SCOL. Or, les start-ups liées au Web qui avaient proposé d'acheter cette technologie disparaissent les unes après les autres.

Au printemps, Cryo prend acte de la situation. La BNP, principale banque de l'éditeur propose un deal : si Cryo Networks est réintégré dans Cryo, une nouvelle ligne de crédit sera accordée.

Les désirs des banques sont des ordres : Cryo Networks s'en retourne dans le giron de Cryo. Au passage, les sommes récoltées lors de l'introduction en Bourse de Cryo Networks sont réinjectées dans la maison mère. Les actionnaires retrouvent le sourire.

Les développeurs ne partagent pas cette bonne humeur. Le 21 juin 2001, Cryo se déleste de quatre-vingt dix salariés. Il n'est plus possible d'entretenir de telles équipes sans débouchés en perspective et la préoccupation première est d'assurer la survie de Cryo.

Une certaine agitation semble avoir gagné la maison Cryo qui a diversifié sa production d'une façon peu cohérente, réalisant tout aussi bien du jeu de football avec Zidane sur la jaquette qu'un jeu autour de Zorro. Philippe Ulrich ne reconnaît plus son bébé et se fait rare dans les murs. Consolation : l'album d'Henri Salvador, Chambre avec vue, est sorti à l'automne 2000 chez Virgin et les ventes ont décollé. Les membres du comité de direction de Cryo, d'abord gentiment amusés par la décision d'Ulrich, commencent à le regarder différemment. Au printemps 2001, le disque de Salvador remporte les Victoires de la Musique.

En septembre 2001, une réunion est organisée dans le bureau parisien de Kalisto en vue d'établir une association de développeurs nommée l'APOM (Association des Producteurs d'Oeuvres Multimédia). La plupart des studios indépendants de développement ont été réunis afin de trouver des solutions à la crise traversée par le jeu vidéo français, car la chute des cours de Bourse a asséché les sources de financement.

« Le krach des start-ups Internet a endommagé le monde du jeu vidéo, qui n'avait rien à voir avec, » commente Nicolas Gaume de la société d'édition bordelaise Kalisto. Ulrich recommande aux studio de chercher des financements ailleurs que chez les éditeurs.

Au cours dela réunion, un intervenant surgit dans la pièce en disant : « Un avion vient de rentrer dans une tour ! ». Et oui… La scène se passe le 11 septembre 2001. Faut-il voir dans cette infortunée coïncidence un signe quelconque ?

Ce même jour, l'action Infogrames est divisée par quatre. Un magazine financier fait ses gorges chaudes sur le thème : « Infogrames sera incapable de rembourser sa dette. »

Bonnell s'évertue en vain à rappeler à ces tristes oiseaux que l'échéance de remboursement des obligations convertibles d'Infogrames se situe en 2005 !

Au milieu de la tourmente générale, Ubisoft apparaît comme la rescapée. La Bourse a même des tendresses pour ces bâtisseurs tranquilles qui savent lui épargner les surprises et les atterrissages en piqué, préférant gagner le sommet en empruntant les sentiers en bordure.

Durant l'année 2000, l'éditeur français a absorbé Red Storm qui publie les jeux de l'écrivain Tom Clancy. Puis, en février 2001, Ubisoft s'est porté acquéreur de l'américain TLC, récupérant ainsi l'édition de Myst et de Prince of Persia ; et assure le lancement des nouvelles versions de ces jeux aux USA.

« Cela nous a propulsés sur le marché américain, nous sommes entrés dans de grandes chaînes comme Wal-Mart », raconte Yves Guillemot.

Devenu le 10$^{ème}$ éditeur mondial, Ubisoft suit son bonhomme de chemin avec une santé financière impressionnante dans une période où d'autres superstars du multimédia font grise mine.

La situation est devenue morose pour Cryo et le cours fait de la plongée sous-marine ; une à une, les banques qui ont accompagné son expansion réclament à présent le remboursement des crédits alloués. La tâche est mathématiquement impossible dès lors que les poches sont vides.

Lefranc fait nommer un mandataire chargé de la négociation avec les créanciers, Hubert Lafont. Avec de grosses lunettes sur le nez et un cigare à la bouche, Lafont parle d'une voix éraillée. Constamment vissé à son vieux bureau poussiéreux où s'accumulent les dossiers, il s'est taillé une solide réputation dans un grand nombre d'affaires similaires comme la faillite de la Cinq.

Cryo se trouve par ailleurs dans une relation bilatérale avec la société Wanadoo Editions. Chacun doit de l'argent à l'autre et le déficit est alors du côté de Cryo à hauteur de trois millions d'euros. En février, Lefranc expose la situation : si Wanadoo Editions exige le paiement des sommes dues, le dépôt de bilan est assuré pour Cryo. Nicolas Dufourq qui dirige Wanadoo Editions accepte de prendre son mal en patience. Un ancien dirigeant de l'éditeur, Emmanuel Olivier, intervient en tant que conseiller externe et préconise un rachat de Cryo. En vain.

Du côté d'Infogrames, un souci demeure : il manque au catalogue de la nouvelle marque Atari un titre phare, de portée mondiale. Or, le bureau de Los Angeles a approché le studio Shiny Entertainment en vue d'en distribuer les jeux et a découvert des pépites dans ce studio californien…

Avec ses longs cheveux noirs brillants, David Perry, le fondateur de Shiny Entertainment, évoque un Chippendale de la première heure. Sa réussite appartient à la légende. Devenu millionnaire en dollars en 1994 grâce au jeu Aladdin, il s'est installé au bord d'une marina, à Laguna Beach dans un lieu idyllique avec vue sur le bord de mer, tout en continuant, bronzé et prolixe, de superviser la réalisation de jeux.

La chance a voulu que Shiny Entertainment ait été choisi pour réaliser le jeu Matrix. Les frères Wachowski ont écrit quatre cents pages de scénario de jeux évoluant autour du film. À partir de ce document, ils ont procédé à un casting des équipes de développement. Expert en bagout, Perry les a persuadés qu'il détenait une technologie de pointe. Il a ainsi décroché la licence pour trois titres autour du film The Matrix. Une heure entière de tournage a été réservée au jeu vidéo.

Bonnell et Perry se plaisent mutuellement – ne sont-ils pas l'un comme l'autre des showmen en représentation permanente ? Le Californien lui dévoile les premières moutures du jeu Matrix et Bonnell se montre prêt à tout pour acquérir ce titre phare. Perry est tout excité à l'idée de publier son jeu sous la marque Atari et fourmille d'idées sur le lancement.

Le conseil d'administration d'Infogrames donne le feu vert les lèvres pincées, le niveau d'endettement de la société étant anormalement élevé.

Deux mois plus tard, la panique règne lors d'un Conseil d'Administration qui se déroule chez Dassault aux Champs Elysées : il apparaît qu'Infogrames ne dispose plus de trésorerie. Certains journaux financiers affirment que le dépôt de bilan ne serait plus loin.

— Comment ? s'exclame Larue. Il y a trois mois tu nous a dit qu'il n'y avait pas de problème et que nous pouvions acheter Shiny ! Maintenant, tu nous annonces que les caisses sont vides !

Bruno Bonnell tient un autre discours.

— Rester en défensive ne sert à rien. Il faut reprendre l'offensive !

Fidèle à son habitude, Bonnell s'acharne à persuader ses investisseurs qu'il ne faut pas céder à l'affolement : dès la sortie du jeu Matrix, les choses vont se stabiliser.

En attendant, les investisseurs d'hier jouent à « sauve qui peut » et la Bourse continue son plongeon.

Au début de l'année 2002, lassé des sauts périlleux financiers auxquels se livre Infogrames, Jean-Claude Larue donne sa démission. En parallèle, il s'est vu offrir de chapeauter le Syndicat des Editeurs de Logiciels de Loisirs (SELL). En observant la situation du jeu vidéo en France, il décide de tirer la sonnette d'alarme. Quatorze éditeurs ou studios français ont déjà disparu ou sont en faillite ! Le bordelais Kalisto est proche du dépôt de bilan.

En avril, Jean-Claude Larue obtient audience auprès du Premier Ministre, Jean-Pierre Raffarin.

— Monsieur le Premier Ministre, vous avez ici un domaine dans lequel les Français figurent parmi les meilleurs. Il n'existe pas un autre secteur où dans les dix premiers mondiaux, il y a eu trois ou quatre Français. Aujourd'hui, nous vivons un drame. Le jeu vidéo a été porté par la bulle Internet, quand l'argent était facile à lever. Maintenant, il faut rembourser et ce n'est pas simple lorsque les cours se sont divisés par dix. Il faut affronter les blocs américain et japonais et nous nous trouvons devant une escalade des coûts de développement et de marketing. Il faut prévoir des budgets s'élevant couramment à cinq millions d'euros. Les éditeurs français ne disposent pas d'un marché permettant de faire face à de telles dépenses.

Larue expose alors les mesures simples mises en place par le Canada qui, afin d'attirer les éditeurs, rembourse la moitié des salaires versés ! Le Québec a ainsi créé trente mille emplois. Ubisoft a été l'un des premiers à tirer parti d'une telle offre et une part importante de ses équipes de développement se trouve à présent au Québec.

Afin d'appuyer son argumentaire, Larue propose à Jean-Pierre Raffarin de venir voir par lui-même ce que peut être un studio de jeu vidéo.

Confronté à un potentiel dépôt de bilan, Cryo surnage tant bien que mal jusqu'en juin 2002. Le sauvetage est contrarié par un fait regrettable : LVMH se refuse à aider à la négociation, ce qui distille une image négative vis-à-vis des banques. Message sous-jacent : LVMH laisse tomber Cryo !

Un événement torpille alors la société. La filiale américaine Dreamcatcher a reçu une facture de quatre millions d'euros correspondant aux nouveaux jeux que Cryo souhaite diffuser aux USA. Or, Richard Wakan refuse de régler cette avance de trésorerie.

« Je pense qu'ils avaient une idée derrière la tête. Ils sentaient que nous étions fragilisés et ils se sont dits qu'il valait mieux qu'ils gardent l'argent pour eux ! », ironise Lefranc.

Pour Cryo, c'est le coup de grâce. Le redressement judiciaire est décrété en juin 2002 et révèle un passif qui s'élève à soixante-quinze millions d'euros. Philippe Ulrich perd l'intégralité de la fortune gagnée dans le jeu vidéo.

Peu après, Infogrames qui accuse quatre-vingts millions d'euros de pertes licencie plus de la moitié de ses effectifs, soit deux cent quatre-vingts employés.

Lefranc dispose d'un repreneur pour Cryo en la personne de Philipp Adkins, un ancien trader. Grand, la voix grave, avec des lunettes et des bretelles rouges, Adkins ne se déplace jamais sans ses avocats. Comme il vit dans un château de la campagne anglaise, il est aisé d'organiser une réunion à Paris. Au début du mois d'août 2002, il dépose une offre de rachat de Cryo qui s'élève à deux cent mille euros.

Ô stupeur ! Lefranc découvre alors qu'une offre parallèle s'est dessinée. Richard Wakan, propriétaire de Dreamcatcher multiplie par dix la mise d'Adkins. Il est épaulé par Emmanuel Olivier qui rechigne à voir disparaître ainsi Cryo et souhaite récupérer le studio français. Le retournement de situation est pour le moins étonnant.

« Nous avons fait appel à Dreamcatcher pour venir à notre aide. Il s'en est suivi un combat que Cryo a perdu », commente Ulrich.

Au mois d'octobre, le rachat de Cryo est effectué par Dreamcatcher pour deux millions d'euros. Les déconvenues vont suivre. En premier lieu, Wakan refuse de rétrocéder les studios de création à Emmanuel Olivier. De plus, si la promesse a été faite au personnel de Cryo de maintenir le développement de jeu, le repreneur ne tient pas parole.

« Ils savaient déjà qu'un an plus tard ils liquideraient Cryo, » affirme Ulrich.

Selon lui, Wakan a jugé que le coût de développement était trop élevé en France. Le nettoyeur nommé par Richard Wakan n'est autre qu'Olivier Pierre, l'ancien directeur commercial de Cryo, décrit par Philippe Ulrich comme « hermétique à ce qui pourrait relever de la création ». Durant une année, les programmeurs de Cryo tournent en rond, sans produire de nouveaux titres. Les licenciements se succèdent au fil des semaines.

Le 15 novembre 2002, comme promis, Jean-Pierre Raffarin accompagné de Jean-Claude Larue effectue la visite d'un studio de développement, DarkWorks. Un an plus tôt, cet atelier a publié la suite du célèbre Alone in the Dark, The New Nightmare. Antoine Villette qui dirige le studio s'évertue à exposer au Premier Ministre ce qu'est le métier du jeu et les difficultés qu'il rencontre alors.

Une fois sorti de la salle de réunion, Jean-Pierre Raffarin découvre les caméras des télévision et les microphones des principales radios. Il exprime alors sa surprise auprès de Jean-Claude Larue. Positivement impressionné, le Premier Ministre affirme qu'il va sérieusement s'occuper du secteur. Et d'annoncer le déblocage d'urgence d'un million d'euros.

Au début de l'année 2003, Ulrich se voit licencié par Olivier Pierre pour faute grave, sous le prétexte qu'il ne serait pas suffisamment présent au bureau. Il ne lui est pas octroyé la moindre indemnité. Le nettoyeur a tendu un piège au passage, faisant miroiter à Ulrich la perspective de récupérer la marque Cryo s'il était licencié. Il n'en est rien.

« J'ai été amer durant trois jours, et après, j'ai décidé de repartir », confie Ulrich.

Débordant à nouveau de créativité, il envisage de démarrer un nouveau studio – l'argent gagné avec le disque de Henri Salvador autorise la création d'une nouvelle entité. Pourtant, le flibustier va se laisser séduire par d'autres sirènes qui marient ses deux dadas : la technologie et la musique. Ainsi s'achève son aventure au royaume des jeux vidéo.

Game over.

Le 21 avril 2003, Jean-Claude Larue retrouve Jean-Pierre Raffarin à l'occasion d'une visite du Futuroscope. Le Premier Ministre profite de l'occasion pour se fendre d'une nouvelle déclaration en faveur du jeu vidéo.

Les mois passent. Larue revoit Raffarin au cours d'une fête organisée par CANAL+ au Centre Pompidou. Le sourire aux lèvres, le Premier Ministre salue son interlocuteur :

— Monsieur Larue, comment va le jeu vidéo ?

— Très mal, monsieur le Premier Ministre.

— Et pourquoi cela ?

— Parce que vous ne faites pas votre boulot !

— Pourquoi me dites-vous cela ?

— Je suis désolé... Vous êtes venu, vous avez fait de belles déclarations, nous avons attendu et rien ne se passe !

Dès le lendemain matin, Larue reçoit un coup de fil du cabinet de Raffarin. Interrogé par un conseiller, il lui réitère son couplet sur l'inefficacité gouvernementale. Invité à Matignon, Larue ressasse le même refrain. Jean-Pierre Raffarin jure que l'Etat va mettre tous les moyens à disposition à commencer par un crédit d'impôts.

Hélas, la proposition de crédit d'impôts doit être soumise à Bruxelles avant d'être validée. Ce temps qui s'écoule sera bien trop long pour l'édition française dont les fleurons mordent un à un la poussière.

Microids ferme ses portes au cours de l'été 2003, Titus Interactive est exsangue, Delphine Software licencie un à un ses développeurs et se prépare au dépôt de bilan tandis que Goto entame une descente aux enfers dont cette société ne se relèvera que de justesse. Infogrames est sauvé in-extremis et Bonnell se maintient à la barre, attendant les jours meilleurs que pourraient susciter les diverses éditions de Matrix.

Avec sa tranquille progression, Ubisoft apparaît comme la miraculée du lot. Le nouveau titre de la licence Tom Clancy, Splinter Cell, est sorti des studios canadiens de l'éditeur et Microsoft entend s'en servir comme fer de lance pour sa console Xbox. Il s'ensuit un large volume de pré-commandes : cinq cent mille unités sur le sol américain.

Ubisoft a continué de se distinguer par sa tranquille progression. Internationalement, l'éditeur parisien se classe désormais dans le Top 5 des éditeurs indépendants. En opérant sur une partition inspirée du Lièvre et la Tortue, Ubisoft est devenu, lentement mais sûrement, un acteur au rayonnement mondial...

# 8ème partie :
# Loisir universel

## XXII LES SIMS - La vie mode d'emploi

Difficile d'être plus cool que Will Wright, l'étrange personnage qui a créé Sim City. Le plus souvent vêtu d'un jean noir et d'une chemise à col boutonné, le génie des mathématiques jette un regard amusé sur le monde. Au premier abord, l'Einstein des jeux vidéo pourrait sembler introverti, perdu dans un univers bien à lui. En réalité, c'est un observateur attentif du monde, ouvert aux sollicitations et soucieux de dénicher un modèle, une équation, derrière ce qui apparaîtrait au commun des mortels comme le fruit du hasard ou l'enchaînement implacable des événements.

En 1990, après le succès de Sim City, Will Wright n'a pas eu envie de poursuivre le développement de cette simulation urbaine. Il a voulu reproduire sur l'écran une autre forme de vie, celle d'une fourmilière. Durant la création du logiciel Sim Ant, une idée lui a traversé l'esprit : dans leur effort pour survivre, les fourmis évoluent selon un modèle de comportement logique. Serait-il possible de transposer un tel modèle pour simuler l'intelligence de base des humains ? Un événement va précipiter une telle réflexion.

Quelques semaines après l'achèvement de Sim Ant, en 1991, la demeure de Will Wright est détruite par un grand incendie de forêt, avec trois mille huit cents autres habitations de Berkeley-Oakland ravagées par les flammes. Tandis qu'avec sa famille, il s'installe dans une nouvelle demeure, Wright est frappé par la façon dont lui-même et sa famille acquièrent meubles et appareils afin de recomposer leur intérieur. Ils achètent d'abord un réfrigérateur, puis un four... Toute leur vie matérielle doit être reconstruite à partir de zéro ce qui amène à jeter un regard neuf sur les éléments du décor, leur nécessité, leur importance relative.

« Cela m'a donné une vision particulière sur les choses que nous avons et pourquoi nous les possédons », explique Wright.

À partir d'une telle expérience personnelle, Wright a l'idée d'un concept de jeu auquel il donne le nom de Dollhouse, (la maison de poupée) ou encore Home Tactics : the Experimental Domestic Simulator (Tactiques de la maison : le simulateur d'expériences domestiques).

Wright trouve une source d'inspiration dans les travaux d'un auteur de Berkeley, Christophe Alexander. Dans le livre A Pattern Langage (Un modèle de langage), Alexander s'est préoccupé de l'influence que l'environnement pouvait avoir sur le comportement des individus. Cette lecture influence le design de Dollhouse/Home Tactics :

« Il m'a semblé qu'il y avait là un sujet d'une grande richesse dans le cadre d'un jeu de construction ».

Durant deux années, Wright réalise un prototype de Dollhouse/Home Tactics sur son ordinateur Macintosh. Au départ, les habitants miniatures d'une maison de poupée évoluent en fonction des éléments du décor. Quels sont ceux qu'il faudrait acquérir pour un meilleur confort ? Quels sont ceux qui procureraient un prestige social ? De fil en aiguille, le projet conduit à une réflexion sur l'existence des habitants du foyer, à un niveau familial et social.

Au cours de l'année 1993, une réunion est organisée chez Maxis en présence de plusieurs cadres dont le travail consiste à évaluer et donner le feu vert aux nouveaux projets. À la consternation de Wright, il se produit une situation vécue plusieurs années auparavant lorsqu'il a rêvé Sim City : sur les quatre titres suggérés, son projet est le seul à rencontrer un rejet absolu. Les dirigeants de Maxis fondent un tel désaveu sur un constat simple : il semble impossible que les joueurs puissent jamais trouver amusant de gérer quelque chose d'aussi banal que la vie quotidienne.

En l'absence d'un soutien interne, Wright ne va plus travailler sur Home Tactics que lors de son temps libre. La priorité pour Maxis s'appelle alors Sim City 2000, une suite du best-seller maison. Pour le réaliser, Will Wright intègre les suggestions de maires, de gestionnaires en urbanisme, d'architectes, d'ingénieurs et de responsables de services d'urgence. Le logiciel remis au goût du jour affiche des préoccupations écologiques avec la présence d'éoliennes ou de centrales à d'énergie solaire.

Au début de l'année 1994, alors que Maxis a plusieurs fois tenté de diversifier le panorama des simulations, il apparaît que seul le récent Sim City 2000 a remporté l'adhésion du public. Jeff Braun, qui a fondé la société, désire prendre ses distances avec le management et a confié la direction à Sam Poole, un ancien de Disney Software, inaccoutumé au secteur du jeu vidéo. Dans la foulée, Maxis déménage dans des locaux traditionnels, au sixième étage d'une tour d'Orinda. Au mois de juin, la société entre en Bourse et lève trente-cinq millions de dollars. Pour Braun, qui a créé Maxis huit ans auparavant, cette arrivée de cash confirme le désir de prendre le large.

Il est encore trop tôt pour que Wright puisse s'adonner au développement de Home Tactics/Dollhouse ; Maxis veut encore et toujours exploiter le filon Sim City. Faute de mieux, Wright opte pour Sim Copter, un jeu qui permettrait aux joueurs de survoler les villes qu'ils ont créées. Petit bonus : les cités bâties dans Sim City apparaîtront en 3D (trois dimensions)...

Au début de l'année 1996, les développeurs reçoivent un ordre du management : il faut impérativement publier quatre jeux avant la fin de l'année. L'objectif paraît irréaliste à Will Wright qui déplore déjà l'insuffisance d'effectif pour réaliser Sim Copter.

À Noël, tous les jeux prévus sont prêts, mais aucun d'entre-eux ne satisfait ses créateurs. Wright est déçu par Sim Copter qu'il n'a pas eu le temps de peaufiner. Le lancement du jeu suscite une controverse : l'un des programmeurs, qui est homosexuel, a voulu marquer sa protestation personnelle en faisant apparaître de temps à autre quelques garçons qui s'embrassent ouvertement. Au départ, de telles scènes devaient intervenir très rarement. À la suite d'une erreur de programmation, elles se multiplient fréquemment sur l'écran.

Sim Copter, comme les trois autres sorties de Maxis connaît des ventes médiocres. Plus que jamais, Wright souhaite se concentrer sur son fameux projet d'un simulateur de la vie réelle, à l'intérieur d'une maison. Il se heurte de nouveau à une résistance interne : Maxis se refuse à lui allouer les ressources humaines nécessaires au développement de ce logiciel. Pour tester les potentiels de Home Tactics/Dollhouse, un groupe d'utilisateurs a été réuni et Will Wright leur a décrit son projet en long et en large. Les acheteurs potentiels ont été soumis à la question et tous, sans exception, ont expliqué pourquoi ils n'acquerraient jamais un tel jeu !

Si Wright s'accroche envers et contre tout à ce projet, ses préoccupations immédiates sont ailleurs. En mars 1997, la situation de Maxis paraît critique après l'annonce d'un déficit de deux millions de dollars. Faute de publier un nouveau hit, l'entreprise semble vouée à disparaître. L'éditeur cherche son salut dans la diversification : jeux pour enfants, sports, jeux de rôle médiéval... Il faut parer au plus pressé et la direction réclame au plus vite une version de Sim City en 3D.

Will Wright réagit en mathématicien : la technologie existante n'est pas en mesure de gérer l'extraordinaire niveau de détail de Sim City. Il faudrait d'innombrables polygones et au vu de la puissance actuelle des microprocesseurs, cela ne peut pas fonctionner. Hélas, Sam Poole, qui dirige la société, ne veut rien entendre. L'équipe de développement se met au travail sans trop y croire, avec une crainte sous-jacente : Maxis serait-il en train de détruire sa carte maîtresse ?

L'été 1997 approche, et les perspectives s'annoncent sombres, aucune éclaircie n'étant en vue.

« Mon niveau de stress augmentait de manière exponentielle », raconte Wright.

Il entrevoit déjà le naufrage de Maxis faute d'avoir pu livrer à temps un Sim City 3000 en 3D dont la sortie semble repoussée ad vitam aeternam.

Un géant du logiciel entre alors dans la danse. Le californien

Electronic Arts (EA), soucieux d'étendre son rayonnement, est à la recherche d'acquisitions. EA a plusieurs fois courtisé l'éditeur de Sim City et n'a rencontré qu'une lointaine indifférence. À présent, Maxis se montre empressé de discuter avec d'éventuels acquéreurs car sa situation empire de mois en mois. Sam Poole et Jeff Braun ont pris contact avec Microsoft comme avec Infogrames ou EA.

Au sein d'EA, c'est un dénommé Don Mattrick qui prend l'affaire en main. Avec un physique à la Tom Cruise et d'un caractère séduisant, Mattrick est accoutumé à de telles tractations et y montre un réel talent. Au printemps, il en touche un mot au français Luc Barthelet, alors producteur exécutif chez EA :

— Nous réfléchissons au rachat de Maxis. Est-ce que cela pourrait t'intéresser de diriger cette société d'édition ?

Franc et volontaire, Barthelet répond immédiatement par l'affirmative. Tout au long du mois de juin, il séjourne à Orinda afin de prendre la température au sein de Maxis. Barthelet est rapidement séduit par la personnalité de Will Wright, avec qui il entretient de nombreuses conversations approfondies. Doté d'une intelligence fine, Luc Barthelet découvre que Will est personnellement engagé dans un projet qu'il peine à expliquer tant il diffère de tout ce qui a pu être fait jusqu'alors. Dollhouse/Home Tactics porte alors le nom de Jefferson, car Wright veut faire passer l'idée d'une poursuite du bonheur comme dans la déclaration d'indépendance.

Barthelet réalise combien Wright demeure incompris par la direction de Maxis. L'un des trois meilleurs créateurs de jeu existants est présent dans les murs et personne ne désire l'aider à réaliser le produit qu'il a à cœur ! Wright entend simuler l'existence d'une communauté d'individus avec son enchevêtrement de décisions quotidiennes, face aux tentations, responsabilités et petits ennuis domestiques. Aucun des cadres de Maxis ne semble appréhender ce qu'il veut faire. Barthelet et Mattrick perçoivent la passion dont fait preuve Wright et veulent y accorder crédit ; estimant tous deux que les créatifs sont les moteurs de base de l'industrie du jeu vidéo.

Le projet de Will Wright pèse fortement dans la décision de confirmer le rachat de Maxis.

« Il y avait certes Sim City, mais aussi ce qui s'annonçait comme un futur produit révolutionnaire et sur lequel Will Wright travaillait depuis très longtemps », raconte Barthelet.

Will Wright perçoit que l'acquisition par EA pourrait devenir une bonne chose : le numéro un du jeu vidéo est à la recherche de concepts non-traditionnels qui permettraient de diversifier son catalogue alors composé en partie de franchises sportives.

En juillet 1997, Electronic Arts rachète Maxis pour quatre-vingt millions de dollars. À 35 ans, Luc Barthelet prend la direction du studio et entreprend une rapide réorganisation. Bien qu'il possède un cinquième des parts de la société et empoche quinze millions de dollars au cours de la transaction, Will Wright manifeste une vive inquiétude au niveau des licenciements dont il redoute l'ampleur.

Barthelet désire optimiser le fonctionnement de Maxis et cela passe par d'inévitables ajustements. Il ne conserve qu'une soixantaine d'employés sur les deux cent quatre-vingt d'origine. Le directeur Sam Poole se voit remercié, tout comme la plupart des hauts cadres et collaborateurs.

Barthelet fixe une ambition à ses troupes : réaliser des produits aptes à figurer dans le Top 10. Les projets mineurs ou anecdotiques sont donc écartés.

« Quand on travaille au sein de Maxis, au début on a la maladie du Sim X ; on a l'impression que tout peut être mis à la sauce Sim », se rappelle Luc Barthelet. « Parmi les projets envisagés par Maxis se trouvaient Sim Bridge, Sim Mars, Sim Luna, Sim Hospital, Sim War, Sim Chess, Sim Airport, Sim Health.... Dans les faits, il n'y a que très peu de choses qui peuvent devenir un Sim et il fallut faire admettre cette réalité. »

Après avoir joué à Sim City 3000, Barthelet a une révélation : il n'existe aucune raison d'en faire un produit 3D ! En novembre, il fait venir d'Electronic Arts une directrice de projets, Lucy Bradshaw, avec pour mission de remettre Sim City sur les rails. Will Wright est soulagé : la nouvelle direction comprend ses préoccupations. De plus, Barthelet se montre sensible à l'innovation et plus encore à son projet personnel.

« Will Wright n'avait qu'une hantise : qu'il se retrouve à faire du Sim City toute sa vie. Nous sommes arrivés et avons dit : attendez une seconde, son nouveau jeu est probablement plus important encore que Sim City ! »

Au cours des mois suivants, EA part à la pêche afin de dénicher les programmeurs les plus compétents pour travailler avec le surdoué de Maxis.

Quel changement... Après tant d'années passées à tenter de convaincre une direction timorée, Wright peut enfin se consacrer à son projet le plus aventureux : la simulation de l'existence d'une communauté. Barthelet prend une ultime décision, rapidement acceptée : ce nouveau jeu s'appellera les Sims ! Tout simplement.

Au quotidien, Luc Barthelet fait l'objet des facéties de Will Wright qui adore raconter de « fausses blagues », ce qu'il appelle de l'humour japonais. Il démarre le récit d'une histoire drôle et en réalité rien ne se passe jamais. La tension monte, monte, mais il n'y a pas de chute ! Sur le plan personnel, le travail avec Wright modifie en profondeur sa perception de la création des jeux. Il découvre au passage que le créatif a développé des outils de conception à même de bénéficier à toutes les divisions Electronic Arts.

En attendant que Will Wright ne finalise les Sims, l'actualité de Maxis s'appelle Sim City 3000. La nécessité de réaliser un jeu 3D ayant été écartée, la directrice de projet Lucy Bradshaw a pu faire avancer le développement en capitalisant sur ce qui a traditionnellement été l'attrait essentiel de Sim City : le plaisir de gérer les innombrables détails qui régissent la vie d'une cité.

Dévoilé en mai 1998, le jeu rassure les amateurs du genre. Pour l'occasion, Lucy Bradshaw fait venir l'ancien maire de New York, Ed Koch, et ce dernier fait les louanges d'une simulation dont il peut, à bon escient, louer le réalisme.

Sim City 3000 est publié en février 1999 et il apparaît que ce grand classique, souvent copié depuis sa sortie initiale, a conservé son attrait. Les villes que l'on peut gérer peuvent désormais accueillir des monuments du patrimoine mondial, du pont de San Francisco à la Tour Eiffel. Sim City 3000 devient l'une des meilleures ventes de l'année.

Plus que jamais, Wright se consacre à mettre en équation la vie quotidienne des Sims. Selon les priorités du joueur, le Sim dont il pilote l'existence va se faire beaucoup d'amis et négliger sa vie professionnelle, pour découvrir qu'il n'a pas suffisamment d'argent pour faire réparer le lave-vaisselle. Inversement, il peut privilégier sa carrière aux dépens de son harmonie de couple... Il doit par ailleurs affronter les divers problèmes que peut soulever le quotidien : panne de réfrigérateur, factures en retard, enfants turbulents... Plusieurs artistes féminines interviennent dans la conception de Les Sims, et selon Barthelet, leur présence a eu un impact important dans le design. Onze interfaces différentes sont testées avant que Wright ne retienne la plus adéquate.

Maxis organise plusieurs réunions de test appelées « kleenex meeting » — composées d'utilisateurs conviés une seule fois afin de détecter quels sont les parties du jeu où ils coincent mentalement. Il ressort de telles sessions que le jeu intrigue énormément. Barthelet peut lui-même en juger lorsqu'il prend l'avion et affiche le jeu sur son PC : des voyageurs penchent spontanément la tête et demandent de quoi il en retourne au juste.

Chez Electronic Arts (EA), le projet n'est pas toujours bien compris. Larry Probst affiche son scepticisme et son nouveau second, John Riccitiello qu'il a choisi à son image — il a la réputation d'être un tueur aguerri et de ne jamais parler pour ne rien dire — n'est pas davantage convaincu.

« Beaucoup de gens pensaient que nous allions perdre notre argent », relate Barthelet.

Certains détails agacent particulièrement les dirigeants d'EA : Wright a jugé nécessaire d'installer les toilettes comme premier élément de la maison et s'il n'y en a pas, les Sims s'urinent les uns sur les autres.

Barthelet doit se battre pour imposer le titre à la direction et veut croire que les potentiels du jeu seront évidents lorsqu'il sera dévoilé au salon E3 de mai 1999. La chose n'est pourtant pas facile : EA croit si peu dans le jeu de Wright que la section baptisée L'Île aux Sims est minuscule. La démonstration a lieu sur un petit PC, à une échelle qui témoigne de la circonspection de Larry Probst. Pourtant, au bout de quelques heures, il se forme une file permanente d'utilisateurs curieux de découvrir le jeu.

Philippe Sauze, qui dirige EA France, se trouve sur le stand au moment où la responsable logithèque de la FNAC découvre Les Sims. Elle déclare soudain :

— Ça, ça va être énorme !


Vers la fin de l'année 1999, Luc Barthelet et Will Wright sont à Paris pour dévoiler la nouvelle œuvre de Maxis. L'idée phare de Will Wright est de faire prendre conscience aux gens de ce qu'ils font quotidiennement sans y réfléchir.

« Chacun de nous, dans sa vie, passe son temps à établir un équilibre entre plusieurs priorités. Lorsqu'un individu rentre chez lui le soir, sans s'en rendre compte, il opère à la manière d'un jeu de stratégie. Que doit-il faire : étudier pour avoir une promotion, organiser une soirée, s'occuper des enfants ? » questionne Will Wright.

Selon lui, la simulation devient rapidement une sorte de miroir des valeurs de chacun et révèle bien des caractéristiques sur le joueur lui-même. Ceux qui ont participé aux tests de Les Sims ont réalisé ce dont en temps normal, il n'auraient pris conscience qu'au bout d'une vingtaine d'années.

L'atmosphère de The Sims est très américaine et l'on y retrouve l'ambiance des petites villes de province chères à Spielberg. S'il demeure « politiquement correct » (lorsque la maîtresse de maison prend son bain, l'image se brouille), Les Sims n'en aborde pas moins des situations terriblement réalistes telle la tentation d'aller trouver la passion hors du couple ou la soif de réussite professionnelle exacerbée qui amène à se brouiller avec ses proches. Faut-il privilégier la famille, la carrière, le bricolage, les relations sociales ?

À peine publié en février 2000, Les Sims grimpe à la première position des ventes. Là où Barthelet espérait écouler cinquante mille copies dans les quinze premiers jours afin d'amorcer la pompe, Maxis en a vendu deux cent mille.

En France, EA n'a placé que quinze mille exemplaires en distribution, un lancement « confidentiel ». Les jeux semblent quitter les rayonnages à peine installés. Le dirigeant Philippe Sauze voit arriver les commandes et elles sont... colossales. Dès l'année 2001, Les Sims passe le cap des cent mille ventes sur la France seule, fait alors rarissime pour un jeu PC.

« C'est un phénomène que nous n'avons pas vu venir », reconnaît Philippe Sauze.

C'est au fil du temps que Les Sims commence à surprendre car année après année, il ne quitte plus le podium. Perché au sommet des ventes, ce jeu séduit toutes les générations et attire en majorité un public féminin. Wright est sidéré : il n'aurait jamais imaginé que le jeu puisse atteindre le dixième du succès remporté.

Maxis se livre à une analyse détaillée du public de Les Sims et découvre qu'il comporte quatre catégories d'utilisateurs.

. La première prend un malin plaisir à en faire voir de toutes les couleurs à leurs Sims.

. La seconde assiste aux pérégrinations des Sims avec voyeurisme comme pour la télé-réalité.

. Dans la troisième catégorie, se trouvent ceux qui amènent leurs Sims à gagner le plus d'argent possible.

. La dernière classe accueille les bâtisseurs, ceux dont la préoccupation première est d'aménager l'aspect des habitations.

Le public de Sims est pourtant assez unique. Les adolescents ne représentent que 50% des joueurs. Le jeu séduit une population d'utilisateurs dits « occasionnels », qui d'ordinaire, sont réfractaires aux jeux vidéo. La nouveauté, c'est que plus de la moitié des utilisateurs sont des femmes.

Pour sa part, Will Wright est reparti sur un autre projet qui semble concrétiser son rêve ultime : une simulation de l'univers dans toutes ses différentes échelles.

« Vous démarrez au niveau d'une cellule vivante et à la fin, vous colonisez une galaxie entière avec tout ce qui intervient au milieu. La totalité du contenu est créée par le joueur : cellules, véhicules, planètes... », explique Wright.

Lancé à l'automne 2008, Spore n'a pas connu le succès escompté. En avril 2009, le génial touche-à-tout a jugé préférable de prendre ses distances et de s'adonner à sa deuxième marotte : la création de robots. La nouvelle entité dans laquelle il opère s'appelle le Stupid Fun Club (association de divertissements stupides) et apparaît comme un prolongement de ses recherches antérieures :

« Lorsque vous parlez à quelqu'un, vous vous construisez instinctivement un modèle de cette personne : en ce moment, vous avez un 'Sim' de moi à l'esprit. Ce qu'il faudrait, c'est parvenir à ce que les robots puissent construire une telle simulation. Les gens que nous simulons dans les jeux pourraient devenir les modèles que les robots utilisent : ils essaieraient ainsi de prédire notre comportement en créant des modèles de nous-mêmes. D'une certaine façon, les Sims actuels sont les ancêtres de telles simulations. »

Plusieurs années après son lancement, Les Sims continuait de trôner au sommet des ventes. Chaque nouvelle extension (Ça nous change la vie, Et plus si affinités, En vacances, Entre chiens et chats...) s'est vendue à des centaines de milliers d'exemplaires. Les hits vont et viennent, mais le jeu créé par Will Wright est demeuré dans le Top 5, aidé par la sortie régulière des disques additionnels et des suites : Sims 2 et Sims 3.

Les Sims est devenu le premier jeu PC à avoir dépassé les 100 millions d'exemplaires en avril 2008. À croire que tout un chacun apprécie de mettre en scène la vie qu'il aurait pu mener s'il avait eu un autre job, deux enfants de plus et des amis un peu moins envahissants.

Si la vie est un jeu, Les Sims pourrait en être un mode d'emploi interactif.

## XXIII WORLD OF WARCRAFT - Le matin des magiciens

C'est un vaste royaume composé de paysages évoquant des aquarelles, de villages aux maisons de bois bâties par de fiers artisans, de chemins de pierre escarpés, de citadelles glorieuses, d'îles perdues dans la brume, de lacs glacés, de montagnes qui résistent à l'usure du temps, de champignons difformes, de puits de lave en feu, de ciels rouges, de forêts vierges et touffues où le moindre arbre a son caractère.

Quel que soit le lieu que l'on arpente, l'environnement est d'un raffinement sauvage, avec un fourmillement de détails dispensés avec une palette de couleurs impressionniste ou chatoyante.

Au sein d'un tel écrin, l'on côtoie des elfes comme des forgerons, des princesses comme de petits monstres. Certaines créatures appelées goules, au terme d'une ardente bataille, peuvent décider de se faire exploser pour entamer une résurrection victorieuse. Ailleurs, des dragons bleus tournent autour des anneaux d'un donjon et plus loin encore, une magnifique cité flottante se maintient dans les airs par le sort de magiciens protecteurs.

Il y a tant à découvrir dans World of Warcraft, tant de quêtes à partager, tant de sombres imbroglios, que l'attirance pour cet univers est perpétuellement renouvelée. Cette sensation porte un nom, un label, un blason, une marque : Blizzard.

Un jeu estampillé Blizzard dégage une atmosphère dense et vivace, plus addictive que le carnaval de Venise. Il faut le voir pour le croire.

« À l'origine, je pensais que je serais heureux si j'arrivais à gagner quarante mille dollars et m'amuser. Je n'avais que vingt-deux ans et j'étais naïf, je n'envisageais pas de développer quelque chose de plus grand », évoque Allen Aldham, cofondateur de Blizzard.

Son compère Mike Morhaime a gardé un tout autre souvenir : à l'entendre, Aldham cultivait une vision ambitieuse et dès les premières heures, parlait du studio comme s'il allait conquérir le monde.

Le 8 février 1991, tandis que les télévisions du monde relayaient un spectacle de cataclysme sur la région du Golfe, en Californie, les deux compères tentaient de voir l'avenir sous un jour plus créatif : ils venaient de réunir les vingt mille dollars nécessaires à la création de leur studio. Ils l'avaient baptisé Silicon & Synapse, afin d'évoquer une fusion des ordinateurs et de l'esprit. La société californienne a eu Frank Pearce pour premier employé.

Motivés par leur penchant commun pour le jeu vidéo, Morhaime et Aldham ne pensaient pas connaître des débuts si difficiles : durant deux années, ils ne furent pas en mesure de se verser un cent de salaire. Le moindre dollar récolté était réinvesti, notamment à des fins d'embauche d'autres talents. Pendant ses premiers mois d'existence, le studio acceptait toute commande disponible et œuvra sur des conversions de jeux pour les plateformes Nintendo, Amiga et Macintosh, une discipline qui avec le recul, fut pleine d'enseignement. L'ambiance de la petite société était familiale, avec de temps à autre une virée pour boire un verre et beaucoup de dévouement à la tâche.

A la fin de l'année 1991, après avoir accompli moultes conversions de jeu, Silicon & Synapse reçut un contrat pour en créer un de toutes pièces : Rock'n Roll Racing.

« Interplay nous a offert un contrat de huit mois rétribué quarante mille dollars. Avant cela, nos contrats s'étendaient sur trois mois et rapportaient dix mille dollars. J'étais si excité que sur le chemin du retour, je ne pouvais m'empêcher de crier. Quand je suis revenu montrer le contrat à Mike Morhaime, j'avais la voix si rauque que je ne pouvais plus parler », évoque Aldham.

Le jeu sortit en 1993 et Interplay le rentabilisa confortablement. Pourtant, à cette époque, la situation financière du studio évoquait celle du radeau de la Méduse. Les fondateurs guettaient l'arrivée du moindre chèque et leur existence semblait suspendue à chaque règlement.

« Un chèque en retard d'un éditeur pouvait nous placer dans le rouge. À ce moment-là, Allen et moi avions vingt mille dollars de dettes et nous devions parfois faire des avances sur nos cartes de crédit pour payer les salaires », a raconté Mike Morhaime.

C'est dans un tel contexte de précarité que deux éditeurs, Bob et Jan Davidson, approchèrent Aldham et Morhaime afin de racheter le studio. La réponse de Mike Morhaime fut bien évidemment catégorique :

— Non !

Il n'était pas question de troquer leur indépendance pour un peu de sécurité. Les Davidson s'employèrent à rassurer Morhaime et Aldham : ils demeureraient autonomes, libres de leurs choix.

La fusion avec Davidson se fit dans la douceur : les quinze employés préférèrent demeurer à bord. En avril 1994, les fondateurs choisirent un nouveau nom, Blizzard Entertainment.

La première œuvre qui ait vu le jour sous l'étiquette Blizzard s'appelait Warcraft. Pour Morhaime et ses compagnons, l'enjeu était important : l'éditeur s'était mis sur la corde raide pour le publier.

« Nous n'avions de compte à rendre à personne » tempère Frank Pearce.

Warcraft dépeignait les affres du peuple humain aux prises avec une race de monstres à la peau verte, les Orcs. Un magicien tourmenté avait ouvert la Porte des Ténèbres, un portail menant les Orcs vers le monde d'Azeroth où vivaient les humains.

Warcraft dégageait une atmosphère proche de celle d'une bande dessinée. La paternité en revenait au concepteur, Didier Samwise, ayant initié un graphisme qui serait par la suite associé à Blizzard avec des personnages et objets aux proportions différentes de la réalité.

Le jeu qui posa les fondements de la légende est sorti en décembre 1994. Il se vendit à près de cent mille exemplaires, un résultat plutôt honorable. Le développement de Warcraft II fut lancé dans la foulée, dès janvier 1995.

C'est un jeune artiste rebelle de vingt ans, dont le physique et l'allant évoquent Bono du groupe U2, Chris Metzen, qui a développé l'univers de fiction lié à Warcraft II et les divers scénarios et missions.

« J'avais passé ma jeunesse à écrire et à dessiner. Je voulais m'épanouir dans un domaine où je pourrais donner libre à cours à mon imagination mais n'avais pas d'expérience particulière dans l'industrie du jeu vidéo. Le détail incroyable, c'est qu'à l'époque, je jouais dans un groupe de rock. Durant l'un des shows, je me suis mis à dessiner un dragon sur une nappe. Un des types qui était là m'a dit : c'est super cool ! Tu sais quoi ? Je connais une boîte qui recrute des artistes, tu devrais aller les voir. »

La première réaction de Metzen a été un réel étonnement :

— Quoi, tu dis qu'ils payent les gens pour faire des dessins ? Sans blague ?

Désireux d'en savoir plus, Metzen alla présenter ses croquis chez Blizzard et adora l'atmosphère locale avec ses affiches de groupes de hard rock. Il repartit avec une embauche : animateur, un métier dont il ignorait tout. À ses heures perdues, il rédigea quelques embryons de scénarios potentiels pour Warcraft. Et comme il avait laissé traîner son carnet, celui-ci était tombé entre de bonnes mains :

« Au bout d'un an, j'ai soudain appris que l'on m'avait promu au rôle de concepteur d'histoires, de personnages. Que du fun ! » raconte Metzen qui fut le premier à tomber des nues !

Alors que la neige n'avait pas encore recouvert les pavés, Warcraft II est apparu dans les vitrines. Si le portail qui amène la

Horde des Orcs vers Azeroth était toujours là, d'autres races étaient apparues : Elfes, Trolls, Gnomes, Gobelins... Il fallait bâtir des fermes, des casernes, récolter le bois et l'or, faire preuve de sens tactique afin de gagner les combats avec les Orcs. Blizzard s'était distingué par une touche particulière, une atmosphère que l'on peinait à mettre en mots. Les personnages de Warcraft II étaient dignes d'un roman de Tolkien et leur comportement ne manquait pas d'humour, ce qui donnait bien du charme à ce jeu de stratégie.

Alors que le monde découvrait le Web, en ce mois de décembre 1995, certains s'aventuraient sur les territoires de Azeroth et dégustaient un élixir enivrant : le jeu en réseau. Si jouer à Warcraft II seul était amusant, à plusieurs, il devenait irrésistible. Les tournois se développaient spontanément avec plusieurs ordinateurs dans une même pièce. Lorsqu'ils se déroulaient via Internet, Warcraft II entrouvrait une fenêtre vers un autre univers dont la réalité était partagée par d'autres joueurs que dans le civil, l'on ne connaissait ni d'Ève ni d'Adam. La quatrième dimension, c'était peut-être cela : la création d'un univers partagé au sein duquel on s'immisce par écran interposé. Ces confrontations dans le virtuel pouvaient durer des nuits entières. Une page de l'Histoire était tournée.

Le succès de Warcraft II a dépassé tous les espoirs de Morhaime et Aldham : il a atteint son premier million d'exemplaires en 1996.

L'ancien Ministre des Finances, Dominique Strauss-Kahn a confié qu'il lui arrivait d'y jouer en réseau avec son fils qui se trouvait de l'autre côté de l'Atlantique.

« Quelque chose a changé à ce moment-là. Tout d'un coup, les gens ont commencé à faire attention à nous », confie Mike Morhaime.

La « patte Blizzard » s'est retrouvée sur le jeu de rôle Diablo (1997) qui avait pourtant été initié par une équipe externe. Pour l'occasion, la société californienne a mis en place un serveur gratuit, Battle.net. Partout dans le monde, des joueurs ont découvert qu'ils pouvaient aisément jouer durant quelques heures ou à plus long terme avec des inconnus.

C'est à l'occasion du lancement de StarCraft en 1998 qu'un dessinateur de Blizzard a pris conscience qu'une base de fans s'était constituée. Alors qu'il s'était rendu en Suède pour participer au lancement de StarCraft, Stu Rose a découvert que la réputation du studio avait traversé les océans :

« Je m'étais dit : super, je participe à un événement vite fait bien fait en Europe puis je retourne aux USA. Je me trompais sur toute la ligne. Durant la soirée, j'ai été comme submergé par des centaines de fans suédois de Blizzard qui n'en pouvaient plus d'attendre StarCraft. J'ai passé quatre heures à serrer des mains et à répondre aux questions. Je ne pouvais même plus me rendre aux toilettes sans être assailli ! »

StarCraft s'est transformé en véritable phénomène en Corée où il est localement devenu l'un des jeux les plus vendus de tous les temps avec plus d'un million d'unités diffusées.

Au fil des sorties, Blizzard a découvert sur le tas les affres de la gestion d'un jeu en réseau lorsque l'affluence dépassait toutes les prévisions. En juin 2000, Diablo II a battu le record de rapidité de vente d'un jeu vidéo. Une semaine après sa sortie, Blizzard a dû faire face à l'arrivée d'un million de joueurs simultanément en ligne. Une telle charge a obligé à multiplier par deux le nombre de serveurs. Il a fallu trois semaines pour absorber le flux des connectés, en ajoutant ordinateur sur ordinateur à l'autre bout. Durant cette période, au sein de Blizzard, on a vu des employés au comble du stress et dans l'incapacité de dormir, courir comme des zombies.

L'expérience gagnée en traversant le Styx n'a pas été vaine. Le studio a fait ses armes à la dure sur le jeu en réseau et ce qui a été appris sur le tas est acquis. Blizzard est désormais mûr pour faire éclore une terre mythique d'une autre envergure, qui évoluerait à tout instant du jour et de la nuit, que l'on soit connecté ou non...

En cette année 2000, Ultima Online est en phase de reflux. L'univers permanent qui attise les passions s'intitule Everquest que Sony a lancé en mars 1999 et qui a attiré deux cent mille abonnés. L'accoutumance est parfois telle qu'un médecin du Minnesota propose une thérapie pour ceux qui ne parviennent pas à décrocher d'Everquest.

Un grand nombre de membres de Blizzard jouent à Everquest et une envie commence à en titiller certains :

« Nous nous sommes dit qu'il pourrait être intéressant d'utiliser notre principale franchise, Warcraft, pour réaliser quelque chose de ce genre. » explique Metzen.

Parmi les joueurs d'Everquest figure un maître de guilde dont les exploits sont renommés sur le territoire virtuel : Rob Pardo. Dans le civil, cet homme au physique de surfeur est concepteur de jeux chez Blizzard.

Le parcours de Rob Pardo est original : à l'université, il a poursuivi des études de criminologie. En parallèle à ses aventures juridiques, il supervisait la production de jeux pour l'éditeur Interplay. Pardo en est venu à créer une start-up de jeu vidéo. L'éloignement géographique l'obligeait à passer une heure au volant chaque jour ce qui l'agaçait profondément. Or, Pardo avait jadis connu Allen Aldham chez Interplay et il s'est rappelé à son bon souvenir.

À cette époque, Blizzard était plongé dans la réalisation du jeu StarCraft.

— Est-ce que tu pourrais regarder StarCraft et nous donner un feedback ? a demandé Aldham. Quelque chose qui permettrait d'en améliorer la qualité.


Pardo s'est retrouvé dans l'honorable position consistant à tester StarCraft en long et en large, tout en fournissant des avis réguliers sur le jeu. De fil en aiguille, sa contribution au design de StarCraft est devenue intense — il s'est notamment distingué en devenant le meilleur joueur recensé de StarCraft. Une blague a même couru à son sujet : l'Intelligence Artificielle de StarCraft joue comme Rob Pardo !

C'est lors de parties sur Everquest que Rob Pardo a eu pour compagnon d'aventure un dénommé Tigole, Jeff Kaplan dans le réel. Ils se sont livrés à de nombreux raids en commun, élaborant au passage un compagnonnage faisant appel à la jugeote, au sens tactique, au flair et à la surprise. Le sentiment a émergé d'avoir repéré un alter ego.

« Lors de l'une de nos conversation, Jeff m'a confié qu'il avait déjà réalisé des créations artistiques sur des niveaux du jeu Half Life », raconte Rob Pardo. « Il m'a également avoué qu'il avait un diplôme d'écriture. Peu après, je lui ai fait savoir ce que je faisais pour gagner ma vie. C'était l'époque où nous démarrions World of Warcraft ce que très peu de gens savaient, y compris chez Blizzard. J'ai demandé à regarder les niveaux que Jeff Kaplan avait développés pour Half Life. Lorsque le moment est venu de recruter un concepteur de haut niveau, je lui ai proposé de venir nous voir et de rejoindre l'équipe »

Au fond, les expéditions que Pardo a menées avec Kaplan et les discussions qui en ont découlé valent les meilleurs tests d'embauche. Quel meilleur laboratoire pour se découvrir et se jauger ? Dis-moi comment tu joues, je te dirais qui tu es !

Kaplan se voit offrir un poste chez Blizzard : lead designer d'un tout nouveau projet, World of Warcraft. Avec ses cheveux bien noirs qui lui donnent l'air hispanique et des petits yeux malins, Kaplan est un individu curieux et attentif, toujours prêt à se remettre en question et avec lequel la moindre discussion semble enrichissante. À l'instar d'un barman de talent, Kaplan est capable de mixer habilement les idées dont on lui fait part pour engendrer un cocktail fameux.

Le 2 septembre 2001, Blizzard dévoile son tout nouveau projet dans la capitale britannique. L'annonce a été préparée avec minutie et depuis quelques jours la tension monte. Depuis la fin août, des images sont quotidiennement apparues sur le site de

Blizzard, annonciatrices de quêtes d'un hypothétique Graal. L'ECTS, la fête londonienne du jeu vidéo va bientôt ouvrir ses portes et il est entendu que quelques happy few pourront en apprendre plus.

L'annonciation a lieu dans une pièce où trônent trois ordinateurs. L'oracle de service est un jovial gentilhomme joufflu à l'allure de plantigrade. Messire Bill Roper, Directeur du développement, est assisté de deux hobereaux. Il lève le voile sur la maquette d'un divertissement en gestation depuis une bonne année : World of Warcraft.

Dès les premières images, l'extase est au rendez-vous tandis que l'on découvre un univers vivement coloré, une forteresse rocailleuse sous un soleil de plomb, de vastes forêts en saison d'automne et de savoureux effets de lumière. Quelque chose qui distille le désir de s'immerger dans ce royaume stylisé.

L'intrigue se déroule quatre ans après la fin du jeu Warcraft III alors attendu. Il se situe sur le territoire familier d'Azeroth dévasté par les récents combats. Tandis que les races s'acharnent à rebâtir leurs royaumes, de nouvelles menaces pèsent sur le monde. Au travers de leur exploration d'Azeroth et de leur acquisition d'expérience, les joueurs peuvent associer leurs forces et surmonter ces fléaux.

S'il ne cache pas son contentement de dévoiler cet avant-projet, Bill Roper demeure sur la réserve, se refusant à en promettre trop. Il est entendu que les joueurs pourront s'entraider, converser, élaborer des guildes qu'ils auront des milliers d'objets à leur disposition : armes, vêtements, éléments de magie... Blizzard ne désire pas cibler World of Warcraft vers les joueurs accoutumés au jeu en ligne mais entend toucher un vaste public, avec des quêtes aisées pour le joueur occasionnel.

À cette époque, Morhaime et ses associés hésitent encore sur le mode de financement du jeu. À la différence de Ultima Online et de Everquest, ils envisagent que World of Warcraft soit gratuit et qu'il accueille de la publicité. Toutefois, diverses études laissent à penser que le jeu pourrait ne pas être rentable dans de telles conditions.

« Tout au long d'un développement de cette taille, toutes sortes de décisions doivent être prises, des petites comme des grandes. Les choix qu'il faut entériner pour un jeu massivement multijoueurs sont très différents de ceux d'un jeu de stratégie temps réel », explique Rob Pardo. « Ainsi, là où les personnages avaient quatre aptitudes, il fallait désormais leur en donner des centaines. »

« Nous avons eu toutes sortes de débats avec l'équipe qui développait Warcraft III afin d'obtenir que les fictions des deux jeux soient homogènes », ajoute Metzen. « World of Warcraft se devait d'être plus flexible afin de procurer une expérience amusante. Or, il nous fallait prendre des décisions qui pouvaient altérer le monde que nous avions développé avec Warcraft. »

En attendant que le jeu en ligne fasse son apparition, les joueurs peuvent se mettre sous la dent Warcraft III qui sort au début de l'année 2002. Cet épisode met en scène l'Invasion du Fléau, des Morts-Vivants créés par un ancien dieu. Face à cette menace, les diverses races s'unissent pour le combattre et ne seront pas loin de l'éteindre.

Avec 2,5 millions d'exemplaires en pré-commande, ce nouvel opus perpétue l'histoire d'amour entre le studio Blizzard et ses fans. On se délecte des Elfes de la Nuit, ces êtres vivant en harmonie avec la Nature et dotés d'un pouvoir d'invisibilité. Du côté obscur de la Force, les Morts Vivants ont le don de recycler les corps de leurs victimes. Dans l'extension Frozen Throne, un prince corrompu du nom de Arthas fait son entrée et devient le champion du Fléau au travers des Chevaliers de la Mort. Il apparaîtra plus tard comme le roi Lich.

Pour des millions de joueurs, l'attente de World of Warcraft est déjà trop longue. Il est suivi d'une déception : en mai 2002, Blizzard annonce que le bêta test se déroulera uniquement aux USA et au Canada. Le studio veut s'assurer que la vitesse de connexion soit suffisante pour favoriser une expérience intéressante. Les serveurs mis en place pourront accueillir de trois à cinq mille joueurs simultanément.

« La décision qui nous a pris le plus de temps, celle qui a occasionné le plus de débats, concernait les mouvements de caméra », confie Rob Pardo. « Fallait-il adopter un point de vue subjectif ou à la troisième personne ? Durant des mois, nous avons basculé d'une décision à l'autre avant de finalement retenir la deuxième. Il en a été de même pour les regroupements de joueurs. Dans Everquest, vous avez des races bonnes et d'autres maléfiques, ce qui n'empêche pas certains regroupements dans le cadre d'une quête particulière. Nous avons préféré suivre une autre route : si vous choisissez de faire partie de la Horde et que je choisis d'être dans l'Alliance avec les humains, alors nous ne pourrons jamais nous regrouper. »

En interne, Chris Metzen et ses collègues réalisent de plus en plus qu'ils se sont attelés à un projet titanesque qui semble ne jamais finir.

« Lorsque nous avons commencé ce projet, nous étions un peu naïfs. Nous n'avions aucunement idée du temps que cela nous prendrait, du gigantisme d'un tel développement », explique Chris Metzen. « Plus les choses ont évolué et plus nous avons réalisé à quel point le système devait être d'une robustesse à toute épreuve et l'ampleur des défis à relever nous a surpris. De la construction du monde à la définition des environnements, des montagnes, des océans, des personnages, des objets, l'ensemble a été une entreprise monumentale. Nous avons connu bien des hauts et des bas », confie Metzen.

Au début de l'année 2004, Blizzard se retrouve confronté à une situation critique. Vivendi, le groupe qui possède le studio ne croit aucunement dans les potentiels de World of Warcraft. Robert de Metz, le Directeur Général Adjoint de Vivendi, confie à un visiteur français qu'il souhaite se débarrasser de ce coûteux projet. Le budget de World of Warcraft s'élève à près de cinquante millions de dollars. Par bonheur, le studio se voit accorder un répit.

Au même moment, la version préliminaire (alpha) est prête. Elle n'est distribuée qu'aux employés et à leur proche famille.

L'accueil est encourageant : il devient courant de voir certains consacrer plus de 24 heures sur cette première mouture de World of Warcraft durant leur week-end. Ceux qui ont pu entrevoir le jeu sont élogieux et s'extasient sur le niveau de détail mais aussi sur l'immense taille du territoire virtuel. Avec leurs larges épaules, des bras allongés et des cheveux épais, les personnages masculins évoquent des vikings. Surprise : parmi les testeurs se trouve la mère d'un membre du personnel et assez vite celle-ci fait monter le mort-vivant dont elle a la charge jusqu'au niveau 21, ce qui est plus haut que le niveau atteint par certains développeurs. Mieux encore, elle se fend d'un message pour demander quand sera disponible le prochain patch (correctif) ! Le monde et les temps changent.

Rob Pardo et ses collègues estiment alors que World of Warcraft devrait avoir une durée de vie de quatre à cinq ans. De temps à autres, ils se montrent audacieux et s'enhardissent à prévoir un million d'abonnés, ce qui constituerait le record pour un jeu en ligne.

En février 2004, Blizzard lance une loterie : « Nous recherchons des bêta-testeurs. Inscrivez-vous et vous recevrez peut-être une invitation. » Comme prévu, cette phase de beta-test est limitée aux USA et au Canada. Les premiers tests démarrent pour de bon alors que le printemps est de retour. Chez Blizzard, l'on pousse un soupir de soulagement en constatant qu'aucun plantage n'est à déplorer. À cette époque, plus de soixante personnes ont déjà participé à son développement.

Le journaliste français Eric Simonovici réside alors à Denver. La chance veut qu'il soit hébergé par un ami canadien qui a été sélectionné au bêta-test de World of Warcraft. Les deux compères se retrouvent à jouer à tour de rôle sur le même compte.

« C'était une découverte fantastique pour l'époque. J'avais l'impression de découvrir un continent fabuleux. Comme un Warcraft devenu vivant... Très vite, l'on réalisait à quel point ce monde était gigantesque. »

L'ampleur de cet univers est d'autant plus perceptible qu'il n'existe d'autre moyen de le découvrir qu'en arpentant ses chemins et sentiers : l'équipe de Blizzard a choisi de ne pas offrir de moyens de téléportation aux joueurs. De ce fait, World of Warcraft comporte un aspect exploration et découverte particulièrement développé.

Dans la mesure où l'univers est encore peu peuplé, l'atmosphère évoque alors celle d'une contrée qui n'a pas encore été colonisée, réglementée. Simonovici l'assimile à « Une sorte de Far West... Un grand terrain vierge et sauvage, avec des pionniers pour l'explorer. »

Le 1er septembre 2004, un jeu en ligne est officiellement lancé sur le sol français. Il ne s'agit pourtant pas de World of Warcraft. Dofus est né dans la région lilloise sous l'impulsion d'un trio : Anthony Roux, Camille Chafer et Emmanuel Darras qui ont fondé la société Ankama au printemps 2001.

Roux a choisi de réaliser le jeu avec la technologie d'animation Flash fort répandue sur le Web, pour que n'importe qui puisse aisément y jouer sur Internet. Il en résulte un style visuel simple et naïf inspiré des mangas.

Dofus est officiellement lancé en version payante et Ankama a choisi un modèle à la Doom avec un démarrage gratuit pour le joueur — s'il veut aller loin, il doit prendre un abonnement qui s'élève à 5 euros par mois.

En ce 1er septembre, le démarrage s'avère plus laborieux que prévu. Camille Chafer et les autres développeurs-maison sortent de trois nuits blanches et ne savent pas encore qu'ils en connaîtront une de plus. Prévu pour le matin même, le top de départ doit être reporté en milieu d'après-midi en raison de corrections de dernière minute. À l'autre bout, derrière leurs ordinateurs, certains joueurs s'impatientent et martèlent la touche F5 afin d'actualiser leur écran, ignorant qu'ils contribuent à saturer inutilement le serveur.

En fin d'après-midi, les serveurs installés à Roubaix explosent suite à une avalanche de demandes. Personne n'avait prévu une telle profusion dès le premier jour !

Les employés d'Ankama découvrent, éberlués, que certains joueurs demeurent connectés soixante-douze heures d'affilée. Habitués des jeux en ligne, ces acharnés ont appris une chose de leur pratique de Ultima Online ou Everquest : les premiers arrivés sur un domaine virtuel sont à même de s'assurer une avance conséquente.

Le soulagement survient lorsque, au bout de plusieurs jours, Roux et ses collègues constatent que de nombreux joueurs sont prêts à payer pour jouer à Dofus.

Le 16 septembre 2004, un événement pour la presse française est organisé à Paris par Blizzard. Un viking du nom de Chris Sigaty mène le bal. Il explique que les responsables de World of Warcraft se demandent encore à quelle date exacte sortir le jeu. Par définition, un univers virtuel n'est jamais achevé. World of Warcraft a-t-il atteint un niveau de qualité justifiant de l'exposer à la foule ? Si oui, le jeu pourrait sortir en novembre et il resterait juste à déterminer ce qu'il faut ôter ou non.

Le 22 novembre 2004, la fin du beta-test s'apparente à une petite fin du monde. Cinq cent mille joueurs sont alors inscrits. Du jour au lendemain, il est entendu que toutes leurs créations seront effacées, que tout serait remis à zéro.

Afin de rendre l'événement théâtral, les responsables du jeu mettent en scène cet Armaggedon et pour ce faire, il jettent dans Ogrimar, la ville des Orcs, des « Inferno » ou énormes créatures de feu et de roches qui sèment le chaos sur leur passage, éliminant tout ce qu'ils rencontrent par leurs pluies de flammes. En dépit de la puissance dévastatrice de l'agresseur, certains joueurs tentent d'organiser une résistance et s'accrochent tant bien que mal.

« Et puis, tout a disparu... », soupire Simonovici.

World of Warcraft doit être officiellement lancé le mardi 23 novembre 2004 à minuit dans le gigantesque magasin Fry's Electronics de Fountain Valley. Une centaine d'artistes de Blizzard sont attendus sur les lieux afin d'apposer leur autographe sur ces copies.

Lors du lancement de Warcraft III qui s'était déroulé dans des conditions similaires, septs cent visiteurs avaient fait le déplacement jusque chez Fry's. Par sécurité, Blizzard a prévu large et livré deux mille cinq cents boîtes au magasin.

Nul ne semble en mesure d'anticiper l'ampleur de l'attente. Dès le lundi à 2 heures de l'après-midi, des fans plantent leur tente devant la boutique. Il se forme bientôt une file qui serpente autour du bâtiment et se prolonge dans le proche parking pour aller se terminer dans la rue. Les membres d'un clan qui s'est formé durant la bêta du jeu se rencontrent pour la première fois dans le réel. La boutique Fry's doit être réorganisée à la hâte afin d'accueillir comme il se doit les acheteurs lorsque sonneront les douze coups de minuit.

Paul Sams, l'un des vice-présidents de Blizzard sort de l'autoroute vers 23 heures et découvre, interloqué, qu'une file de voiture s'est formée sur la bretelle de sortie. Une fois parvenu près de Fry's, il demeure bouche bée devant l'immense foule qui serpente tout autour du magasin. Il est obligé de se garer un bon kilomètre plus loin.

Lorsque résonne l'heure H, le public des joueurs fait preuve de modération : un à un, chacun vient prendre sa copie avant de la faire dédicacer à la table où sont assis les développeurs.

Vers trois heures du matin, il faut se rendre à l'évidence : plus de la moitié des acheteurs risquent de repartir bredouille si Fry's n'est pas approvisionné illico. De fait, ils sont plus de cinq mille à avoir fait le déplacement jusqu'à Fountain Valley. Jay Allen Black, le producteur du jeu, et plusieurs acolytes se voient forcés de rentrer précipitamment au bureau. En ajoutant les copies demeurant dans les locaux de Blizzard à Irvine à celles stockées dans un entrepôt à quelques dizaines de kilomètres, ils parviennent à rassembler deux mille neuf cents unités supplémentaires.

Le 24 novembre au soir, le chiffre tombe : deux cent quarante mille exemplaires de World of Warcraft ont déjà trouvé acquéreur sur les trois marchés initiaux : Amérique du Nord, Australie et Nouvelle Zélande.

Un à un, les joueurs découvrent cet univers s'étendant sur de vastes régions allant de jungles parsemées de ruines à des forêts mystérieuses baignées d'un lumière matinale. Les plus zélés s'acharnent à repérer les centaines de références culturelles parsemées dans le jeu.

« Le bonheur a rapidement laissé place à la terreur », a raconté Paul Sams.

En moins d'une semaine, Blizzard recense autant d'abonnés que le studio pensait en accueillir en un an !

« Nous avons tous été pris de surprise », confirme Metzen. « Jusqu'alors, nous avions eu beaucoup de chance avec nos jeux. Nous nous attendions donc à ce que World of Warcraft s'inscrive sur une même lancée mais pas à ce point... »

En réalité, les dirigeants de Blizzard étaient loin de penser qu'un jeu en ligne payant puisse attirer un large public.

« Ce type de jeu est plus difficile à aborder, plus intimidant car plus complexe qu'un jeu traditionnel », explique Metzen. « Nous n'avions aucunement prévu un tel accueil, une telle excitation, une telle croissance... Cela nous a laissés pantois. »

« Nous n'étions pas préparés à une telle affluence d'abonnés », surenchérit Pardo. « Nous avions basé nos prévisions sur Warcraft III et pensions que World of Warcraft n'atteindrait jamais de tels chiffres. Nous nous étions trompés sur toute la ligne. Durant deux années, notre activité essentielle a été de tenter de mettre l'informatique à niveau. Au cours des premiers mois, les serveurs étaient régulièrement saturés, les temps de réponse ne suivaient pas, les bases de données ne parvenaient pas à suivre. Il nous a fallu des années pour arriver à une vitesse de croisière, à un niveau où nous puissions servir quiconque voulait rejoindre le jeu. »

À Noël, la demande pour World of Warcraft a déjà dépassé celle qu'a connu Everquest : six cent mille copies ont été vendues. Blizzard commence à sérieusement envisager d'acquérir un espace de travail d'une taille trois fois supérieure à celle de ses locaux actuels.

Sise à Vélizy-Villacoublay, à l'Est de Versailles, la filiale européenne de Blizzard lance World of Warcraft le 11 février 2005 en France, en Allemagne, en Espagne et en Italie. Les vingt employés sortent de plusieurs nuits blanches et se tiennent sur le qui-vive. Au bout de 24 heures, ils découvrent que trois cent cinquante mille joueurs ont souscrit un abonnement payant, ce qui surpasse là aussi toutes les prévisions des équipes marketing. Au fil des jours, les joueurs affluent en trombe et la filiale s'active à multiplier les serveurs afin d'accommoder les nouveaux venus.

De son côté, le jeu en ligne Dofus éclate à son tour les pronostics d'Ankama. Neuf mois après son ouverture, il recense déjà quatre cent cinquante mille joueurs, ce qui constitue un phénomène à l'échelle de la France où il est le jeu en ligne n°1. Mieux encore, alors que les fondateurs d'Ankama pensaient que le chemin serait long avant que Dofus soit rentable, il est d'ores et déjà bénéficiaire. Ankama décide de décliner l'univers en créant une filiale qui édite des bandes dessinées.

Une fois que l'on est plongé dans l'épopée de World of Warcraft, le plus difficile est de s'en extraire pour revenir partager les aventures du monde réel. Cet engouement n'est pas sans poser problème dans certaines contrées. À la fin août 2005, le gouvernement chinois expose des mesures visant à limiter la durée consécutive d'une session.

L'administration de Chine entend décourager les interminables parties en lignes et la méthode choisie est radicale : à partir du moment où un joueur s'adonne à World of Warcraft au-delà de trois heures, les aptitudes et compétences de son personnage sont divisées par deux. Au-delà de cinq heures, elles sont réduites à leur niveau minimal, tel qu'au tout début du jeu. Il n'est pas question de se déconnecter pour se reconnecter aussitôt car le système mémorise les temps de jeu effectués.

À la fin de l'année 2005, au sein de la française Vivendi, les financiers ont le sourire. Bien qu'ils ne gaspillent aucunement leurs heures à folâtrer dans les jeux en ligne, ils apprécient de voir que le jeu World of Warcraft, dont ils souhaitaient se délester deux ans plus tôt, a été essentiel dans le retour à la profitabilité : 1 milliard d'euros sur le trimestre !

Dans World of Warcraft, chaque personnage, qu'il soit mage, chasseur, guerrier ou autre dispose d'un statut. L'ambition de la plupart des participants consiste à atteindre le niveau 70. Au-delà, le jeu entre dans une autre dimension où la compétence acquise en terme de magie, maniement des armes ou autres aptitudes donne accès à des épopées inaccessibles aux jouvenceaux. Pour atteindre ce palier, il faut accomplir un certain nombre de quêtes qui peuvent prendre énormément de semaines, une denrée dont ne disposent pas forcément ceux qui ont un job et une famille à gérer. Il s'est donc naturellement développé un commerce autour de World of Warcraft. Un site new-yorkais, IGE.com, vend de façon ouverte des objets et personnages — un niveau 70 est couramment vendu aux alentours de deux cents euros. IGE rachète volontiers les objets et statuts que l'on serait prêt à leur fournir et les revend au double du prix négocié.

En Chine, certains ont flairé la bonne affaire et des ateliers, du nom de « gold farms », ont été créés. Dans ces officines à la limite du clandestin, pour un salaire pitoyable, des petites mains s'activent à récolter de l'or virtuel de World of Warcraft. Ces jeunes asiatiques s'installent dans un lieu retiré du territoire d'Azeroth et s'occupent à tuer des monstres à raison de 12 heures par jour. Un nouvel esclavage ? Les responsables de telles officines répondent cyniquement qu'à tout prendre, leurs employés sont mieux là qu'à l'usine ou dans les rizières.

Les « gold farmers » sont une plaie pour les joueurs véritables qui leur reprochent de ne pas communiquer avec les joueurs usuels et au mieux de les repousser. Une telle pratique est contraire aux règlements de Blizzard qui souhaite privilégier les joueurs authentiques. Plus de trente mille comptes ont déjà été supprimés mais l'éditeur peine à repérer ces intrus.

Au printemps 2007, un correctif du jeu apparaît afin de combattre le « gold farming ». Blizzard fait savoir au même moment qu'un procès a été lancé contre l'organisation qui gère IGE.com.

Le 12 avril 2007, la nouvelle tombe : Robert Kotick qui dirige Activision propose de fusionner cette société d'édition avec Vivendi Games.

C'est en 1990 que Kotick a acquis un quart des parts d'Activision qui partait alors à la dérive. Depuis, la société n'a cessé de croître et dispose de hits énormes, tels que Guitar Hero. A présent, Kotick est prêt à tout pour racheter l'éditeur qui chapeaute World of Warcraft et ses neuf millions d'abonnés payants. Si l'affaire réussit, le groupe issu du rapprochement deviendrait le n°1 mondial. La Bourse réagit positivement à cette éventualité : l'action d'Activision entame une ascension sans précédent.

En France, Dofus compte près de dix millions de joueurs. Ce franc succès a contraint Ankama à emménager dans un bâtiment de six mille mètres carrés au cœur de la métropole lilloise. Forte de son succès dans la bande dessinée, cette société d'édition s'est diversifiée dans le dessin animé. Quelques jours avant Noël 2007, Ankama organise sa 1ère Convention au Grand Palais de Lille. À la table de dédicace, Anthony Roux découvre que cent quarante personnes attendent de faire signer leur album. Tandis qu'il effectue des signatures, il est touché par le témoignage d'une mère de famille qui confie avoir rencontré son mari sur Dofus ! De nombreux fans marquent leur attachement au jeu en apportant spontanément des cadeaux aux fondateurs.

Presque chaque année, le Blizzcon, une convention destinée aux adeptes des jeux Blizzard, est organisée en octobre à Anaheim près de Los Angeles. En 2008, les quinze mille tickets proposés à cent dollars pièce sont vendus en quinze minutes. Les 10 et 11 octobre, Judge Hype, qui tient l'un des principaux sites dédiés à World of Warcraft, est présent. Après avoir rencontré plusieurs développeurs, il ressort avec un sentiment : les gens de

Blizzard sont abordables et pas prétentieux pour un sou. Un matin, il s'est levé tôt afin de se rendre dans une boutique qui vend des goodies. Il a alors été surpris de voir que Jeff Kaplan faisait la queue comme tout le monde avec sa compagne. Avant tout, confie Judge Hype, ils ont le désir ardent de contenter leur public.

« S'ils entendent parler d'un problème, ils disent vouloir le régler ».

Lors de cette Blizzcon, le producteur Jay Allen Black revient sur le succès de World of Warcraft.

« En interne, nous nous disions : un jour peut-être, le jeu aura un million d'abonnés. Nous sommes à dix fois ce chiffre ! »

Durant une visite du campus de Blizzard, Mike Morhaime présente une énorme statue de bronze d'un Orc sur sa monture et se montre facétieux :

— Il est probable que cette statue survivra à tous ceux qui sont dans cette salle. D'ici quelques milliers d'années, les extraterrestres rigoleront peut-être en voyant la tête qu'avaient les humains !

Lors de cette Blizzcon, les visiteurs apprennent qu'un projet de film a été lancé avec Thomas Tull à la production. Il a été entendu que Blizzard pourrait poser son veto si quelque chose ne lui plaisait pas dans le scénario.

Nommé parmi les 100 personnes les plus influentes du monde par Time Magazine en 2006, Rob Pardo aime à ponctuer que ce qui fait la différence concernant Blizzard est l'attention portée aux contrôles de qualité. Régulièrement, une sous-section du jeu est donnée à des testeurs afin qu'ils apportent leur feedback. Est-ce que c'est agréable à jouer ? Comment trouvent-ils les décors ? Comment pourrait-on améliorer les choses ?

Jeff Kaplan va dans le même sens et livre sa propre analyse :

« Nous voulons que nos joueurs aient des tonnes d'amusement dans nos raids. Et nous voulons nous amuser également. De temps en temps, nous avons de folles idées, mais plutôt que de nous dire : 'C'est trop dur', nous disons : 'Comment allons-nous réussir à le réaliser ?'. Cela a été notre but tout du long. »

Le dessinateur Didier Samwise insiste sur un aspect bien particulier :

« Nous faisons des jeux auxquels nous voulons jouer. Nous rendons également nos jeux accessibles au plus grand nombre possible de personnes, ce qui est parfois pénible. Et finalement, je pense que les gens aiment nos jeux car ils ont un certain humour. Il y a beaucoup de moments amusants, des batailles et des personnages très cools. »

De fait, Jay Allen Black, qui est producteur du jeu chez Blizzard, reconnaît jouer à World of Warcraft quinze heures par semaines.

« J'ai été dans l'industrie du jeu durant une douzaine d'années avant que mon père ne semble réellement se soucier de savoir ce que je faisais. Aujourd'hui, il joue à World of Warcraft avec moi et il en est au niveau 70... », confie Allen Black.

Si Blizzard a connu le jackpot avec toutes ses sorties, c'est aussi parce qu'une sélection naturelle est opérée en interne. Une dizaine de jeux qui étaient pourtant bien avancés n'ont jamais vu le jour commercialement, Blizzard préférant annuler leur sortie : Nomad, Raiko, Warcraft Adventures, Games People Play, Crixa, Shattered Nations, Pax Imperia et Denizen.

Dernier point qui a toute son importance ; le fondateur Mike Morhaime est un individu naturel et spontané qui n'a pas changé au fil des ans. En dépit de l'imposante réussite de Blizzard, il est demeuré proche des développeurs, proche des joueurs, accessible. Morhaime a le don de se mouler instantanément dans le rôle de la situation en cours. Lorsqu'il se trouve au milieu d'autres cadres, il se comporte en dirigeant. S'il assiste à une fête, il a la jovialité d'un adolescent. Au milieu de joueurs, il redevient un simple joueur.

Imperceptiblement, Morhaime s'est entouré de gens qui lui ressemblent et les qualités humaines qu'il manifeste se sont retrouvées chez de nombreux employés de Blizzard.

Le succès de World of Warcraft a été une aubaine pour Vivendi. La fusion entre Vivendi Games et Blizzard est intervenue en juillet 2008. Signe des temps : la nouvelle société a été rebaptisée Activision Blizzard. Une consécration en soi. Elle affiche un revenu de quatre milliards de dollars qui la place légèrement au-dessus de Electronic Arts.

Dofus recensait 12 millions d'inscrits au début de l'année 2009. Avec plus de trois cents employés, Ankama s'affirmait comme le deuxième éditeur de jeu vidéo en France derrière Ubisoft.

Est-ce que World of Warcraft pourrait un jour s'éteindre, faute de participants, de nouvelles quêtes et d'engouement ?

« Je ne connais vraiment pas la réponse à cette question », lâche Pardo.

Blizzard a prévu tant d'histoires, tant de quêtes et une telle surface que déjà lors du lancement, les expérimenter toutes relève de l'illusoire. De surcroît l'équipe n'a cessé d'ajouter des quêtes, des objets et de nouveaux endroits à explorer.

Une première extension est apparue en janvier 2007, The Burning Crusade. Le joueur traverse pour la première fois le portail qui mène vers l'autre monde et peut y défier directement les démons.

Une deuxième extension est sortie en novembre 2008, La Colère du Roi Lich, dans laquelle le démentiel Arthas menace de nouveau le monde des humains. Cent trente personnes collaboraient à la maintenance et aux extensions de World of Warcraft au début de l'année 2009.

« Nous continuerons d'élaborer du contenu et une intrigue aussi longtemps qu'il existera des joueurs désirant se frotter à ce monde », conclut Pardo. Autant dire que World of Warcraft semble parti pour ne pas s'achever de sitôt...

## XXIV WII - Junior contre Papy et Maman prend le vainqueur !

Tourner la page... Hiroshi Yamauchi l'envisage. Comme tant d'autres samouraïs, le guerrier a pu avoir l'impression, lors de sa jeunesse, qu'il était une parcelle d'éternité. Las ! En attendant que les dieux en décident autrement, les points de vies alloués aux humains ne sont pas extensibles à l'infini. Tôt ou tard vient le temps où un générique de fin s'en vient défiler sur le paysage.

Quelle serait la valeur d'un sire qui aurait édifié un flamboyant royaume et qui, à l'aube du départ, se contenterait à l'instar de Louis XV, d'un navrant « après moi, le déluge ! » ? Yamauchi appartient à une autre tradition, trempée dans le sens du devoir et de la pérennité.

Nintendo est une entreprise familiale et il eut été facile de s'en remettre à la coutume et céder la place à son fils Katsuhito. Yamauchi sait toutefois que ce dernier manque des qualités d'un meneur de troupe. Après avoir œuvré dans une agence de publicité, Katsuhito Yamauchi a rejoint Nintendo Canada mais n'y est resté qu'une année en raison de la barrière du langage. Il a depuis rejoint le siège de Nintendo et s'est distingué en co-produisant les trois films Pokémon. Il en faudrait davantage pour convaincre le conseil d'administration de sa capacité à prendre le relais.

S'il faut privilégier la famille, le gendre de Yamauchi, Minoru Arakawa, apparaît comme un autre prétendant à la couronne. Toutefois, le beau-père le trouve bien trop timide et gentil. Yamauchi a convoqué un jour Arakawa et lui a jeté au visage qu'il lui fallait se résoudre à devenir « aussi froid et impitoyable » qu'il l'est lui-même. S'il y parvenait, Yamauchi pourrait alors envisager de lui donner les rênes. Lorsqu'ils ont abordé la direction que Nintendo devait prendre dans le futur, Yamauchi et Arakawa ont étalé au grand jour leurs divergences. Peu après son cinquante-cinquième anniversaire, Arakawa a délaissé la présidence de Nintendo of America le 7 janvier 2002 et s'est retiré à Hawaii.

Au fond, Yamauchi n'est pas hermétique à une certaine évolution. En réalité, il pressent qu'il pourrait avoir repéré l'individu-clé, celui qui pourrait remettre Nintendo sur les rails, un être qui manifeste une réelle intelligence du monde du jeu vidéo.

Satoru Iwata se distingue par une vision : celle d'un futur où le jeu vidéo sortirait une fois pour toutes de son ghetto pour s'ouvrir à la famille sans exception, Papy et Mamy compris ! Il plaide pour une métamorphose de Nintendo vers une sorte de Walt Disney du jeu vidéo. Yamauchi n'est pas insensible à ce discours qui au fond, s'apparente à un retour aux sources.

Iwata n'est pas un impitoyable, loin de là. C'est un garçon jovial, pas prétentieux pour un sou. Il serait plutôt de la race de ceux qui entraînent les autres par sa seule présence, sa bonhomie, sa lumière dans les yeux. Avant tout, Yamauchi l'a vu à l'œuvre lorsqu'il s'est agi de préserver un navire en perdition. Satoru Iwata est demeuré obstinément à la barre jusqu'à ce que la tempête se calme et a fait preuve, tout en force tranquille, d'une trempe qui ne rompt point...

La scène se situait durant les années 1990. Satoru Iwata était alors un programmeur de HAL Laboratory, un studio opérant exclusivement pour le compte de Nintendo. À l'instar d'un Harry Potter asiatique, ce petit homme aux lunettes avec des cheveux bien fournis séparés par une raie impeccable, dégageait déjà un sacré charisme.

Iwata avait rejoint HAL Laboratory en 1982 et avait alors dû braver l'immense déception de sa famille, où l'on assimilait le jeu vidéo à un métier indigne de la lignée. Durant six mois, son père ne lui avait pas adressé la parole !

L'esprit de synthèse et la finesse d'Iwata en avait surpris plus d'un chez HAL Laboratory. Si l'on évoquait un souci quelconque dans l'un de ses programmes, il était capable de visualiser immédiatement la ligne de code correspondante. Iwata manifestait déjà le désir d'aller vers le public. Le jeu dont il avait supervisé la réalisation, Kirby Dreamland, avait été conçu de façon à ce que n'importe qui puisse y jouer.

Durant l'année 1992, HAL Laboratory avait frôlé la faillite et le conseil d'administration avait jugé opportun de donner les manettes à Iwata. Du haut de son trône, Yamauchi avait observé d'un œil d'aigle les tribulations de Satoru Iwata durant les sept années où il s'était employé à sauver HAL Laboratory. C'est en tant que redresseur d'entreprise qu'Iwata avait gagné l'estime de l'empereur.

En l'an 2000, Iwata s'est vu invité à rejoindre Nintendo. Il s'est retrouvé dans ce grand immeuble blanc de forme cubique qui de l'extérieur évoque une GameCube géante en bordure de Kyoto. Iwata a joué un rôle important dans l'élaboration de quatre titres-clés de la nouvelle console : Super Mario Sunshine, StarFox Adventures, Animal Crossing et Zelda The Wind Waker.

Le lancement japonais de la GameCube en septembre 2001 est un désenchantement : sur les cinq cent mille consoles mises en vente la première semaine, seules deux cent mille quittent les étals. Il est vrai que trois titres seulement sont disponibles et qu'aucun d'eux n'est fracassant. Le tableau est d'autant plus pénible qu'assez vite, la PlayStation 2 affiche des ventes hebdomadaires jusqu'à quatre fois supérieures à celles de la GameCube.

La Xbox de Microsoft, qui sort au même moment a aussi le potentiel de lire les DVD et se montre taillée pour le jeu en réseau. Au niveau des performances, elle en met plein la vue. Sur Halo, un Quake-like qui se déroule sur une planète en forme d'anneau, la sensation de volume et de finesse est frappante. Lorsque l'on s'approche d'une plante, on a l'impression que l'on pourrait en caresser les feuilles.

A la fin du premier trimestre 2002, la PS2 de Sony, tirée par des titres hors pair tels que Metal Gear Solid 2, domine clairement le marché avec plus de onze millions d'appareils en circulation sur le continent américain. De son côté, la Xbox a fait si fort qu'elle a ravi la seconde place à la GameCube. Six mois après son apparition, la machine de Microsoft dispose d'une base installée proche de trois millions de consoles aux USA et dépasse la GameCube de cinq cent mille unités. Microsoft a réussi son pari de s'imposer comme nouveau venu sans toutefois faire de l'ombre à la PlayStation 2. Déçu, Seamus Blackley qui a été à l'origine du projet Xbox, donne sa démission de Microsoft.

Le tableau est bien triste pour Nintendo. Satoru Iwata, pour sa part, a son analyse sur la question. Selon lui, les constructeurs de consoles sont entrés dans une course infernale de la puissance. Or, il estime que cette escalade des armements est devenue vaine : l'amélioration graphique des nouvelles consoles n'est plus aussi flagrante que durant les années 1990. En attendant, cet état de fait engendre des jeux dont le développement est de plus en plus coûteux. Le ticket d'entrée est même devenu si élevé que seuls de très gros éditeurs sont en mesure de financer les nouveaux titres. La vision de Iwata trouve un écho chez Yamauchi : ce poulain est talentueux et ses idées sont saines.

« Iwata est doté des instincts nécessaires à la survie de ce business », juge Yamauchi.

Un après-midi de mai 2002, Satoru Iwata est convoqué dans le bureau de Yamauchi. Durant deux longues heures, le président se lance dans une tirade relative aux défis qu'il a dû relever durant son demi-siècle aux commandes de Nintendo, une épopée qui a fait de lui l'un des hommes les plus riches du Japon.

D'autres entrevues succèdent à la première à tel point que Iwata en vient à se demander ce que Yamauchi cherche au juste : envisagerait-il de le licencier ? Il n'en est rien : le président veut simplement s'assurer d'avoir fait le bon choix. La passation de pouvoir intervient quelques jours plus tard, le 31 mai 2002. À l'âge de 47 ans, Satoru Iwata devient le 4ème président de Nintendo et le plus jeune membre du conseil d'administration.

Yamauchi conserve un rôle de conseiller aux affaires. Avant de quitter son poste, l'homme qui a dirigé Nintendo durant cinquante années veille à lui transmettre un principe : « La différenciation est le point-clé ».

Durant l'été, au cours d'une conférence de presse, le consultant Yamauchi revient sur les raisons du choix de Satoru Iwata :

« Il faut un talent particulier pour diriger Nintendo et c'est sur cette base que j'ai choisi Iwata. Je pense qu'il est le meilleur pour ce job ».

Au passage, il fait preuve d'une combativité inaltérée et crache le feu :

« Lorsque vous évoquez la soi-disant victoire de Sony, vous devez prendre en compte que leur succès est très récent et que leur destinée est à même de changer ! »

Microsoft veut frapper vite et fort et le service Xbox Live qui mise sur le jeu en ligne est lancé dès novembre aux USA. Propulsée par cette perspective, la Xbox connaît bientôt des ventes deux fois supérieures à celles de la GameCube.

Relégué à la sombre position de numéro trois, Nintendo paraît fragile : Sony comme Microsoft disposent d'énormes sources de revenus étrangères au jeu vidéo, ce qui facilite des investissements de taille en Recherche et Développement. Face à ces mastodontes, la société de Kyoto paraît engagée dans une bataille perdue d'avance.

L'année est décidément noire pour Nintendo. Sur le Vieux Continent, la Commission Européenne accuse le géant japonais de pratiques anticoncurrentielles remontant au début des années 1990. L'amende décrétée — cent quarante-neuf millions d'euros — est l'une des plus sévères jamais appliquées par la commission.

S'avouer vaincu ? Pas si vite !... Maître à bord, Iwata est désormais libre de transformer ses convictions en réalité. C'est un véritable pari qu'il prend alors, engageant au passage l'avenir de Nintendo.

L'idée forte qui anime le nouveau président est fondée sur une théorie française développée au début des années 2000 par Chan Kim et Renée Mauborgne, Blue Ocean Strategy (stratégie de l'océan bleu). Fondamentalement, elle pose que, plutôt que de se battre sur un secteur où la situation est difficile, il est préférable de développer un nouveau marché.

Partisan de la stratégie de l'Océan Bleu, Iwata martèle son credo personnel : il faut s'imposer auprès de la population demeurée réfractaire aux jeux vidéos. Et si au lieu de se battre sur la puissance des consoles, l'on s'adressait à la famille au sens large, en incluant les parents et même les grands-parents ?

Si l'idée paraît rétrospectivement lumineuse, Iwata doit affronter une vive résistance interne. Les membres du conseil d'administration, les actionnaires, les experts du domaine partagent un même dogme : il est impossible d'élargir le marché des joueurs. Iwata se bat bec et ongles, faisant sien le principe de différenciation énoncé par Yamauchi. À chaque fois, il réaffirme une seule et même direction :

— Il faut élargir la population des joueurs !

Par chance, Iwata dispose d'un allié en interne. Shigeru Miyamoto est tout aussi convaincu qu'il faut changer le fusil d'épaule. Au lieu de jouer la surenchère au niveau du matériel, Nintendo doit inventer de nouveaux usages. Le phénomène Pokémon a montré qu'il existait une autre voie, celle consistant à proposer des jeux drôles à même de plaire à tous.

L'affable quinquagénaire Genyo Takeda avec ses cheveux grisonnants et ses lunettes rondes est responsable du développement des consoles. Cet ingénieur en électronique dévoué corps et âme opère chez Nintendo depuis 1972 et a fortement contribué à la création de la SNES, la N64 et la GameCube.

Si la réflexion relative à de nouveaux appareils a démarré juste après le lancement de la GameCube, la nomination d'Iwata à la présidence bouleverse les priorités. Sous son impulsion, les ingénieurs reçoivent pour feuille de route de suivre un chemin qui s'écarte des sentiers mille fois battus du « plus rapide et plus puissant ». Le mot d'ordre : un jeu vidéo ne se résume pas à de beaux graphismes.

Iwata organise une grande enquête mondiale afin de déterminer pour quelles raisons des tranches entières de la population demeurent réfractaires aux jeux vidéo, alors que tous regardent des films ou écoutent de la musique. Dans chaque continent sondé, trois leitmotivs ressortent :

1. « Les jeux vidéo sont trop complexes et leurs interfaces suscitent de l'anxiété. »

2. « Dans les jeux que je vois, aucun ne m'intéresse. »

3. « Je n'ai pas de temps pour jouer, l'investissement demandé en temps est trop important. »

Parmi ceux qui donnent la troisième réponse figurent d'anciens joueurs qui disent ne plus disposer de plusieurs heures par semaine à consacrer à ce loisir. Ils concèdent cependant qu'ils seraient prêts à jouer à des jeux plus courts.

Ces trois facteurs sont pris en compte pour les nouveaux développements.

Pour la future Wii, Iwata caresse une ambition : élaborer une console qui changerait le lien entre les gens et le jeu vidéo. Un appareil qui trouverait naturellement sa place dans le foyer et que chacun pourrait s'approprier. La réflexion qu'il suscite amène Takeda à se poser des questions d'un autre ordre que la vitesse des processeurs. Ainsi, dans un contexte d'utilisation familiale, une console devrait demeurer allumée 24 heures sur 24, ce qui implique une faible consommation d'énergie et donc, des puces de taille réduite. L'équipe de Genyo Takeda en conclut que la Wii pourrait avoir une taille resserrée. Iwata adhère à cette suggestion et enfonce le clou. La belle devra imposer discrètement sa présence auprès du téléviseur. Et Iwata de décréter une limite : « Sa taille ne devra pas excéder l'épaisseur de deux à trois boîtes de DVD ! »

En parallèle, Nintendo planche sur une nouvelle console de poche. Le bruit court que Sony va se lancer sur ce marché et suite à la déconfiture subie face à la PlayStation, il convient de ne pas se reposer sur les lauriers de la Game Boy. Lors d'une réunion au sommet, le vénérable Hiroshi Yamauchi qui agit désormais en tant que consultant est saisi d'une illumination :

— Pourquoi ne referions-nous pas une console à deux écrans ?

Yamauchi fait référence aux très populaires Game & Watch lancés vers le début des années 1980. À cette époque, la concurrence de la part de constructeurs tels que Bandai avait poussé Yokoi Gunpei, créateur des Game & Watch, à sortir de nouveaux jeux assortis de deux écrans. Yamauchi met son poids dans la balance :

— Faites-moi confiance, je pense que cela devrait marcher. Si jamais cela devait se planter, je ne me mêlerais plus jamais des affaires de Nintendo !

Le projet d'une nouvelle console de poche démarre ainsi avec l'option de mettre à contribution deux écrans. C'est d'une telle caractéristique qu'elle va tirer son nom de DS, abréviation de Dual Screen (Double Ecran).

Quid des autres options ? En la matière, il existe une constante chez Nintendo : c'est à partir des jeux que les développeurs aimeraient réaliser que l'on conçoit les interfaces. Or, s'il est un projet que Miyamoto suit de près, c'est le Boku To Inu (Mon chien et moi), que chapeaute un bon vivant, Hideki Konno. Entré chez Nintendo en avril 1986, Kono a supervisé des jeux éminents comme Mario Kart et The Legend of Zelda The Wind Waker. Souvent affublé d'un béret, il adore le cyclisme qu'il pratique chaque semaine.

Depuis de nombreuses années, Miyamoto caresse la possibilité de réaliser un jeu autour des chiens, animaux qu'il affectionne particulièrement. Le projet dirigé par Hideki Konno — et qui va devenir Nintendogs — retient donc toute son attention.

En cette fin d'année 2002, un gadget cartonne sur le sol japonais, le Bow Lingual de Takara. L'on place cet appareil autour du cou de son chien et par la suite, dès qu'il aboie, des mots s'affichent sur un écran : « je suis triste », « je veux jouer », « j'ai faim »…. En gros, l'objet fait office de traducteur de langage canin. En découvrant le Bow Lingual, Miyamoto s'est inquiété : « on est en train de nous piquer l'idée de Nintendogs ! »

Le concept d'un élevage de chiens dicte à lui seul l'interface souhaitée pour Nintendogs. Il importe que l'on puisse parler à l'animal, l'appeler, lui donner des ordres… De ce fait, la présence d'un microphone avec reconnaissance vocale s'impose.

Là n'est pas tout. Le joueur doit pouvoir jouer avec le chien et l'interface devrait donc permettre d'interagir avec lui. Pour un tel usage, les croix de direction sont inappropriées. Hideki Konno, souhaite qu'il puisse s'opérer un contact direct entre le joueur et son animal. Que l'on puisse le caresser, lui jeter un Frisbee… Pas de doute, une interface tactile s'impose.

La direction artistique de Nintendogs est confiée à un programmeur trentenaire, Kiyoshi Mizuki à qui l'on doit Luigi's Mansion. Il est assisté d'une équipe de vingt personnes.

Mizuki a un souci premier : il ne s'y connaît aucunement en matière de chiens. Afin d'y remédier, il acquiert un chiot de la race shiba — une race japonaise dont le pelage rappelle celui du renard. Le chiot de Mizuki devient un sujet d'observation quotidien et un habitué des bureaux de Nintendo. Mizuki prend contact avec une école d'élevage de chiens proche du lac Biwa, à côté de Kyoto, et observe sans relâche les cabots. Comment vivent ces animaux, quel est leur caractère, leur comportement, de quelle façon jouent-ils ?

Quid de l'interface de la Wii ? L'idée d'une manette sans fil va émerger tandis que l'autre équipe planche sur la DS. L'esprit de la petite console guide celui de la grande et il est d'abord envisagé d'installer un panneau tactile sur la manette. Genyo Takeda et ses collègues se demandent également s'il ne serait pas judicieux de développer un appareil de pointage proche de la souris des ordinateurs. De son côté, Satoru Iwata plaide en faveur du sans fil. Les premiers essais ne sont pas concluants : la technologie de détection des mouvements n'est pas assez précise.

Au mois de septembre 2003, la PlayStation 2 a dépassé les soixante millions d'exemplaires. Le rythme de fabrication s'élève à trois millions de consoles par mois afin de satisfaire l'incessante demande et la perspective des cent millions n'est plus très éloignée. Dans la France profonde, la boîte noire est installée sous le téléviseur dans un nombre impressionnant de foyers. Le terme « PlayStation » est devenu aussi répandu que jadis celui de « walkman ».

La Xbox, pour sa part a séduit près de quinze millions de consommateurs. Pas de quoi se pavaner, mais pas de quoi rougir non plus, car Microsoft a tout de même réussi à s'imposer comme le numéro deux.

Rétrogradé à la troisième place, Nintendo doit faire face à une rude situation. Les distributeurs ont stocké un nombre de GameCube largement supérieur à ce qu'ils parviennent à écouler. En attendant que la demande se dessine à nouveau, la production de la console est suspendue. En novembre, Nintendo déclare une perte sur le semestre, pour la première fois depuis que la société fabrique des consoles.

La position de Nintendo est si affaiblie qu'une étrange rumeur circule. L'éditeur américain Electronic Arts a mis de côté un trésor de guerre — 3,1 milliards de dollars — et il est entendu qu'il pourrait se lancer dans un rachat d'envergure. Certains prétendent que Nintendo pourrait figurer parmi les proies potentielles.

Chez Sony comme chez Microsoft, l'on prépare les futures batailles avec une même constante : l'escalade technique. Chez Sony, Ken Kutaragi fait miroiter une PlayStation 3 qui serait jusqu'à mille fois plus puissante que la PS2. De son côté, Microsoft déclare investir deux milliards de dollars sur cinq ans afin de rendre la Xbox 360 indéniablement supérieure, notamment pour le jeu en ligne. Au menu des deux consoles : des images d'un réalisme saisissant calculées en temps réel. De quoi faire entrer le jeu vidéo dans une nouvelle phase de son histoire.

« Il n'est pas facile pour un fabricant de tourner le dos à son passé et de prendre une direction totalement différente », a commenté Iwata.

Plus que jamais, Satoru Iwata doit convaincre les actionnaires afin de justifier d'avoir engagé la société de Kyoto sur une toute autre voie, abandonnant la bataille technique pour séduire un public qui n'existe pas encore.

Avec 70% de part de marché, se pourrait-il que Sony ait définitivement gagné la partie ?

À la mi-décembre 2003, durant une conférence de presse, Satoru Iwata reconnaît de manière implicite qu'un nouveau type d'appareil serait à l'étude dans les laboratoires. Il n'en faut pas davantage pour déclencher un déluge de questions et supputations.

Le 20 janvier 2004, le président de Nintendo infléchit son mutisme face à l'avalanche des requêtes et concède qu'il s'agira d'une console de poche à deux écrans appelée à révolutionner le jeu vidéo. Hélas, ses arguments échouent à convaincre. Que dire ; Iwata sait pertinemment que l'on ne peut juger de cette sensation qui s'appelle DS qu'après l'avoir eue en main. Il est encore trop tôt.

Tandis que sur le Web, des graphistes proposent maints visuels afin d'imaginer à quoi pourrait ressembler cette DS, en février, le magazine japonais Famitsu publie le résultat d'une enquête menée auprès des développeurs qui ont reçu la mystérieuse bestiole. Il en ressort que plus de neuf sur dix ont craqué pour l'objet et envisagent de jolis projets. Peu après, à la suite d'une indiscrétion, un site hollandais parvient à publier les spécifications de la « Nitro » (nom de code de la DS). Techniquement, elle laisse les spécialistes sur leur faim.

Le matin du 11 mai 2004, alors que la conférence de Nintendo n'est prévue qu'à 20 heures au salon E3 à Los Angeles, le magazine USA Today publie une photographie de la fameuse DS. Nul ne sait comment le quotidien américain a pu mettre la main sur ce document. Si l'habillage de l'écran et la position des boutons ne sont pas définitifs, l'aspect est proche du modèle que l'on verra apparaître à la fin de l'année. Tel quel, l'objet confirme la déception : le prototype qui apparaît sur les pages de USA Today ressemble à un jouet. Sony a parallèlement dévoilé sa future PSP et elle en jette, avec ses formes futuristes et un aspect plus mature, en phase avec le public actuel des joueurs.

Le soir-même, Satoru Iwata dévoile officiellement la DS tout en émettant des réserves : « Ce n'est pas la version définitive ! » La fonction tactile est immédiatement mise en avant. Sur PacPix, on dessine son Pac-Man à même l'écran et il s'anime alors. Dans Moontrip, l'on voit descendre un petit Mario et l'on doit dessiner des nuages pour enrayer sa chute. Yuji Naka, le créateur de Sonic est enthousiaste lorsqu'il décrit le jeu qu'il prépare, Feel the Magic. « On peut souffler sur la console et voir une bougie qui s'éteint. Ou encore, on va souffler pour faire avancer un voilier ! »

Pour sa part, Sony présente la PSP comme « le walkman du 21ème siècle ». Est-elle appelée à gagner la partie tout comme ses grandes sœurs ? Pas si sûr. En réalité, les premières études de marché publiées au Japon montrent que la DS attire le public nippon. Un mois avant la sortie de la PSP, Sony paraît prendre la mesure de l'urgence et baisse soudainement le prix de la PSP de 10.000 yens (environ 80 euros).

Il manque encore à la console tactile de Nintendo quelques titres qui mettraient en avant la nouvelle orientation vers les familles au sens large. Le plus vieux membre du conseil d'administration de Nintendo soulève un détail important : il rappelle qu'au Japon le nombre de seniors ne cesse de croître. et que cette population ne demande qu'à être divertie. Le Directeur des Opérations Financières de Nintendo suggère alors de s'intéresser au livre Entraînez votre cerveau du professeur Ryuta Kawashisma, qui connaît un beau succès. Et si Nintendo développait un jeu reprenant les exercices évoqués dans le livre ?

Captivé, Satoru Iwata demande à rencontrer le docteur Kawashima. Il s'avère que la chose n'est pas facile : le seul créneau disponible sur le calendrier du professeur est le 2 décembre, et il s'agit du jour du lancement de la DS ! N'ayant pas d'autre choix, le président de Nintendo se plie à l'emploi du temps du professeur.

La DS est lancée le 2 décembre 2004 au Japon, quelques jours avant la PSP. À première vue, entre les deux, il semble qu'il n'y ait pas photo. La PSP sert non seulement de console de jeu mais aussi de lecteur de films et de chansons et affiche des graphismes d'une belle finesse. En face, engoncée dans son écrin métallique, la DS paraît lourdingue et d'ailleurs, en interne, les développeurs l'appellent couramment « le tank ». De plus, dans cette première version, elle dispose d'un écran peu lumineux.

Le même jour, Iwata rencontre le professeur Kawashima. La réunion qui devait initialement durer une heure se transforme en une longue séance de brainstorming tandis que Kawashima expose les fondements de ses études sur l'intelligence.

Dès son retour à Kyoto, Iwata assigne à neuf développeurs-maison la tâche de développer le jeu. Il assortit la demande d'une échéance : une version jouable de Quel âge a votre cerveau ? doit être prête d'ici quatre-vingt dix jours en vue d'une démonstration publique. Mission impossible ?

2004 se termine de façon prometteuse : la DS a séduit le public japonais. À la fin de l'année, Nintendo recense un million et demi de ventes alors que la PSP peine à suivre, en partie pour des raisons de ruptures de stocks invoquées par Sony.

Le succès de la petite console est de bon augure. Il incite à développer pour la Wii une interface originale et naturelle. Ikeda qui supervise le design de la manette, a découvert que ses propres parents ont exprimé un intérêt pour la DS ! Voilà qui ne peut qu'inciter à la créativité.

« Nintendo est une société où vous recevez toujours des louanges lorsque vous vous écartez du chemin attendu ! » commente Ikeda.

Une idée phare guide les essais : considérer la manette comme une extension du joueur.

— Elle doit vous donner envie de la prendre en main, explique Ikeda.

Miyamoto a son idée là-dessus.

— Je ne veux pas d'une manette pour laquelle les gens se demanderaient s'ils sont capables de l'utiliser.

Ikeda est secondé par Kenichiro Ashida, qui a auparavant conçu les manettes de la SNES, de la N64 et de la GameCube. Pour la Wiimote, Ashida réalise un nombre considérable de maquettes. Au départ, il imagine un joueur assis devant son téléviseur qui tient la manette sans fil à deux mains. L'option est écartée et d'autres sont envisagées : ne pas servir du tout des mains, placer la manette sur la tête... À un moment, Miyamoto sort son téléphone mobile et lance un défi :

— Est-ce que nous pourrions faire quelque chose ressemblant à cela ?

Le pragmatisme amène à tempérer certains essais. Genyo Takeda imagine un pointeur, Ikeda une sorte de bâton... Cette forme va primer. Elle est d'abord baptisée gunbai en référence à l'éventail utilisé par les arbitres au sumo. Un élément va donner du fil à retordre aux ingénieurs : la manette a tendance à réagir aux lumières phosphorescentes pouvant se trouver dans une pièce.

Le souci essentiel lié à une manette sans fil est ailleurs. Les technologies de capture de mouvement fonctionnent avec soixante signaux par seconde et ne sont donc pas assez précises pour une interaction courante. Par bonheur, une nouvelle technologie vient d'apparaître avec une précision quatre fois plus grande.

« C'est la seule idée que j'ai proposée à Ikeda en ce qui concerne la manette », confie modestement Genyo Takeda. Ce détail est pourtant essentiel.

Il reste à définir la forme du capteur que l'on placera sur le téléviseur. Il paraît impossible de le positionner au dessus du poste étant donné que les écrans plats sont en train de faire leur entrée dans les salons. Ashida propose un grand nombre de prototypes à Miyamoto qui les rejette un à un avant d'accepter la discrète baguette placée à la base du poste de télévision.

Dès la première fois où il assiste à une démonstration du « bâton » dans une salle de conférences, Iwata est électrisé. Pour la première fois, il ne ressent ni frustration ni désagrément.

La réaction est tout aussi enthousiaste du côté des développeurs. Aussitôt qu'ils ont la manette Wiimote en main, ils imaginent comment ils pourraient la mettre à profit.

« J'ai souvent eu pour tâche d'expliquer les fonctions de la manette. En réalité, ce n'est qu'une fois que les gens l'avaient en main que leur visage s'éclairait », confie Takeda.

À l'usage, certains studios de développement clament qu'une seule manette est insuffisante. Pourquoi ne pas en prévoir une seconde, ce qui permettrait d'utiliser les deux mains pour certains jeux ? Ashida y réfléchit longuement. Un jour, plutôt angoissé, il débarque dans le bureau de Iwata pour lui montrer le Nunchuk. Le chef donne son aval !

Soucieux d'aller dans le sens d'une console pour la famille, Satoru Iwata va suggérer une fonctionnalité. Les parents pourraient vouloir dicter une règle : l'enfant joue une heure et pas plus. À l'issue d'une telle durée, la console s'éteindrait automatiquement tout en veillant à sauvegarder auparavant les données de jeu. La proposition de Iwata soulève cependant une opposition farouche. À défaut, il est décidé que la Wii enregistrera l'historique de jeu de façon ineffaçable, ce qui permettra aux parents d'évoquer la chose après coup.

Fidèle à son habitude, Ubisoft juge opportun d'être présent sur la Wii dès 2004.

« Nous étions alors le seul éditeur de la profession à croire que Nintendo pouvait revenir en force », raconte Yves Guillemot.

Satoru Iwata est venu à Paris afin d'expliquer la nouvelle direction prise par Nintendo. Il a lui-même effectué une démonstration des potentiels de la nouvelle console et ce que cela peut donner avec un des personnages-maison. Il a ensuite mis les Français au défi :

— Montrez-nous ce que vous pouvez proposer !

En premier lieu, Ubisoft décide de développer un jeu de tir pour la Wii, Red Steel. En parallèle, un autre projet démarre à Montpellier sous l'égide de Michel Ancel. Il s'agit de la 4ème version de Rayman et dans cet opus, le héros maison est opposé à une bande de lapins crétins. Comme à l'accoutumée, Rayman 4 est prévu pour plusieurs plateformes et pourquoi pas sur la Wii ?

Nintendogs sort en avril 2005 au Japon. L'apparition de ce jeu donne un coup de fouet immédiat à la DS. Durant la première semaine de commercialisation de Nintendogs, les ventes de la console tactile de Nintendo sont multipliées par cinq. La petite DS se paye même le luxe de dépasser les ventes de la PSP et de la PlayStation 2 à la fois ! Le retour en force est confirmé.

Un premier prototype de Wii arrive dans les bureaux de Montpellier, alors que l'équipe de Michel Ancel s'active sur Rayman et les Lapins Crétins. Ce n'est encore qu'un prototype disgracieux de couleur noire, agrémenté de petites lumières.

« On aurait dit une machine de guerre produite en Allemagne de l'Est », s'amuse Michel Ancel.

La sensibilité de la manette est encore imparfaite. Par ailleurs, elle est truffée de boutons. Il n'empêche, les mini jeux liés aux lapins crétins ont une sacrée allure sur la Wii !

La première présentation publique de la Wii se profile et son aspect extérieur n'est toujours pas arrêté. Une préoccupation demeure : de nombreux utilisateurs ont déploré que la GameCube ait l'apparence d'un jouet. L'âge des utilisateurs de console n'est plus le même que durant les années 1990.

Kenichiro Ashida réfléchit à une forme « que tout le monde

pourrait apprécier ». Pour ce faire, il est épaulé par une équipe de designers. Vers le début du printemps, ceux-ci ont l'idée d'un socle sur lequel l'on poserait la console. Iwata donne immédiatement son accord.

Peu après, Genyo Takeda fait irruption dans une réunion de design et montre la fente du lecteur de disque :

— Il faudrait que ce soit éclairé ici !

La lumière bleue va désormais éclairer la fente de la Wii.

Le 17 septembre 2005, Satoru Iwata monte sur la scène du Tokyo Game Show afin de présenter la future Wii et son contrôleur. À la fin de la vidéo présentant la manette, la salle réagit par un pesant silence. Comme si les joueurs ne savaient comment interpréter la nouvelle approche.

Microsoft est le premier protagoniste à ouvrir le feu en lançant la Xbox 360 avec une forme stylée dès décembre 2005. C'est un homme dont le visage rappelle celui d'un diablotin qui mène la danse : Peter Moore, auparavant président de SEGA USA. Pour illustrer sa dévotion à la tâche, Moore n'a pas hésité à se faire tatouer la date de sortie de Halo 2 sur le biceps.

Au même moment, en France, la filiale de Nintendo est désemparée : Nintendogs est en rupture de stocks !

Le succès de la DS redonne naissance à une économie que l'on croyait disparue, celle de studios de taille ultra réduite, parfois limités à un seul programmeur.

Au début de janvier 2006, Camille Guermonprez se retrouve sur le pavé, après avoir été licencié de la société d'édition de jeux qu'il avait créée. Aurélien Regard, auparavant graphiste dans la même boîte, lui adresse un long message pour lui faire miroiter un projet longuement caressé : un casse-briques ludique pour la DS qui s'intitulerait Nervous Brickdown.

Voilà plus d'un an que la DS titille Regard. Il a eu la chance de pouvoir l'acquérir dès sa sortie et en est immédiatement devenu « dingo ». Son enthousiasme est tel qu'il tient un blog dans lequel il alimente la chronique des moindres actualités liées à la DS.

Camille Guermonprez investit les deniers glanés lors de son licenciement dans une start-up, Arkedo. Il ne lui manque qu'un ingrédient essentiel : un développeur accoutumé à la DS, denrée rarissime. Faute de mieux, Guermonprez et Regard interviewent plusieurs programmeurs ayant une expérience sur la Game Boy Advance. Hmm... Pas facile de les convaincre de rejoindre un tout nouveau studio qui n'a pour projet qu'un casse briques sur DS !

— Pourquoi ne développez-vous pas sur PSP comme tout le monde ? s'entendent-ils dire.

À la fin du mois de février, alors que Camille Guermonprez désespère de trouver l'oiseau rare, un ancien développeur de Cryo, Eric Gâchon, est repéré. Gâchon est un rusé et cela leur plaît bien : pour entrer chez Cryo, il a prétendu maîtriser la programmation de la Game Boy alors qu'il n'y connaissait rien !

Seul souci, Gâchon s'est installé avec femme et enfants dans la Sarthe et ne souhaite pas résider dans la capitale. Une solution est mise en place : le programmeur passera le lundi et le mardi à Paris et pour le reste, progressera à domicile. Les trajets de train ne seront pas perdus : Gâchon est capable d'écrire sur papier le code de ses programmes s'il n'a pas d'ordinateur sous la main.

Arkedo élit domicile dans une cour intérieure rue d'Enghien à Paris, dans la remise d'un photographe. Il reste une ultime étape à franchir : obtenir de Nintendo le droit de créer un jeu. Seuls les « Développeurs Officiels Nintendo » peuvent acheter le kit de développement nécessaire pour créer des jeux DS. Par chance, passer sous les fourches caudines n'est pas bien ardu — les conditions vont se durcir par la suite. En ce début d'année 2006, Nintendo demande juste de fournir le nom d'un éditeur qui serait intéressé à publier le jeu.

Que faire ? Guermonprez et Regard trouvent une oreille réceptive chez Neko Entertainment. À Montreuil, ils exposent le projet Nervous Brickdown à Laurent Lichnewsky, un homme posé et carré, et son directeur commercial, un énorme black bouillonnant d'énergie, Cédric Bache. Au bout d'une heure, la réaction tombe :

« C'est génial ! Nous n'éditerons jamais cela. Toutefois, nous voulons bien faire semblant pour que tu aies le droit de commencer ! Cela nous fait plaisir d'aider des boîtes à démarrer. »

L'autorisation de Nintendo tombe quelques jours plus tard.

La DS originelle a eu deux vies. La deuxième démarre le 2 mars 2006 au Japon avec l'apparition de la DS Lite. La nouvelle venue a l'effet d'un détonateur.

Incontestablement, la DS Lite paraît plus appropriée à un public adulte. Stylée, de taille réduite, son aspect blanc cassé rappelle celui de l'iPod d'Apple et son écran lumineux affiche de meilleures images. Pour couronner le tout, la DS Lite sort en même temps qu'un jeu phare, Dr Kawashima, Quel est l'âge de votre cerveau ?

En France comme ailleurs, la courbe de ventes de la DS amorce une envolée. Clairement, de nouveaux publics jusqu'alors indifférents aux jeux vidéo ont accroché. Qui de la DS Lite ou de Dr Kawashima a été le détonateur ? Impossible de le dire.

Au printemps 2006, Ubisoft opère un constat. Le jeu Rayman et les Lapins Crétins ne sera jamais prêt pour la fin d'année. En revanche, l'adaptation du jeu sur la Wii a démarré depuis plusieurs mois et elle suscite une approche originale et fort attrayante. Petit à petit, un changement de cap se dessine : et s'il l'on ne conservait que les petits jeux développés autour des ennemis de Rayman, les mangeurs de carottes débiles ? Ce serait un « party game », à l'image des Mario Party.

Lors du salon E3 de mai 2006 à Los Angeles, Shigeru Miyamoto se sert de la manette Wiimote pour jouer au chef d'orchestre. Il termine sur la scène en jouant à Wii Sports avec Satoru Iwata. Akio Ikeda est traversé d'une telle émotion qu'il se retient de pleurer. Immédiatement, des queues interminables se forment devant le stand Nintendo afin de pouvoir essayer le jeu.

Au niveau des éditeurs, la Wii est perçue positivement. L'on estime que le coût de développement d'un titre s'élève à cinq millions d'euros et qu'il est au moins quatre ou cinq fois supérieur pour la PS3.

Du côté d'Ubisoft Montpellier, la vision de la console de Nintendo sous sa forme finale accélère le virage concernant Rayman contre les Lapins Crétins. Il faut dire aussi que ceux qui testent le jeu raffolent avant tout des séquences délirantes intégrant les lapins. Eh oui... Les ennemis de Rayman ont volé la vedette au héros.

Plutôt que de poursuivre le développement du jeu original sur plusieurs consoles, Ubisoft prend le pari de se concentrer sur la Wii avec plusieurs dizaines de mini-jeux mettant en scène ces envahisseurs déjantés aux longues oreilles. Au menu : lancer des vaches, fermeture de portes des toilettes occupées par les lapins, transport d'un bébé cochon sans éveiller l'attention des lapins dissimulés au sol...

Un univers comique a vu le jour et au passage le jeu est une véritable démonstration du potentiel de la Wiimote !

Deux mois plus tard, Les Lapins Crétins font la couverture du magazine Nintendo Power et le compte rendu des journalistes américains confirme que la direction est la bonne : les reporters raffolent du jeu et jubilent à la perspective de s'y adonner !

Du côté d'Arkedo, les choses ont rapidement progressé. Il n'a fallu que quelques mois à Eric Gâchon pour réaliser un jeu bien avancé. En août, à Leipzig, se tient le Festival Européen du Jeu Vidéo, l'endroit idéal pour dénicher un éditeur. Camille Guermonprez décide de se rendre sur place. Allergique à l'avion, il prend sa voiture pour gagner Leipzig et affronte le piteux état des routes de l'ex-Allemagne de l'Est. Vers deux heures du matin, il parvient à trouver un hôtel à une trentaine de kilomètres de Leipzig, en face d'un bordel glauque qui fait clignoter son néon toute la nuit.

Le lendemain, à la Game Convention, Guermonprez part en

quête d'un éditeur. Des rendez-vous ont été pris une quinzaine de jours auparavant avec des acheteurs potentiels.

Le premier jour est saumâtre. Guermonprez essuie annulation sur annulation lorsqu'il ne découvre pas tout simplement que l'interlocuteur présumé a fait faux bond. Le seul responsable qu'il arrive à voir chez Deep Silver passe son temps à dénigrer la DS, une console dont il déplore le design. Ce soir-là, Guermonprez s'en retourne chagriné à son piteux hôtel et appelle Aurélien Regard pour lui faire part de sa déception.

Dès le deuxième jour, le ciel s'éclaircit. Le premier rendez-vous prévu avec THQ se déroule positivement. Chez Eidos, le visiteur d'Arkedo doit rencontrer Caspar Gray, un britannique un peu bourru, réputé pour sa causticité. Durant la démonstration de Nervous Brickdown, Gray se lève soudainement, disant qu'il revient de suite. Il s'en retourne bientôt avec Sir Ian Livingstone soi-même, l'homme qui a été président d'Eidos jusqu'en mai 2005 et qui a été rappelé par SCi, le nouveau propriétaire, en vue de diriger les acquisitions. Après avoir à son tour observé Nervous Brickdown, Livingstone lâche :

— C'est le bon produit pour la bonne console au bon moment !

Livingstone se lève alors et glisse un mot à son lieutenant avant de s'éclipser :

— Je te préviens, je veux ce jeu !

Guermonprez est aux anges. Toutefois, avant de quitter les lieux, il cultive un désir : montrer le jeu à Electronic Arts (EA) qui a réservé une grande salle d'accès privé gardée par quatre molosses. Il va falloir plusieurs tentatives avant d'y parvenir. Lors de l'ultime essai, Guermonprez parvient à passer le barrage des cerbères et s'approche discrètement de l'acheteur d'EA, car ce dernier est en conversation. Progressivement, les gardiens réalisent que le visiteur français n'a pas été dûment invité et s'approchent à leur tour de Guermonprez.

« À chaque pas que je faisais, ils en faisaient deux », se rappelle le fondateur d'Arkedo.

Alors que les hommes de la sécurité sont sur le point de le rattraper, Guermonprez capte l'attention de l'acheteur d'EA :

— J'ai quelque chose à vous montrer !

Aussitôt, il présente une séquence de Nervous Brickdown qui met en avant l'animation 3D avec des fantômes qui se volatilisent lorsqu'on souffle sur sa console !

D'un signe, l'acheteur d'EA renvoie les hommes de la sécurité à leur sinistre besogne. Un quart d'heure plus tard, Guermonprez effectue sa démonstration devant trois représentants d'EA. À la fin de celle-ci, il est congratulé par de francs applaudissements. Toutefois, Arkedo fera finalement affaire avec Eidos.

La première présentation de la Wii en France a lieu sur le salon Micromania Game Show en octobre 2006 et doit servir de test. La décision a été prise de placer le jeu Wii Sports sur la majorité des bornes disponibles. Le graphisme simplet du jeu apparaît en total décalage avec le luxe visuel qui se déploie sur d'autres plateformes. Pourtant, très vite, il s'avère que les joueurs de tout poil sont séduits et l'on voit des queues se former devant les bornes. Les réactions étonnent : bien que les graphismes de Wii Sports ne soient pas réalistes, les joueurs font spontanément le geste de lancer la balle en l'air avant de la frapper.

La sortie de la Wii est mondialement prévue pour décembre 2006. Techniquement, face à la PS3 et à la Xbox 360, elle fait pâle figure. Sidérés, certains analystes financiers se lancent dans des projections à long terme, qui prévoient, avec un détail qui va jusqu'à la centaine d'unités près, une domination écrasante de la console de Sony talonnée par celle de Microsoft, et un parc de Wii dix fois inférieur à celui de ses deux concurrentes réunies.

En réalité, dès son apparition le 6 décembre, la Wii déclenche un raz de marée. Le jeu inclus avec la console, Wii Sports, séduit instantanément les publics les plus divers.

En France, au soir du premier week-end, les 96.000 pièces ont disparu des magasins. La filiale les réapprovisionne en puisant dans son stock de 80.000 Wii. Toutefois, il apparaît bien vite qu'il ne sera pas possible de répondre à la demande. Les maigres réassortiments de dizaines de milliers de Wii sont vendus en quelques heures. Il faudra attendre mars 2007 pour qu'il soit possible d'honorer toutes les réservations consommateurs. Au Japon, Nintendo va devoir multiplier par quatre sa capacité de production.

Sur la période des fêtes de Noël, Sony prend une claque : il ne s'est vendu qu'une PS3 pour quatre Wii. Il est vrai que le coût de la bête de course a de quoi refroidir les ardeurs : six cents euros environ. Qui plus est, les premiers jeux disponibles ne mettent aucunement en valeur sa qualité visuelle et quoi qu'il en soit, si l'on veut bénéficier du grand spectacle, il est nécessaire de posséder un téléviseur HD.

Un souci obsède les responsables de Sony. La PS3 est un tel concentré de technologie qu'elle est vendue à perte — Sony perd deux cents euros par unité et se rattrape sur la vente des jeux. Du côté de Nintendo, chaque Wii vendue engendre un bénéfice estimé à près de cinquante euros. Comment la chose est-elle possible ? Parce que Satoru Iwata s'est montré un habile négociateur, faisant jouer la concurrence entre fournisseurs afin d'obtenir les prix les plus bas possible.

« Il faut savoir ne pas suivre le mode de pensée traditionnel », commente Iwata. « Il est étonnant de voir qu'autant de gens croient encore que les consoles doivent être vendues à perte lors de leur lancement ».

La console de Microsoft, pour sa part, frôle les douze millions en janvier 2007. Hélas, la partie est contrariée par des soucis techniques. Après de nombreux démentis, Peter Moore est obligé d'avouer qu'un nombre énorme de Xbox 360 défectueuses sont dans la nature et doivent être rapatriées. Il s'ensuit une perte de plus d'un milliard de dollars. Déçu, Peter Moore quitte Microsoft, officiellement pour des raisons liées à sa vie familiale.

Consolation : Moore est récupéré par Electronic Arts qui lui verse un bonus d'embauche de 1,5 million de dollars « en compensation de ce qu'il aurait pu gagner s'il était resté chez Microsoft. »

Le jeu Rayman contre les Lapins Crétins est l'un des succès liés à la sortie de la Wii. Ancel n'est pas particulièrement surpris d'un tel accueil :

« Nous avions tellement rigolé avec les lapins et les réactions des gens étaient si immédiates, ils s'amusaient tant que nous ne nous posions pas de question sur le succès de ce titre. »

La marque Lapins Crétins vient de s'établir et les joueurs n'attendent plus que des suites taillées dans un même moule : désopilant.

En ce début d'année 2007, rue d'Enghien à Paris, Arkedo finalise Nervous Brickdown, son jeu pour la DS malgré quelques perturbations. Par un drôle de hasard, Nicolas Sarkozy, candidat aux élections présidentielles, a installé son QG de campagne deux numéros plus loin dans un immeuble de verre et d'acier autrefois utilisé par Paco Rabanne. Certains jours, Guermonprez et son complice ne peuvent se rendre au bureau du fait d'un imposant barrage de CRS qui limitent les allées et venues. La présence des sympathisants comme des opposants ne facilite pas les opérations : un jour, Greenpeace est venu déposer des ordures devant le QG du candidat.

Le contrat qui lie Arkedo à Eidos est signé en décembre. Chez l'éditeur britannique, dix-sept personnes sont affectées au test du jeu Nervous Brickdown.

« Ils sont tombés des nues quand ils ont appris combien nous étions », relate Guermonprez.

Camille Guermonprez reçoit alors un appel fort inattendu... Celui de Bruno Bonnell qui est encore, pour quelques mois, à la tête d'Atari/Infogrames. Surprise : Bonnell est au courant de Nervous Brickdown et demande à le rencontrer.

« Je ne sais pas comment il avait pu en entendre parler. On

n'avait parlé de nous que dans deux blogs confidentiels, » relate Guermonprez.

Bonnell soumet Guermonprez à la question et lâche :

— Vous avez de bonnes idées. Si jamais je reste chez Atari, Arkedo est vraiment l'une des boîtes avec laquelle j'aurais envie de bosser.

A cette époque, Bonnel sait qu'il ne passera sans doute pas le printemps à la tête d'Atari. De fait, il va demeurer aux commandes jusqu'en avril 2007 après avoir réussi à éviter le dépôt de bilan et à rembourser progressivement les dettes de l'éditeur, quitte à vendre plusieurs studios et trouver de nouveaux investisseurs.

« Lorsque j'ai quitté Infogrames, il restait 0 euro de dette », précise Bonnell. « J'estime donc avoir fait un travail de Capitaine Courage. C'était ma décision que la boîte que j'avais créée puisse me survivre. »

À présent, un seul des pionniers du jeu vidéo français demeure en lice, le tranquille Yves Guillemot d'Ubisoft. Ce dernier a le sourire : Lapins Crétins est l'un des succès du moment. Un million d'exemplaires sont écoulés au cours de l'année.

Durant l'été 2007, pour la première fois dans l'histoire des jeux vidéo on voit apparaître une publicité pour Wii Sports, dans laquelle figurent des grands-parents !

Nervous Brickdown sort en premier lieu aux USA peu avant l'été, puis à la rentrée en Europe. En France, il remporte assez rapidement le prix « Milton » du Festival du Jeu Vidéo. La preuve est faite : un titre développé par un seul programmeur peut encore s'imposer dans les années 2000. En parallèle, un autre studio parisien, Mekensleep, a pu auto-financer la réalisation du jeu Soul Bubbles pour DS, avec comme conseiller artistique, Frédérick Raynal lui-même.

Là où les développements des jeux étaient devenus l'affaire des rares éditeurs capables de financer des projets ultra coûteux, avec des centaines d'intervenants, l'on voit de nouveau émerger des titres réalisés par de toutes petites équipes.

L'ouverture de boutiques en lignes pour les principales consoles (Wiiware, Xbox Live, PlayStation Network) mais aussi le iStore qu'Apple ouvre en 2008 pour son iPhone vont accentuer le phénomène en favorisant la vente directe du développeur au consommateur. Sur le Wiiware, le jeu World of Goo qui a été développé par deux indépendants s'avère l'un des jeux les plus populaires de la console !

À la fin de l'année 2008, la victoire est sans appel au niveau mondial. La Wii, avec près de 46 millions d'unités, dépasse la Xbox 360 (plus de 27 millions) et la PS3 ne parvient pas encore à passer le cap des 20 millions. Pour Sony, la déconvenue majeure est de constater qu'en 2007 comme en 2008, la PS2 a continué de se vendre davantage que la PS3 et la PSP. Il faudra attendre 2009 pour que la courbe s'inverse.

En France, les chiffres sont tout aussi étourdissants avec 1,6 million de Wii, loin devant la PS3 de Sony (sept cent mille exemplaires) et la Xbox 360. À lui seul, le jeu Wii Fit avec sa plateforme de sport a séduit un million quatre cent mille Français !

Au début de l'année 2009, la DS franchit le cap des 100 millions d'unités au niveau mondial alors que la PSP flirte avec les 50 millions.

La contre-attaque va pourtant venir d'une société trentenaire que l'on pourrait croire peu capable d'innover dans un domaine où elle a été la dernière venue : Microsoft...

# 9ème partie :
Génération spontanée

## XXV TAPULOUS - Ou comment la pomme a été noyautée malgré elle...

Comme sur la surface d'une patinoire, un index glisse et dessine une arabesque, bientôt rejoint par le majeur, compagnon d'une danse improvisée. Au signal, ils sautent à l'unisson et retombent sur la vitre parsemée de néons. Sous les claquements d'une pulsation électronique, une savante chorégraphie prend forme. Cela se passe sur l'écran de l'iPhone et nulle part ailleurs.

C'est au cours de l'année 2007 que ce téléphone mobile futuriste est apparu. En un clin d'œil, il a été transformé en console de poche et l'on a vu fleurir à la manière de fleurs sauvages, des applications ludiques multiformes et vivaces. Des applications écrites à l'insu d'Apple, au nez à la barbe d'Apple, en dépit d'Apple.

Devant la prolifération de ces générations spontanées, que pouvait faire la société de Steve Jobs sinon prendre le train en marche ?...

Au jeu des 7 familles, s'il existait une carte « enfant précoce », Bart Decrem aurait pu la personnifier. Il semblait avoir fait sienne la devise du Cid : « Aux âmes bien nées, la valeur n'attend pas le nombre des années. » Sa première entreprise, il l'avait créée à l'âge de treize ans. Natif de la partie flamande de la Belgique, Decrem avait alors sorti un magazine de musique DJ associé à la principale radio underground du pays (« la seule en fait », ironise-t-il). Revers de la médaille, à l'école, c'était une toute autre affaire et ce trublion s'était vu éjecter de l'école catholique où ses parents avaient cru bon de le placer. Pour une chance, c'en fut une : Bart Decrem avait été casé dans une école internationale, l'Université Libre de Bruxelles, et dès lors, il n'avait eu d'yeux que pour la Silicon Valley.

À partir de 1989, Bart Decrem avait étudié le droit à l'université de Stanford en Californie. Il en était ressorti avec un diplôme qui avait échoué dans un tiroir : le jeune idéaliste s'était lancé dans la fondation d'une association sans but lucratif. Altruiste, il se sentait préoccupé par la pauvreté qui sévissait à l'est de Palo Alto – pourtant l'une des régions des plus riches du monde. Son travail de bénévolat alla jusqu'à impressionner Bill Clinton qui demanda à le rencontrer. Il y a même une morale dans cette histoire : suite à sa rencontre avec le Président des USA, Decrem fit connaissance avec de nombreux patrons du domaine high tech.

En mars 1999, toujours motivé par son idéalisme, Decrem a cofondé avec Andy Hertzfeld, l'un des créateurs originels du Macintosh d'Apple, Eazel, une start-up qui évolue autour du système Linux et de l'Open Source. Il a développé une fine perception du logiciel libre et tissé au passage, des liens précieux. Cinq années plus tard, il participe au lancement du navigateur Firefox de Mozilla. De fil en aiguille, Decrem mute en conseiller à la création d'entreprises. Chaque jour, le natif de la Belgique reçoit des entrepreneurs en herbe dont les idées sont plus fantasques les unes que les autres. De quoi lui mettre l'eau à la bouche, mais à sa façon bien à lui.

En 2007, Decrem, avec ses cheveux châtains et ses lunettes, a conservé une allure typiquement belge qu'une décennie de Californie n'a pas pu gommer. Curieux de tout, ce touche-à-tout qui approche la quarantaine est en quête d'une aventure. Faute de mieux, il dispose d'un petit bureau que lui prête une firme de Palo Alto. Fidèle à son credo personnel, Decrem ne cherche pas forcément à réussir coûte que coûte. Il est avant tout intéressé à tenter des choses, voir « ce que cela pourrait donner ».

En cette année 2007, s'il est un phénomène qui électrise les esprits, c'est l'iPhone d'Apple que Steve Jobs a annoncé en fanfare lors du MacWorld en janvier...

L'iPhone est mis en vente le 29 juin 2007 au cours de soirées épiques qui voient les fans d'Apple patiemment faire le guet devant les Apple Store. Conformément à la volonté de Steve Jobs, l'appareil est « bloqué » : il ne fonctionne qu'avec un seul opérateur téléphonique qui en a la licence exclusive, comme AT&T Cingular aux USA – ce sera plus tard Orange en France.

Dix jours après le lancement de l'iPhone, la nouvelle tombe : l'appareil a été « jailbreaké ». En américain, 'jail' signifie prison et l'expression 'jailbreak' désigne une évasion. En clair, de nombreux possesseurs d'iPhone ont fort mal vécu le fait qu'Apple ait bridé leur appareil. Dès le 3 juillet, un dénommé DVD Jon a annoncé qu'il avait contourné le système d'activation de l'iPhone.

Aux alentours du 10 juillet, une équipe de hackers, iPhone Dev-Team, déclare avoir déniché des failles dans l'iOS, le système de l'iPhone et l'avoir rendu compatible avec d'autres opérateurs que ceux choisis par Apple. Mieux encore, un autre programmeur, Jason Merchant a réussi à percer les mystères de l'iOS et a réalisé un jeu pour les iPhones 'jailbreakés', le tout premier du genre. Ce jeu qu'il met à la disposition de la communauté est une farce : il consiste à tirer sur le Zune, l'appareil lancé par Microsoft pour concurrencer l'iPod !

« Pour bien comprendre ce qui s'est passé, il faut remonter une quinzaine d'années en arrière avec la progression des logiciels Open Source », explique Bart Decrem. « Un grand nombre de technologies basées sur Unix ou Linux se sont généralisées. C'est notamment le cas de MacOS 10, le système des ordinateurs Apple : il repose sur Unix. Or, le système de l'iPhone n'est jamais qu'une variante de MacOS 10. En d'autres termes, nous avons vu que l'iPhone n'était rien d'autre qu'un ordinateur tournant sous Unix et autres technologies du logiciel libre. Donc, les hackers étaient prêts à en prendre le contrôle. Et il ne leur a fallu que 4 ou 5 jours. »

Au début du mois de juillet 2007, Bart Decrem est de passage en Chine. Il découvre alors qu'un grand nombre de Chinois possèdent déjà des iPhones.

Un curieux commerce a pris forme. Certains Américains font la queue devant les Apple Store des heures durant afin d'acheter des iPhone par centaines. Ils se rendent ensuite à Shanghai pour mieux les écouler à un prix surmultiplié !

Pour les Chinois comme pour les Américains, il n'est pas question de s'en tenir aux restrictions imposées par Apple. L'iPhone est rapidement 'jailbreaké' afin de fonctionner sur le réseau 3G de l'opérateur chinois Unicom. Dans la foulée, quelques applications 'pirates' commencent à apparaître.

S'il manque une pierre à l'édifice, c'est une carte du système de l'iPhone que n'importe quel développeur pourrait utiliser. Le tournant se produit durant le mois d'août. Tout est parti d'une déception...

Un jeune garçon de 17 ans aux cheveux touffus, George Hotz, s'est rendu dans une boutique Apple avec un ami afin d'acheter un iPhone. Une fois de retour à son domicile, il a eu la contrariété de constater que son nouveau téléphone était incompatible avec le réseau T Mobile auquel il était abonné. Ravalant son amertume, Hotz s'est alors mis en tête de dépecer son iPhone afin d'en cerner les moindres secrets. Au bout de cinq cents heures de ce loisir estival et avec l'aide de iPhone Dev-Team, il est parvenu à ses fins. Hotz a alors décidé de rendre ses trouvailles publiques. Il propose notamment un logiciel qui rend l'iPhone compatible avec n'importe quelle carte SIM.

Insatisfaits de l'initiatvie de George Hotz qu'ils jugent prématurée, l'iPhone Dev Team éjecte l'adolescent de son équipe. Qu'importe... Du jour au lendemain, Hotz devient une star sur de nombreux forums Apple avec des conséquences inattendues – il reçoit une offre de stage de la part de Google, rien de moins !

Une fois que Hotz a rendu publiques les entrailles de l'iPhone, des applications destinées aux iPhones 'jailbreakés' apparaissent spontanément les unes après les autres.

Steve Jobs, qui a toujours souhaité demeurer maître des moindres aspects des produits Apple, est pris de cours. La firme à la Pomme réagit donc avec véhémence. En septembre, une mise à jour du système, la iOS 1.1.1 est publiée. Une fois téléchargée, elle restaure l'iPhone dans son mode original : toutes les applications « jailbreakées » sont supprimées purement et simplement. Pire encore, ceux qui ont débloqué leur téléphone afin de pouvoir accéder à d'autres opérateurs que AT&T se retrouvent avec un téléphone qui ne fonctionne plus !

Un jeu du chat et de la souris démarre alors : iPhone Dev-Team trouve la parade à l'iOS 1.1.1. Le 10 octobre, jailbreakme.com, leur logiciel de « jailbreaking » est mis à la disposition des propriétaires d'iPhone. En guise de réplique, Apple publie une nouvelle version de l'iOS qui bloque les appareils débloqués avec jailbreakme.com. Peu après, cette version est à nouveau contournée par les hackers...

Dès l'automne 2007, la Chine dispose de son propre App Store qui, dans la tradition nationale, n'a absolument rien d'officiel.

« Près de la moitié des applications sur l'iPhone 'jailbreaké' se vendaient en Chine depuis des serveurs pirates. En décembre 2007, on y trouvait au moins cinq cents applications !... », affirme Decrem.

Aux USA, un flibustier barbu du nom de Shaun Erickson ouvre un site d'applications destinées aux iPhone 'jailbreakés' et la tendance se confirme.

Pour Apple, la situation devient intenable : l'appareil prodige qui vient d'être lancé échappe à tout contrôle ! Or, Steve Jobs, esthète dans l'âme, est soucieux de garantir une qualité irréprochable pour les applications de l'iPhone. En coulisse, Apple laisse entendre qu'un kit de développement officiel va voir le jour avec pour pendant, une boutique en ligne analogue à iTunes, l'App Store.

Pour Decrem, l'expérience chinoise apparaît prometteuse. Désireux de surfer sur cette vague, il acquiert les droits d'une trentaine des applications présentes sur le faux App Store chinois : des jeux, un économiseur d'écrans, une sorte de Twitter, une application de partage de photos... Pour l'heure, Decrem se contente de les diffuser gratuitement. Ce qu'il cherche, c'est à tester le potentiel de ce marché appelé à croître et à mieux cerner la communauté naissante des utilisateurs iPhone.

« Je voulais comprendre de quoi il en retournait. Sur une telle plate-forme, il était possible d'expérimenter aisément et à peu de frais. Lorsque je voyais une app sympathique, je proposais de l'acheter. Il y avait notamment un gars qui les écrivait au rythme d'une par jour en moyenne ! Je lui ai tout acheté. Dans le tas, il y en avait cinq ou six qui étaient vraiment remarquables. J'ai aussi rencontré des développeurs et leur ai confié de petits projets. »

Decrem en ressort avec une conviction : « la décennie des jeux sur mobile est en train d'arriver ! »

Gogo Apps est fondée en janvier 2008 à Palo Alto par Bart Decrem et son compère Andrew Lacy qui supervise les développements de logiciels. Le duo s'installe dans une petite pièce en open space que lui prête une start-up locale du centre-ville.

Palo Alto est une petite ville proche de San Francisco qui ne compte que soixante mille habitants mais n'en abrite pas moins, outre l'université de Stanford, un grand nombre de cadors du Web. À cette époque, l'on y trouve Google, HP, Facebook, Paypal et Skype se prépare à s'y installer. En conséquence, les investisseurs sont nombreux dans la région et le projet de Decrem attire de nombreux financiers : peu après son lancement, la société est nantie de 1,8 millions de dollars. Parmi eux, figurent Andy Bechtolsheim, célèbre pour avoir cofondé Sun.

« En réalité, je ne suis pas spécialement allé voir les investisseurs en capital-risque, » précise Decrem. « Dans la Silicon Valley, nous nous connaissons tous et j'avais bâti un réseau social. J'ai donc récolté l'argent d'une quinzaine de personnes qui étaient avant tout de bon amis. »

L'un des investisseurs de Gogo Apps compte Justin Timberlake dans sa famille. Or, à cette époque, le chanteur, inspiré par l'exemple de Madonna, cherche à placer ses sous de manière avisée. Il a donc créé un fond d'investissement, Tennmen Digital, que gère sa famille. Jeff Clavier, un français qui a investi dans la start-up fait office d'entremetteur.

Bart Decrem et Justin Timberlake ont tout pour s'entendre. Après tout, le chanteur est un autre précoce : c'est à l'âge de 12 ans qu'il a fait ses début dans l'émission Mickey Mouse de Disney Channel – il y a même rencontré celle qui sera plus tard sa petite amie, Britney Spears.

À l'aise dans son époque et acteur à ses heures, Timberlake n'a aucun mal à endosser le rôle du yuppie aux dents blanches. Aisément convaincu que l'iPhone va muter en ordinateur de poche, il mise un peu de sa fortune dans Gogo Apps.

Nanti d'un tel trésor de guerre, Decrem embauche un premier programmeur puis un deuxième et ainsi de suite. Le premier est basé en Chine tandis que l'autre opère en Iowa, au centre des USA.

Comme à l'accoutumée, Decrem n'est aucunement motivé par la perspective d'engranger des revenus.

« J'avais alors le sentiment que les apps seraient gratuites. Avant tout, je voulais tenter une expérience et je ne cherchais pas forcément à gagner de l'argent. Je voyais que l'on pouvait créer de petites apps pour une somme très modique. Je me disais que je verrais bien tôt ou tard quel pourrait être le business model. D'ailleurs, je ne voulais pas me concentrer uniquement sur les jeux, » confie Decrem.

Ce qui est avant tout surprenant pour les fondateurs de Gogo Apps, c'est de constater la vitesse avec laquelle se développe la plateforme iPhone...

« À cette époque », explique Bart Decrem, « si un éditeur avait eu quelques centaines de milliers d'utilisateurs en une année, cela aurait été jugé bien, il y aurait eu là de quoi impressionner les investisseurs. Or, Gogo Apps, une petite boîte de trois personnes, a obtenu son premier million d'utilisateurs en deux mois. Très vite, notre économiseur d'écran pour l'iPhone a eu à lui seul, un bon million d'utilisateurs. »

L'une des applications qui a retenu l'attention de Decrem est Tap Tap Revolution, une sorte de Guitar Hero, soit un jeu musical où l'on tape avec trois doigts en suivant le rythme de la musique. L'interface est simple : trois barres verticales de néon sur lesquelles défilent des points lumineux. Tap Tap Revolution a été placé sur le faux App Store le 11 septembre 2007 et cette application s'est imposée d'elle-même : elle est fun et très facile d'accès.

Son créateur, Nate True, a été le premier étonné par la popularité de Tap Tap Revolution.

« Le plus ironique, c'est que j'avais créé un jeu musical à succès alors que j'avais fort peu joué à des productions de ce type. J'avais dû passer une demi heure sur des titres à la Guitar Hero tout au plus ! »

Dès la fondation de sa start-up, Decrem demande à rencontrer Nate True. Au téléphone, il fait la connaissance d'un jeune garçon de 22 ans qui se présente comme un « inventeur ». S'il assume d'être un hacker, c'est parce qu'il aime jouer avec la technologie. Son talent est clair : il ne lui a fallu que deux jours pour créer Tap Tap Revolution.

Nate True vit alors dans un appartement ombragé à Shoreline dans l'état de Washington, au nord de la Californie. Il vit en permanence avec un perroquet vert et s'affirme comme végétarien. Programmeur dans l'âme, il passe l'essentiel de son temps devant l'écran 24 pouces de son iMac et lorsqu'il sort, il emporte un Macbook, pour le cas où l'inspiration viendrait à frapper.

« Mon appartement n'était pas très organisé. Je passais plus de temps à créer des choses qu'à me soucier de nettoyer, » raconte Nate True.

De son vrai nom, Nathaniel Paul True, Nate se souvient que lors de sa tendre enfance, il démontait le moindre de ses jouets afin de tenter de comprendre comment il fonctionnait. À l'âge de huit ans, il a démarré la programmation en BASIC. Très vite, il a été agacé par le look « nerd » qu'il semblait arborer malgré lui et a tenté par tous les moyens d'y échapper en changeant de vêtements, de coupe de cheveux... En vain.

Peu avant sa dernière année d'université, Nate True a effectué un stage chez Microsoft et a détesté cette période, accablé de passer l'essentiel de la journée à ne rien faire. Animé par une foi en Dieu qu'il assume comme il le peut, Nate a tenté tant bien que mal d'intégrer la théorie de l'évolution à ses croyances. Il a brièvement adhéré à la religion mormone avant de prendre ses distances, plusieurs amis s'étant acharnés à lui démontrer diverses incohérences entre leurs théories et celles de la Bible.

Au téléphone, le dénommé Bart Decrem exprime son intérêt pour Tap Tap Revolution et Nate True semble tomber des nues. Que lui veulent-ils au juste ? Solitaire, un peu bougon, dans un autre monde, il a décidément le profil typique du geek, une population que Decrem a heureusement appris à connaître et qu'il sait apprivoiser. Soucieux de montrer patte blanche, il se lance : Nate prendrait-il congé de son perroquet le temps d'une virée à Palo Alto ? Decrem réserve lui-même le trajet aérien.

À San Francisco, Bart Decrem et Andrew Lacy viennent chercher l'oiseau rare. Ils découvrent un curieux personnage dont le bas du visage est encadré par un fin collier de barbe. Nate True porte une veste dont les manches s'allument de temps à autre. Son charisme est indéniable.

« Ils étaient très cordiaux et polis mais ils en sont rapidement venus au business » raconte Nate True.

Pour l'heure, Nate True décline avec conviction l'offre d'emploi de Bart Decrem : il refuse d'être employé par quiconque mais veut bien opérer quand bon lui semble en tant que consultant. Avant tout, il accepte de vendre Tap Tap Revolution à Gogo Apps et réaliser les mises à jour nécessaires. Decrem, qui n'en demande pas davantage, saisit la perche au vol.

L'entrée de Tap Tap Revolution dans la gamme est un moment

déterminant car cette app est ultra-populaire. Une inspiration jaillit peu après. Pourquoi ne pas capitaliser sur cette notoriété ? La décision est prise : Gogo Apps est rebaptisé du nom de Tapulous. Très vite, des guitares sont accrochées au mur de la petite pièce où opèrent les membres de Tapulous. Musique !...

Un tournant s'opère en mars. Apple propose enfin son kit de développement officiel pour les apps de l'iPhone. Tapulous rentre dans le rang et annonce que les applications seront désormais réalisés avec le kit d'Apple. Tap Tap Revolution est l'un des premiers jeux réécrits avec le SDK et au passage, il change de nom, devenant Tap Tap Revenge.

« L'adaptation de Tap Tap a été hyper facile. Il n'a fallu réécrire que de petites parties. Rien de sorcier », commente Nate True.

L'App Store d'Apple est officiellement ouvert le 11 juillet 2008. Cinq cents applications apparaissent et pour le commun des utilisateurs, elles semblent surgir de nulle part. Outre la qualité de ces logiciels téléchargeables directement depuis l'iPhone, la surprise vient de ce qu'ils sont proposés avec des prix souvent inférieurs à un euro.

60 millions d'apps sont acquises en un mois, avec quelques beaux succès : 1 million de Facebook téléchargés en un jour alors qu'il a fallu six mois à Blackberry pour atteindre le même résultat. Sur le premier mois, même si la plupart des téléchargements concernent des logiciels gratuits, Apple engrange tout de même 30 millions de dollars – le constructeur prélève 30% du prix de vente des applications. Au niveau des jeux, on note un bel engouement pour Super Monkey Ball de SEGA. John Carmack, co-auteur de Doom et de Quake, apporte une crédibilité au téléphone d'Apple en déclarant que selon lui, l'iPhone serait plus puissant qu'une Nintendo DS et une Sony PSP réunies. Avant tout, la présence d'EA, le n°1 mondial compte. Son logiciel phare du moment, Spore qu'a réalisé Will Wright sort sur l'iPhone comme sur la PSP et la DS. L'iPhone semble disposer d'un avantage sur ces deux consoles de poche : il n'est pas nécessaire de se rendre dans une boutique pour acquérir un titre.

L'achat d'une application ne prend que quelques secondes et les 3 ou 4 euros généralement demandés ne sont pas de nature à faire réfléchir un acheteur potentiel.

Lors du lancement officiel de l'App Store, Tapulous propose trois titres sur la boutique, dont le fameux Tap Tap Revenge. Le jeu se classe immédiatement n°1 de l'App Store, en partie parce qu'il a déjà conquis plus de cinq cent mille utilisateurs dans sa version initiale, « jailbreakée ».

« Au moment du lancement, il y avait de bons jeux payants. En revanche, les jeux gratuits n'étaient pas très intéressants. Tap Tap Revenge s'est donc immédiatement imposé. Nous espérions un million d'utilisateurs de la version officielle en une année. Nous les avons eus en trois semaines, » narre Bart Decrem.

Dès les débuts de Tap Tap Revolution, de nombreux musiciens ont spontanément contacté Nate True afin de lui proposer des morceaux spécialement créés pour ce jeu. Ce sont donc des chansons underground, inconnues du grand public, qui servent de bande sonore pour le jeu.

« C'était généralement de petits artistes qui nous avaient sollicités et nous avons placé leurs morceaux dans Tap Tap, » raconte Decrem.

Decrem se pose toutefois la question : comment pourrait-on accroître la popularité de Tap Tap ? L'idéal serait d'inclure des morceaux de groupes légendaires, comme le font les jeux Rock Band ou Guitar Hero. Or, certaines maisons de disques commencent à appeler à Palo Alto afin de proposer des partenariats d'une plus grande envergure.

Un lien inattendu s'opère alors. Il se trouve qu'une même personne sert d'avocat à Justin Timberlake et à Tapulous : Gary Stiffelman. Ce qui rend Stiffelman particulier, c'est qu'il est à la fois introduit dans l'univers d'Internet et dans celui de la musique – il défend les droits de Lady Gaga, d'Eminem, de Prince et Britney Spears mais a aussi été le juriste de start-ups liées au Web, comme MP3.com ou BuyMusic.com. La chance veut également que Stiffelman et Bart Decrem aient un lien de parenté indirect, ce qui facilite leurs relations.

Stiffelman est l'avocat de Trent Reznor, leader et seul membre permanent du groupe Nine Inch Nails, et c'est lui-même qui suggère d'aller solliciter ce musicien anticonformiste :

- Trent adore la technologie. Il est à la recherche de nouvelles façons de se connecter avec ses fans. Je suis sûr qu'il adorerait participer à Tap Tap Revenge, confie Stiffelman à Decrem.

Nine Inch Nails apparaît comme le partenaire parfait pour une telle aventure : depuis peu, Trent Reznor n'est plus rattaché à une maison de disque quelconque et a donc décidé de proposer ses œuvres en téléchargement via Internet. C'est sous cette forme que sont sortis les albums Ghost I-IV en Mars 2008, puis un autre album, The Slip, en mai. Ce sont treize morceaux issus de ces disques qui sont choisis pour agrémenter la nouvelle version Tap Tap Revenge. Trent Reznor s'applique à développer des versions spécifiquement conçues pour le jeu sur iPhone.

« C'était formidable, » raconte Decrem, « car Nine Inch Nails est un nom respecté dans l'industrie musicale, qui a gagné le respect de ses pairs comme du public. C'était donc l'opportunité rêvée pour gagner en crédibilité auprès de nos utilisateurs et de l'industrie de la musique. »

En septembre 2008, Tapulous expérimente une nouvelle forme de commercialisation de Tap Tap Revenge : le jeu est toujours proposé gratuitement mais il est agrémenté de panneaux publicitaires qui s'affichent au bas de l'écran. Un mois plus tard, The Nine Inch Nails Edition of Tap Tap Revenge est proposé à la vente pour 5 dollars.

« En fait, nous avons exploré les deux formes de diffusion et nous avons continué de faire ainsi : une version gratuite avec publicités et une autre, plus complète et payante, » explique Decrem.

En pleine crise boursière, l'éditeur de Palo Alto a le vent en poupe et ses actionnaires se montrent généreux. En décembre, ils déposent un nouveau million de dollars dans le capital de Tapulous.

Plus les mois s'écoulent et plus le succès de l'AppStore laisse à penser qu'une nouvelle plate-forme s'est imposée. En février 2008, l'on dénombre quinze mille applications et plus de cinq cents millions de téléchargements. Certains hits sont l'œuvre d'une seule personne. Ainsi, Steve Demeter, deux mois après l'ouverture de l'App Store, a gagné 250.000 euros avec Trism, un jeu de logique dans l'esprit de Tetris, développé en solo, à l'aide d'un graphiste.

L'AppStore suit même des modes : aux alentours de Noël, aux USA, une cinquantaine d'applications telles que iFart Mobile étaient dédiées à la production de flatulences sonores ! L'on voit émerger quelques prodiges, à l'instar de Lim Ding Wen, un gamin de Singapour de 9 ans qui a mis sur l'AppStore Doodle Kids, un jeu gratuit à base de formes géométriques simples.

En mai 2009, il apparaît clair qu'Apple a développé un véritable business : les applications sont au nombre de vingt-cinq mille, soit un catalogue trois fois plus vaste que la Nintendo DS et cinq fois plus que la PSP de Sony ! En ce même mois, le cap du milliard de téléchargements est passé et pour la société de Steve Jobs, le revenu attendu pour l'année est estimé à près d'un milliard de dollars. Dès novembre 2009, Apple recense cent mille applications disponibles et deux milliards téléchargées sur l'App Store !

Le succès de Tap Tap Revenge ne se dément pas. Le jeu existe désormais en trois version : Nine Inch Nails, Coldplay et une compil' de dance music. Un jour, alors qu'il est dans un avion qui s'en retourne du Mexique, Decrem jette un œil sur les sièges voisins et découvrent que plusieurs passagers sont en train de jouer à ce jeu, pour mieux passer le temps !

Selon comScore qui mesure l'usage d'Internet, Tap Tap Revenge compte 10 millions d'utilisateurs dans le monde soit un usager d'iPhone ou Ipod Touch sur trois, ce qui le place devant

Facebook ou Google Earth ! 150 000 des fans du jeu ont acquis une version payante, une manne suffisante pour que l'équilibre financier soit en vue en fin d'année. À présent, c'est EMI qui vient solliciter Tapulous afin qu'une version spéciale, Tap Tap Dance soit réalisée avec des morceaux de Daft Punk et Moby.

À l'automne 2009, une nouvelle approche est tentée. Tap Tap Revenge 3 est proposé gratuitement aux mobinautes mais ce sont les chansons supplémentaires qui deviennent payantes. La formule fait mouche : un million de morceaux trouvent acquéreur durant les 2 premiers mois. Alors que Noël approche, la courbe s'envole : la chanson Tik Tok de Ke$ha est écoulée à cent mille exemplaires. Certains joueurs de Tap Tap Revenge ont déboursé plus de 100 dollars pour acquérir toutes les chansons disponibles. À présent, comme d'autres éditeurs du même type, Tapulous lorgne vers le concurrent naturel de l'iPhone qu'est Android de Google.

« L'iPhone et l'iPad sont comme des ardoises où rien n'est encore écrit. Nous pouvons faire tout ce que nous voulons avec ces écrans, » juge Decrem.

En décembre 2009, un autre studio émerge, le finlandais Rovio avec Angry Birds. Les joueurs se servent d'un lance-pierres pour projeter des têtes d'oiseaux et ainsi dégommer des cochons verts. D'une prise en main aisée, Angry Birds devient de plus en plus coriace au fil des niveaux, mais toujours amusant. Durant l'année 2010, il atteint plus de 12 millions de téléchargement sur l'App Store. Le studio finlandais en tire un bénéfice considérable : 50 millions d'euros de revenus pour un coût de développement estimé à 100.000 euros.

Comme pour l'iPod lors de sa sortie, l'iPhone s'est imposé comme l'objet ultra-cool du moment, et de nombreuses stars du cinéma ou du rock exhibent spontanément cet appareil fétiche. Parmi les fans déclarés figurent Will.I.am, l'un des fondateurs du groupe Black Eyed Peas, plus que jamais abonné au sommet des charts. Un jour, Decrem annonce la nouvelle à Nate True : Will.I.am souhaite les rencontrer. Il voudrait participer à la création d'un titre à la Tap Tap...

Peu après, Bart Decrem et Nate True se voient convier à la demeure de Will.I.am à Hollywood.

« Ce n'est pas une maison immense, mais il est clair que sa construction a dû coûter incroyablement cher. Elle est très richement décorée, » commente Nate True. « Il semblait cependant évident qu'il n'y passait pas beaucoup de temps... »

Si Will.I.am est une star acclamée, le plus impressionné n'est pas celui que l'on croit. Nullement ému, Nate True est avant tout frappé par la petite taille du chanteur : « Je m'attendais à ce qu'il soit plus grand... ». Ce dernier s'avoue fasciné par la personnalité de Nate True !

« Les développeurs d'application tels que lui sont les nouvelles rockstars ! » confie Will.I.am à Bart Decrem. « Lorsque nous étions enfants, le rêve, c'était d'entrer dans un groupe de rock, de se retrouver sur scène devant des centaines de milliers de gens qui chantent votre tube. Aujourd'hui, ces types qui œuvrent dans des garages, dans des sous-sols ou à la terrasse d'un café sont les nouvelles rockstars. Ils créent une app et des millions de gens y jouent ! »

Dans le même temps, Will.I.am est extrêmement pressé et soucieux d'entrer dans le vif sujet : il est tout excité par les possibilités des applications sur iPhone et se révèle un véritable feu d'artifice créatif.

Plusieurs réunions sont organisées dans la maison de Will.I.am et c'est à l'occasion de l'une d'elles qu'émerge le concept de Ridim Ribbon, un long ruban musical sur lequel roule une balle qui doit marquer le rythme et qu'il faut parfois faire sauter dans des anneaux. Fébrile comme un gamin, Will.I.am souhaite que chaque joueur puisse réaliser sa propre version des chansons ; l'iPhone va ainsi transcender les CD...

« Je suis allé chez lui plusieurs fois, » confie Nate True, « et il se produisait de véritables fontaines de créativité. Je lançais une idée et il était alors tout fébrile et lançait à son tour d'autres idées. Nous commencions à élaborer ce qu'il demandait et il se mettait instantanément à composer des musiques adéquates, sur place dans son studio ! »

Lors de l'une des rencontres, Nate True porte une montre qu'il a lui-même conçue et qui affiche des points de couleurs. Ce jour là, tout au long de leur discussion, l'attention de Will.I.am semble cristallisée par la création de True. À un moment, le chanteur de Black Eyed Peas interrompt la réunion :

— Mais d'où vient cette montre ? Où est-ce que tu l'as trouvée ?

— C'est moi qui l'ai faite…

— Je veux la même !

Lors de leur prochaine rencontre, Nate True apporte l'une de ses montres à Will.I.am qui s'empresse de la passer à son poignet. Peu après, un ami du programmeur le félicite :

« J'ai vu une photo de Will.I.am dans un magazine et il portait ta montre ! »

Le développement de Ridim Ribbon se révèle plus complexe que prévu et oblige à recruter d'autres programmeurs en vue de peaufiner les aspects 3D du jeu. Comme le jeu doit être présenté pour la keynote de Steve Jobs du 27 janvier 2010, Nate True connaît plusieurs semaines de réglage harassantes. Ridim Ribbon est lancé peu après avec trois morceaux originaux de Black Eyed Peas.

Le premier constructeur à subir un préjudice de la popularité de l'iPhone et de l'iPad n'est autre que Nintendo. Entre 2009 et 2010, la part de marché du géant japonais est tombé de 70 à 57% tandis que celle des jeux sur smartphone (iPhone et Android) a grimpé à 34 %. Parmi les facteurs invoqués pour expliquer cet engouement vient l'immense choix de jeux disponibles pour les téléphones mobiles mais aussi de leur prix : 1 à 5 euros alors que les cartouches 3DS sont vendues à trente euros ou plus. Raisonnablement inquiet, Satoru Iwata qui préside Nintendo, se refuse de suivre la tendance même s'il ne peut que constater l'ampleur de la débâcle.

« Si nous plions, la seule façon pour nous d'augmenter nos ventes serait de baisser nos prix, ce qui signifierait la fin à brève échéance de tout le secteur » a lâché Satoru Iwata lors de la conférence All Things Digital de juin 2011.

Avant tout c'est un nouveau modèle qui émerge, dans le sillage de Tap Tap Revenge 3 qui offre d'acheter des chansons à la demande. Ainsi, un sondage publié par l'association allemande des nouvelles technologies Bitkom révèle que si 45% des joueurs optent pour des versions gratuites, la plupart sont prêts à investir des centaines d'euros pour 'améliorer leur expérience de jeu'.

En mars 2011, Tapulous recensait quinze millions de Tap Tap Revenge en circulation. Un an auparavant, Tapulous est devenu une société profitable qui comptait cinquante millions d'utilisateurs. La start-up a pris de l'embonpoint et attiré de plus en plus de capitaux. La concurrence est néanmoins devenue forte avec pour challengers Electronic Arts, Gameloft, Ngmoco, Booyah...

Au printemps 2010, un changement d'échelle s'est produit : Steve Wadsworth, président de Disney Interactive, a pris directement contact avec Tapulous en vue de l'absorber, ni plus ni moins.

Steve Jobs étant actionnaire d'Apple comme de Disney, le géant du dessin animé a été l'un des premiers studios de production à proposer des films sur iTunes et souhaiterait désormais s'imposer comme leader sur l'App Store.

En juillet 2010, Disney a racheté Tapulous. Parti de zéro, Bart Decrem se retrouve vice-président de l'une des plus grandes entreprises mondiales du loisir avec un plan...

« Lorsque j'ai démarré Tapulous, nous pensions être au début de la décennie des mobiles. Avec l'arrivée de l'iPad et celle d'Android, nous nous retrouvons avec une plateforme qui va bien plus loin que les mobiles. Quel sera le prochain hit ? Il y a eu le traitement de texte, il y a eu le Web. La prochaine catégorie victorieuse sera le divertissement social. »

« Des jeux qui aident à rencontrer des gens... »

## XXVI KINECT - La guerre aux boutons !

Elles nous ont donné tant d'excitation. C'est avec elles que nous avons poursuivi les rebelles, traqué les derniers bastions de résistance, forcé les aliens à déguerpir manu militari de leur planque spatiale. Elles ont été nos poings, nos plasma guns, notre raquette, notre viseur. Impitoyables, fracassantes, ultra-précises.

Elles, ce sont les manettes. Si des boutons parsemaient leur visage, signe d'une juvénilité assumée, elles ont longtemps défié les années, et parfois, les lettres qu'elles affublaient se sont délavées.

Pourtant, leur gloire s'émousse et sur leur épopée, le rideau tombe. En 2006, les manettes ont coupé le cordon ombilical qui les reliaient à la matrice. Un an plus tard, elles ont cédé la place aux doigts.

Se volatiliser est leur destin. Au diable boutons, joysticks analogiques et autres pads. Le 21ème siècle aime à rétrécir les objets technologiques. Les écrans s'aplatissent, les ordinateurs se dépouillent de leur clavier, les objets se miniaturisent et certains vont jusqu'à disparaître. La manette est la prochaine candidate.

La lente mutation qui a vu les ordinateurs-quincaillerie au langage obscur adopter de séduisantes anatomies et communiquer par le biais d'images colorées se dirige vers un nouvel Eden. La machine s'efface devant son créateur, apprend à le reconnaître, analyse ses mouvements pour mieux le servir.

Le jeu vidéo achève sa conquête des générations. Un dernier carré résistait : ceux qui rechignaient à empoigner le moindre accessoire. À présent, le jeu vidéo s'ouvre à eux, balayant les objections des ultimes réfractaires.

Que l'amusement soit !

Bien avant la Wii et l'iPhone, en 2004, sur la terre d'Israël, un « hard-core gamer » du nom d'Aviad Maizels dirigeait une section de recherche des services secrets. Il s'avouait de plus en plus frustré : les jeux lui semblaient de plus en plus ennuyeux, avec des suites presque identiques aux versions précédentes.

« Avant tout, » indique Alexander Shpunt qui faisait pareillement ses classes à l'armée israélienne dans une division de recherche de l'armée de l'air, « la complexité des boutons et des combinaisons de touches pour un jeu spécifique devenait submergeante. Les FPS (first person shooter – tir à la 1ère personne) étaient livrés avec un épais manuel donnant toutes les combinaisons de boutons. Le pauvre joueur était supposé apprendre toutes ces combinaisons et avoir 20 doigts pour pouvoir jouer ! »

Au début de l'année 2005, Alexander Shpunt a été libéré de ses obligations militaires. Il venait de toucher une bourse de recherche du centre MIT à Boston et s'apprêtait à partir pour les USA lorsque l'état de santé de sa mère l'a contraint à demeurer en Israël. Un ami mutuel lui a alors présenté Aviad Maizels qui s'apprêtait également à rejoindre le monde civil. Maizels a exposé sa vision sur le futur des jeux. Il les voulait « plus immersifs »...

« Aviad avait une vision mais il lui manquait la technologie adéquate. Après quelques séances de brainstorming, nous avons décidé d'y aller !... »

Une start-up, PrimeSense a été fondée en mai 2005 avec pour objectif de développer un 'capteur de profondeur' à même de suivre les mouvements d'une personne. Aviad Maizels a dressé un objectif : une telle technologie doit tôt ou tard se retrouver dans le salon des usagers...

« Des technologies existaient, comme l'EyeToy de Sony mais comme elle opérait en 2D, elle n'était pas utilisable pour tous les types de jeux vidéo, » raconte Shpunt. « Nous avons rapidement vu qu'il fallait détecter l'intégralité du corps, et pour cela, opérer en 3D. »

« L'avantage d'avoir été dans l'armée israélienne, c'est que l'on vous forme dès un très jeune âge à des tâches apparemment insolubles », a confié Tamir Berliner, l'un des fondateurs de

PrimeSense à Wired. « Cela vous oblige à penser de manière créative. Et donc, être confronté à des problèmes « insolubles » chez PrimeSense ne nous a jamais fait peur. »

Ce n'est qu'en août 2006 que PrimeSense a pu s'installer dans un petit bureau à Tel Aviv, une ville en bord de mer. La société compte alors six employés.

Durant l'année 2007, PrimeSense dispose d'un prototype prometteur. Le dispositif imaginé par Aviad Maizels projette une lumière proche de l'infra-rouge dans une pièce et capte la lumière qui lui est renvoyée, afin de l'analyser. Il dessine alors une forme sommaire de la pièce et recherche ce qui pourrait s'apparenter à un corps : tête, torse, bras, jambes... Lorsqu'un individu se trouve face au capteur, un squelette animé de son anatomie apparaît sur l'écran.

À mesure que les mois s'écoulent, la démonstration devient suffisamment parlante pour que Aviad prenne son bâton de pèlerin et parte à la recherche de financements divers, notamment dans la Silicon Valley. PrimeSense prépare une démonstration avec un jeu de danse, un jeu de boxe, une simulation de skate...

À l'aube de s'envoler pour l'Amérique, Aviad Maizels se sent un peu comme Moïse alors que s'ouvre la Mer Rouge. Ce qu'il vient offrir au monde, ce sont des machines qui obéissent au doigt et à l'œil. Un étrange sentiment traverse les intrigants de PrimeSense : leur trouvaille pourrait métamorphoser plus d'une industrie...

À des milliers de kilomètres de Tel Aviv, dans les bureaux de Redmond à Seattle, au nord ouest des USA, une similaire réflexion prend forme. Elle est menée par l'élégant Don Mattrick, l'éternel adolescent qui a produit une foule de hits chez Electronic Arts (EA) : Need for Speed, Harry Potter, Les Sims... Mattrick a quitté Electronic Arts en février 2007, après 23 années de folles tribulations. Auréolé d'un palmarès en or massif, il a été copieusement dragué par Microsoft et a convenu d'assumer la direction de l'activité Loisirs Interactifs en juillet 2007. Pour

Microsoft, recruter Mattrick sonne comme une revanche : au même moment, Electronic Arts a manœuvré pour arracher Peter Moore de la division Xbox dont il avait la direction et rejoindre EA Sports.

Au moment où Mattrick prend les commandes, la Wii fait des ravages et Mattrick n'en est pas surpris. Tout juste un peu déçu. Redéfinir de fond en comble l'interface des jeux est un vieux rêve qu'il caresse depuis une quinzaine d'années déjà.

C'est en 1992 que l'idée a germé. En tant que professionnel du jeu vidéo, Mattrick a été nommé au conseil d'administration de l'USC, l'école des arts cinématographiques de Los Angeles. Il a siégé aux côtés de barons du 7ème Art tels que George Lucas et Steven Spielberg, forgeant au passage de solides amitiés. Lors de l'une des réunions, un professionnel de l'industrie du film a prononcé une déclaration prémonitoire :

« Avant que les jeux vidéo ne touchent le grand public, il vous faut vaincre un obstacle primordial : la manette. Si vous trouviez un moyen d'aller au-delà de la manette, votre business exploserait ! »

Durant une quinzaine d'années, cette prophétie a poursuivi Don Mattrick : il faut simplifier le rapport du joueur à la console. Et voilà que Nintendo a concrétisé cette aspiration. En métamorphosant l'usage de la manette, le géant japonais a décroché le jackpot. Heureusement, Mattrick en est persuadé : ce n'est qu'un début...

À la fin de l'année 2007, Mattrick organise une série de réunions avec une récente recrue de Microsoft, Alex Kipman, qui porte le curieux titre de Directeur de l'Incubation. De physionomie sud américaine, ce garçon de 29 ans arbore une coupe à la Beatles et une discrète moustache. L'Utopie que définit Don Mattrick pourrait se résumer en une phrase :

« La technologie est trop complexe. Faisons-la disparaître ! ».

Don Mattrick m'a dit : « j'aimerais étendre notre forme d'art à une nouvelle catégorie de joueurs, à ceux qui n'ont jamais joué auparavant, » raconte Alex Kipman.

« Pour ce faire, débarassons-nous une fois pour toute de la manette ! »

Pour atteindre l'Annapurna, il importe de s'entourer de la crème des alpinistes et telle devient la première mission de Kipman : repérer les oiseaux rares parmi les oiseaux rares.

« Si vous placez cent personnes particulièrement intelligentes dans une pièce, et leur demandez de réfléchir à quelque chose d'improbable, 99 pour cent d'entre eux vous expliqueront les raisons pour lesquelles cela ne marchera jamais. Cependant, dans le lot, il y a tout de même celui qui va répondre : 'Je n'ai aucune idée de la façon dont il faut s'y prendre, mais ça vaut le coup d'essayer'. Voilà le 1 pour cent d'individus que je tente d'avoir à mes côtés », explique Kipman.

Le jeune Directeur de l'Incubation s'entoure d'une quinzaine de chercheurs issus de disciplines variées : graphistes, responsables d'animation, artistes... L'un des responsables des effets spéciaux de la trilogie Matrix fait partie de la bande. Pour mieux favoriser le brassage d'idées, Kipman recommande un leitmotiv : se montrer ouvertement stupides...

« L'incubation, cela consiste à être stupide. Si nous ne nous sentons pas stupides, c'est que nous ne poussons pas la réflexion assez loin. Notre travail consiste à rendre possible ce qui est improbable et la seule chose qui pourrait nous limiter, c'est le manque d'imagination. »

Kipman se donne pour cible de parvenir à ses fins d'ici deux années environ.

« Le monde évolue rapidement, les technologies progressent. Il est donc crucial d'avancer au plus vite... »

Comment pourrait-on aller plus loin que la manette sans fil de la Wii ? En créant une interface qui suive les mouvements du corps de l'utilisateur. Seul souci : cela n'a jamais existé jusqu'alors.

Faute de mieux, ce Graal reçoit un nom de code, Natal, qui n'est autre que la ville du Brésil dans laquelle est né Kipman. Quatre objectifs sont fixés :

1. Le suivi des mouvements de l'utilisateur
2. La reconnaissance du visage
3. La reconnaissance de la parole
4. La rétro-compatibilité avec les jeux Xbox existants.

Pour gérer les trois premiers points, Kipman estime qu'il faut élaborer l'équivalent informatique d'un 'mental'.

« Jusqu'à présent, les humains ont dû comprendre le langage des machines. Il nous faut amener les machines à comprendre le langage des humains. »

Dans sa quête d'une interface universelle, Microsoft dispose d'un atout : ses centres de recherche formelle. Dixit Bill Gates :

« Nos centres de recherche couvrent un spectre très large... Des choses qui n'ont pas forcément de garantie de succès à court terme. Nous sommes dans le domaine de la spéculation pure. Les probabilités de résoudre certains des problèmes que nous abordons sont quasi nulles. »

Si la principale entité de recherche se trouve à Redmond, près du siège de Microsoft, une autre a été ouverte à Cambridge en Angleterre et une autre à Pékin. Les émules du Docteur Mabuse qui y sévissent ont accompli quelques prouesses de taille. Le centre de Pékin a progressé sur la reconnaissance du visage. Pourtant, la technologie demeure balbutiante :

« Lorsque vous êtes dans le salon, Darwin travaille contre nous. Les gens d'une même famille se ressemblent beaucoup ! De ce fait, à cette époque, la reconnaissance du visage ne fonctionnait pas, » narre Kipman.

La reconnaissance vocale est mieux maîtrisée : Microsoft y

travaille depuis une bonne décennie et s'apprête à intégrer un logiciel de détection de la parole dans Windows 7. Le souci principal est de filtrer les bruits ambiants...

Le suivi des mouvements est une autre paire de manches. Capter les gestes fébriles d'un utilisateur dans le feu de l'action est dantesque. Au bout de quelques mois, Kipman baisse les bras : la mission semble relever de l'impossible.

Un hacker du nom de Johnny Chung Lee pointe vers une voie à suivre. En trafiquant la Wiimote, il est parvenu à faire en sorte que la Wii reconnaisse le bout de ses doigts comme interface. Puis, en collant quelques marqueurs sur son visage, il est allé plus loin encore : sa tête sert de contrôleur !

Des millions d'internautes viennent regarder les vidéos de démonstrations que Chung Lee a placé sur Youtube. Du jour au lendemain, il paraît possible de rendre les jeux vidéos bien plus « immersifs » que par le passé. Et puis, mystère... Chung Lee semble avoir disparu de la circulation et ne donne plus de nouvelles. Dans le plus grand secret, il a reçu une offre d'emploi de Microsoft. Il sera embauché en juin 2008 et va devenir l'un des éléments clés du projet Natal.

Pourtant, entre-temps, une pierre fondamentale de l'édifice a été posée...

La start-up israélienne PrimeSense s'est mise en quête de financements pour son prototype de caméra 3D. Dans la pratique, Aviad Maizels a le plus grand mal à convaincre les investisseurs qu'il rencontre du bien-fondé de sa trouvaille.

« Ils n'arrivaient pas à comprendre pourquoi quelqu'un pourrait vouloir contrôler une machine par ses mouvements ! » témoigne Shpunt.

L'une des sociétés abordées par PrimeSense n'est autre qu'Apple. Reine de l'innovation, la société de Steve Jobs vient de présenter l'iPhone avec son interface tactile, le « multi-touch ». Apple apparaît donc comme un choix naturel. Pourtant, les négociations se passent fort mal. L'obsession du secret qui caractérise Apple se montre rapidement pesante. Beracha, qui représente PrimeSense se voit demander de signer une immense paperasse de documents légaux et accords de non-divulgation. L'Israélien finit par déclarer forfait et claque la porte d'Apple.

PrimeSense propose également sa technologie à Nintendo mais essuie un refus.

« Satoru Iwata n'était pas convaincu de pouvoir vendre cet accessoire dans la gamme de prix souhaitée par Nintendo. Par ailleurs, il était préoccupé par le retard de réaction de cet équipement, » a écrit le magazine CGV.

Iwata ignore qu'il a indirectement transmis la torche Olympique à l'un de ses plus féroces compétiteurs...

C'est au cours de la GDC (Game Developer Conference – Conférence des Développeurs de Jeux) organisée en février 2008 à San Francisco qu'Alex Kipman découvre la technologie de PrimeSense. Cette année là, plusieurs stands présentent de nouvelles interfaces homme-machines et parmi ceux-ci figurent Sony et IBM avec des systèmes de suivi des yeux. Sur un stand, un démonstrateur de Prime Sense se livre à une étonnante simulation de boxe avec pour toute manette, ses poings...

Peu avant la GDC, Kipman a organisé des rendez-vous privés avec trois start-ups présentent des innovations de ce type, dont deux sociétés israéliennes, 3DV et PrimeSense. Lorsqu'il découvre la démonstration de PrimeSense, il sent son cœur s'accélérer. Il lui faut cette technologie coûte que coûte...

Une négociation serrée s'engage entre Alex Kipman et Aviad Maizels. Objectif : obtenir une exclusivité de la technologie de PrimeSense, dans tous les domaines, quels qu'ils soient, durant une durée déterminée.

« Nous sommes à un moment précis de l'Histoire », argue Kipman. « Nous vous offrons de participer à une révolution majeure, ». L'israélien n'est pas particulièrement difficile à convaincre.

« Nous étions particulièrement honorés d'être sollicités par Microsoft », reconnaît Aviad Maizels. « Ils nous ont complimenté de mille façons. »

Dans le plus grand secret, un contrat de développement en exclusivité est signé.

Au tout début de l'année 2008, un personnage clé a rejoint Microsoft. Avec ses longs cheveux, une barbe légère et d'immenses lunettes teintées sur ses yeux, Kudo Tsunoda cultive une apparence excessivement cool. C'est Don Mattrick qui a personnellement veillé à le recruter. Comme lui, Tsunoda est un transfuge de Electronic Arts dont il dirigeait l'un des studios. Originellement, Tsunoda a été placé à la direction de la franchise Gears of War, l'un des best-sellers de la Xbox.

Lors d'une réunion avec Don Mattrick, ce dernier vient chatouiller le point faible de Kipman :

— Alex, tu es en train de définir une très belle palette. Mais tu es quelqu'un qui raisonne du côté « matériel ». Il te manque la présence de grands peintres qui pourraient t'aider à réfléchir au type de tableaux que l'on puisse créer avec cette palette. Je te suggère donc de rencontrer Kudo Tsunoda...

Un matin d'avril, Alex Kipman débarque dans le bureau de Kudo Tsunoda non sans avoir emporté le prototype du projet Natal. En découvrant la caméra de PrimeSense, Tsunoda est électrisé. Kipman enfonce le clou : Kudo serait-il d'accord pour participer au projet, ne serait-ce que sur le court terme ?

« Kudo est quelqu'un de très particulier » explique Kipman. « La plupart des gens ont du mal à projeter une vision au delà de ce qui existe déjà, de ce qui semble raisonnable. Or, Kudo a immédiatement compris de quoi il en retournait. Entre nous, c'est un coup de foudre qui s'est enclenché ! »

Le brainstorming qui s'ensuit est digne d'une éruption de la Montagne Pelée et se poursuit durant 4 heures.

« À partir de là, nous avons été comme des frères sur cette aventure. » lâche Kipman.

Dans la mesure où la technologie de PrimeSense intègre une caméra 3D, elle permet d'élaborer un 'squelette' – un contour de l'anatomie prenant en compte membres et jointures. Il reste à développer un logiciel qui pourrait détecter chaque membre du corps, même en cas de mouvements ultra-rapides. À cet effet, Tsunoda lance le développement de divers programmes et simulations. L'affichage d'un squelette en fil de fer, plus poussé que celui de PrimeSense, déclenche un enthousiasme contagieux.

« Les gens pouvaient demeurer une bonne quarantaine de minutes à jouer avec ce squelette », a raconté Tsunoda à Wired.

Pourtant, une fois l'euphorie passée, tout reste à accomplir. Le plus difficile est d'amener la caméra à identifier le corps humain quelles que soient les postures adoptées et aussi à reconnaître instantanément une personne quel que soit son accoutrement.

« La reconnaissance de la personne était une épreuve effroyable. Les gens changent – leur poids évolue, moi-même, il m'est arrivé de porter une barbe géante, » s'amuse Tsunoda.

Kipman et Tsunoda se fixent une échéance : le 18 août 2008. C'est en ce jour de l'été que le projet doit être présenté à l'exécutif de Microsoft afin de recevoir un feu vert ou se voir enterré.

L'anglais Peter Molyneux est une légende dans le jeu vidéo. Auteur de titres mythiques (Populous, Dungeon Keeper, Fable...), il a régulièrement tenté de sortir des sentiers battus. Lorsque Kudo Tsunoda lui présente Natal, Molyneux en perd sa très britannique réserve :

« Ce type d'expérience n'a pas existé auparavant : être reconnu en tant que personne ! C'est cela que je veux. Les livres, les films, les radios, la musique ne me reconnaissent pas. Là, soudain, je suis reconnu : mon corps, ma voix, mes vêtements ! »

Une même réaction est rencontrée chez d'autres éditeurs. Sharron Loftis de Good Science Studio est avant tout interpellée en tant que mère.

« Je me suis dit : comment pourrait-on réunir tous les membres de la famille ? Comment faire pour que ceux qui regardent un jeu s'amusent autant que ceux qui sont en train de jouer ? »

Le développement d'un titre est immédiatement envisagé. Il impliquerait la participation du corps tout entier, avec un avatar qui se déplacerait exactement comme le joueur : si l'on saute, l'avatar saute, etc. Il va devenir Kinect Adventures.

« Les créateurs de jeux sont des raconteurs d'histoire, » explique Kipman. « La technologie n'est qu'une palette pour écrire de meilleures histoires. C'est ainsi qu'ils ont perçu Natal. »

À Cambrige en Angleterre, dans les locaux Microsoft Research, un ingénieur, Andrew Blake, a mené des travaux essentiels. La cinquantaine fringante, il arbore un look à la Robert de Niro dans Heat quoique grisonnant.

« Jusqu'à présent, si vous vouliez mesurer le mouvement d'une personne, il était nécessaire d'accrocher quelque chose sur son corps : un contrôleur, des marqueurs. Depuis des années, les chercheurs essayaient de concevoir une technologie capable de suivre à la trace le corps humain, » explique Blake. « Ce qui rendait la chose difficile c'est l'ambiguïté liée à la forme du squelette. Si vous vous contentiez d'une vision 2D, il était difficile de dire si le pied était en avant ou en arrière... »

Andrew Blake est reconnu comme l'un des experts mondiaux de la vision par ordinateur, domaine où il opère depuis trois décennies. En 2001, un article qu'il a co-écrit avec un autre chercheur, Toyoma, Suivi probabilistique dans un espace métrique a suscité un intérêt mondial. Blake posait l'idée suivante : les mouvements d'un danseur de ballet sont relativement prévisibles, à partir d'une posture, il est possible de prédire quelle sera la suivante. Ainsi, la main ou l'avant-bras ont un nombre limité de déplacement – il ne peuvent aller très loin en arrière. Un ordinateur pourrait donc calculer la probabilité qu'une image donnée soit suivie par une autre. L'article a été si bien accueilli dans le monde universitaire qu'il a récolté un prix, le Marr Prize.

L'article de Blake et Toyama influence les travaux d'un spécialiste de la vision par ordinateur, Andrew Fitzgibbon. Fitzgibbon a jadis réalisé un logiciel d'incrustation d'effets spéciaux dans un décor Boujou – mis à contribution sur Le Seigneur des Anneaux et Harry Potter.

En 2007, Fitzgibbon a rejoint Microsoft Research à Cambridge. À présent, il se penche à son tour sur l'usage de la probabilité pour déduire des mouvements du corps... Pourrait-on développer une machine d'apprentissage « probabiliste » ; en d'autres termes, amener la Xbox à anticiper ce que l'utilisateur va faire ? Fitzgibbon s'appuie sur les thèses d'Andrew Blake avec un calcul image par image du prochain mouvement probable de ballerines...

De cette investigation, Fitzgibbon ressort avec un chiffre : à tout moment, il faudrait prendre en compte 1.023 variables spatiales et sonores. Or, cette quantité de données à gérer paraît insurmontable. « Nous pensions nous en sortir avec 1 023 cas de figures, mais cela ne rentrait pas dans la mémoire de la Xbox », a raconté Fitzgibbon à Wired. « Si nous posons qu'il existe mille combinaison possibles de mouvements suivants rien que pour la main gauche, le mouvement des deux mains simultanément amène déjà un million de combinaisons ! »

Il semble alors que le projet soit dans une impasse.

« Notre projet semblait alors relever de la science-fiction, » concède Kipman.

Le 18 août 2008 est la date fatidique. C'est en ce jour que Don Mattrick doit donner le feu vert pour le projet Natal. À ses côtés se trouvent d'autres cadres-clés de la division Loisirs de Microsoft : Jay Allard, Phil Spencer et Marc Whitten.

Kipman est venu plaider sa cause en compagnie de Kudo Tsunoda et de Todd Holmdahl, qui a été responsable de la Xbox depuis les tout débuts de cette console. Kipman est convaincu qu'il est illusoire de vouloir convaincre les cadres en s'aidant juste d'images Powerpoint et d'un discours. Il est essentiel que les grands pontes expérimentent eux-mêmes l'effet Natal – et tant pis s'ils doivent se placer devant un prototype qui est encore bardé de scotch.

« Nous n'allons pas vous dire comment Natal fonctionne. Il vous suffit de l'essayer dans la vraie vie. Levez-vous, mettez vous en face de la caméra et jouez. Vous avez là une voiture : conduisez là ! »

L'un des tests concerne la simulation de conduite Burnout Paradise. Une autre fait apparaître un éléphant qui mime ce que fait le joueur. À l'usage, des sourires se dessinent sur les visages des directeurs. Pourtant, à ce stade, la démonstration demeure bancale et loin d'être convaincante.

« Ce n'est que le cœur de ce que nous essayons de créer et je vous demande d'avoir de la perspective. Nous n'avons là qu'une graine qu'il faut faire pousser et il faut saisir l'opportunité. À vous de décider si nous jouons la carte de l'innovation... » soutient Kipman.

Au soir de la réunion, au sortir d'épuisantes conversations, Don Mattrick donne son feu vert au projet Natal.

À Cambridge en Angleterre, les essais de Fitzigibbon n'ont pas été concluants : il faut une bonne minute pour générer chaque image prévisible. Des expériences similaires menées par Toshiba n'ont pas davantage donné de résultat exploitable.

En novembre 2008, Alex Kipman découvre un article dans lequel un étudiant du nom de Jamie Shotton détaille ses trouvailles. En opérant pixel par pixel, Shotton a pu enseigner à un ordinateur la capacité à différencier 21 catégories d'objets dans une photographie de paysage : les vaches, les chats, les arbres, les maisons, l'herbe, un avion, une bicyclette...

La lecture de cet article laisse Kipman médusé. Il demande alors à une personne de son équipe :

— Qui a écrit cela ? S'il vous plait, trouvez-moi ce gars là et recrutez-le !

Quelques heures plus tard, la responsable des ressources humaines revient avec une réponse inattendue :

— Alex, cette personne travaille déjà chez Microsoft. Il effectue son doctorat dans nos unités de recherche de Cambridge. Il opère dans le département de Andrew Blake !

Tout excité, Kipman appelle Jamie Shotton et lui expose à mots couverts le projet Natal. Il pose alors une requête : serait-il en mesure d'opérer le suivi du corps humain en temps réel ? Shotton en touche deux mots à Fitzgibbon qui lui fait part de ses propres expériences et se montre sceptique. Pour sa part, Alex Kipman saute dans le premier avion et se rend à Cambridge avec le prototype de PrimeSense et le logiciel qui affiche le squelette du joueur en temps réel.

Le verdict de Shotton est clair :

— C'est du jamais vu ! Je pourrais te dire toutes les raisons pour lesquelles tu es dingue. Je n'ai pas la solution mais je veux rejoindre ton équipe et t'aider à la trouver !

« Jamie Shotton est un individu fantastique de la même matière que Tsunoda ! » commente Kipman. « Il fait clairement partie des 1% qui vont dire que cela vaut le coup d'essayer. Là encore, cela a été un coup de foudre. »

Shotton est toutefois conscient des défis à relever. En premier lieu, le système de PrimeSense oblige à démarrer dans une position particulière et à y revenir s'il perd la trace du joueur. De plus, il ne fonctionne que pour une taille de corps donnée. Or, les corps se meuvent de manière imprévisible et ils sont pour la plupart différents !

Puisque Microsoft se trouve dans une impasse, Jamie Shotton exploite les recherches qu'ils a menées pour son doctorat avec l'analyse d'une photographie pixel par pixel. Après tout, il devrait être possible d'enseigner à un ordinateur la reconnaissance de parties individuelles du corps. Natal pourrait même apprendre à reconnaître les gens en procédant comme le font les humains : par extrapolation...

Dans le cadre de cette recherche, Alek Kipman fait rassembler une quantité considérable de données biométriques. D'un bout à l'autre du globe, des chercheurs partent visiter des foyers afin de filmer des gens dans des actions communes : tourner un volant, lancer une balle... Des « images clés » sont ensuite minutieusement sélectionnées dans ces vidéos avec à chaque fois, un repérage des articulations du corps. Alex Kipman dépêche également une équipe dans les studios de motion capture (capture de mouvement) d'Hollywood afin d'identifier des mouvements d'une nature plus acrobatique. Cet océan d'information est déversé dans le logiciel de Natal.

Pour chaque image captée, Natal doit identifier en toutes circonstantes les parties du corps humain – plus l'ordinateur est sûr de ce qu'il a reconnu et plus le pixel correspondant est affiché sous forme brillante. Pour éviter d'avoir à traiter un volume de données dépassant les capacités de la Xbox 360, la masse du corps est réduite à certains points précis du squelette. Chaque pose est comparée à 12 modèles essentiels représentant divers âges, genres et type de corps. Natal est ainsi formé à la reconnaissance d'une centaine de personnes typiques.

Andrew Fitzgibbon résume la prouesse en ces termes :

« Kinect évalue des milliards et des milliards de configurations du corps et cela, 30 fois par seconde ! »

Un soir, alors que Kipman travaille sept jours sur sept du matin au soir sur Natal, sa femme vient lui rendre visite au laboratoire Microsoft.

« Il était près de trois heures du matin et notre prototype fonctionnait pour la première fois comme prévu. Je devais me placer une fois de plus devant la caméra afin de tester le système. Mon épouse a entendu la musique qui venait de l'application et elle a naturellement commencé à danser devant la caméra. Je suis demeuré sidéré devant l'écran : son avatar se déplaçait de la même façon qu'elle, en même temps qu'elle, en temps réel ! »

Quelques mois plus tard, en guise de test, des enfants se retrouvent dans le laboratoire, acompagnés par leurs parents.

« Nous avons placé ces enfants devant le démo de Burnout sans leur dire quoi que ce soit. Ils ne savaient rien du projet Natal, de la façon dont cela fonctionnait... Nous leur avons juste dit : « essayez cela ! » Nous nous demandions combien de temps cela leur prendrait pour comprendre comment faire. En moyenne, il leur fallait moins d'une minute pour commencer à piloter. C'était incroyable ! Nous avons alors demandé aux parents d'essayer à leur tour. Ils nous ont dit, de manière intimidée : 'je ne joue pas aux jeux vidéos, je n'y comprends rien !' Pourtant, au bout de cinq secondes, chacun d'eux imitait ses enfants et se mettait à conduire le véhicule... »

Indubitablement, il apparaît que Microsoft détient là une révolution, quelque chose d'aussi important que la souris ou l'écran multi-touch de l'iPhone...

C'est au début de l'année 2009 que les éditeurs de logiciels externes à Microsoft sont informés du projet Natal. Chez Namco Bandai au Japon, Yasuhiro Nishimoto jubile :

« Lorsque j'ai réalisé que les mouvements de mon corps étaient suivis à la trace, je suis resté stupéfait ». Son équipe se lance sur une version ad hoc de Dr Kawashima, le best-seller de la DS.

Tout comme la Wii a eu Wii Sports, Microsft sait qu'il lui faut un jeu tout public qui soit prêt pour le lancement de Natal. La tâche est confiée au studio britannique Rare, auteur de grands succès sur les consoles Nintendo et racheté par Microsoft en 2002. Le développement de ce qui va devenir Kinect Sports démarre dans la foulée. Au menu : football, bowling, athlétisme, lancer de javelot...

« Nous sommes partis sur le principe du « miroir numérique » indique Nick Burton de Rare, anglais typique au crâne rasé. D'autres programmes sont élaborés tels que Your shape fitness qui est développé au Québec et s'apparente à un professeur de fitness à domicile. Du côté de Kinect Adventures, dès les premiers tests réalisés par Sharon Loftis avec sa propre famille, l'euphorie est générale.

Pour toute l'équipe, le jour J est celui du lundi 1$^{er}$ juin 2009. C'est à l'occasion de l'ouverture du salon E3 à Los Angeles que Microsoft entend dévoiler ce qui est jusqu'alors demeuré caché – aucune information n'a filtré auprès de la presse.

En prévision de ce jour, Kipman est plus nerveux que jamais. Pour l'heure, rien ne fonctionne vraiment comme prévu. Derrière la scène, il supervise la préparation des équipements qui seront mis à contribution pour la grande annonce. La grande question, c'est de savoir quelles sont les démonstrations que l'on puisse s'autoriser sans risquer un plantage du pire effet. Ce qui complique les choses, c'est que la présentation va avoir lieu sur une immense scène, alors que Natal est prévu pour fonctionner dans le salon. Il faut donc prendre en compte maints facteurs imprévus, dont un fort volume de bruits ambiants.

Le dimanche qui précède le jour J, Natal défaille. Tandis que les ingénieurs de l'équipe de Kipman s'arrachent les cheveux, le suspense grandit car sur la scène, une répétition majeure a lieu : l'on entend la musique des Beatles pour le lancement également attendu du jeu Rock Band. Les deux Beatles Paul McCartney et Ringo Starr sont sur la scène en train de répéter leur speech et pendant ce temps là, Natal est aux abonnés absents. Finalement, les écueils techniques sont surmontés un à un durant la soirée.

Pendant la conférence, après la venue de Paul McCartney et de Ringo Starr, l'heure de Natal arrive. Dans les coulisses, Kipman règle le moindre détail tout en retenant son souffle.

Encore retourné par la présence des deux Beatles, le public de l'E3 assiste alors à un effet crescendo : Steven Spielberg monte sur la scène. Il se place aux côtés de Don Mattrick et un fort sentiment d'amitié et de respect mutuel transparaît. Surprise : le réalisateur de Jurassic Park se fait lui-même l'avocat de Natal...

« Don et moi nous sommes rencontrés il y a une bonne dizaine d'années », explique Spielberg.

« Depuis cette époque, nous nous sommes posé une question cruciale : comment mettre le jeu interactif à la portée de tous, comme pour les autres formes de divertissement ? La seule façon d'y arriver est de rendre la technologie invisible. »

« Ce n'est qu'alors que nous pouvons faire briller la lumière là où elle devrait briller : sur vous ! Sur le fun que vous pouvez éprouver avec une technologie qui ne connaît pas juste votre pouce et votre poignet mais vous reconnaît vous-même, intégralement. »

« La question n'est pas de réinventer la roue. C'est de supprimer la roue ! »

C'est à Kudo Tsunoda que revient l'honneur de présenter Natal. Pour l'occasion, un démonstrateur effectue une peinture à l'aide de ses bras, tout en énonçant à chaque fois la couleur désirée : « blanc », « bleu », « marron foncé »...

Dans la salle, Tamir Berliner de PrimeSense assiste à la présentation et sent l'émotion le gagner.

« Cela m'a fait la même impression que lors de la naissance d'un bébé » affirme l'israélien.

« C'est un des moments les plus forts que j'ai vécus, quelque chose d'indescriptible », confirme Kipman. « Il était stupéfiant de voir l'équipement fonctionner ainsi. »

Sur la scène, le britannique Peter Molyneux y va de son propre couplet :

« Vous pensiez que nous avions conçu des jeux interactifs depuis 20 ans n'est ce pas ? Et bien laissez-moi vous dire que non. Cette chose que nous avions dans les mains est devenue de plus en plus complexe, elle a accueilli toujours plus de boutons. C'est devenu le plus grand obstacle à la création. Or, ce que nous voulons créer, c'est un lien vers notre propre monde. C'est ce que fait Natal. Il va changer le paysage entier des jeux vidéo... »

Molyneux présente alors « quelque chose que même les écrivains de science-fiction n'ont jamais imaginé... » Un garçon nommé Milo qui est en mesure de reconnaître l'utilisateur.

Dans la vidéo de présentation, Claire vient dire bonjour à Milo et ils engagent la conversation le plus naturellement du monde.

Lorsqu'elle lui demande s'il a bien fait ses devoirs, Milo réagit à l'émotion de son interlocutrice et paraît gêné ; son regard s'abaisse. Il se comporte bel et bien comme une personne vivante. À un moment, Milo lance des lunettes protectrices à Claire et instinctivement, elle se baisse pour les ramasser.

- Vous avez vu cela !..., indique Molyneux. Chaque personne qui a joué a fait de même, en se baissant pour les ramasser ! C'est parce qu'ils se sentent intimement connectés au monde de Milo.

Lorsque, sur la suggestion de Milo, Claire approche sa main de l'eau, elle produit des vagues dans la mare. À un autre moment, elle dessine un poisson et tend la feuille à Milo. Il la 'saisit' alors – la feuille dessinée par Claire apparaît à l'écran, dans les mains de l'adolescent.

— Ce que nous avons aujourd'hui, j'en ai rêvé depuis 20 ans.

À l'attention des sceptiques, Molyneux ajoute que durant l'E3, il va montrer Milo à une audience triée sur le volet.

Les journalistes qui ont le privilège de tester Natal sont instantanément dans le bain. À peine Kudo Tsunoda a-t-il proposé d'essayer la bête que la sensation est là : et chacun de frapper à tout va dans un essaim de balles avec les mains, les pieds, la tête... Tsunoda n'a pas eu besoin de donner la moindre instruction : chacun opère spontanément une danse du ventre, multiplie les contorsions et les sauts... C'est à peine si conduire une voiture demande un peu plus d'adaptation : en l'absence d'un vrai volant et d'un levier de vitesse, il faut en passer par un léger apprentissage et quelques faux mouvements brusques avant de contrôler son véhicule, mais rien d'extraordinaire.

Quelque chose est en train de se passer...


Les douze mois qui s'ensuivent se déroulent sur un rythme frénétique. D'immenses problèmes techniques doivent encore être résolus car l'appareil manque de précision. Pour la reconnaissance vocale, il est nécessaire pour Microsoft de construire des modèles acoustiques propres à chaque pays, en tenant parfois compte des accents régionaux. Le service Xbox Live subit une cure de jouvence. Objectif : il faut que les utilisateurs puissent démarrer des conversations vidéo et télécharger des films par de simples mouvements du corps. À Tel Aviv, PrimeSense est soumis à une intense pression et il n'est pas rare que les ingénieurs demeurent au bureau jusqu'à 16 heures par jour.

Chaque fois qu'il présente la Kinect (le nouveau nom de Natal) à des partenaires commerciaux de Microsoft, Alex Kipman est frappé de voir à quelle vitesse des gens qui n'avaient jamais joué jusqu'alors entrent dans la danse. En janvier 2010, il doit pourtant user de tact auprès d'un responsable d'une société de logistique qui se déclare à jamais réfractaire aux jeux vidéo...

« Nous lui avons tout de même demandé de se placer en face de la Kinect. Il y a consenti et tout comme des milliers de personnes avec qui nous avons testé l'équipement, il s'est immédiatement pris au jeu. Ce fut un moment inoubliable. »

Pour l'ouverture de l'E3 2010, un show d'une ampleur démesurée est organisé au Galen Center, l'arène de sport de l'University of Southern California à Los Angeles. Le spectacle orchestré par le Cirque du Soleil dégage un parfum de festivité antique, avec un éléphant peinturluré déambulant dans les allées. Microsoft a invité plusieurs célébrités tels l'acteur Billy Crystal ou l'actrice Christina Hendricks. Pour que personne ne rate le moindre détail, un écran de huit mètres de long a été dressé. Une voix s'élève dans les haut-parleurs et lance, d'un ton déclamatoire, un discours prophétique :

« L'Histoire est sur le point d'être réécrite. Cette fois-ci, les êtres humains seront au centre et ce sont les machines qui vont s'adapter à eux. Après cinq millions d'années d'évolution consécutives, se pourrait-il que le futur de l'humanité soit l'humanité elle-même ? »

Il s'ensuit une série de présentation de la nouvelle donne : l'Interface Utilisateur Naturelle. Au passage, le public découvre que Natal a reçu un nouveau nom : l'appareil s'appelle Kinect !

« J'avais les larmes aux yeux, » reconnaît Tamir Berline de PrimeSense. « Nous avions consacré 5 années de notre vie à ce système et n'avions ménagé aucun effort... »

En prévision du lancement, les équipes de Microsoft ne ratent jamais une occasion de faire la démonstration de la Kinect. Durant l'été 2010, des équipes sont dépêchées en Europe, au Canada comme sur le territoire américain afin que le public au sens très large puisse voir par lui-même de quoi il en retourne. Pour mieux faire connaître au monde l'objet prodige, Microsoft ne recule devant rien : 500 millions de dollars sont affectés au marketing de Kinect.

L'accessoire est finalement lancée le 4 novembre 2010 et la réaction initiale évoque celle d'un geyser : 100.000 unités sont écoulées en un jour. Au bout du premier trimestre, le verdict tombe : avec 8 millions d'unités vendues, Kinect est l'un des produits qui a connu le meilleur démarrage de toute l'histoire du commerce. Au passage, Kinect vient de faire tomber 5 millions d'abonnés supplémentaires au service Xbox Live.

Microsoft, accoutumée à engranger les dollars par milliards, compte désormais une nouvelle source de profit : à elle seule, Kinect vient de faire rentrer 1,2 milliards dans sa besace géante ! Qui plus est, le bénéfice est au rendez-vous : à 149 dollars pièce pour un coût de fabrication estimé à 59 dollars, l'accessoire serait largement rentabilisé.

Jamie Shotton jubile : « C'est le rêve de tout chercheur : voir le produit de ses recherches dans les mains des gens. Il me semble que de toutes les recherches jamais effectuées en terme de vision par ordinateur, Kinect est la plus réussie ! »

Quelque chose de curieux se produit pourtant. Très vite, la Kinect se voit détournée de son usage d'origine par des programmeurs futés...

Immédiatement après sa sortie, Adafruit Industries, une boutique en ligne de kits électroniques lance un challenge : le premier qui sera en mesure d'analyser les entrailles de Kinect et de partager ses trouvailles avec la communauté des développeurs se verra offrir 1.000 dollars de récompense. Très vite, la mise est accrue : 3.000 dollars sont proposés au hacker le plus véloce. Six jours après l'annonce originelle, un dénommé Hector Cantero Martin a craqué le code de Kinect. Il n'en est pas à son coup d'essai : il avait auparavant fait de même avec la PS3 et la Wii. Les secrets de l'accessoire de Microsoft sont aussitôt publiés sur le Web.

Aussitôt, une frénésie de développements émerge. La société russe ARDoor développe une application pour les boutiques de vêtements. Une personne se regarde dans le miroir et voit des parures se superposer sur son anatomie. L'essayage rapide et à volonté !... Un autre internaute, YanKeyan a créé un programme qui apprend à la Xbox à reconnaître des objets qui lui sont montrés. Optical Camouflage de TakayukiFukatsu n'est pas moins impressionnant : c'est une sorte de fantôme de soi-même qui se déplace dans la pièce, provoquant une légère déformation du décor. À donner la chair de poule... Theodore Watson & Emilie Gobeille ont développé une singulière application, Interactive Puppet, qui fait apparaître un oiseau virtuel au bout de sa main. Le volatile se déplace en suivant le bras et ouvre le bec pour pousser son cri lorsque l'on ouvre la main. Ailleurs, ce sont les personnages de World of Warcraft qui se voient contrôlés par des mouvements de la main. Plus étonnant encore, Magic Mirror de Tobias Blum étudiant à l'Université des Techniques de Munich fait apparaître une partie de son squelette, tandis que l'on se regarde !...

« Le problème que nous avions, » raconte Tobias Blum, « c'est que les systèmes de Réalité Augmentée que nous utilisions sont coûteux et peu pratiques. Depuis 20 ans déjà, on nous parle d'applications médicales avec de la Réalité Augmentée, mais la recherche impliquait l'usage d'un visiocasque. Or, tout le monde a attendu en vain qu'apparaisse le visiocasque parfait et il n'est pas arrivé. Dès que Kinect est sorti, nous avons donc eu l'idée de l'utiliser : son avantage, c'est qu'elle ne nécessite pas de placer des marqueurs sur un utilisateur, » explique Blum.

« À présent, un appareil de jeux vidéo nous permet de bâtir des systèmes de Réalité Augmentée qui seront bientôt utilisés dans l'éducation médicale ! Notre système permet d'enseigner l'anatomie d'une manière plus intéressante qu'avec des livres ou des vidéos. Nous allons ajouter des informations comme les noms de certains organes. Nous pensons aussi à des serious games : l'utilisateur devrait montrer où se trouve un certain organe de son corps... »

À en croire Tobias Blum, « les chirurgiens avec lesquels nous travaillons adoreraient utiliser Kinect comme interface utilisateur dans la salle d'opération. Comme ils doivent être stériles, ils ne peuvent utiliser une souris ou un clavier ! ».

Le mouvement qui s'est spontanément développé est fédéré sous une bannière, l'Open Kinect Project et à la mi-décembre, il compte déjà des milliers de participants. Toutes sortes d'applications inattendues émergent comme le contrôle d'un aspirateur Roomba mais aussi la simulation d'actes sexuels par des avatars ou l'application de massages sensuels. Willow Garage, une start-up de robotique lance pour sa part un appel pour des applications Kinect avec récompenses à la clé.

À Berkeley en Californie, Kyle Machulis est à la tête du mouvement Open Kinect Project. Trentenaire, ce nostalgique de la Dreamcast porte barbe et lunettes. L'ironie du sort, c'est qu'il a jadis fait partie du groupe des « Microsoft Evangelists », une équipe chargée de promouvoir les produits de l'éditeur de Windows. Machulis a le profil type du « hacker » curieux par nature :

« J'ai une capacité à penser en termes de code. J'adore lire le code écrit par d'autres et j'aime déchiffrer la logique qu'ils ont employée. », confie Machulis.

Devant l'ampleur des « Kinect hacks », Machulis s'est donné pour rôle de recenser le code disponible pour programmer Kinect et faire en sorte qu'il fonctionne sur Windows comme sur Linux ou MacOSX. Au début décembre, Machulis a organisé la première conférence de l'Open Kinect Project devant une salle hilare qui buvait ses paroles.

« La communauté avait grandi à une vitesse folle, » se souvient Machulis. « Au moment où j'ai donné cette conférence, plus personne n'arrivait à suivre tout ce qui se passait. Cela grouillait de partout... »

Dépassée par les événements, Microsoft réagit d'une manière classique : cette activité débridée n'est pas jugée bénéfique. Le communiqué qui tombe début janvier 2011 a des accents de condamnation.

« Microsoft ne peut tolérer l'altération de ses produits (...) Microsoft entend collaborer avec les autorités légales afin de protéger les manipulations de Kinect ».

Le communiqué de Microsoft suscite une vague de réactions outragées sur les forums de l'Open Kinect Project. En haut lieu, il est pourtant décidé qu'il vaudrait mieux temporiser les choses. Microsoft, dont l'image avait été fortement ternie à la suite du procès pour pratiques monopolistiques se voit malgré elle acclamée comme une société hyper cool. Ne vaudrait-il pas mieux surfer sur cette vague ?

Kyle Machulis tient à temporiser les choses :

« Microsoft est une immense société et donc, on y trouve plusieurs départements de Relations Publiques (RP) qui, parfois, ne se connaissent même pas. Donc, l'un des services de RP a dit que Microsoft n'appréciait pas notre initiative, mais un autre a ensuite dit que cela ne les importunait aucunement. Deux semaines plus tard, l'un des principaux développeurs de la Kinect a déclaré à la radio : 'nous l'avons directement conçue ouverte'. Et donc, il n'y a pas eu de conséquence sur la communauté Open Kinect. »

Le message officiel de Microsoft devient le suivant : l'éditeur affirme qu'il n'engagera pas de poursuites envers ceux qui détournent la Kinect à de bonnes fins. Puis, c'est un silence radio qui s'ensuit quant au « hacking » de l'appareil. Au moins de juin 2011, un kit Microsoft est officiellement publié à l'intention des développeurs : SDK for Kinect. Machulis n'y voit là qu'un seul défaut :

« Leur kit officiel ne peut pas servir à réaliser des applications commerciales ! »

Or, selon Machulis, ce marché émerge naturellement, notamment dans le domaine du 'scan d'images en 3D'.

Le 11 mars 2011, avec 10 millions d'unités vendues, soit une moyenne de 133.333 appareils par jour, Kinect est entré au livre Guinness des Records comme « l'accessoire high-tech le plus vendu dans un court laps de temps ».

Au fil des mois, certains joueurs ont tout de même exprimé une certaine déception envers la Kinect et lancé un cri : où sont les jeux inoubliables ? Kipman promet de grandes surprises…

« Cela prend du temps à un peintre pour comprendre ce qu'il pourra tirer d'une nouvelle palette. Si vous comparez les diverses versions de Halo, il est clair qu'elles sont incroyablement différentes alors que la console elle-même n'a pas changé. »

PrimeSense pour sa part compte désormais deux cents employés et Aviad Maizels laisse entendre que la Kinect ne serait que la première étape d'une immense exploration technologique et que le meilleur reste à venir.

Est-ce que les prochains développements viseront à améliorer encore le jeu vidéo ? Tout ce que révèle Aviad Maizels est que le choc sera aussi fort que pour Kinect. Alexander Shpunt de PrimeSense s'autorise tout de même une confidence :

« Notre prochaine création vise à changer le monde… »

## XXVII – ZYNGA, dis-moi comment tu joues, je te dirais qui tu es...

Il y a bien longtemps, un tourbillon marin a emporté le navire Cryo.

Sur un radeau, un passager clandestin du nom de Philippe Ulrich avait contemplé le naufrage, non sans une larme salée. Par chance, il avait eu le temps de s'échapper. Il avait gagné une île paradisiaque où Salvador, un sage guitariste évoquait son Jardin d'Hiver...

Ulrich avait fait ses adieux au jeu vidéo. Entré par mégarde, tel un cheval de Troie dans la cité des boss de fin de niveau, il s'était retourné à ses premières amours. Quand la musique est bonne, elle guide ses pas...

Entouré de compositeurs prometteurs tels que Keren Ann ou Benjamin Biolay, Ulrich était sollicité de toutes parts, par Alain Chamfort comme par l'un des anciens amants de Brigitte Bardot, le bellâtre Sacha Distel. Pourtant, son label musical, Exxos était allé à la dérive. Ulrich, qui avait investi les moindres deniers acquis durant l'épopée Cryo s'était retrouvé une fois de plus en perdition.

Un serial entrepreneur était venu alors le chercher. Gilles Babinet souhaitait plancher sur une nouvelle forme de consommation de la musique, donnant à l'auditeur la possibilité de remixer les morceaux. La société Mxp4 avait vu le jour, épaulée par Sylvain Huet, l'architecte du Deuxième Monde.

Ulrich a-t-il tourné le dos au jeu vidéo ? Pas si vite... De temps à autre, le Captain Blood lance un appel depuis une distante galaxie. Il ressurgit, ranimé par les messages de fans de la première heure, à jamais inassouvis. Certains souhaitent qu'une suite apparaisse à cette épopée qui en a laissé plus d'un sur sa faim. De son côté, Ulrich a continué de développer l'Upcom, le système de communication à base d'icônes de L'Arche du Capitaine Blood. Un temps, il caresse la perspective de réaliser des jeux de cartes basés sur ce langage universel.

À la grâce de nuits blanches, un synopsis reprend forme de temps à autre, quelques bribes d'escarmouches intergalactiques sont couchées sur le papier.

À des milliards de milliards d'années lumière, cryogénisé dans son mausolée sur une planète perdue, le Capitaine Blood a rédigé un testament. Un testament qui ne demande qu'à être livré à la race humaine...

Sous le soleil de la Californie, en février 2006, un jeune businessman fête son quarantième anniversaire, un peu secoué d'avoir laissé les décennie lui filer entre les doigts. Consolation, il paraît dix années de moins et son allure de déboussolé à la Austin Powers lui donne une allure sympathiquement immature. Mark Pincus est né le 13 février 1966 à Chicago et s'est mis à jouer dès sa tendre enfance. Le virus ne l'a jamais lâché : il défie régulièrement d'autres membres de sa famille sur des jeux en ligne.

Le problème de Pincus, c'est qu'il n'a jamais eu sa langue dans sa poche. Une fois diplômé de l'école de finance Wharton à Philadelphie en 1988, il a été a embauché par la firme de consultants Lazard Frères et a découvert les horaires de travail impitoyables du domaine de la finance...

« Nous dormions 5 heures par nuit et je n'ai pas eu un week-end libre en six mois ».

Bien décidé à s'imposer au royaume des billets verts, Pincus est alors entré à la Harvard Business School. Pourtant, il a eu bien du mal à trouver un job : lors des rendez-vous d'embauche, s'il estimait que le recruteur avait dit quelque chose d'idiot, il le lui faisait ouvertement remarquer. Par la suite, ses employeurs l'ont souvent remercié pour ce même motif d'insolence.

« Si quelqu'un était dans son tort, je ne me gênais pas pour le lui dire. Les gens m'adoraient ou me détestaient. Avec le recul, j'ai réalisé que je me fermais peu à peu toutes les portes – je me forçais à devenir un créateur d'entreprise. »

Durant l'automne 1995, à partir d'un prêt de 250 000 dollars, Pincus a lancé sa première start-up, FreeLoader et l'a revendue ensuite pour 38 millions de dollars, une plus value suffisante pour entretenir l'appétit de l'entrepreneuriat.

Après d'autres essais plus ou moins fructueux, 2003 semblait augurer d'un beau décollage. Avec un sens de l'avant-garde, Pincus a démarré Tribe, un réseau social. Pourtant, ce précurseur de Facebook n'a pas trouvé son audience ou du moins, pas vraiment telle qu'il l'avait espérée au départ.

« Les adeptes de Burning Man, un rassemblement de style hippie, ont rapidement pris Tribe d'assaut. Le réseau était saturé d'images des abonnés dans le plus simple appareil. Ma petite amie, alors une blonde bon chic bon genre, était constamment atterrée de voir ces types chevelus envoyant des images de leurs parties privées », a raconté Pincus à Vanity Fair.

D'une certaine façon, Pincus en a tiré une leçon : il ne suffit pas de convier ses amis à une fête, il faut également organiser à l'avance le divertissement …

Suite à l'échec de Tribes, Pincus est devenu une sorte de pestiféré. Les investisseurs le saluent poliment mais déclinent les offres de rendez-vous. À la recherche de lui-même, Pincus s'est entouré de plusieurs coaches : coach de tennis, coach de ski, coach de vie…

« Je ne vois pas pourquoi l'on ne devrait pas s'octroyer le moindre avantage possible », justifie Pincus.

Pour sa prochaine aventure en terre de Web, l'homme veut concrétiser une vision entretenue de longue date : selon lui, le Web sera tôt ou tard imprégné de jeu vidéo. Son inspiration du moment serait de se servir de Facebook comme plate-forme de jeux en ligne.

Facebook a été créé en 2004 par l'étudiant Mark Zuckerberg pour les besoins de son université et son usage a fait boule de neige. En avril 2007, ce réseau social compte 20 millions d'utilisateurs et sa croissance est marquante – fin 2006, ils n'étaient que 12 millions. Aux USA, Facebook est devenu le n°2 du Web en terme de consultations journalières et Microsoft a approché la start-up en vue de l'absorber. Zuckerberg a décliné l'offre mais l'éditeur de Windows a tout de même investi 240 millions de dollars dans le réseau social qui monte, qui monte, qui monte...

À partir de mai 2007, l'une des forces de Facebook, c'est qu'il devient aisé pour des tierces parties d'y accoler des applications. Très vite, elles poussent comme des champignons : des quizz, des applications musicales, des utilitaires : « Qui regarde mon profil ? », « Qui m'a supprimé de sa liste d'amis »...

Pincus voudrait placer sur Facebook des jeux vidéos visant un très large public, suivant en cela la tendance amorcée par Nintendo avec la Wii ou encore par le phénomène des Sims. Le premier titre que compte lancer la start-up, Texas Hold'em Poker, est un jeu de poker développé par un jeune programmeur de 19 ans, Justin Waldron.

Zynga est officiellement fondée en janvier 2007. Un bon vivant du nom de Andrew Trader participe à l'opération – il était auparavant le dirigeant du réseau social Tribes. Le nom Zynga est celui d'un ancien bouledogue anglais de Mark Pincus. De ce fait, l'image d'un bouledogue va devenir l'emblème de Zynga.

Lors des premiers mois de Zynga, Pincus se montre prêt à tout pour 'emprisonner' ses utilisateurs, au risque d'en fâcher certains.

« Je donnais à nos utilisateurs des jetons de poker s'ils téléchargeaient la barre d'outils Zwinky. Une fois téléchargée, ils ne pouvaient plus s'en débarasser (rires). »

Il a fallu que le flot des protestations devienne particulièrement fort pour que les ingénieurs de Zynga choisissent de supprimer la barre Zwinky.

« C'était une expérience douloureuse... » reconnaît Pincus.

Un élément clé des jeux de Zynga est qu'ils sont gratuits tout en donnant la possibilité aux joueurs d'acheter des biens virtuels. C'est à force de jouer à des jeux en ligne et de se faire battre par ses enfants que Pincus a expérimenté l'achat de biens virtuels permettant d'améliorer son statut en accéléré.

« J'étais 'accro' au jeu Rise of Nations, tellement dépendant que ma relation amoureuse en souffrait. En tout cas, les enfants me battaient à plate couture – ils arrivaient avec des tanks que je tentais en vain de dégommer avec mes lances. Je me suis dit que j'aurais volontiers payé pour avancer mon statut. Dans notre civilisation, la plupart des gens estiment que cela casse les règles du jeu mais où est vraiment le problème ? Après tout, dans la vraie vie, les choses deviennent plus faciles si vous lâchez de l'argent, » a expliqué Pincus dans Vanity Fair.

Texas Hold'em Poker inclut un argent virtuel que l'on peut gagner par ses prouesses au poker. Ceux qui souhaitent progresser plus vite peuvent sortir leur carte de crédit et acquérir de l'argent ou des biens virtuels auprès de Zynga.

Seule une petite proportion de joueurs délie ainsi sa bourse. Les sommes sont minimes mais elles concernent des dizaines de milliers d'utilisateurs. Grâce à ce système, divine surprise : Zynga se retrouve profitable dès l'automne 2007, neuf mois après son démarrage !

Cette rapide rentabilité est positivement perçue du côté des financiers. Très vite, un investisseur est séduit par le projet de Pincus : John Doerr. Il n'en est pas à son coup d'essai. Individu extraverti, Doerr porte d'imposantes cravates à rayures. Il a participé à la prise d'investissements dans des jeunes pousses devenues grandes telles que Compaq, Lotus, Sun, Symantec, AOL ou Amazon. Assisté d'autres investisseurs, Doerr mise 29 millions de dollars dans Zynga. Cette manne permet d'embaucher Bing Gordon, l'un des vétérans d'Electronic Arts. En parallèle, en juillet

2008, Zynga rachète un jeu Facebook similaire à Sim City, Yoville, qui compte déjà 150.000 utilisateurs.

Les jeux de Zynga ne sont pas glamour pour un sou, et leur aspect évoque certains titres des années 80. Il se trouve que Pincus est persuadé que le mécanisme addictif du jeu serait ce qui compte avant tout. C'est ce qui a fait vendre du Pokémon sur la Game Boy monochrome à l'ère des jeux 3D magnifiques. C'est ce qui a amené la Wii à séduire les grands-parents alors que la PS3 affichait des images haute définition. Le look ne serait pas l'ingrédient majeur. Le goût du jeu, celui là même qui draine des familles à Las Vegas, est le facteur à titiller, pour le meilleur et pour le pire...

Les jeux que gère Zynga sont par nature simplissimes, à la portée du premier venu. Et de ce fait, le profil typique du joueur de Texas Hold'em Poker ou Yoville est bien éloigné du gamer usuel. Il compte de nombreuses femmes au foyer gagnées par l'ennui au milieu de l'après midi.

Dans sa quête de jeux à développer, Pincus n'hésite aucunement à copier ouvertement ce qui a eu du succès ailleurs. Ainsi, l'un des premiers jeux à connaître un réel succès sur Facebook est Mob Wars de David Maestri qui a été lancé en janvier 2008. Zynga lance le développement de son propre jeu, Mafia Wars, en empruntant de nombreux mécanismes à l'original.

Un autre jeu qui connaît une belle expansion est (Lil) Green Patch, un jeu qui implique de développer un petit jardin. Au début de l'année 2008, il recense 350.000 utilisateurs actifs. (Lil) Green Patch inspire un autre titre, Farm Town de Slashkey qui amène à développer une ferme, tout en favorisant les échanges avec d'autres exploitants agricoles. À son tour, Zynga se lance dans une réplique de Farm Town en développant Farmville...

Sur un coin de la planète Terre, l'aventurier Ulrich continue de plancher sur ce que pourrait être un Capitaine Blood 'remastérisé'. Les images de l'univers transmises par le satellite Hubble constituent une matière fascinante. Ainsi la galaxie Helix

Nebula, couramment baptisée Eye of God apparaît comme un œil titanesque qui s'étend sur des milliards d'années lumière. Les graphistes d'un jeu n'auraient qu'à s'inspirer de ces extraordinaires agrégats stellaires...

Un facteur de Capitaine Blood auquel Ulrich redonnerait volontiers vie, c'est la populations d'aliens qui s'épanouit sur les planètes de la saga originelle : les gentils Izwal, les Migrax, les Croolis... Autant de créatures qui développent des sociétés vivantes fondées sur des valeurs qui leurs sont propres : écolo, méditatives, belliqueuses...

La génèse d'une nouvelle aventure se dessine en filigrane. Le testament du Capitaine Blood pourrait donner à chaque joueur les coordonnées d'une planète qui lui appartient et pour laquelle il hériterait d'une somme d'argent. Une fois arrivé sur sa planète, il lui reviendrait d'entrer en contact, via l'Upcom, avec le chef des aliens, de rallier ces êtres à sa cause en résolvant leurs problèmes, soit leur trouver de la nourriture, dépolluer leur air...

Patience, l'heure du grand retour du Capitaine Blood n'a pas encore sonné...

À la fin 2008, Mark Zuckerberg, fondateur de Facebook, fait son entrée à la 321ème place dans la liste des 400 américains les plus riches publiée par Forbes. Ce qui le distingue des autres membres de ce gotha, c'est qu'il n'est âgé que de 24 ans. Sa fortune en actions s'élève à 1,5 milliards de dollars et en fait le plus jeune milliardaire du monde. Quant au nombre d'utilisateurs actifs sur Facebook, il approche les 150 millions.

Dans la mesure où Zynga surfe sur la tendance, la croissance est au rendez-vous. Le nombre de joueurs sur Yoville approche les 350.000. Et Mafia Wars commence à bénéficier d'une popularité marquante : 2,7 millions d'utilisateurs sont enregistrés. Cette concurrence inattendue n'est pas appréciée par David Maestri qui en février 2009, poursuit Zynga en justice pour copie éhontée de son Mob Wars. Pour tenter d'adoucir le courroux de Maestri, Pincus fait développer de nombreuses modifications à Mafia Wars en vue de gommer les plagiats trop visibles.

En mars 2009, à l'Université de Berkeley, Mark Pincus est invité à commenter son succès devant les étudiants et il se pavane, se montre cabotin, sans réaliser la portée préjudiciable de ses paroles.

« J'ai fondé Zynga moi-même et j'ai fait les choses les plus horribles qui soient, juste pour obtenir des revenus immédiats. Nous avons fait tout ce qui était possible pour gagner de l'argent, de croître et être un vrai business. »

Pincus ne réalise pas encore qu'à l'ère de Youtube, cette philosophie insouciante sur l'air de 'tous les coups sont permis' peut faire le tour du Web et ternir son image à terme.

En attendant, tous les espoirs de Pincus sont fondés sur Farmville, la gestion de ferme maison. Le jeu est officiellement lancé par Zynga le 19 juin 2009. Afin de le faire connaître à grande échelle, une énorme campagne publicitaire est organisée. Avant tout, Zynga commence à disposer d'une base d'utilisateurs importante sur ses autres jeux et un grand nombre des abonnés migrent naturellement sur Farmville.

Très vite, les chiffres donnent le tournis. Farmville se targue bientôt d'accueillir 1 millions de nouveaux joueurs par semaine. Deux mois après son lancement, il est désigné comme « le jeu social ayant connu la plus forte croissance de toute l'histoire ». En août, le cap des 10 millions d'utilisateurs est passé. Indiscutablement, Zynga tient là son hit. En novembre 2009, Farmville est crédité de 63.704.394 abonnés dont un bon tiers joue chaque jour.

L'une des caractéristiques de Farmville, c'est qu'il est nécesssaire d'attendre de longues heures pour tirer profit de ses actions. Il faut patienter avant de voir les graines que l'on a plantées s'épanouir en plantes que l'on puisse échanger contre de l'argent virtuel qui permettra de s'offrir un tracteur, une vache, une poule, etc. Si le joueur n'a pas la patience d'attendre, il ne lui reste qu'à sortir sa carte de crédit.

5 à 6 % des addicts de Farmville délient ainsi leur bourse, que ce soit pour s'élever plus vite dans la hiérarchie ou acquérir une tondeuse, un cochon... Dans la mesure où ces gens pressés sont désormais au nombre de trois millions, les revenus deviennent très conséquents. Parfois, certains objets particulièrement chers sont mis en vente. À leur grande stupeur, les cadres de Zynga qui surveillent les statistiques découvrent qu'ici ou là, un internaute est prêt à en payer le prix.

Tout n'est pourtant pas rose au royaume de Farmville. Chaque fois qu'une étape majeure est franchie dans le jeu, un message est envoyé sur Facebook aux amis du joueur. Le caractère intrusif de ces avis à répétition est souvent mal perçu par certains desdits 'amis'. Lassé, un internaute crée un groupe Facebook « Je n'en ai rien à cirer de votre ferme, de votre poisson, de votre parc ou de votre mafia ! ». Il attire rapidement 6 millions d'abonnés énervés par Zynga.

En janvier 2009, le flamand David Dom s'est inscrit sur Facebook et lui aussi a rapidement souffert des intrusions venant de Farmville.

« Auparavant, j'étais sur Myspace et ce réseau avait peu à peu été infesté par des jeux tels que Mafia Wars. Toutefois, ce n'était pas ennuyeux – si vous n'aimiez pas l'application, vous la bloquiez et elle ne vous importunait plus. »

Or, à mesure que les mois s'écoulent, Dom a vu son mur Facebook saturé de messages émanant de Farmville :

« Je viens de trouver un œuf dans ma ferme ! »

« Mon Dieu, quelqu'un vient de perdre une vache ».

Si au départ, David Dom y prêtait peu d'attention, la fréquence de ces messages est devenue crispante.

« Je recevais des messages de gens demandant de l'aide pour leur « poulailler », à la recherche d'éléphants pourpres pour leur ferme et autres choses débiles. C'était sans doute excitant pour les joueurs de Farmville. Pour ma part, si je suis sur Facebook, c'est parce que je suis intéressé par la vie de mes amis dans le monde réel, pas par leur vie virtuelle. »

Ce mécontentement que ressent David Dom est partagé par d'autres internautes. En divers endroits du monde, de plus en plus de pages Facebook commencent à apparaître afin que Farmville cesse d'imposer ses messages dans le réseau social.

« Que faire ? La solution semblait évidente : bloquer l'application Farmville. Problème résolu ? Pas si vite. Le flot de messages et d'invitations venant de Farmville n'a pas cessé. C'était clairement du spam : des messages non sollicités. Des applications annexes ont commencé à apparaître jour après jour : Cadeaux de Farmville, Bonus Farmville, Vacances Farmville... La liste est interminable. À chaque fois, je me retrouvais à bloquer ces intrusions. Cela n'a pas stoppé : il y avait une véritable invasion de jeux Zynga sur Facebook. J'en ai bloqué des centaines : Bubble Island, Café World, Castle Age, Fish World, FrontierVille, Happy Hospital, Vampire Wars, YoVille... »

Pincus ne ressent pas immédiatement les effets de cette vague anti-Farmville qui pointe à l'horizon. Poussé par l'ampleur de son succès, Zynga a lancé le développement de dizaines de jeux. L'offensive se précise toutefois à l'automne.

Le 31 octobre 2009, Michael Arrington, un journaliste du magazine en ligne TechCrunch accuse Zynga de travailler intentionnellement avec des professionnels du 'scam', un type d'arnaque consistant à abuser de la crédulité d'internautes pour leur soutirer de l'argent. Arrington affirme que Zynga tirerait 1/3 de son revenu d'une telle pratique et que Facebook serait complice.

Peu après la publication de Techcrunch, le dernier jeu en date de Zynga, Fishville, se voit temporairement retiré par Facebook. Motif : il violerait les règlements maison en matière de publicité. À cette époque, Fishville a déjà recensé 875.000 utilisateurs.

Facebook justifie ainsi sa décision :

« Fishville sera suspendu aussi longtemps que Facebook n'aura pas eu la preuve que Zynga se conforme à nos restrictions concernant les publicités proposées aux utilisateurs. »

Le 2 novembre 2009, Pincus cède à sa manière. Tatto Media, un opérateur téléphonique qui a pour défaut d'emprisonner ses clients dans leur abonnement se voit banni de Zynga. Qui plus est, annonce Pincus, les offres publicitaires seront désormais filtrées.

La suspension opérée par Facebook est levée le 9 novembre à minuit. De nombreux procès sont néanmoins entamés contre l'ingérence de Zynga. L'un d'eux est lancé 3 semaines après l'article de TechCrunch et regroupe plusieurs plaignants, dont un qui conteste le fait d'avoir été indûment facturé de 200 dollars après avoir acquis de la monnaie virtuelle pour Yoville.

Débordé par les événements, Pincus choisit, durant un court moment, de supprimer purement et simplement les annonceurs publicitaires. Accusé de gérer sa société d'une manière peu éthique, il dira plus tard au New York Times que ses propos badins lâchés en mars à l'Université de Berkeley ont été mal compris : il voulait juste faire passer l'idée aux entrepreneurs en herbe qu'il fallait engranger de l'argent rapidement afin de gagner son indépendance.

« Je n'ai pas jamais voulu impliquer qu'il fallait faire quoi ce que soit de contraire à l'éthique. »

« J'ai réalisé, alors que ma société obtenait une visibilité de plus en plus importante, que beaucoup de gens prenaient au sérieux ce que je disais. Il m'a fallu devenir adulte... »

À la fin décembre 2009, une sanction tombe : Zynga est condamnée à verser 8 millions de dollars à Maestri pour plagiat de Mob Wars.

Si la grogne anti-Zynga se développe, il n'en demeure pas moins qu'un empire du jeu vidéo est apparu en un temps éclair. En décembre 2009, Zynga recense 60 millions d'utilisateurs quotidiens. Cette montée en puissance est accentuée par le lancement de CityVille, une simulation urbaine pour laquelle une certaine qualité a été recherchée : les bâtiments ont été conçus par un ancien architecte. Le jour de son ouverture, CityVille attire 290.000 joueurs, et devient le plus grand lancement de l'histoire de Zynga.

Un mois plus tard, Pincus est nommé CEO (dirigeant d'entreprise) de l'année par les lecteur de TechCrunch, le magazine qui l'a pourtant asticoté en septembre. Pincus saisit la balle au bond et ironise :

« Ceux-là mêmes qui vous ont traité d'idiot vont s'empresser d'embrasser la bague. Nous sommes en mesure de faire l'Histoire. »

À Montpellier, en janvier 2010, le développeur Frédéric Larivé tombe en arrêt devant quelques captures d'écran de L'Arche du Capitaine Blood retrouvées par hasard sur le Web. Fan jusqu'auboutiste de ce jeu-phare des années 1980, ce graphiste a fait ses armes sur l'Amiga, avant de se ranger puis d'entrer chez un éditeur de logiciels juridiques.

« Quand j'avais une quinzaine d'années, mes amis et moi nous prêtions des tonnes de jeux sur Amstrad et Amiga, » confie Larivé. « Un jour j'ai testé L' Arche du Capitaine Blood, un jeu dont les magazines parlaient beaucoup. Au début, je n'ai accroché que moyennement : c'était très beau mais on ne comprenait rien, j'étais largué sans savoir quoi faire... Au début de Blood, il y avait l'image avec une sorte d'embryon inspiré de Giger qui se répétait pour former comme des tentacules... J'ai longtemps cherché ce que cette introduction voulait dire et à quoi elle servait sans jamais trouver ! Puis à force d'y jouer, je n'ai plus réussi à le lâcher et j'ai fini le jeu au bout de quelques semaines. »

Chaque fois qu'il chargeait le jeu, Larivé voyait apparaître sur l'écran les noms « Philippe ULRICH et Didier BOUCHON ».

« J'ai mémorisé leurs noms sans jamais plus les oublier. Je me disais qu'ils étaient vraiment super forts !... Après avoir fini L'Arche du Captain Blood, je me souviens avoir redessiné les magnifiques étoiles bleues/mauves sous un logiciel qui s'appelait Salut l'artiste que j'avais acheté sur cassette avec une documentation qui tenait dans un énorme classeur. »

De revoir les écrans de L' Arche du Capitaine Blood en cette année 2010 a fait renaître une drôle de sensation. Seul, le soir, Larivé s'est mis à recréer des visuels du jeu.

« J'ai eu envie de me replonger dans cette ambiance si particulière en me disant que c'était complètement dingue, que cela s'apparentait à un boulot pharaonique. C'était irraisonné mais après tout, ce n'était pas grave. Je voulais me faire plaisir. C'était comme un besoin de revenir en arrière et de revivre un peu tout ça. En voyant que j'arrivais à recréer de nombreux visuels sous 3D Studio Max et Photoshop, de nombreuses idées sont venues pour aller beaucoup plus loin que le jeu initial. Je me suis éloigné, j'ai pris des libertés, j'ai créé un sélecteur de galaxies ou encore Nehah, la gardienne de l'Arche qui demande au joueur de s'authentifier. »

Pour mieux prendre le pouls des irréductibles de Capitaine Blood, Larivé crée un blog pour exposer ses oeuvres. Quelques passionnés proposent spontanément leur aide et un musicien offre une de ses compositions. Larivé se surprend bientôt à vouloir contacter Philippe Ulrich avec une ambition : relancer Captaine Blood...

« J'essayais de ne pas trop me faire de films car comme Philippe et Didier sont à Paris et à Montpellier, je voyais là un gros souci, quelque chose qui finirait par bloquer le projet même si j'arrivais à suciter leur interêt... »

En février 2010, un dénommé David Storey, un joueur australien de 27 ans, bat à sa façon un record : il débourse 26.500 dollars pour acquérir une île sur le jeu Entropia. Il entre ainsi dans le Guiness Book pour avoir déboursé la plus forte somme à ce jour pour un bien virtuel.

En parallèle, rien se semble freiner l'ascension de Zynga. À partir de mars 2010, l'éditeur lance la vente de cartes prépayées pour sa monnaie virtuelle. Ces cartes sont proposées dans des milliers de magasins américains.

Farmville, pour sa part, tourne au phénomène de société. Aux USA, ce jeu social est évoqué lors d'un show télévisé populaire, Dr. Phil. Des enfants accusent leur mère de les négliger du fait qu'elle passe son temps sur le jeu de Zynga. Un cas est évoqué : une femme a déserté son travail afin de pouvoir jouer à Farmville toute la journée. Elle a donné pour excuse qu'elle devait rendre visite à son gamin à l'hôpital. Les messages envoyés par Farmville à tout un chacun ont vendu la mèche !

Pour sa part, David Dom a atteint le point de saturation et démarre une page de protestation en février 2010 : Against the Facebook application of Farmville and its similar contemporaries (Contre Farmville et autres applications similaires de Facebook). Comme d'autres, il demande que des restrictions soient appliquées aux jeux Zynga, les empêchant de poster des messages à tout va sur les murs de leurs amis.

« Pas un jour ne se passait sans que je me retrouve à bloquer des jeux Zynga. Pourtant rien n'y faisait, quelque chose de nouveau se déclenchait. Au pire, il y avait les messages de ceux qui demandaient 'qui aurait trois clous pour ma ferme ?'. Je me suis demandé à quoi ressemblerait ma page Facebook si je n'avais pas à bloquer tous ces avis ? »

Dom est effaré de voir combien Farmville est devenu une addiction pour certains de ses amis. Lorsqu'un problème technique touche le jeu, certains virent à la panique.

« Lorsque j'essayais d'aborder le sujet, ils étaient immédiatement sur la défense et parfois colériques. Comment oses-tu dire quoi que ce soit sur ma ferme virtuelle ? »

Une fois sa page de protestation mise en ligne, le prix à payer pour David Dom est sévère. Il est inondé de messages insultants de la part d'internautes qui se déclarent « scandalisés » par sa tentative de réfréner l'envoi de messages par Farmville.

« Il y avait là un signe. Ces gens se sentaient menacés par ma pétition et voulaient défendre leur ferme virtuelle à n'importe quel prix. »

Les pages de protestation finissent tout de même par payer : sous la pression de ses utilisateurs, Facebook prend les devants et décrète que le mailing aux amis par des applications telles que Farmville n'aura plus cours.

Il est vrai que Facebook traverse une période trouble. Bien que le réseau social soit temporairement devenu le n°1 du Web – en Mars, il a dépassé Google aux USA et s'approche du demi milliard d'utilisateurs – les motifs de mécontentement s'accumulent. Quatorze associations ont déposé une plainte auprès de la FTC, le bureau américain de défense des consommateurs, accusant Facebook d'avoir communiqué des informations sur ses usagers à ses annonceurs. Plus grave, quatre sénateurs américains ont entamé une croisade anti-Facebook et le Canada a rejoint le combat. Le réalisateur David Fincher s'y est mis : son film The Social Network attendu pour l'automne est une dénonciation des pratiques de Zuckerberg. Ici et là, des organismes de défense de la vie privée recommandent de quitter Facebook et le magazine The Consumerist consacre un dossier afin d'expliquer à ses lecteurs comment procéder. Et une étude de InSites Consulting dévoile que 55 % des utilisateurs de Facebook ne lui font plus confiance.

Pour Facebook, il est donc temps de se refaire une virginité et le filtrage des messages intrusifs de Farmville participe à une série de mesures prises pour redorer son blason. Cette mesure restrictive a une conséquence rapide sur le trafic de Zynga : Farmille va passer de 83 millions d'usagers en Mars 2010 à 61 millions en juillet.

« Ceux qui ont quitté le jeu n'étaient pas des acheteurs de biens virtuels. Cela n'a donc pas eu de conséquence notable sur nos revenus » se contentera de dire un porte-parole de Zynga.

Si tel est le message officiel, dans le monde réel, Pincus et ses sbires ont fort mal vécu cette intervention de la société de Zuckerberg. Et dans les coulisses, un clash se prépare entre les deux titans. Facebook vit de plus en plus mal l'essor pris par Zynga, une excroissance qui s'est développée de manière incontrôlée, générant un cash énorme sur la mère porteuse.

Au printemps, les affaires s'enveniment. Facebook exige que Zynga soit exclusivement présent sur Facebook et sur aucun autre réseau social. De plus, la société de Zuckerberg exige que toutes les applications hébergées sur son site n'utilisent désormais qu'une seule et même monnaie virtuelle, les Crédits, sur lesquels Facebook préserve 30 pour cent.

Au début du mois de mai, Mark Pincus organise une réunion stratégique avec ses employés. Le ton est aigre : il faut se préparer à une scission avec Facebook. Le lendemain, un email est adressé à un journaliste de TechCrunch :

« À 17:00, Pincus a annoncé le lancement d'un site indépendant de réseau social, Zynga Live. Les négociations qui se sont déroulées entre Facebook et Zynga à propos des Crédits Facebook se sont très mal terminées. Durant ces tractations, Facebook a fermé les fils d'information de Zynga et a menacé de fermer l'accès aux jeux. »

« Zynga, pour sa part, a menacé de quitter définitivement Facebook et se prépare à cette éventualité depuis plusieurs semaines. »

Durant quelques jours, les deux sociétés sont à couteaux tirés et les manœuvres se multiplient. Pincus doit pourtant se rendre à l'évidence : hors de Facebook, point de salut. Les deux Mark, Zuckerberg et Pincus se rencontrent finalement seul à seul et vident leur sac. Chacun a besoin de l'autre, pour le meilleur ou le pire.

Quelques jours plus tard, le calumet de la paix est fumé : Zynga annonce avoir accepté les requêtes de Facebook. Un partenariat de cinq ans est signé entre les deux entités.

Tandis qu'il se débat dans les méandres de ses synopsis, Ulrich observe le phénomène du jeu social avec un intérêt accru. Patiemment, il scrute cet écosystème et tente d'en tirer la substantifique moelle. Un certain nombre des idées égrénées pour Cryo Networks remontent à la surface.

« Pourquoi les jeux sur Facebook sont-ils si attirants ? Parce que, lorsque tu arrêtes ton ordinateur pour aller te coucher, le jeu continue d'évoluer : il se passe des choses. Tu es donc obligé de te connecter le lendemain pour voir ce qui s'est passé, » explique Ulrich.

Lors d'un salon à San Francisco, Ulrich assiste, médusé, à une conférence donnée par Zynga. À un moment un stagiaire monte sur la scène et dit :

— Ecoutez, il y a un bureau au fond de la salle. Nous pouvons embaucher tous les gens présents ici, donc si vous le voulez, allez vous inscrire !

Il découvre par ailleurs une interview de Mark Pincus et se sent interpellé.

« Pincus expliquait pourquoi les grandes majors du jeu vidéo avaient loupé le coche du jeu social. Pour lui, c'était tout simplement un autre métier. En ayant un peu trop le nez sur leur guidon, ils n'avaient pas vu ce qui se passait juste à côté. Zynga s'est ainsi retrouvé avec une centaine de millions de joueurs et une valorisation qui a explosé, sans que les grands ne s'en aperçoivent. »

Ulrich découvre avant tout un étrange phénomène : une partie des employés de Zynga sont affectés à la mise en statistique des jeux.

« C'est grâce à ces statistiques qu'ils adaptent le développement. Ils élaborent une base de jeu puis observent le temps passé, le profil des joueurs, de leurs amis... Les jeux sont alors adaptés à ces statistiques d'utilisation. En gros, le game design d'un jeu social est fait par les utilisateurs ! »

Plus que jamais, Ulrich établit des parallèles avec Cryo qui en son temps, a pu sortir de nulle part et développer des jeux au succès mondial. Avec un univers graphique plus évolué que les jeux Zynga, il y aurait matière à un jeu social d'une autre envergure...

FrontierVille est lancé le 9 juin et un mois plus tard, il recense 20 millions de joueurs. Au passage, Zynga découvre bientôt des phénomènes pour le moins inattendus : dans Frontierville, 650.000 mariages virtuels entre personnes du même sexe sont célébrés !

Le 24 juin, à l'occasion du lancement de l'iPhone 4 par Apple, Pincus vient partager la scène avec Steve Jobs et annonce la disponibilité de Farmville sur ce smartphone. Quelques jours plus tard, Zynga passe le cap des mille employés, alors qu'elle n'en avait que 375 un an plus tard. Parmi ses investisseurs, on remarque désormais des noms comme Google ou Marc Adreessen, le fondateur de Netscape.

Lors d'une réunion de géants des médias, une question est posée à Jeffrey Katzenberg, le PDG de DreamWorks Animation.

- Si vous pouviez redémarrer à zéro, que feriez-vous ?

- J'aimerais alors être Mark Pincus, répond Katzenberg. Il a mis le doigt sur la prochaine 'killer app', sur le prochain phénomène irrésistible.

Katzenberg ne parle pas en l'air : en avril, il est entré au conseil d'administration de Zynga.

Vers la fin de l'automne 2010, Philippe Ulrich reçoit un curieux message de Frédéric Larivé.

« Bonjour Monsieur Ulrich,

Je me permets de prendre contact au sujet d'un jeu légendaire que vous avez créé dans les années 80 : L' Arche du Capitaine Blood.

Je me souviens du temps passé devant mon Amstrad CPC à jouer à ce jeu avec des amis. C'était captivant, totalement nouveau... Vous aviez fait très très fort !

Nostalgique, je me suis lancé dans un projet un peu fou... Faire revivre Capitaine Blood 20 ans après. Mon projet serait de proposer un remake au jeu initial, un hommage à l'original qui profiterait des dernières technologies.

Cela fait plusieurs semaines que je travaille sur une première maquette. J'ai remodélisé l'intérieur de l'arche en 3D. Qu'en pensez-vous ?

Je voudrais juste savoir ce que vous pensez de cette idée un peu folle... C'est celle d'un passionné... Comme vous en 1988 :)

Je sais que vous n'êtes plus trop dans le jeu vidéo avec le MXP4, mais accepteriez-vous de parrainer ce projet ? »

Une heure plus tard, l'email de Larivé revient en échec avec une erreur. À sa grande déception, il le renvoie et n'obtient pas de réponse. Et puis, le 17 décembre 2010, deux messages arrivent presque simultanément. Le premier est signé par Philippe Ulrich.

« Bonjour Frédéric,

J'avoue avoir cru à une hallucination en vous lisant. Je me suis même demandé pendant un instant si vous n'étiez pas un sixième clone qu'on aurait oublié. Montpellier, c'est sur quelle planète déjà ?

Bon, le premier instant de surprise passé, de nombreuses questions me viennent à l'esprit.

En tout cas, nous avons envie de vous aider à faire exister ce projet. Je serai ravi d'y participer et de vous rencontrer, avec Didier, pourquoi pas devant une bonne table ?

A très bientôt.

Philippe Ulrich »

Le second message est signé par Didier Bouchon, le concepteur des graphismes de Capitaine Blood...

« Bonjour Fréderic,

Quelle hallucination pour moi aussi, genre effets spéciaux !

Les étoiles défilent, tunnel, flash... Un très vieux vaisseau pixélisé oublié parcouru de mailles filaires se recompose en une Arche nouvelle, dans une débauche d'énergie. Hydra apparaît, ses habitants en phase de dématérialisation... Bref, un film mental ! Une ancienne musique électronique remixée me revenant en tête. Plus fort qu'un clone, vous proposez une mutation !

Alors oui, j'ai très envie que ce projet fou se concrétise. Encore sous la surprise, j'ai posté un message bloodien proposant une rencontre à sa façon.

Je suis impatient d'en apprendre plus.

Didier Bouchon »

À Montpellier, Frédéric Larivé laisse éclater sa joie : visiblement, Ulrich et Didier Bouchon sont tombés en extase. Hasard ou fatalité, le même soir, la serrure de l'appartement de Larivé est forcée et un appel de la police prévient, mais un peu tard, l'intéressé. En apprenant le forfait, une seule chose l'inquiète vraiment : que l'on ait pu embarquer son ordinateur portable avec toutes ses données, d'autant que sa dernière sauvegarde n'est pas récente. Rongé par l'inquiétude et un peu dégoûté, Larivé rentre chez lui et lorsqu'il ouvre la porte de son domicile, il n'a d'yeux que vers son bureau et découvre que, chance, son ordinateur n'a pas fait partie du butin.

Le Capitaine Blood a protégé sa destinée...

La nouvelle qui tombe en octobre est de taille : alors que Pincus envisage une entrée en Bourse en fanfare, l'institut Bloomberg donne son estimation de la capitalisation boursière de Zynga. Il la situe à un peu plus de 5 milliards de dollars soit davantage que Electronic Arts. Si la prévision se confirme, Zynga pourrait donc devenir du jour au lendemain le 1er éditeur mondial ! Sous le choc, Electronic Arts prend acte du phénomène et débourse 400 millions de dollars pour acquérir le rival de Zynga, Playfish.

Pourtant, au même moment, des affaires judiciaires ahurissantes secouent l'Amérique et Zynga est indirectement concerné...

À Jacksonville en Floride, Alexandra Tobias est accusée de meurtre non prémédité envers son bébé. Alors qu'elle jouait à Farmville, son bébé s'est mis pleurer. Afin de le faire taire et pouvoir reprendre tranquillement sa partie, elle a secoué le nourrisson si fortement qu'il en est décédé !

À Fort Lupton dans le Colorado, une autre femme, Shannon Johnson a malencontreusement laissé son fils de 13 mois se noyer dans la baignoire. Plongée dans un jeu de Zynga, Cafe World, elle a purement et simplement oublié que son bébé se trouvait dans la salle de bain. Elle risque 43 ans de prison.

Un rendez-vous est organisé à Paris entre les deux créateurs de L'Arche du Capitaine Blood et celui qui aspire à reprendre le flambeau. Ils se retrouvent devant le cinéma le Grand Rex en fin de matinée. Didier Bouchon arrive le premier, suivi de Philippe Ulrich, qui arrive arrivé au loin, perché sur un petit vélo pliable.

Ulrich et Bouchon découvrent un trentenaire, sorte de clone de Bernard Werber, dont la voix haut perché semble dénoter qu'une part de la psyché est demeurée en enfance.

« Nous avons déjeuné ensemble dans un petit restaurant italien et là, c'était génial, ils m'ont raconté plein d'anecdotes sur Blood et sur leur histoire. Didier et Philippe ne s'étaient pas revus depuis quelques années, » raconte Larivé.

Larivé semble incroyablement à son aise dans l'univers de Captain Blood et témoigne d'une vaste culture du jeu.

« Il connaît des détails de Capitaine Blood que Didier Bouchon et moi-même ne connaissions pas ! », s'extasie Ulrich.

De son côté, Larivé a la surprise de découvrir que Didier Bouchon a tout réalisé lui-même et que le jeu mythique a dû être rogné par manque de temps.

« Finalement, Blood a été l'œuvre de 2 ou 3 personnes passionnées et complémentaires. Le succès de Blood a dépassé leur imagination. Ils sont ravis de remonter le temps et de se remémorer tout cela, » dit Larivé.

Au sortir de la réunion, un pacte implicite est signé : Capitaine Blood renaît à la vie. Comme à son habitude, Ulrich veut croire que le destin lui lance des signes forts. Un programmeur céleste, issu d'une bonne étoile, parsème son chemin d'indices qui mènent ce Petit Poucet contemporain vers la route de Bloo

Le choix de porter Capitaine Blood sur Facebook s'impose même si Larivé et Bouchon n'y avaient aucunement pensé...

« 700 millions de gens sont intéressés à partager des choses sur Internet. Pourquoi s'en priver ? Si l'on considère qu'il y a plusieurs millions de joueurs sur un jeu Facebook, on peut imaginer que la possession d'une planète présente un intérêt, » explique Ulrich avant de poursuivre avec des réalités plus terre à terre : « Lorsque l'on fait un business plan sur un jeu et que l'on dit, je veux toucher 5 % de la population de Facebook, cela semble accessible. Si l'on prend en compte que 5 % à 10 % de ces joueurs sont prêts à payer pour aller plus vite, les investisseurs sont immédiatement intéressés », argue Ulrich.

Le testament du Capitaine Blood prévoit que chaque humain puisse hériter d'une Arche, d'une somme d'argent et d'une coordonnée de planète dans l'espace. Un joueur, une fois qu'il a exploré les galaxies, localisé et « tatoué » sa planète, prend en charge une race qui l'adopte comme bienfaiteur.

« S'ils demandent de la nourriture, il faut se débrouiller pour la trouver. Ils peuvent l'obtenir d'autres joueurs en postant des annonces sur Twitter : je recherche du blé hyper-énergétique. Trois jours plus tard, le joueur reçoit une alerte lui disant que la livraison est prête ! Si une planète est peuplée d'aliens pas très malins, l'on peut aussi louer les services d'un alien d'une autre planète qui va venir les former. Les joueurs peuvent aussi acheter des biens virtuels pour accélérer leur prise de contrôle des aliens », explique Ulrich.

« Ulrich amène des tas d'idées, ça fuse dans sa tête, c'est impressionnant... Certaines paraissent délirantes au début et puis avec le recul, on se dit qu'elles sont géniales, » s'exclame Larivé.

Une société est fondée à Montpellier pour créer le nouveau Capitaine Blood Legacy...

Un après son lancement, CityVille devient le jeu le plus populaire de Zynga avec 61,6 millions de joueurs actifs chaque mois dont 16,7 par jour. Il surpasse ainsi Farmville qui compte 56,8 millions d'utilisateurs par mois.

Alors qu'il apparaît que Zynga se prépare à entrer en Bourse, Forbes donne son estimation de la société dans l'édition de janvier 2011 : de 15 à 20 milliards de dollars ! Et justifie ainsi cette appréciation :

« Avec des revenus estimés à 850 millions de dollars en 2010 et 1,5 milliards en 2011, les chiffres de Zynga sont particulièrement prometteurs. »

Le magazine financier enfonce définitivement le clou par d'autres affirmations : la marge de Zynga serait proche de 30 % mais pourrait monter à 50 % sur le long terme. D'autres éléments entrent dans l'équation : Zynga compte déjà 270 millions d'utilisateurs actifs dont l'essentiel vient de Facebook. Or, Forbes prévoit qu'à long terme, le réseau social comptera plus de 2 milliards d'abonnés. Enfin, la généralisation des smart

phones et tablettes va dans le même sens de l'Histoire.

La presse parle désormais d'eldorado pour le secteur des jeux sociaux. Wonga, éditeur européen de jeux pour Facebook tels que Monster World, compte plus de 30 millions d'utilisateurs, un chiffre qui a doublé en un trimestre. Wonga affirme avoir vendu plus de 28 millions de baguettes magiques virtuelles aux adeptes de son jeu. En France, Ubisoft lance The Smurfs & Co tiré de la bande dessinée les Schtroumpfs. Des start-ups telles que Kobojo et Mimesis Republic sont entrées dans la danse. Éditrice de Mamba Nation, cette dernière a été cofondée par Nicolas Gaume jadis à la tête de la société d'édition Kalisto et compte Marc Simoncini (Meetic) et Xavier Niel (Free) parmi ses investisseurs.

La contre-attaque d'Electronic Arts se matérialise le 20 août avec le lancement de la version réseau social des Sims sur Facebook. Une semaine plus tard, elle compte déjà 7 millions d'utilisateurs. En deux semaines, ce chiffre double.

À l'automne 2011, le site Appdata recense 275 millions d'utilisateurs des jeux Zynga (dont 75 millions pour CityVille), mais aussi 55 millions pour Electronic Arts (dont 28 millions pour les Sims Social)...

« On n'a jamais vu cela dans toute l'histoire du jeu vidéo ! », s'extasie Ulrich.

Près de quarante années après l'apparition de Pong, un nouvel âge de l'épopée des jeux vidéo serait-il en train d'éclore ?

# Epilogue

PLEASE INSERT COINS TO PLAY!

Au royaume des jeux vidéo comme d'Internet, rien n'est jamais acquis. Les empires se développent et paraissent souvent inexpugnables. Pourtant, il arrive qu'ils se disloquent comme des châteaux de cartes...

Un Google, quasi inconnu en l'an 2000, a pu faire trembler Microsoft dès 2004. Et pourtant, au moment du millenium, la domination de Bill Gates pouvait sembler irréversible.

En 2006, Myspace apparaissait comme le réseau social par excellence avec 72 millions de visites sur le seul territoire américain durant le mois d'août. Et puis, Facebook lui a volé la vedette et raflé l'essentiel des internautes attirés par la socialisation.

En 2007, Nintendo affichait sa résurrection miracle et s'offrait le luxe de distancer Sony et Microsoft dans le secteur des jeux vidéo. Pourtant, quatre ans plus tard, la société de Kyoto est à la peine, boudée par la Bourse et certains vont jusqu'à craindre qu'elle puisse connaître le destin de SEGA, contraint d'abandonner le secteur de la console.

2011 a été l'année de Zynga. Et pourtant, certains analystes voudraient croire que ce nouveau colosse aurait des pieds d'argile et que son leadership sera difficile à maintenir face aux assauts d'Ubisoft ou Electronic Arts.

Dans l'histoire des jeux vidéo, il n'est jamais possible d'écrire le mot FIN. Les héros d'un jour sont régulièrement balayés par un protagoniste plus zélé, mieux en phase avec l'air du temps, mieux à même de sonder les aspirations d'une population en constante mutation, celle des joueurs. La plus grande erreur que pourrait faire n'importe quel acteur du domaine serait de sous-estimer la capacité de survie de ses concurrents et l'ingéniosité des créatifs.

Au fond, qu'importent ces batailles pour la domination du monde ludique. C'est lorsque l'on se retrouve face à l'écran que cela se passe. Le jeu vidéo n'est pas un simple divertissement. C'est une intrusion dans d'autres réalités, la possibilité inespérée d'éprouver des sensations que la vraie vie ne saurait toujours apporter. Combien de chances avions-nous de jamais conduire un véhicule de Formule 1, de jouer au milieu de l'équipe de France de football, de gérer une ville de centaines de milliers d'habitants ou de cohabiter avec Aragorn dans notre film personnel ?

Les aventures interactives nous placent au milieu d'intrigues ou de challenges dignes des meilleurs romans, tout en sollicitant à chaque seconde notre astuce, notre aptitude à prendre des décisions.

Jusqu'à une époque récente, il ne manquait qu'un élément pour que le jeu puisse rivaliser avec son modèle : l'expérimentation collective que procure la présence d'un groupe dans une même salle ou sur les gradins d'un stade, et qui décuple les émotions.

A présent, le jeu en réseau autorise la participation collective de milliers d'individus dans un même labyrinthe, une même quête, un même jeu de rôle. D'un bout à l'autre de la planète, on joue avec un même plaisir à The Old Republic, simultanément depuis Singapour, Marseille ou Palo Alto - en évoluant sur un même terrain artificiel malgré les distances. Cette expérience autorise toutes les hypothèses et préfigure le loisir ultime du siècle en cours.

Si le phénomène du jeu vidéo a d'abord rencontré l'adhésion spontanée de millions d'adolescents, il séduit aujourd'hui toutes les tranches d'âges, telle une onde sismique, happant toutes les générations dans une fabuleuse fiesta cosmopolite.

Au bout de l'aventure, se trouve une sensation fabuleuse : le fun, fun, fun... des méga-watts de fun !

Nous sommes entrés dans l'ère du fun.

Sources

## REMERCIEMENTS

Les données de ce livre sont pour l'essentiel le fruit d'interviews réalisées avec les personnes suivantes que l'auteur tient à remercier. Certaines n'ont pas souhaité être citées pour des raisons liées à leur situation professionnelle.

Martin Alper, Ralph Baer, Luc Barthelet, Yael Barroz, Tobias Blum, Stephan Bole, Bruno Bonnell, Dany Boolauk, Didier Bouchon, Louis Castle, Didier Chanfrey, Hubert Chardot, Rafaël Colantonio, Bart Decrem, David Dom, Ed Fries, Emmanuel Forsans, Denis Friedman, Toby Gard, Richard Garriott, Florent Gorge, Camille Guermonprez, Yves Guillemot, Phil Harrison, Frank Herman, Rémi Herbulot, Sylvain Huet, Alex Kipman, Ken Kutaragi, Rob Landeros, Frédéric Larivé, Jean-Claude Larue, Patrick Lavanant, Olivier Lejade, Jean-Martial Lefranc, Kyle Machulis, Jim Mackonochie, Aviad Maizels, Willy Marrecau, Chris Metzen, Rand Miller, Robyn Miller, Scott Miller, Shigeru Miyamoto, Yuji Naka, Ioannis Nikas, Emmanuel Olivier, Alexey Pajitnov, Rob Pardo, Jean-Baptiste Pennes, Julien Petroons alias Judge Hype, Frédéric Raynal, Aurélien Regard, Chris Roberts, Anthony Roux, Laurent Salmeron, Beatrix Saule, Philippe Sauze, Paul de Senneville, Sébastien Siraudeau, Eric Simonovici, Alexander Shpunt, Nate True, Philippe Ulrich, Emmanuel Viau, Fabienne Waks, Will Wright.

Les personnes suivantes sont remerciées pour leur aide dans l'obtention de données diverses :

Paul Sams, Julia Gastaldi, Shon Damon et Pierre Yves Deslandes (Blizzard), Katsoe (Nintendo), Karine Dognin (EA France), Jérémie Kletzkine (PrimeSense), Victor Perez et Sophie d'Almeras (VPC), Thomas Bahon (Ankama), Celine Larre (Edelman), David Dennis (Microsoft US Xbox Team).

Si les données de ce livre sont essentiellement le fruit d'interviews, l'auteur a toutefois consulté les œuvres suivantes pour compléter ses propres recherches :

MAGAZINES

SEGA ! - Business Week, 21 février 1994

The Game is a hit but the work isn't done – New York Times, 10 février 2005

L'histoire de la Nintendo DS - Game Fan #7- Florent Gorges, Janvier 2005

SITES WEB

Plusieurs anecdotes liées au développement de la Wii ont été trouvées sur le site : http://nintendo.fr

Portait de Satoru Iwata :

http://www.n-sider.com/contentview.php?contentid=280

http://business.timesonline.co.uk/tol/business/industry_sectors/technology/article2063714.ece

L'histoire du Dr Kawashima :

http://www.gamespot.com/news/2006/03/23/news_6146541.html

L'histoire de Ian Livingstone :

http://www.gamasutra.com/features/business_and_legal/19980529/ian_livingstone_01.htm

Ign :

http://uk.ign.com

Gamasutra – diverses actualités :

http://www.gamasutra.com/features/20070216/fleming_01.shtml

L'histoire de id Software :

http://www.benlore.com/files/emkey1_3.html

Concernant World of Warcraft / BlizzCast :

http://us.blizzard.com/blizzcast/archive/

SEGA-16 :

http://www.SEGA-16.com/feature_page.php?id=214&title=Interview:%20Tom%20Kalinske

L'histoire de Kinect :

http://www.businessinsider.com/the-story-behind-microsofts-hot-selling-kinect-2011-1?op=1

http://www.wired.co.uk/magazine/archive/2010/11/features/the-game-changer

Business Week, 13 janvier 2011

L'anecdote relative au fait que PrimeSense ait proposé sa technologie à Apple a été relatée par le blogueur Leander Kahney – mais fortement nuancée par Aviad Maizels de Primesense que l'auteur a interviewé.

Mark Pincus

Vanity Fair, Ol' Mark Pincus had a farm, juin 2006.

http://www.nytimes.com/2010/07/25/business/25zynga.html

http://www.details.com/style-advice/tech-and-design/201005/mark-pincus-facebook-mafia-wars-farmville-zynga

LIVRES

Game Over: How Nintendo Zapped an American Industry, Captured Your Dollars, and Enslaved Your Children, David Sheff, Random House. La description de Minoru Arakawa et certaines anecdotes liées à l'histoire de Tetris ont été empruntées à cet ouvrage, en complément de l'interview de Alexei Pajitnov effectuée par Daniel Ichbiah.

Les dates précises de certains événements de l'histoire de Tetris ont été affinées grâce aux données trouvées sur le site : http://www.atarihq.com/tsr/special/tetrishist.html

Note : si vous pensez avoir repéré une erreur dans cette édition, merci d'écrire à l'auteur à daniel@ichbiah.com. En remerciement, je vous renverrais gratuitement le livre numérique corrigé et aussi le livre numérique de votre choix à choisir parmi ceux que j'ai publiés.

@2012 Daniel Ichbiah/Editions Pix'n Love

La Saga des Jeux Vidéo - Cinquième édition

Daniel Ichbiah

Première édition : 1997

Réédité et mis à jour en : 1998, 2004, 2009 et 2012

Daniel Ichbiah est l'auteur de plusieurs livres au rayonnement international : Bill Gates et la saga de Microsoft, Robots genèse d'un peuple artificiel, Les 4 vies de Steve Jobs. Il a également écrit des biographies d'artistes tels que Madonna, les Rolling Stones et Téléphone.

Plus de renseignement sur l'auteur :

http://ichbiah.com

Directeur de la publication : Marc Pétronille

Couverture : Luc Pétronille

Mise en page : Laurent Chevrier/Marc Pétronille

Corrections : Oma Dan', Sébastien Mirc, Damien Michel, Arno Maisonneuve, Florent Gorges, Daniel Ichbiah

Printed in Great Britain
by Amazon